Temas de direito
Tributário

Estudos em homenagem a
Eduardo Bottallo

saraivajur.com.br
Visite nosso portal

Nélida Cristina dos **Santos**
José Antonio Balieiro **Lima**
Gilberto Frigo **Junior**
coordenadores

Temas de direito
Tributário

Estudos em homenagem a
Eduardo Bottallo

2013

Editora Saraiva

Rua Henrique Schaumann, 270, Cerqueira César — São Paulo — SP
CEP 05413-909
PABX: (11) 3613 3000
SACJUR: 0800 055 7688
De 2ª a 6ª, das 8:30 às 19:30
saraivajur@editorasaraiva.com.br
Acesse: www.saraivajur.com.br

FILIAIS

AMAZONAS/RONDÔNIA/RORAIMA/ACRE
Rua Costa Azevedo, 56 — Centro
Fone: (92) 3633-4227 — Fax: (92) 3633-4782 — Manaus

BAHIA/SERGIPE
Rua Agripino Dórea, 23 — Brotas
Fone: (71) 3381-5854 / 3381-5895
Fax: (71) 3381-0959 — Salvador

BAURU (SÃO PAULO)
Rua Monsenhor Claro, 2-55/2-57 — Centro
Fone: (14) 3234-5643 — Fax: (14) 3234-7401 — Bauru

CEARÁ/PIAUÍ/MARANHÃO
Av. Filomeno Gomes, 670 — Jacarecanga
Fone: (85) 3238-2323 / 3238-1384
Fax: (85) 3238-1331 — Fortaleza

DISTRITO FEDERAL
SIA/SUL Trecho 2 Lote 850 — Setor de Indústria e Abastecimento
Fone: (61) 3344-2920 / 3344-2951
Fax: (61) 3344-1709 — Brasília

GOIÁS/TOCANTINS
Av. Independência, 5330 — Setor Aeroporto
Fone: (62) 3225-2882 / 3212-2806
Fax: (62) 3224-3016 — Goiânia

MATO GROSSO DO SUL/MATO GROSSO
Rua 14 de Julho, 3148 — Centro
Fone: (67) 3382-3682 — Fax: (67) 3382-0112 — Campo Grande

MINAS GERAIS
Rua Além Paraíba, 449 — Lagoinha
Fone: (31) 3429-8300 — Fax: (31) 3429-8310 — Belo Horizonte

PARÁ/AMAPÁ
Travessa Apinagés, 186 — Batista Campos
Fone: (91) 3222-9034 / 3224-9038
Fax: (91) 3241-0499 — Belém

PARANÁ/SANTA CATARINA
Rua Conselheiro Laurindo, 2895 — Prado Velho
Fone/Fax: (41) 3332-4894 — Curitiba

PERNAMBUCO/PARAÍBA/R. G. DO NORTE/ALAGOAS
Rua Corredor do Bispo, 185 — Boa Vista
Fone: (81) 3421-4246 — Fax: (81) 3421-4510 — Recife

RIBEIRÃO PRETO (SÃO PAULO)
Av. Francisco Junqueira, 1255 — Centro
Fone: (16) 3610-5843 — Fax: (16) 3610-8284 — Ribeirão Preto

RIO DE JANEIRO/ESPÍRITO SANTO
Rua Visconde de Santa Isabel, 113 a 119 — Vila Isabel
Fone: (21) 2577-9494 — Fax: (21) 2577-8867 / 2577-9565
Rio de Janeiro

RIO GRANDE DO SUL
Av. A. J. Renner, 231 — Farrapos
Fone/Fax: (51) 3371-4001 / 3371-1467 / 3371-1567
Porto Alegre

SÃO PAULO
Av. Antártica, 92 — Barra Funda
Fone: PABX (11) 3616-3666 — São Paulo

129.940.001.001

ISBN 978-85-02-16462-8

Dados Internacionais de Catalogação na Publicação (CIP)
(Câmara Brasileira do Livro, SP, Brasil)

Temas de direito tributário : estudos em homenagem a
Eduardo Bottallo / coordenadora Nélida Cristina dos Santos.
- São Paulo : Saraiva, 2013.

Bibliografia.

1. Bottallo, Eduardo 2. Direito tributário I. Santos,
Nélida Cristina dos.

12-13567   CDU-34:336.2

Índice para catálogo sistemático:

1. Direito tributário   344:336.2

Diretor editorial Luiz Roberto Curia
Gerente de produção editorial Lígia Alves
Editora Thaís de Camargo Rodrigues
Assistente editorial Sarah Raquel Silva Santos
Produtora editorial Clarissa Boraschi Maria
Preparação de originais Ana Cristina Garcia
                         Maria Izabel Barreiros Bitencourt Bressan
                         Maria de Lourdes Appas
Arte e diagramação Cristina Aparecida Agudo de Freitas
                         Edson Colobone
Revisão de provas Rita de Cássia Queiroz Gorgati
                         Alzira Muniz
                         Setsuko Araki
Serviços editoriais Maria Cecília Coutinho Martins
                         Kelli Priscila Pinto
Capa Casa de Ideias / Daniel Rampazzo
Produção gráfica Marli Rampim
Impressão Gráfica Salesianas
Acabamento Gráfica Salesianas

Data de fechamento da edição: 30-4-2013

Dúvidas?
Acesse www.saraivajur.com.br

Nenhuma parte desta publicação poderá ser reproduzida por qualquer meio ou forma sem a prévia autorização da Editora Saraiva.
A violação dos direitos autorais é crime estabelecido na Lei n. 9.610/98 e punido pelo artigo 184 do Código Penal.

SUMÁRIO

APRESENTAÇÃO 9
RUY CAVALIERI COSTA E DÉCIO MILNITZKY

INTRODUÇÃO 13
ALCIDES JORGE COSTA

O IMPOSTO TERRITORIAL RURAL E O PAPEL DAS ÁREAS PROTETORAS DO MEIO AMBIENTE 19
ÂNGELA MARIA DA MOTTA PACHECO

AS CONTRIBUIÇÕES E O DESEQUILÍBRIO DO SISTEMA CONSTITUCIONAL TRIBUTÁRIO 35
ANNA EMILIA CORDELLI ALVES

CONSIDERAÇÕES ACERCA DO ICMS NA REMESSA E NO RETORNO PARA INDUSTRIALIZAÇÃO POR CONTA E ORDEM 51
ARGOS CAMPOS RIBEIRO SIMÕES

BREVES CONSIDERAÇÕES SOBRE A CORREÇÃO MONETÁRIA E OS JUROS DE MORA NO DIREITO TRIBUTÁRIO 69
ARLINDO FELIPE DA CUNHA

CRIMINALIDADE E DIREITO PENAL 79
ANTÔNIO CLÁUDIO MARIZ DE OLIVEIRA

BREVE ENSAIO SOBRE TRIBUTAÇÃO DOS *ROYALTIES* PELO IMPOSTO SOBRE A RENDA E PELA CIDE 103
EDISON AURÉLIO CORAZZA

CONSTITUIÇÃO DE 1988 E PROJETO DE REFORMA TRIBUTÁRIA CONTIDO NA PEC N. 233/2008: INCREDÍVEIS FALÁCIAS! 115
EDUARDO MARCIAL FERREIRA JARDIM

OS EFEITOS DA DECLARAÇÃO DE INCONSTITUCIONALIDADE DE LEI PELO SUPREMO TRIBUNAL FEDERAL   129
ESTEVÃO HORVATH E VALERIA ZOTELLI

PLANEJAMENTO TRIBUTÁRIO: DESAFIOS INSTITUCIONAIS   147
EURICO MARCOS DINIZ DE SANTI

INCONSTITUCIONALIDADE DA EXECUÇÃO DE CONTRIBUIÇÕES PREVIDENCIÁRIAS PELA JUSTIÇA DO TRABALHO   163
FABIANA DEL PADRE TOMÉ

O PRINCÍPIO DA EFICIÊNCIA NO PROCESSO ADMINISTRATIVO TRIBUTÁRIO   177
GILBERTO FRIGO JUNIOR

PLANEJAMENTO TRIBUTÁRIO E A FIGURA DO ABUSO DE DIREITO   187
GUSTAVO DA SILVA AMARAL

SEGURANÇA JURÍDICA NO FORNECIMENTO DE INFORMAÇÕES TRIBUTÁRIAS: O CASO DO DOMICÍLIO TRIBUTÁRIO E DAS NOTIFICAÇÕES AO SUJEITO PASSIVO   203
HELENO TAVEIRA TORRES

NÃO INCIDÊNCIA DE ICMS SOBRE A DEMANDA CONTRATADA DE POTÊNCIA: ASPECTOS CONSTITUCIONAIS   227
IGOR MAULLER SANTIAGO

A PRESCRIÇÃO INTERCORRENTE NO PROCESSO ADMINISTRATIVO TRIBUTÁRIO   241
JOSÉ ANTONIO BALIEIRO LIMA

PROCESSO ADMINISTRATIVO TRIBUTÁRIO – DIREITO À AMPLA DEFESA   261
JOSÉ EDUARDO SOARES DE MELO

REDIRECIONAMENTO DA EXECUÇÃO FISCAL: POSSIBILIDADE E
LIMITES MATERIAIS E PROCESSUAIS   283
MARIA RITA FERRAGUT

BREVES PONDERAÇÕES CONSTITUCIONAIS ACERCA DAS ATIVIDADES
ECONÔMICAS   303
NÉLIDA CRISTINA DOS SANTOS

O DIREITO AO CRÉDITO NAS AQUISIÇÕES DE BENS DE USO E
CONSUMO E A NÃO CUMULATIVIDADE DO ICMS – IMPOSTO
ESTADUAL SOBRE OPERAÇÕES RELATIVAS À CIRCULAÇÃO DE
MERCADORIAS E PRESTAÇÃO DE SERVIÇOS   313
OSVALDO SANTOS DE CARVALHO

CONCEITOS CONSTITUCIONAIS E COMPETÊNCIA TRIBUTÁRIA   331
PAULO AYRES BARRETO

A LEI N. 11.382/2006 E SEU IMPACTO EM RELAÇÃO À ATRIBUIÇÃO
DE EFEITO SUSPENSIVO AOS EMBARGOS À EXECUÇÃO FISCAL   345
PAULO CÉSAR CONRADO

PROCESSO ADMINISTRATIVO TRIBUTÁRIO   353
PAULO DE BARROS CARVALHO

PROCESSO TRIBUTÁRIO E DIREITOS HUMANOS   379
RENATO LOPES BECHO

DA INTRIBUTABILIDADE, POR MEIO DE *ICMS-OPERAÇÕES
MERCANTIS*, DOS ENCARGOS FINANCEIROS. IRRELEVÂNCIA
DA INCLUSÃO DA CLÁUSULA DE ALIENAÇÃO TRIBUTÁRIA,
NOS CONTRATOS DE FINANCIAMENTO. QUESTÕES CONEXAS   401
ROQUE ANTONIO CARRAZZA

AS CONTRIBUIÇÕES PREVIDENCIÁRIAS DA EMPRESA SOBRE A FOLHA
E DO TRABALHADOR NO CONTEXTO DAS CONTRIBUIÇÕES DE
SEGURIDADE SOCIAL   427
ZÉLIA LUIZA PIERDONÁ

COLABORAÇÕES DOS ESPECIALISTAS DA PRIMEIRA TURMA DO CURSO DE ESPECIALIZAÇÃO *LATO SENSU* DA FACULDADE DE DIREITO DE SÃO BERNARDO DO CAMPO

O ICMS E A QUESTÃO DA INCIDÊNCIA SOBRE DEMANDA CONTRATADA DE ENERGIA — 447
DOUGLAS FERREIRA FARIA

O CONCEITO DE TRIBUTO NA *TEORIA* DE ALFREDO BECKER — 467
EDUARDO GUILHERME CUNHA

SIGNOS DE INCIDÊNCIA DO IMPOSTO SOBRE PRODUTOS INDUSTRIALIZADOS – IPI — 485
MATHEUS SQUARIZE

SUJEIÇÃO PASSIVA TRIBUTÁRIA — 499
NÍVEA LIMA

BREVES APONTAMENTOS SOBRE A EXIGIBILIDADE TRIBUTÁRIA NO TOCANTE À LOCAÇÃO DE BENS MÓVEIS — 517
RICARDO CHAMMA RIBEIRO

APRESENTAÇÃO

Nélida Cristina dos Santos, José Antônio Balieiro Lima e Gilberto Frigo Júnior, colegas de especialidade e discípulos do nosso querido amigo Bottallo, foram por ele convidados a integrar o corpo-docente de seminários destinados à Primeira Turma de Pós-Graduação "Lato Sensu" Tributário da Faculdade de Direito de São Bernardo do Campo, em 2008. Trabalhavam em sala de aula com grupos e discutindo a temática tributária posta por meio de questões jurisprudenciais e práticas. O curso foi coordenado pelo Bottallo. No ano seguinte, aposentado por força do art. 40, § 1º, II, da Constituição, Bottallo designou a Nélida, professora concursada e titular da disciplina de Direito Tributário na Faculdade, para a coordenação do curso destinado à turma seguinte.

Em abril de 2009, Nélida teve a ideia, imediatamente encampada por Lima e Gilberto, de homenagear o mestre com uma coletânea de artigos de Direito Constitucional Tributário. São textos de professores que ministraram aulas, bem como tiveram suas obras como referências acadêmicas ao lado de toda a produção científica do Bottallo, além de alguns trabalhos de alunos daquela primeira turma.

O trio citado houve por bem nos honrar com o convite para que apresentássemos a obra. Não que fôssemos tributaristas ou constitucionalistas, ou porque tivéssemos titulação acadêmica, o que não somos nem possuímos, mas apenas como amigos do homenageado. Um de nós (Ruy) o acompanha há cerca de cinquenta e cinco anos, desde a época da preparação para o vestibular. Bottallo foi o melhor aluno da Faculdade de Direito do Largo de São Francisco ao longo de todo o curso de graduação. Por isso, ganhou prêmio que aluno nenhum obteve, antes ou depois dele. Era associado remido da nossa nobre Associação dos Advogados de São Paulo, de que foi vice-presidente. O outro (Décio), é amigo do homenageado há menos tempo, quase trinta anos. À ocasião, ambos tinham como cliente comum um sindicato e o serviço do Bottallo se situava no campo ainda incipiente do Direito Econômico.

Não tivemos a oportunidade de ser alunos formais do Bottallo. Um era contemporâneo do mestre e outro se formou antes que ele lecionasse na velha Faculdade. Todavia, é impossível conviver com Bottallo sem ser seu aluno. Apenas há o aparente privilégio de ouvir alguma anedota suavemente irônica ou mesmo boas risadas do mestre-amigo, em lugar de repreensões.

Bottallo é professor. Nasceu para lecionar. Sempre nos pareceu mestre até mesmo de seus próprios examinadores em bancas. Mestre-escola. *Magister ludi*, mestre do jogo, ligado ao sentido lúdico da aprendizagem, um especialista no diálogo entre aventura e autoridade. Um hábil fomentador da curiosidade, que Aristóteles reputava base da filosofia e de todo conhecimento. Volta e meia conserta registros equivocados de nossas primeiras letras jurídicas. Tem a aptidão de fazê-lo em conversa mansa, como quem nada pretende, e com genuína humildade. A gente nem percebe na hora. Dá-se conta depois.

Bottallo é advogado. Exemplo de pugnacidade, sem jamais perder a elegância e a proficiência. Honesto em tudo, como homem, advogado e intelectual. *Pro contribuinte, contra fiscum?* Cremos que sim. Não se trata de uma dimensão de confronto. Na sua visão do contribuinte prepondera muito de cidadania, de humanidade. Admirador de Alfredo Becker, sempre salienta a totalidade do sistema jurídico como parâmetro hermenêutico para as leis tributárias. Seria especialista à medida que assim se pudesse considerar um estudioso amante da Teoria Geral do Direito. Certa vez, avisaram-no de que um trabalho dele fora citado em voto condutor de acórdão do STF publicado na Revista Trimestral de Jurisprudência. Era um estudo sobre Kelsen. Bottallo estranhou. Tinha a matéria como pouco importante, despretensiosa. Era antiga, do tempo de seu mestrado. A modéstia sincera é uma de suas marcas.

Durante um período afortunadamente curto, Bottallo quis ser julgador. Não obteve apoio nenhum destes amigos que sempre o preferiram como colega e mestre informal. Mais do que certa antipatia pelo quinto, havia uma ponta de ciúme, temor de que fôssemos trocados por amigos que seguramente ele faria em alguma câmara ou turma. Tivemos sorte. Sua participação notável no tribunal eleitoral, na classe de juristas, a provar que teria sido excelente magistrado, saciou-lhe de vez a vontade de julgar. Para nós, um alívio.

Filho de pais pobres, aluno bolsista do Colégio São Bento e, depois, de faculdade pública, tinha verdadeiro pavor de sacrificar o pai com despesas escolares. Certamente daí adveio seu empenho excepcional como aluno. Com os beneditinos aprendeu exercícios de memória que o auxiliaram não apenas a gravar ensinamentos. Fornece de pronto a escalação do São Paulo campeão paulista de 1949, com a relação de gols marcados pelos artilheiros da época.

De se imaginar um cê-dê-efe, pois não? Ledo engano. Havia tempo para o cinema, para a música popular brasileira, os *standards* de jazz, a vida boêmia, a música erudita, a boa literatura e as trovas. Bottallo é um trovador com livro publicado e premiado. Capaz de recitar quadrinhas de cor, as dele e as de repentistas que admira.

O professor sério e rigoroso em disciplina – e o soubemos por alunos dele, pois nos soa inacreditável – é capaz de telefonar, em horário de expediente, cantarolando *Makin' Wooppee*, ao sugerir que assistíssemos a um filme de que gostara (*Susan e os Baker Boys*). Alegria de viver. Pensar, escrever, ensinar, aprender, vibrar, brilhar.

Bottallo aprecia o ambiente aquecido da família reunida. Tem reminiscências dos almoços domingueiros de sua infância, de falas em dialeto italiano. Um carinho especial pelo pai, que o levava desde pequeno para assistir aos treinos do seu São Paulo no campo da Mooca ou no Canindé. E assim é o Bottallo: bom pai, avô e chefe de família, bom irmão, bom amigo, bom sujeito.

No momento em que redigimos esta apresentação, Bottallo vem se recuperando com muita bravura de grave acidente. É imensa a torcida da família, de amigos, colegas, alunos e admiradores, todos almejando seu restabelecimento. Agostinho dizia que a fé é elemento indispensável a todo ato de conhecimento. Não se opõe à razão. Pois que essa energia, somada à força imensa do Bottallo, faça com que ele se reabilite por completo. Para ele mesmo e para todos nós.

Um querido amigo. Merece a justa homenagem que lhe prestam os organizadores deste livro.

Ruy Cavalieri Costa
Décio Milnitzky

INTRODUÇÃO

ALCIDES JORGE COSTA*

Em nosso país, a tributação está a ressentir-se de vários e graves defeitos. Não me refiro à carga tributária, objeto de um clamor geral, mesmo porque essa carga depende da despesa, que é alta. Na verdade, pode-se ter uma carga tributária alta com um sistema tributário de boa qualidade, como se pode ter uma carga baixa com um sistema tributário de boa qualidade e este é o melhor dos mundos. Mas pode-se ter uma carga tributária alta com um bom sistema tributário ou com um mau sistema tributário; neste último caso, estaremos no pior dos mundos, no que diz respeito à tributação conjugada com a carga tributária. Esta, por sua vez, está bastante ligada à ineficiência notória do serviço público.

Entretanto, o escopo desta introdução é tratar do sistema tributário em si.

Um sistema tributário nunca é produto de um estudo racional. Nele influem fatores históricos e políticos. Nosso país, há que notar desde logo, é uma federação, a exigir uma partilha das fontes de receita entre a União, os Estados e os Municípios.

No Brasil, a ideia de federação nasceu junto com a independência. A Constituição de 1824 foi centralizadora, mas já em 1834 o Ato Adicional trouxe alguma descentralização, de modo a permitir que as oligarquias locais agissem com certa autonomia, cada uma em sua província.

Proclamada a República, o Brasil tornou-se, formalmente, uma federação. Na Constituição de 1891, a União foi privilegiada na partilha das fontes de receita. Aos Municípios foi reservado um artigo da Constituição (art. 68), segundo o qual "os Estados organizar-se-ão de forma que fique assegurada a autonomia dos municípios em tudo quanto respeite ao seu peculiar interes-

---

* Bacharel em Direito pela Faculdade de Direito da Universidade de São Paulo. Bacharel e Licenciado em Letras Clássicas pela Universidade de São Paulo. Doutor em Direito pela Universidade de São Paulo. Livre-Docente em Direito pela Faculdade de Direito da Universidade de São Paulo. Professor Titular (aposentado) de Direito Tributário da Faculdade de Direito da Universidade de São Paulo. Professor do Curso de Pós-Graduação da Faculdade de Direito da Universidade Presbiteriana Mackenzie. Sócio-fundador e ex-Presidente do Instituto Brasileiro de Direito Tributário – IBDT. Vice-Presidente da Associação Brasileira de Direito Financeiro.

se". Como a das Províncias no Império, foi intensa a luta dos Estados para obterem mais fontes de receita.

A Revolução de 1930 implicou, na prática, a revogação da Constituição de 1891, como se pode ver pela leitura do Decreto n. 19.398, de 11 de novembro daquele ano. Sob o aspecto financeiro, entretanto, não houve alterações, mesmo porque o art. 9º desse decreto dizia: "É mantida a autonomia financeira dos Estados e do Distrito Federal".

Na Constituição de 1934, os Municípios aparecem, pela primeira vez, com fontes próprias de receita. A de 1937, a da ditadura autochamada de Estado Novo, praticamente aboliu a federação, embora, em seu art. 3º, dissesse que "o Brasil é um Estado Federal, constituído pela união indissolúvel dos Estados, do Distrito Federal e dos Territórios". Sob o ponto de vista financeiro, o imposto sobre vendas mercantis, criado em 1922 e de competência da União, passou à competência dos Estados sob o nome de imposto sobre vendas e consignações, que logo se tornou a base da arrecadação estadual. Pela Lei constitucional n. 4, de 20-9-1940, foi criado o chamado imposto único sobre combustíveis e lubrificantes líquidos de qualquer origem. Da mesma forma, um decreto-lei estabeleceu a isenção do imposto sobre vendas e consignações para os fornecimentos de energia elétrica, o que foi feito para evitar a alta cumulatividade do imposto.

Com o fim do Estado Novo e restabelecido o regime democrático, convocou-se uma assembleia constituinte, da qual resultou a Constituição promulgada em 18 de setembro de 1946. Como sempre, a uma situação de predomínio absoluto do Poder Central, sucedeu-se outra mais liberal, com maior autonomia dos Estados.

A Constituição de 1946 teve dois pontos que devem ser salientados. Nela se nota o aparecimento de uma federação cooperativa; de fato, essa Constituição mandou que a União distribuísse 10% do produto de arrecadação do imposto de renda aos Municípios, exceto os das capitais. O segundo ponto é o de, nessa mesma Constituição, ser atribuída à União competência para legislar sobre normas gerais de direito financeiro. Para fazer curta uma longa história, basta assinalar que ela resultou de emenda de Aliomar Baleeiro, então constituinte, que queria ver reconhecida a autonomia do Direito Financeiro. Sua emenda dava à União competência para legislar sobre Direito Financeiro. Houve oposição no plenário porque, com essa emenda, orçamentos estaduais e municipais seriam de competência da União. Ao cabo da discussão, chegou-se a uma solução de compromisso com a expressão "normas gerais de direito financeiro". Ao tempo, entendia-se o Direito Tributário como incluído no Direito Financeiro. Logo a seguir, deixou-se de discutir a autonomia do Direito Financeiro e também a do Direito Tributário. Entretanto, discute-se até hoje o que são normas gerais.

Foi com base nesse dispositivo que foi elaborado o Projeto de Código Tributário Nacional, a partir de um anteprojeto de autoria de Rubens Gomes de Sousa. O Ministro da Fazenda de então, Osvaldo Aranha, nomeou uma comissão para rever o anteprojeto; com cinco membros, entre os quais o próprio Rubens Gomes de Sousa. Feita a revisão, o governo enviou o projeto à Câmara dos Deputados em 1954. Este projeto foi objeto de alguns pareceres de comissões, mas até 1964 não tinha sido aprovado. Em matéria de normas gerais, prevaleceu a opinião de Rubens Gomes de Sousa. Hoje, o texto constitucional expresso tornou bizantinas algumas discussões a respeito.

O movimento militar de 1964 implantou um governo autoritário que decidiu fazer uma reforma administrativa e uma reforma tributária. Para levar a cabo esta última, foi nomeada uma Comissão de que participava Rubens Gomes de Sousa. Esta Comissão produziu uma reforma no plano constitucional, que o Congresso aprovou como a Emenda n. 18/65 à Constituição de 1946. Em seguida, o Poder Executivo retirou o Projeto de Código Tributário Nacional para adequá-la à nova situação constitucional, o que foi feito pela mesma comissão que produzira a Emenda n. 18/65. O projeto foi, então, devolvido ao Congresso, que o aprovou como Lei n. 5.172, de 25-10-1966.

A Emenda Constitucional n. 18/65 reformou, efetivamente, o sistema tributário nacional. Saliento, como pontos importantes:

a) A transformação da federação brasileira, movimento já esboçado na Constituição de 1946, como assinalado antes, em uma federação cooperativa, mediante a criação do Fundo de Participação dos Estados e do Fundo de Participação dos Municípios.

b) Introduziu o ICM (depois transformado em ICMS), em substituição ao Imposto sobre Vendas e Consignações, cumulativo e que, por isso mesmo, já vinha causando problemas à economia brasileira. Infelizmente, apesar de a não cumulatividade ser regra constitucional, o ICMS ainda continua a tê-la em grau indesejado.

c) Introduziu o Imposto sobre Serviços de Qualquer Natureza, que substituiu o vetusto Imposto de Indústrias e Profissões e que foi atribuído aos Municípios.

d) Com a aprovação do Código Tributário Nacional houve uma centralização legislativa, o que, de resto, sempre acontece quando há uma lei semelhante em um Estado federativo.

As Constituições do período militar, tanto a de 1967 como EC n. 1/69, na verdade uma nova Constituição, mantiveram o mesmo sistema tributário.

Por fim, chegamos à Constituição de 1988, quando se perdeu uma ótima oportunidade para alterar o ICMS, submetendo-o ao regime da tributação no destino, sem desconhecer as não poucas dificuldades de torná-lo operacional.

A Constituição de 1988 teve uma característica interessante: descentralizou a arrecadação, dando mais meios aos Estados e, sobretudo, aos Municípios e centralizou extraordinariamente o poder de legislar. Apenas a título de exemplo, menciono que o Senado Federal fixa as alíquotas interestaduais do ICMS, as alíquotas mínima e máxima de ISSQN e a alíquota máxima do ITCMD.

O sistema tributário da Constituição de 1988 até que funcionava de forma razoável. Entretanto, emendas constitucionais em grande número no campo tributário, com redação sofrível e assistemáticas, converteram a tributação na grande confusão que se vê hoje. Para não ir longe, menciono apenas dois dispositivos ou conjunto de dispositivos. O primeiro deles é a alteração resultante da adição de um parágrafo ao art. 150 da Constituição Federal. Diz este parágrafo que "a lei poderá atribuir o sujeito passivo de obrigação tributária a condição de responsável pelo pagamento de imposto ou contribuição, cujo fato gerador deva ocorrer posteriormente, assegurada a imediata e preferencial restituição da quantia paga, caso não se realize o fato gerador". Note-se que, ironicamente, este parágrafo foi adicionado ao art. 150 que cuida das garantias do contribuinte.

O STF deu sua aprovação à emenda, que foi a de n. 3/93. Pessoalmente, tenho dúvida sobre a constitucionalidade dessa emenda; não vou tratar do assunto em maior profundidade porque esta introdução ficaria indevidamente extensa. O resultado prático foi o que se vê. A Lei Complementar n. 87/96 regulou esta substituição e o fez de modo canhestro, falando em substituição para a frente, para trás e concomitantemente. Não sem ironia, pode-se perguntar por que não mencionou também substituição para cima e para baixo.

Na verdade, um imposto concebido como plurifásico e não cumulativo está sendo transformado em um imposto monofásico. Continua não cumulativo, é verdade, mas sua base de cálculo, bem apuradas as coisas, é arbitrada pelas Secretarias de Fazenda dos Estados. Mas as agruras dos contribuintes não param por aí. Para haver substituição em operações interestaduais, é necessário que os Estados envolvidos celebrem um acordo, o que fazem mediante um protocolo. Deste modo, o contribuinte precisa saber quais as mercadorias incluídas na substituição em seu Estado, e quais os protocolos que existem. Esta substituição para a frente, como foi dito, não passa de transformação de um imposto multifásico em outro monofásico, mais fácil de fiscalizar, é certo, mas de efeitos econômicos diferentes. No fundo, esta transformação equivale a uma constatação de que, talvez, um imposto plurifásico sobre o valor agregado seja refinado demais para a capacidade técnica das Secretarias de Fazenda dos Estados.

Mas a confusão não é exclusiva da área estadual. Na federal, o COFINS e o PIS foram transformados em não cumulativos. A lei que os fez, além de não dar cabo da cumulatividade, é um verdadeiro quebra-cabeça.

Em suma, além de uma carga tributária alta, a que não correspondem serviços públicos de qualidade, o contribuinte vê-se assoberbado para cumprir todas as obrigações que as leis e os regulamentos tributários lhe impõem. A isto chama-se de custo da conformidade que no Brasil é também muito alto. Estudo efetuado em conjunto pelo Banco Mundial e pela Price Waterhouse Cooppers mostra que, em nosso país, uma pessoa jurídica gasta 2.600 horas por ano para cumprir todas as exigências relativas ao imposto de renda de pessoa jurídica, aos impostos sobre o consumo (IPI, ICMS, ISS, contribuições diversas) e as leis trabalhistas. De longe, é o país em que mais tempo se consome com esta tarefa.

É notória a confusão tributária no Brasil. Por isso, o livro cuja introdução tive a honra de escrever é mais do que oportuno. Os estudos dos tributos, feitos por autores altamente qualificados, certamente serão contribuição de grande importância para ajudar nosso país a sair desta *selva selvaggia* em que estamos metidos. Quero também consignar que me associo a esta homenagem ao querido amigo e jurista de truz, Eduardo Domingos Botallo.

O IMPOSTO TERRITORIAL RURAL E O PAPEL DAS ÁREAS PROTETORAS DO MEIO AMBIENTE

ÂNGELA MARIA DA MOTTA PACHECO*

1 O ESPÍRITO DO IMPOSTO TERRITORIAL RURAL

Todo imposto tem duas funções: a arrecadatória e a extrafiscal. Extrafiscalidade significa, mediante a utilização do tributo, conduzir o comportamento do contribuinte, estimulando-o ou desestimulando-o a finalidades econômicas e sociais, por meio de desonerações, reduções de base de cálculo, alíquotas regressivas. No caso das propriedades rurais o imposto é utilizado para estimular a produtividade da terra rural. O contribuinte deverá estar afinado com os objetivos da política econômica do país. Para tanto recebe um prêmio: deduções na base de cálculo – no Valor da Terra Nua Tributável –VTNT – e alíquota regressiva na medida da área produtiva.

Relembre-se que a TERRA, mesmo nos mais adiantados países, providos da mais avançada tecnologia, é o celeiro dos alimentos do mundo, onde as culturas de grãos proliferam e outras, como a da cana-de-açúcar, além de alimento, passam a ter outras utilidades, produzindo combustível líquido, o etanol, energia renovável e combativa do efeito estufa, protegendo a nature-

---

* Advogada, graduada em Direito pela Faculdade de Direito da Pontifícia Universidade Católica de São Paulo (PUCSP) em 1962. Doutora em Direito Público e Tributário (tese "Ficções Jurídicas Tributárias" defendida em 2006). Mestre e especialista em Direito Tributário pela PUCSP. Autora dos livros *Sanções tributárias e sanções penais tributárias*, Editora Max Limonad, São Paulo, 1997, e *Ficções tributárias, identificação e controle*, Editora Noeses, São Paulo, 2008.

za e o meio ambiente. É também a guardiã das riquezas minerais tão caras ao progresso da humanidade.

Eis o porquê de os tributos que têm por objeto a TERRA considerarem suas riquezas (inclusive, hoje, as florestas, fauna e outras na preservação do meio ambiente) no cômputo de sua apuração.

Importa, porém, para não quebrar o princípio da igualdade, considerar os mesmos incentivos para aqueles que se encontrem na mesma situação. O que não se admite é dar prêmio a um em detrimento de outrem, criando desigualdades. O arbítrio tem de ser afastado para que se promova a justiça.

Entretanto, "critérios constitucionalmente válidos podem presidir as exceções à proibição de discriminar entre pessoas que demonstrem capacidade contributiva"[1].

No próprio Texto Constitucional encontram-se as imunidades, normas constitucionais de incompetência, campos colocados fora do alcance do legislador tributário em atendimento aos interesses maiores da nação, tais como educação, cultura, exportação de bens e mercadorias, desenvolvimento nacional e comércio internacional.

O ITR é tratado, em nível constitucional, no art. 153, inciso VI e § 4º[2]. No § 4º determina-se que o imposto será progressivo e suas alíquotas serão fixadas de modo a desestimular a manutenção de propriedades improdutivas. Isto significa que o imposto, no caso, tem forte intuito extrafiscal. O cumprimento da função social da propriedade é que o justifica.

O art. 186 da Constituição Federal assim define a função social, quanto à propriedade rural:

> Art. 186. A função social é cumprida quando a propriedade rural atende, simultaneamente, segundo critérios e graus de exigência estabelecidos em lei, aos seguintes requisitos:

---

1 BALEEIRO, Aliomar. *Direito tributário brasileiro*. 11. ed. atualizada por Mizabel Abreu Machado Derzi. Rio de Janeiro: Forense, 2000, p. 233.
2 "Art. 153. Compete à União instituir impostos sobre: ...VI - propriedade territorial rural; ... § 4º O imposto previsto no inciso VI do *caput*: I - será progressivo e terá suas alíquotas fixadas de forma a desestimular a manutenção de propriedades improdutivas; II - não incidirá sobre pequenas glebas rurais, definidas em lei, quando as explore o proprietário que não possua outro imóvel; III - será fiscalizado e cobrado pelos Municípios que assim optarem, na forma da lei, desde que não implique redução do imposto ou qualquer outra forma de renúncia fiscal."

I - aproveitamento racional e adequado;

II - utilização adequada dos recursos naturais disponíveis e preservação do meio ambiente;

III - observância das disposições que regulam as relações de trabalho;

IV - exploração que favoreça o bem-estar dos proprietários e dos trabalhadores.

Uma forma de premiar a produtividade é a criação de alíquotas regressivas à medida que aquela se concretiza. Ao contrário, sendo a terra pouco utilizada, as alíquotas serão progressivas na medida de sua improdutividade.

O proprietário que conduz mal sua propriedade, conservando-a socialmente inútil, é onerado com encargos mais elevados, pois mantém comportamento inadequado ao interesse público ou inaptidão para se adaptar a este interesse[3].

Há que se considerar, ainda, o valor que se dá atualmente às riquezas naturais. Mesmo terras rurais "improdutivas" poderão ser consideradas de extremo valor se nestas forem mantidas florestas e vegetações nativas. Este reconhecimento data de 1º de janeiro de 2007, quando começou a vigência da Lei 11.428, de 22-12-2006, que considerou como área de proteção ambiental, dedutível da área tributável no cálculo do ITR, as **áreas cobertas por florestas nativas, primárias ou secundárias**.

Ao assim fazê-lo, valorou-as, colocando-as ao lado das áreas de preservação permanente e área de reserva legal.

Com certeza a dicção da lei é a concretização legal da previsão constitucional do inciso II do art. 186. Estas poderão ser excluídas do Valor da Terra Nua Tributável, concorrendo com terras produtivas. Terras produtivas e terras cobertas por vegetação nativa, no resguardo do meio ambiente, são vistas como merecedoras de redução do ITR. Na medida em que forem desmatadas, com permissão legal (devidamente autorizado o desmate pelo Poder Público), e substituídas por lavouras, perceber-se-á que ambas, produtivas e mantenedoras de vegetação, foram apreciadas legalmente e se encontram equilibradamente valoradas.

---

3 BALEEIRO, Aliomar. Op. cit., p. 234.

2 A CONSTITUIÇÃO E A LEI COMPLEMENTAR

O Sistema Tributário Nacional está inserido na Constituição. E isto se justifica pelo fato de o Brasil ser uma República Federativa e consequentemente ser necessária a discriminação de rendas, distribuindo a competência legislativa entre União, Estados, Distrito Federal e Municípios. Só assim estes entes podem criar os tributos que, arrecadados, irão financiar as próprias despesas, a prestação de serviços públicos e a realização de obras, tarefas que a Constituição lhes cometeu para servir o cidadão.

Cuide-se, ainda, que a Constituição protege a propriedade privada. Como a tributação requer parcela significativa do patrimônio dos cidadãos é necessário garantir-lhes que o tributo será cobrado nos estritos limites impostos pela lei ordinária criadora do tributo, com fundamento na Lei Magna e na Lei Complementar.

A interpretação das leis deverá ser feita de forma sistemática. O ordenamento jurídico é um sistema de normas hierarquicamente dispostas, tendo no ápice a Constituição como centro de emissão das normas fundamentais, em zona intermediária, as normas complementares que criam as normas gerais (arts. 59, II, e 69) e nas leis ordinárias um sistema coordenado entre si e subordinado às normas constitucionais e leis complementares. É, pois, de suma relevância que se examinem as normas criadoras do ITR, em relação às demais normas do Sistema Constitucional Tributário, as referidas ao direito privado e ao direito ambiental com as quais se conectam e de onde se constroem o seu sentido e os seus limites.

A Constituição determina que caberá à Lei Complementar, dentre outras funções, estabelecer normas gerais em matéria de legislação tributária. Confira-se:

> Art. 146. Cabe à lei complementar:
>
> (...)
>
> III - estabelecer normas gerais em matéria de legislação tributária, especialmente sobre:
>
> *a*) definição de tributos e de suas espécies, bem como, em relação aos impostos discriminados nesta Constituição, a dos respectivos fatos geradores, bases de cálculo e contribuintes;
>
> *b*) obrigação, lançamento, crédito, prescrição e decadência tributários;
>
> (...)

Com efeito, a Constituição desenha o tipo fechado dos impostos, cabendo à Lei Complementar – Código Tributário Nacional – norma geral a que a lei ordinária deve obediência, especificar o fato gerador, base de cálculo e contribuinte.

Cabe à União instituir o Imposto sobre a Propriedade Territorial Rural. Logicamente o contribuinte será o proprietário rural. E, logicamente, a base de cálculo deverá refletir o valor do imóvel, que estará localizado na Zona Rural.

Entretanto, outros fatores serão introduzidos na determinação do valor deste imposto. E vêm influir, justamente pela complexidade do aproveitamento da propriedade, pela necessidade do investimento na terra, pela necessidade de construção de benfeitorias, pelo emprego da tecnologia específica à produção agrícola ou criação animal, pela variação no resultado da exploração em decorrência das intempéries da natureza e das doenças que recaem sobre as culturas, dentre outras.

A produção agropecuária enfrenta riscos, muitas vezes incalculáveis.

3 O CÓDIGO TRIBUTÁRIO NACIONAL E O ITR

O Código Tributário Nacional – Lei n. 5.172, de 25-10-1966 –, que dispõe sobre o Sistema Tributário Nacional, assim determina em seu art. 29:

> Art. 29. O imposto de competência da União, sobre a propriedade territorial rural tem como fato gerador a propriedade, o domínio útil, ou a posse do imóvel por natureza, como definido na lei civil, localizada fora da zona urbana do município.

A Constituição Federal referiu-se exclusivamente à propriedade. Propriedade significa poder de domínio que se traduz na faculdade de uso, gozo e disposição de coisas. A posse, por ser um atributo desta, tem sido reconhecida como fato jurídico tributário do imposto, pela doutrina e pela jurisprudência.

Esclareça-se, entretanto, que não é qualquer "posse", mas aquela que possibilita a aquisição da propriedade. Aquelas resultantes de contratos de locação ou arrendamento estão excluídas. Inclui-se apenas a *posse usucapionem*, aquela que pelo decurso do tempo gera a propriedade.

A propriedade urbana é tributada pelo Município. A rural, pela União. Assim o limite do campo de incidência é essencial para determinar o ente tributante. E este limite é dado pelo Município que demarca a sua área urbana e rural.

4 O ITR E A LEI N. 9.393, DE 19-12-1996

4.1 Critérios material, temporal e espacial

A Lei n. 9.393/96 veio dispor sobre o Imposto Territorial Rural.

O critério material é o fato de "ser proprietário", "ter o domínio útil" ou a "posse". O critério temporal é o primeiro dia do ano em que o imposto será cobrado. O critério espacial é a localização do imóvel fora da zona urbana do Município. Confira-se:

> Art. 1º O Imposto sobre a Propriedade Territorial Rural – ITR, de apuração anual, tem como fato gerador a propriedade, o domínio útil ou a posse de imóvel por natureza, localizado fora da zona urbana do município, em 1º de janeiro de cada ano.
>
> § 1º O ITR incide inclusive sobre o imóvel declarado de interesse social para fins de reforma agrária, enquanto não transferida a propriedade, exceto se houver imissão prévia na posse.
>
> § 2º Para os efeitos desta Lei, considera-se imóvel rural a área contínua, formada de uma ou mais parcelas de terras, localizada na zona rural do município.
>
> § 3º O imóvel que pertencer a mais de um município deverá ser enquadrado no município onde fique a sede do imóvel e, se esta não existir, será enquadrado no município onde se localize a maior parte do imóvel.

Este é, portanto, de apuração anual. Observe-se que, como o direito sobre a propriedade é contínuo, no tempo, há a necessidade de a lei determinar um momento para que o fato jurídico tributário se realize. E este momento é o dia 1º de janeiro do ano em que o imposto será cobrado. **Interessam as características do imóvel neste dia**. E o imposto não será cobrado o restante do ano, mesmo que a propriedade seja alienada.

O critério espacial é a zona rural definida na lei como "fora da zona urbana do município" (art. 1º, *caput* e § 2º).

A Lei n. 9.393/96 obedece, pois, às diretrizes que lhe impõe o Código Tributário Nacional.

4.2 Sujeito passivo: contribuinte ou responsável

4.2.1 Contribuinte[4]

O proprietário do imóvel rural, o titular do domínio útil ou o seu possuidor a qualquer título são os sujeitos passivos na relação jurídica tributária (art. 4º). O contribuinte está intimamente ligado ao fato jurídico tributário. É aquele que o realiza, ou seja, é aquele que é proprietário.

O possuidor, no caso, é aquele *ad usucapionem* que tem a intenção de vir a ser proprietário.

Não o são o locatário e o arrendatário que, embora na posse do imóvel, ali estão para explorá-lo, pelo período em que durar o contrato de locação ou arrendamento.

4.2.2 Responsável[5]

O responsável é o garantidor do crédito tributário. Sua figura só aparece em razão de um fato novo, que não o fato jurídico tributário, mas de qualquer forma com fato conecto com aquele. No presente caso este fato seria o não pagamento do ITR pelo proprietário vendedor, o que acarretará a responsabilidade dos adquirentes (CTN, art. 130[6]). O sucessor será responsável pelo crédito tributário do sucedido. Havendo transferência de propriedade durante o ano civil, os adquirentes do imóvel tornam-se responsáveis

---

4 "Art. 4º Contribuinte do ITR é o proprietário de imóvel rural, o titular de seu domínio útil ou o seu possuidor a qualquer título. Parágrafo único. O domicílio tributário do contribuinte é o município de localização do imóvel, vedada a eleição de qualquer outro."

5 "Art. 5º É responsável pelo crédito tributário o sucessor, a qualquer título, nos termos dos arts. 128 a 133 da Lei n. 5.172, de 25 de outubro de 1966 (Sistema Tributário Nacional)."

6 "Art. 130. Os créditos tributários relativos a impostos cujo fato gerador seja a propriedade, o domínio útil ou a posse de bens imóveis, e bem assim os relativos a taxas pela prestação de serviços referentes a tais bens, ou a contribuições de melhoria, sub-rogam-se na pessoa dos respectivos adquirentes, salvo quando conste do título a prova de sua quitação."

pelo débito tributário preexistente e que deixou de ser pago pelos vendedores ao tempo em que eram proprietários.

No caso de alienação do imóvel, portanto, o comprador sucede o vendedor, assumindo a responsabilidade pelo crédito tributário deste, se houver. Da alienação decorrem obrigações para o adquirente que deverá, no prazo de sessenta dias, comunicar as alterações ocorridas no cadastro do imóvel, mediante o Documento de Informação e Atualização Cadastral do ITR – DIAC (art. 6º), ao órgão local da Receita Federal do Brasil.

Essas alterações – desmembramento, anexação, transmissão por alienação, sucessão *causa mortis*, cessão de direito, constituição de reserva ou usufruto – deverão, pois, ser comunicadas até sessenta dias do evento (art. 6º).

4.3 Critério quantitativo

O lançamento do ITR é feito sob a forma de lançamento por homologação. Isto significa que o próprio contribuinte, nos prazos estabelecidos pela Receita Federal do Brasil, deverá apurar o imposto e recolhê-lo. O cálculo e o recolhimento do tributo serão homologados pela Receita de forma expressa ou tácita.

Decorridos cinco anos a partir do fato que deu origem ao débito tributário (ou seja, o primeiro dia do exercício), sem que o Fisco tenha se manifestado, este considera-se homologado. Na mesma data decorridos os cinco anos, perde o Fisco o direito de realizar o lançamento, em virtude de configurar-se a decadência.

4.3.1 Base de cálculo e alíquota

O cálculo do imposto contemplará o Valor da Terra Nua, como base de cálculo, e as alíquotas serão progressivas ou regressivas, levando em conta o grau de utilização do imóvel em relação à sua área total.

4.3.1.1 Base de cálculo – Valor da Terra Nua Tributável – VTNT

O ITR incide sobre o Valor da Terra Nua Tributável, aplicando-se-lhe a alíquota correspondente (Lei n. 9.393/96, art. 11).

Em primeiro lugar, há que se encontrar o Valor da Terra Nua – VTN. Este deverá corresponder ao valor de mercado do imóvel, excluídos valores relativos a (art. 10, § 1º, I):

a) construção, instalações e benfeitorias;
b) culturas permanentes e temporárias;
c) pastagens cultivadas e melhoradas;
d) florestas plantadas.

Em segundo lugar, achar-se-á a área tributável que corresponde à área total do imóvel, reduzida das áreas determinadas à conservação do meio ambiente (art. 10, § 1º, II). Assim:

a) de preservação permanente – APP's – e de reserva legal previstas na Lei n. 4.771, de 15-9-1965, com a redação da Lei n. 7.803/89 (Código Florestal);

b) de interesse ecológico para proteção dos ecossistemas, desde que assim declaradas mediante ato do órgão competente, federal ou estadual;

c) comprovadamente imprestáveis para exploração agrícola, pecuária, granjeira, agrícola ou florestal declaradas de interesse ecológico mediante ato do órgão competente, federal ou estadual;

d) sob regime de servidão florestal ou ambiental (Lei n. 11.428/2006);

e) cobertas por florestas nativas, primárias ou secundárias em estágio médio ou avançado de regeneração (Lei n. 11.428/2006);

f) alagadas para fins de constituição de reservatório de usinas hidrelétricas (Lei n. 11.727/2008).

Em terceiro lugar, o Valor da Terra Nua Tributável, obtido pela multiplicação do VTN pelo quociente entre a área tributável e a área total (art. 10, § 1º, III).

As letras do inciso I corroboram que o valor tributável é o valor da terra nua, sem o acréscimo de valores, quer de benfeitorias, quer de culturas e florestas plantadas, enfim, o que foi acrescido pelo homem.

As letras do inciso II trazem a exclusão das áreas protetoras do meio ambiente, contempladas no Código Florestal, e de interesses ecológicos desde que assim declaradas pelos órgãos públicos competentes.

Constata-se, pois, que o valor que se dá à conservação da flora e à preservação do meio ambiente reflete-se na legislação do ITR. De fato, as áreas de interesse de preservação do meio ambiente estão isentas do ITR, como acima visto. Para serem dedutíveis no Valor da Terra Nua deverão constar do ADA – Ato Declaratório Ambiental, de apresentação obrigatória ao IBAMA.

O Valor da Terra Nua Tributável terá, pois, a seguinte fórmula:

$$VTNt = VTN \times \frac{\text{Área Tributável}}{\text{Área total}}$$

Áreas Protetoras do Meio Ambiente: seus conceitos e efeitos no cálculo do ITR
a) Áreas de Preservação Permanente

As áreas de preservação permanente são aquelas que acompanham os acidentes geográficos, os cursos de água, rios, os espelhos d'água, lagoas, as encostas dos morros. As nascentes e margens dos rios deverão ser cobertas por matas ciliares, protegendo os mananciais e o volume das águas. A largura das faixas marginais dependerá da largura dos rios, iniciando-se em 30m para rios com menos de 10m de largura, até faixa de 500m para rios que tenham largura superior a 600m (Lei n. 4.771/65, art. 2º).

Têm, portanto, critério objetivo.

Observe-se que as Áreas de Preservação Permanente não precisam ser averbadas à margem da matrícula dos imóveis no Registro de Imóveis. Entretanto, será obrigatória a sua inclusão no ADA.

A supressão de vegetação nesta área só é possível em casos de utilidade pública ou de interesse social (Lei n. 4.771/65, art. 4º, com redação dada pela Medida Provisória n. 2.166-67, de 24-8-2001). A autorização, neste caso, deverá ser feita por órgão ambiental estadual com anuência prévia do órgão federal.

Assim haverá APP's nas propriedades se, e somente se, ali haja rios, lagoas, morros etc.

b) Áreas de Reserva Legal

Já a Reserva Legal **é porcentagem em relação à área da propriedade rural**. Na Amazônia Legal, em área de floresta, a Reserva deve ser de 80% e, em área de cerrado, 35%; nas demais regiões do país, 20% em área de floresta ou outras formas de vegetação nativa, inclusive em campos gerais (Lei n. 4.771/65, art. 16).

Há de se ater à complexidade da Reserva Legal, uma vez que é hoje obrigatória e se impõe em 20% da área da propriedade.

Não é possível a supressão da vegetação da Reserva Legal, mas é possível a sua utilização sob o regime de manejo florestal sustentável.

A localização da Reserva Legal deve ser aprovada pelo órgão ambiental estadual competente. Aliás, a escolha e a localização da Reserva legal incumbem ao proprietário e ao Poder Público. Isto porque há várias formas de instituí-la, conforme alternativas introduzidas no Código Florestal pela Medida Provisória n. 2.166-74/2001, justamente porque cada propriedade terá as suas peculiaridades que devem ser consideradas no momento da instituição da Reserva Legal.

Observe-se que a Reserva legal só será considerada para dedução na base de cálculo do ITR se já estiver averbada no Registro de Imóveis no dia 1º de janeiro, dia em que se realiza o fato gerador do ITR.

Considerando a expressiva restrição imposta à propriedade, mediante a Reserva Legal (20%) consideramos oportuno melhor entendimento da matéria, uma vez que esta deve ser sopesada em cada caso, em cada propriedade, escolhido o seu lugar, conforme os ditames da lei, mas também da melhor forma para o explorador da terra. A Reserva Legal deve ser levada em conta, inclusive, no momento da realização do negócio de compra da propriedade.

Inicialmente a Reserva Florestal Legal protegia as florestas, permitindo a sua derrubada desde que fossem preservados 25% destas.[7] Este conceito foi mantido no Código Florestal de 1965 – Lei n. 4.771, de 15-9-1965.

A Lei n. 7.803, de 18-7-1989, que o modificou, introduziu a **obrigação de averbá-la à margem da matrícula do imóvel** no Registro de Imóveis[8].

A Medida Provisória n. 2.166, de 24-8-2001, tornou a Reserva Legal mais abrangente. Hoje são sujeitos a ela as florestas, cerrados, campos gerais e outras formas de vegetação nativa. Na Amazônia Legal a proteção das florestas chega a 80% da área do imóvel (Código Florestal, art. 16).

---

7   Código Florestal de 1934 (Decreto n. 23.793, de 23-1-1934):"Art. 23. Nenhum proprietário de terras cobertas de matas poderá abater mais de três quartas partes da vegetação existente, salvo o disposto nos arts. 24, 31 e 52. ... § 2º Antes de iniciar a derrubada, com a antecedência mínima de 30 (trinta) dias, o proprietário dará ciência de sua intenção à autoridade competente, a fim de que esta determine a parte das matas que será conservada. ...".
8   "Art. 16. As florestas de domínio privado, não sujeitas ao regime de utilização limitada e ressalvadas as de preservação permanente, previstas nos arts. 2º e 3º desta Lei, são suscetíveis de exploração, obedecidas as seguintes restrições: ... § 2º A reserva legal, assim entendida a área de, no mínimo, 20% (vinte por cento) de cada propriedade, onde não é permitido o corte raso, deverá ser averbada à margem da inscrição de matrícula do imóvel, no registro de imóveis competente, sendo vedada a alteração de sua destinação nos casos de transmissão, a qualquer título, ou de desmembramento da área."

Esta Medida Provisória veio reforçar a obrigação de constituí-la em áreas já descobertas de vegetação. Reconhecendo, porém, a dificuldade de realizá-la, principalmente se a propriedade é produtiva e está já ocupada por culturas e pastagens, **criou várias formas de implementá-la, dentro ou fora da propriedade**, maleabilizando a forma de instituí-la. E nem poderia ser de outra forma, pois torna-se impraticável arrancar as culturas agrícolas para substituí-las por florestas. Além da perda substancial da produção agrícola, redução de mão de obra, quebra de contratos, o custo com a reposição de árvores é insustentável. A ideia é sempre preservar. Na medida em que a Reserva Legal de um for compensada em terras de outrem (florestas ou outra vegetação nativa) estar-se-á impedindo este outrem de desflorestar além do limite de 20%.

Perseverar na imposição de realizá-la **dentro** da propriedade é ignorar as outras alternativas conferidas pela lei que em sua dicção diz poderem estas alternativas ser adotadas isolada ou conjuntamente. Aliás, as demais formas de realizá-la são o reconhecimento de que a natureza tem os seus limites naturais de desenvolvimento e maturação e que independem da ação do homem[9].

A jurisprudência que acompanhou as alterações legais tinha inicialmente o entendimento de que se o novo proprietário encontrasse o imóvel já desmatado, não era obrigado a reconstituir a Reserva[10].

---

9 Vejam-se as novas formas de instituição da Reserva Legal:
(Código Florestal, Lei n. 4.771/1965 com a alteração da Medida Provisória n. 2.166/2001)
1) regime de condomínio (art. 16, §11);
2) recomposição (art. 44, I);
3) condução à regeneração natural (art. 44, II);
4) compensação de reserva legal por outra área equivalente em importância ecológica e extensão (art. 44, III).
5) instituição de servidão florestal: Art. 44-A;
6) cota de Reserva Florestal Legal – CRF: Art. 44-B;
7) doação a órgão competente:
Art. 44, § 6º com a redação dada pelo art. 49 da Lei da Mata Atlântica, Lei n. 11.428, de 22-12-2006.
8) compensação de áreas: permissão de computar a vegetação nativa de áreas de preservação permanente – APP – no cálculo do percentual da reserva legal, quando exceda a 50% da propriedade em regiões do país, exceto Amazônia Legal (Art. 16, § 6º).

10 Inúmeros julgados do Superior Tribunal de Justiça decidiram neste sentido, demonstrando a ilegitimidade do novo proprietário para figurar no polo passivo da Ação Civil Pública, referente à área desmatada por outrem, pois a ele não se pode impor o ônus do refloresta-

A jurisprudência atual do STJ, após 2002, tomou outro rumo: passou a entender que a responsabilidade é *propter rem,* atingindo o proprietário atual. Assim, mesmo que o proprietário atual não tenha sido o causador do desmatamento, será obrigado a instituir a Reserva Legal, averbá-la no Registro de Imóveis e reconstituí-la, adotando uma ou várias das formas retrodescritas permitidas pela Medida Provisória n. 2.166/2001.

A Contestação em Juízo da Reserva Legal

A Reserva Legal está *sub judice,* na Ação Direta de Inconstitucionalidade n. 3.346 proposta pela CNA. Esta tem por objeto a declaração de inconstitucionalidade da Medida Provisória n. 2.166-67 na parte em que altera o art. 1º, ao acrescentar-lhe os incisos II e III, bem como os arts. 16 e 44, todos da Lei n. 4.771, de 15-9-1965 – Código Florestal.

Isto porque estas alterações do Código Florestal violaram a Constituição Federal nos seguintes dispositivos: art. 62, ausência de relevância e urgência da Medida Provisória; arts. 5º, *caput,* e 225, § 1º, violação ao princípio da isonomia; art. 5º, XXII, XXIII e XXIV, violação do direito de propriedade; art. 5º, XXVI, violação à segurança jurídica; e art. 5º, LIV, violação ao devido processo legal substantivo.

A ocupação das regiões Norte e Centro Oeste, segunda expansão das atividades rurais do país (a primeira se deu nas regiões Sul e Sudeste com a vinda dos emigrantes), exigiu o ciclo da expansão da agroindústria brasileira. E, para tanto, foram os emigrantes incentivados a desmatar 50% das terras recebidas.

Enquanto se realizava o esforço hercúleo dessas atividade, as terras devolutas do Estado (que não foram por ele catalogadas, pelo contrário: ficaram abandonadas e sujeitas à grilagem) sofreram desmatamento ilícito configurando-se o que Luís Carlos Silva de Moraes[11] chamou de "estado de omissão administrativa".

---

mento se não foi o agente do dano.

No REsp 156.899-PR, em 4-5-1998, sendo relator o Ministro Garcia Vieira, este assim decidiu:"Não se pode impor a obrigação de reparar dano ambiental, através de restauração de cobertura arbórea a particular que adquiriu a terra já desmatada". No mesmo sentido REsp 214.714-PR, 27-9-1999, *LEX-STJ,* v. 126, p. 129; REsp 229.302-PR, 7-2-2000, *LEX-STJ,* v. 14, p. 103; REsp 232.187, *DJ* de 8-5-2000; REsp 28.222, 15-10-2001; REsp 218.781-PR, 24-6-2002, Milton Luiz Pereira, *DJ* de 24-6-2002, p. 91.

11 *Código Florestal comentado.* 4. ed. São Paulo: Atlas, 2009, p. 8.

Constate-se que o Brasil tornou-se, com o trabalho dos cidadãos ruralistas e pecuaristas, o segundo maior exportador mundial de alimentos, representando, o setor, 24% do PIB nacional. A legislação levou o país a ter mais de 70% de sua área protegida, sendo o único país no mundo que oferece mais de dois terços de seu território para preservação[12].

Tudo indica, pois, que a **real relevância e urgência** não estão na necessidade de aumento de **restrição** quanto ao uso da propriedade, **mas sim** em corrigir o rumo adotado pelo Poder Público **nas décadas** passadas, que incentivou a migração **dos brasileiros** para a região e depois os "abandonou"[13].

Vê-se, pois, diante da complexidade da matéria, que não se pode tratar a Reserva Legal com a generalidade e simplicidade com que foi tratada neste imenso país continental, cuja vocação natural é a expansão das atividades agropecuária e do agronegócio.

Relevante para o cômputo do ITR a Reserva Legal, conforme determinação da legislação.

Conclusão quanto à Reserva Legal:

Para ser dedutível da base de cálculo do ITR, a Reserva Legal depende de estar averbada na matrícula do imóvel, no Registro de Imóveis em 1º de janeiro do ano da declaração. É reconhecida mediante o ADA, cujo requerimento deve ser protocolado no IBAMA dentro do prazo legal.

c) Áreas cobertas por florestas nativas, primárias ou secundárias em estágio médio ou avançado de regeneração

A possibilidade de considerá-las surgiu na Lei da Mata Atlântica n. 11.428/2000, de 22-12-2006.

A partir de 1º de janeiro de 2007, as áreas cobertas por florestas nativas, primárias ou secundárias em estágio médio ou avançado de regeneração passaram a integrar a Lei n. 9.393/96, no art. 10, § 1º, II, *e*, como áreas dedutíveis do VTN e, portanto, não tributáveis pelo ITR.

Com efeito, a Lei n. 11.428/2006, que trata da proteção da Mata Atlântica, em suas Disposições Finais, no art. 48 introduziu alteração no art. 10 da Lei n. 9.393/96. Confira-se:

---

12 Informações contidas no pedido de admissão como *Amicus Curiae*, pela CNI, na ADIn n. 3.346 proposta pela CNA.

13 Idem.

Art. 10. (...)

§ 1º (...)

e) cobertas por florestas nativas, primárias...

Dúvidas surgiram, então, a propósito da nova prescrição. Protegeria as florestas da Mata Atlântica, apenas, ou qualquer tipo de floresta?

A matéria foi levada em forma de Consulta à Secretaria da Receita Federal do Ministério da Fazenda e teve a resposta na Solução da Consulta n. 60, de 29-2-2008, que declara serem as áreas de florestas nativas não tributáveis nos termos do art. 48 da Lei n. 11.428/2006.

De fato, a inclusão das áreas cobertas por florestas nativas como suscetíveis de diminuição de base de cálculo tributável vem consolidar o entendimento de que quaisquer florestas, não só as da Mata Atlântica, são valoradas.

Conclusão sobre a base de cálculo:

A base de cálculo é o VTNt.

O valor do VTNt corresponde ao valor de mercado do imóvel em Terra Nua (deduzidos os valores informados no art. 10, § 1º, I) **multiplicado pelo quociente entre as áreas tributáveis** (deduzidas as áreas de interesse ambiental – não tributáveis – referidas nas letras *a* a *f* do inciso II do § 1º do art. 10 da Lei n. 9.393/96) **e a área total do imóvel**.

4.3.1.2 Alíquota

A alíquota a ser aplicada depende de determinação do Grau de Utilização – GU – do Imóvel. Este é a relação percentual entre a área efetivamente utilizada e a área aproveitável.

Área aproveitável é a que for passível de exploração agrícola, pecuária, granjeira, aquícola ou florestal, excluídas as áreas ocupadas por benfeitorias úteis ou necessárias, bem como aquelas referidas à proteção do meio ambiente, descritas nas letras *a* a *f* do inciso II do § 1º do art. 10 da Lei n. 9.393/96 (art. 10, IV, *a* e b).

Área efetivamente utilizada é a porção do imóvel que no ano anterior tenha sido plantada, servido de pastagem, sido objeto de exploração extrativa, granjeira e aquícola e objeto de implantação de projeto técnico (art. 10, V, *a* a *e*).

A alíquota será progressiva considerando o grau de utilização do imóvel. Quanto menor a utilização (e esta em relação a área total do imóvel), maior será a alíquota.
Confira-se:

Tabela de Alíquotas
(art. 11)

Área total do imóvel (em hectares)	GRAU DE UTILIZAÇÃO – GU (EM %)				
	Maior que 80	Maior que 65 até 80	Maior que 50 até 65	Maior que 30 até 50	Até 30
Até 50	0,03	0,20	0,40	0,70	1,00
Maior que 50 até 200	0,07	0,40	0,80	1,40	2,00
Maior que 200 até 500	0,10	0,60	1,30	2,30	3,30
Maior que 500 até 1.000	0,15	0,85	1,90	3,30	4,70
Maior que 1.000 até 5.000	0,30	1,60	3,40	6,00	8,60
Acima de 5.000	0,45	3,00	6,40	12,00	20,00

4.3.2 Conclusão do critério quantitativo

O valor do imposto será o Valor da Terra Nua Tributável – VTNt, multiplicado pela alíquota correspondente, considerada a área total do imóvel e o grau de utilização.

5 CONCLUSÃO

O ITR é um imposto com reforçada conotação extrafiscal que objetiva, na determinação da Base de Cálculo, as formas de aproveitamento das áreas do imóvel, considerando-as na sua produtividade, na proteção ambiental e na determinação de alíquota aplicável o grau de utilização do imóvel.

AS CONTRIBUIÇÕES E O DESEQUILÍBRIO DO SISTEMA CONSTITUCIONAL TRIBUTÁRIO

ANNA EMILIA CORDELLI ALVES*

> "Só conhecendo a Constituição poderemos estimá-la.
> Ninguém pode estimar o que desconhece.
> E, estimando-a, façamo-la eficaz, para benefício de seu povo"
> (Geraldo Ataliba, *República e Constituição*).

1 INTRODUÇÃO

O sistema constitucional tributário consagrado pelo constituinte de 1988 disciplinou a matéria tributária de modo detalhado, com a definição minuciosa das competências tributárias, bem como do preciso conteúdo dessas competências.

Não obstante, estamos assistindo, nos últimos vinte anos de vigência do texto da Carta Magna, uma relativização dessa rígida disciplina constitucional, em especial em matéria de contribuições sociais e para a seguridade social.

Assim, neste trabalho em que nos propomos homenagear o Professor **Eduardo Bottalo**, buscamos demonstrar esse desequilíbrio com exemplos de recentes decisões judiciais, com o intuito de trazer à tona o debate sobre tema constitucional importante, bem como contribuir para o seu equacionamento.

Com a escolha do tema, vamos certamente ao encontro das preocupações científicas do nosso homenageado, que sempre pautou seus estudos e

---

* Professora de Direito Tributário na PUCSP. Advogada Tributarista em São Paulo.

escritos na defesa intransigente da Constituição Federal, em especial dos princípios que dão estrutura ao sistema constitucional tributário.

2 A RIGIDEZ DO SISTEMA CONSTITUCIONAL BRASILEIRO

O ordenamento jurídico brasileiro introduzido pela Constituição de 1988 está baseado num sistema marcado pela *rigidez* no que se refere à repartição de competências entre as diferentes ordens de poder político – federal, estadual, distrital e municipal. Tais entes possuem atribuições e prerrogativas próprias, decorrentes da divisão feita pelo constituinte e que não está à mercê do legislador infraconstitucional de qualquer uma das mencionadas esferas, ainda que revestido sob o manto do *Poder Constituinte Derivado ou Decorrente*[1].

Ao lado das competências materiais, temos as competências legislativas, dentre as quais nos interessa, de perto, a competência tributária.

Referida competência se insere no subsistema constitucional tributário, cujas características básicas são a *rigidez* e a *exaustividade*. A *rigidez* sujeita o legislador infraconstitucional à expressa e completa ordenação constitucional, a qual não lhe deixa liberdade jurídica de ação que ultrapasse os limites da simples descrição legislativa do quanto esculpido no texto constitucional[2]. Sobre tais limites, Roque Carrazza[3] realça ser induvidoso que o legislador, ao exercitar a competência tributária, encontra limites jurídicos, caracterizando-se, o primeiro desses limites, pela observância das normas constitucionais. Para o autor, o respeito devido a tais normas é absoluto e sua violação importa irremissível inconstitucionalidade da lei tributária.

A outra característica do sistema tributário constitucional – a *exaustividade* – decorre da própria rigidez do sistema. De fato, a par de estabelecer cada uma das competências privativas dos entes de direito público interno, o fez de modo exaustivo, vale dizer, não só com a denominação de cada um dos impostos, mas também com a descrição da matriz constitucional dos mesmos, em especial com o delineamento do aspecto material de cada um dos impostos.

---

1 BERTI, Flavio de Azambuja. *Direito tributário de princípio federativo*. Quartier Latin, p. 88.
2 ATALIBA, Geraldo. *Sistema constitucional tributário brasileiro*, Revista dos Tribunais, 1968, p. 30-31.
3 *Curso de direito constitucional tributário*. 19. ed. Malheiros, 2004, p. 441.

2.1 Da aplicação da rigidez do sistema constitucional tributário aos tributos vinculados

Em geral, ao se abordar o tema da *exaustividade* das normas constitucionais tributárias, vincula-se tal característica especialmente aos tributos não vinculados – os impostos.

Em sua obra *República e Constituição*, Geraldo Ataliba, ao tratar da *rigidez* constitucional, afirma que nossa Magna Carta, ao cuidar dos princípios da Federação e da República, é "rigidíssima", isto é, não há possibilidade de ser ela alterada quanto a essas matérias, nem mesmo por meio de emendas. Afirma que nesse ponto ela é inalterável.

Quando analisa a cláusula pétrea constante do § 4º do art. 60 da CF, afirma que não pode o Congresso Nacional, na qualidade de órgão de reforma constitucional, sequer discutir qualquer projeto tendente à abolição dos dois princípios. A nosso ver, tal característica também informa as regras constitucionais de competência para criar os tributos vinculados – taxas e contribuições –, inclusive as contribuições sociais, profissionais, de intervenção no domínio econômico e aquelas para a seguridade social. De fato, com relação às taxas, as atividades estatais que podem render ensejo à instituição e cobrança do referido tributo estão exaustivamente definidas no texto constitucional. Do mesmo modo as hipóteses de incidência das contribuições.

2.2 Da Inalterabilidade das regras constitucionais de competência tributária pelo Poder Constituinte derivado

Levando-se em conta a classificação das normas jurídicas em regras de conduta e regras de estrutura[4], podemos afirmar que as regras constitucionais que outorgam competências aos entes de direito público interno pertencem à categoria das regras de estrutura[5], e servem de parâmetros de atuação do

---

4 "Quando se está diante de uma regra voltada diretamente para a normatização quanto ao comportamento dos indivíduos, tem-se uma regra de conduta; de outro lado, quando a regra não se dirige diretamente para o comportamento dos indivíduos, tem-se a chamada regra de estrutura" (BERTI, Flavio de Azambuja. Op. cit., p. 94).
5 O conteúdo das regras de estrutura consiste em outras regras com o objetivo de regrar o

legislador infraconstitucional, impondo-lhes um campo relativamente restrito, o qual, ultrapassado, acarretará vício formal de invalidade (inconstitucionalidade) do produto legislado, das leis editadas[6].

Importante ressaltar, quanto à característica da *inalterabilidade das competências tributárias* que, no Brasil, como Estado federado, a repartição das competências tributárias assume natureza constitucional. Desse modo, o legislador constituinte de 1988 dividiu o poder tributário entre os entes de direito público interno, não podendo o legislador infraconstitucional, e mesmo o Poder Constituinte derivado, alterar referida repartição, sob pena de rompimento do equilíbrio na Federação e lesão ao princípio federativo[7].

Além de estar impedido de alterar a repartição das competências tributárias, o legislador infraconstitucional, assim como o poder constituinte derivado, não está autorizado a modificar o conteúdo de tais competências, tal como posto pelo constituinte originário de 1988.

Em conclusão: o sistema constitucional tributário é formado por um conjunto de normas que se relacionam de maneira harmônica, inspirado por princípios gerais e especiais que lhe dão contorno e legitimam cada um de seus elementos (normas). Assim, qualquer alteração introduzida nesse sistema deve guardar coerência com as demais normas e princípios fundamentais que são o alicerce desse sistema.

Não obstante, emendas constitucionais vêm procedendo a tais alterações e, o que é mais grave, vêm recebendo o aval da Corte Constitucional Suprema, que, em várias decisões, a nosso ver, tem afastado construção jurisprudencial consolidada ao longo dos anos, na defesa do sistema constitucional tributário.

Preocupa-nos, assim, não só a desenfreada edição de emendas constitucionais, mas, e principalmente, as decisões judiciais emanadas do Supremo Tribunal Federal, com total desconsideração de construções doutrinárias construídas ao longo do tempo por abalizados juristas e acolhidas por ilustres ministros que, ao longo do tempo, exerceram suas funções de julgadores supremos.

---

procedimento ou o conteúdo das regras de comportamento, ou ainda os limites dentro dos quais estas podem ser veiculadas; constituem-se em verdadeiras "regras sobre regras" ou normas de "sobredireito", posto que estruturam a própria atuação do legislador (BERTI, Flavio de Azambuja. Op. cit., p. 95).

6   BERTI, Flavio de Azambuja. Op. cit., p. 97.
7   Idem, ibidem, p. 108.

3 DAS EMENDAS CONSTITUCIONAIS INCONSTITUCIONAIS

Em razão das características do sistema constitucional tributário, a mera introdução de uma norma no texto constitucional não tem o condão de torná-la constitucional, se a mesma não puder ser harmonizada com as demais normas e não obedecer aos princípios expressos e implícitos na Constituição.

Ocorre que a decisão de expulsar uma norma introduzida indevidamente na Constituição Federal cabe exclusivamente ao Supremo Tribunal Federal. Assim, eventual Emenda Constitucional que contrarie uma cláusula pétrea poderá vir a ser definitivamente incorporada ao sistema constitucional, caso o Supremo não a considere inconstitucional. Daí a importância das decisões da Corte Suprema para manter a integridade do sistema constitucional tributário, ou, ao contrário, contribuir para o seu desequilíbrio ou mesmo sua desestruturação.

Essa preocupação foi externada por Cristiano Carvalho, com o seguinte texto:

> Da mesma forma que toda norma é presumidamente válida, desde seu ingresso no ordenamento, toda norma é passível de invalidação e, portanto, expulsão do sistema. Costuma-se dizer que há normas intocáveis, como por ex. as cláusulas pétreas constitucionais, os atos jurídicos perfeitos, a coisa julgada, ou as normas declaradas constitucionais nas ações declaratórias de constitucionalidade ou inconstitucionalidade. Entretanto, não é assim que acontece. Mesmo essas normas podem ser expulsas do sistema, mediante outra norma que assim o decida. Vamos supor que uma Emenda Constitucional revogue o princípio da legalidade. A emissão de tal norma valerá desde já, podendo gerar os respectivos efeitos. Provavelmente inúmeras ações judiciais com vistas a invalidar tal lei serão interpostas. *Se o Supremo Tribunal Federal, órgão do sistema competente para dizer da constitucionalidade de todas as normas pós-Constituição postas no ordenamento, declarar a constitucionalidade dessa emenda revogadora da legalidade, a consequência será exatamente essa: a revogação de uma cláusula pétrea.* Não há nenhum outro órgão judicante superior ao Supremo que possa impugnar as suas decisões. Por mais absurdas que possam parecer essas decisões, elas têm o caráter de última palavra, de fechamento do sistema[8] (grifos nossos).

---

8 Da validade da norma constitucional. In: *Teoria do sistema jurídico*. Quartier Latin, 2005, p. 171-172.

3.1 Do controle de constitucionalidade das contribuições

Em matéria de contribuições, a competência é exclusiva da União, com exceção daquelas contribuições destinadas pelas pessoas de direito público interno – Estados e Municípios – ao custeio de sistemas de previdência e assistência social para seus funcionários.

As contribuições, ao lado das taxas e contribuição de melhoria, são tributos da espécie tributos vinculados, isto é, tributos cuja exigência está condicionada a uma atuação estatal, posta na materialidade de suas hipóteses de incidência.

O art. 149, ao tratar das contribuições, adota uma qualificação finalística para determinar a validade das leis instituidoras da figura. Este dispositivo prevê expressamente que as contribuições correspondem ao **"instrumento de atuação" da União na área social, na área econômica e na área das categorias profissionais ou econômicas**[9].

É também instrumento de atuação dos Estados e Municípios, dentro da restrita competência que recebem da Constituição Federal. A Magna Carta atrela às contribuições estaduais e municipais a necessária atuação dessas pessoas de direito público interno, consistente em criar e manter sistema de seguridade social que beneficiem seus servidores. Tal atuação caracteriza-se por atender o interesse de determinado grupo (servidores públicos estaduais e municipais), o que, portanto, justifica a instituição e cobrança da referida contribuição. Esse o desígnio constitucional ao criar a regra matriz das referidas contribuições.

Ora, não tem sentido conceber algo como **instrumento** em si mesmo, destacado do contexto em que se insere e distanciado de uma função a que sirva ou de uma finalidade, ou objetivo, que vise. Algo só pode ser compreendido como instrumento desde que seja considerada a respectiva função ou utilidade. Vale dizer, o elemento finalidade[10].

A Constituição, portanto, não qualifica as contribuições por seus fatos geradores, mas sim por suas finalidades. Haverá este tipo de tributo sempre que implementada uma de suas finalidades constitucionais[11]. Essas contribui-

---

9 GRECO, Marco Aurélio. *Contribuições (uma figura "sui generis")*. Dialética, 2000, p. 135.
10 Idem, ibidem, p. 135.
11 CARRAZZA, Roque Antonio. *Curso de direito constitucional tributário*. 12. ed. Malheiros, p. 391.

ções são verdadeiros tributos qualificados pela finalidade que devem alcançar, podendo, para parte da doutrina, revestir a natureza jurídica de imposto ou taxa, conforme as hipóteses de incidência e bases de cálculo que tiverem[12].

Ocorre que o figurino constitucional das contribuições, do modo como vem sendo tratado por parte da doutrina e pela jurisprudência, especialmente pelo Supremo Tribunal Federal, está sendo indevidamente alargado, o que acaba por conduzir a uma relativização da rigidez do próprio sistema constitucional tributário.

3.2 Contribuições – Parâmetros de controle de constitucionalidade. Finalidade e atendimento de interesse de grupo social

Não obstante, o próprio texto constitucional oferece parâmetros seguros para evitar o alargamento indevido e inconstitucional do figurino desses tributos, de modo a impedir a instituição e cobrança de inúmeras contribuições inconstitucionais, tal como no passado já ocorreu com a instituição e exigência de tributos que, apesar de denominados taxas, tinham verdadeira natureza de impostos.

Cabe aos estudiosos do direito tributário, então, a defesa intransigente das determinações constitucionais sobre a matéria, de modo a impedir a indevida edição de normas por via de emendas constitucionais, no mais das vezes em flagrante desvio de finalidade.

No desempenho de tal missão, deve restar claro que a matriz constitucional das contribuições indica, além da *finalidade*, a necessidade da pertinência da contribuição a um grupo social. No caso da contribuição para a seguridade social, prevista no art. 195, isto fica mais nítido. Os empregados são o grupo social apto a usufruir dos benefícios previdenciários que lhe são outorgados pela própria Constituição e, por esta razão, a Constituição autoriza que a legislação crie mecanismos de financiamento de um sistema geral de previdência social. Se não há um grupo ao qual a finalidade indicada constitucionalmente se refira, falta um elemento do modelo constitucional das contribuições. A importância desta identificação está na consequência que daí se extrai relativamente ao juízo de constitucionalidade da lei.

---

12 Idem, ibidem, p. 389.

A simples existência do grupo, no entanto, não é suficiente para autorizar sua exigência. A contribuição deve vincular-se à persecução do objetivo de interesse do grupo, no sentido dinâmico e funcional. Trata-se de uma exigência "no interesse" de alguém, o que implica em que a contribuição não pode ter feição negativa.

Vale dizer, a inobservância desses requisitos constitucionais deve determinar a inconstitucionalidade da figura tributária.

3.3 Da inconstitucionalidade da contribuição criada pela Emenda Constitucional n. 42 – PIS/COFINS-Importação

Ocorre que todos esses requisitos foram ignorados com a edição da Emenda Constitucional n. 42, que introduziu o inciso IV no art. 195 da CF, criando a possibilidade de a União instituir **contribuição social para a seguridade social, sobre a importação de bens e serviços do exterior**. Com fundamento nessa Emenda, o Governo Federal instituiu duas novas contribuições – **PIS-Importação e COFINS-Importação**.

Ora, tal contribuição tem como finalidade financiar as ações de saúde, previdência e assistência social.

De acordo com o texto constitucional, a seguridade deverá ser financiada por **toda** a sociedade de forma direta e indireta. Diretamente, pelo pagamento de "contribuições" daqueles que serão beneficiados por aquelas ações estatais e indiretamente pelas pessoas de direito público interno e pelas empresas que, na condição de empregadoras, devem arcar com contribuições incidentes sobre a folha de salários, rendimentos do trabalho pagos ou creditados às pessoas físicas que lhes prestem serviços, sobre as respectivas receitas ou faturamentos e sobre os respectivos lucros.

Observe-se que em todas estas hipóteses os sujeitos obrigados ao pagamento das referidas contribuições devem pertencer ao **grupo dos empregadores**, por sua relação com a finalidade constitucional posta (financiamento da seguridade social de seus empregados).

Ocorre que as **empresas importadoras** já integram o referido grupo na qualidade de "empregadores", e, portanto, já recolhem a contribuição (PIS/COFINS). Assim, a imposição de nova contribuição, para a mesma finalidade, **exclusivamente** de um grupo econômico *específico*, fere o princípio da igualdade e atenta contra o princípio da proporcionalidade posto pelo legislador como requisito de constitucionalidade das contribuições.

De fato, a eleição destacada de um determinado grupo econômico – o grupo das empresas importadoras – somente se justificaria, por exemplo, na hipótese de cobrança de contribuição de intervenção no domínio econômico, especificamente na área de importação.

De acordo com Marco Aurélio Greco, "a constitucionalidade da lei que institui determinada contribuição é também determinada pelo critério da adequação do fato captado pela lei à finalidade posta pela Constituição. Assim, se a contribuição destina-se a custear benefícios de seguridade social, cumpre existir uma proporção entre benefício e custeio, critério, aliás, espelhado no § 5º do art. 195"[13]. Nesses moldes, de todo compatível a exigência de contribuição sobre o lucro, folha de salários, renda do empregador, posto que seus empregados serão diretamente beneficiados pelas ações de seguridade, restando clara a adequação da exigência.

Pergunta-se: No caso das contribuições em apreço – PIS-Importação e COFINS-Importação, **qual a adequação entre valor de importação de bens e serviços e custeio da seguridade social?**

No dizer de Sacha Calmon[14], a Constituição Federal de 1988, de resto como as anteriores, ao referir-se a empréstimos compulsórios e contribuições especiais, corporativas, de intervenção no domínio econômico, previdenciárias e sociais, parece ter embaralhado as noções teóricas sobre o assunto. Ademais disso, para ele, doutrina ligeira e leviana, quando não oportunista, casuística, procura, por motivos práticos, inserir distinções que tumultuam mais ainda o trato da matéria.

Concordamos com o autor, uma vez que a divisão do tributo em espécies somente pode se basear na classificação em vinculados a uma atuação estatal e não vinculados a tal atuação, tal como acertadamente proposto por Geraldo Ataliba. Portanto, a figura da "contribuição" não pode escapar à lógica interna do sistema constitucional tributário: trata-se claramente de um tributo vinculado, posto que sua exigência está atrelada a uma necessária atuação estatal.

---

13 Op. cit., p. 142.
14 Sobre a teoria dos tributos vinculados, Sacha Calmon Navarro Coelho, Taxas e contribuições. In: *Direito tributário e reforma do sistema*. Pesquisas Tributárias, Nova série - 9.

Assim, toda e qualquer contribuição, para ser considerada constitucional, deve ter uma **finalidade prevista constitucionalmente**, e deverá remunerar uma atividade estatal direta ou indiretamente relacionada com a referida atividade. Ademais, por se caracterizar como tributo vinculado, não poderá ser exigido da sociedade como um todo, mas apenas de **grupo determinado e vinculado à atividade estatal por ela custeada**.

3.4 Da decisão do STF que considerou constitucional a contribuição incidente sobre os proventos de aposentadoria e pensão - EC n. 41

O Pleno do STF, por decisão majoritária, ignorando a ausência daqueles requisitos de constitucionalidade, julgou improcedente a ADIn 3.128-7-DF, em relação ao *caput* do art. 4º da EC n. 41, de 19-12-2003, vencidos a relatora Ministra Ellen Gracie, Carlos Britto, Marco Aurélio e Celso de Mello[15].

A referida EC n. 41 autorizou a incidência da contribuição previdenciária sobre os proventos de aposentadoria e pensão. Em suma, vencida, entendeu a Ministra Ellen Gracie, relatora originária da ação direta de inconstitucionalidade – que, "com a finalidade de alcançar o saneamento das finanças da previdência social, aposentados foram 'reinstalados' na condição de contribuintes do sistema e pensionistas – que, estes, nunca estiveram na situação de contribuintes – passaram a sê-lo".

Com meridiana clareza a Ministra afirmou em seu voto que "a contribuição previdenciária, paga ao longo da vida funcional, tem como finalidade garantir a percepção futura dos proventos de aposentadoria. Se o aposentado já aufere a vantagem, não há mais finalidade em sua participação no sistema previdenciário". Nesse caso, segundo a Ministra, teremos, de acordo com a EC n. 41, uma contribuição sobre a percepção de proventos, e, portanto, uma tributação de rendimentos que já está sujeita ao imposto geral sobre rendas e proventos de qualquer natureza e, ademais, um *bis in idem* discriminatório porque desatende os princípios da generalidade e da universalidade (art. 155, § 2º, I), já que recai só sobre uma categoria de pessoas.

---

[15] Julgamento em 18-8-2004, Min. Cezar Peluso, relator para o acórdão.

Na mesma linha de raciocínio o Ministro Marco Aurélio em seu voto salientou a "impossibilidade de ter o Governo, como finalidade declarada, a salvação da previdência social, e, para fazer caixa, lançar mão da referida contribuição, sem qualquer contraprestação para com os aposentados e pensionistas. Para ele, o tributo criado é verdadeiro imposto, apesar de sua denominação".

O Ministro Celso de Mello afirmou em seu voto que "com relação aos aposentados e pensionistas inocorre a necessária correlação entre custo e benefício, qualificando-se como constitucionalmente ilegítima, porque despojada de causa eficiente a instituição de contribuição sem o correspondente oferecimento de uma nova retribuição, de um novo benefício ou de um novo serviço".

Preocupou-nos sobremaneira, nesse julgamento, o entendimento esposado pelo Ministro Joaquim Barbosa que, ao afirmar que nossa Constituição de 1988 optou por um Estado de bem-estar social calcado no princípio da solidariedade – pedra de toque do sistema de seguridade social –, entende "legítimo que no confronto entre o princípio da solidariedade e um suposto direito adquirido de não pagar contribuição previdenciária, necessariamente deve prevalecer o primeiro".

Em seu voto, demonstrando igual preocupação, o Ministro Celso de Mello declarou que "a tutela constitucional dispensada àqueles que titularizam situações jurídicas definitivamente consolidadas, representa um significativo instrumento de proteção contra o arbítrio do Estado e a opressão do Poder, na medida em que a Constituição – mediante a utilização de mecanismos de bloqueios representados pelas cláusulas pétreas – impede que se desfaçam, por efeito de atos estatais supervenientes, direitos legitimamente incorporados ao patrimônio das pessoas em geral".

Pelo conteúdo das manifestações dos votos vencidos, fica clara a inconstitucionalidade da contribuição – *imposto travestido de contribuição* –, afinal considerada constitucional por maioria de votos, com a manutenção, no corpo da Constituição, de mais um tributo desfigurador do sistema constitucional tributário, inclusive contrariando decisão tomada pelo mesmo STF na **ADIn 2.010-2**[16].

---

16 "A contribuição para a seguridade social é tributo vinculado, isto é, o produto de sua arrecadação é especificamente destinado ao custeio e financiamento do regime de previdência dos servidores públicos, titulares de cargos efetivos. Trata-se de verdadeiro imposto

3.5 Da COSIP - Contribuição para a iluminação pública

Em trabalho anterior[17], tivemos a oportunidade de analisar a inconstitucionalidade da EC n. 39, de 19-12-2002, que introduziu o art. 149-A, outorgando competência, aos Municípios e Distrito Federal, para a instituição de contribuição para o custeio do serviço de iluminação pública.

Defendemos na ocasião que a referida Emenda modificou o figurino constitucional de discriminação de competências tributárias, alterando, com isso, elemento conceitual da Federação.

Explicitamos, ainda, com relação ao serviço de iluminação pública, a ausência da característica da especificidade e divisibilidade e, portanto, a sua natureza de serviço público de caráter geral, que não autoriza, por não preencher o figurino constitucional, a sua remuneração por taxa de serviço ou por contribuição que revista a natureza de taxa de serviço.

Ademais, a contribuição de iluminação pública volta-se a toda coletividade, pois, nesta hipótese, falta-lhe o elemento "parte". De fato, se não há um grupo ao qual a finalidade indicada constitucionalmente se refira, falta um elemento do modelo constitucional para a referida contribuição.

A EC n. 39/2002 elegeu como finalidade do tributo o **financiamento dos serviços de iluminação pública**. Ocorre que a Constituição institui figura tributária específica – *a taxa* – para a remuneração dos serviços públicos específicos e divisíveis. Porém, considerando que o serviço de iluminação pública não preenche a matriz constitucional da taxa de serviço, resta clara a necessidade de sua prestação ser remunerada, exclusivamente, pela receita geral auferida com os impostos, o que, sem dúvida, não é do agrado do administrador público.

De fato, não é possível identificar os beneficiários desse serviço, posto atender, além dos moradores da via, também a todo e qualquer transeunte que habitualmente ou não trafegue pela via pública. Trata-se, pois, de serviço público de caráter geral, universal, sem o caráter de especificidade e divisibilidade, autorizador da exigência tributária pretendida pela EC n. 39/2002.

---

inconstitucional sobre proventos de qualquer natureza, posto que exigido apenas de determinado grupo."
17 CORDELLI ALVES, Anna Emilia. Da contribuição para o custeio da iluminação pública, *Revista Dialética de Direito Tributário*, n. 97, p. 20 e s.

Não obstante a cristalina inconstitucionalidade do tributo criado e denominado CONTRIBUIÇÃO PARA A ILUMINAÇÃO PÚBLICA, o desvio de finalidade perpetrado pelo legislador derivado acabou por ser referendado pelo STF.

Entendeu aquela Corte Suprema[18], por maioria de votos[19], que a COSIP "constitui um novo tipo de contribuição que refoge aos padrões estabelecidos nos arts. 149 e 195 da CF, ou seja, é uma **exação subordinada a disciplina própria** (CF, art. 149-A), sujeita aos princípios constitucionais tributários, haja vista enquadrar-se inequivocamente no gênero tributo". Assevera ainda que "atendidos os demais princípios tributários e os critérios de razoabilidade e proporcionalidade, nada haveria de inconstitucionalidade em se identificarem os sujeitos passivos da obrigação em função de seu consumo de energia elétrica e que por ser a iluminação pública um serviço *uti universi*, isto é, de caráter geral e indivisível, prestado a todos os cidadãos, indistintamente, **não seria possível, sob o aspecto material, incluir todos os seus beneficiários no polo passivo da obrigação tributária**". Com esta última afirmação, concluiu o voto vencedor adotado pela maioria dos ministros, que diante da impossibilidade de se exigir a COSIP de todos os beneficiários do serviço de iluminação pública, nada obsta a que se exija dos principais beneficiários, ou seja, daqueles que residem ou exercem as suas atividades no âmbito do Município ou do Distrito Federal, isto é, das pessoas físicas ou jurídicas, públicas ou privadas, identificáveis pelas respectivas faturas de energia elétrica.

Em suma, a referida decisão, com a devida vênia de seus prolatores, desestrutura o sistema constitucional de atribuição de competências tributárias. Isto porque permite ao constituinte derivado criar uma contribuição **com disciplina própria**, afirmação que escancara todas as portas para que novos tributos sejam criados por emendas constitucionais, ao arrepio do sistema constitucional tributário engendrado pela Constituição de 1988. Ademais, se o serviço prestado, como admitido no voto vencedor, é de caráter universal, sem as características de especificidade e divisibilidade, não pode ser remunerado por taxa, como, aliás, decidido pelo próprio STF no passado, caracterizando-se a criação da referida contribuição, como claro desvio de finalidade do ato legislativo.

---

18 *Leading Case:* RE 573.675, Min. Ricardo Lewandowski.
19 Vencido o Min. Marco Aurélio.

Finalmente, a EC n. 39/2002 não indica o GRUPO a que se refere. Os próprios fundamentos da decisão apontam para a inexistência de um grupo e seu interesse, ao afirmar a impossibilidade de identificação dos beneficiários do serviço de iluminação pública.

4 CONCLUSÃO

Buscamos demonstrar o abuso do poder de legislar perpetrado pelo constituinte derivado e que vem sendo referendado pelo STF em decisões irrecorríveis. No magistério de Marco Aurélio Greco, "o exercício da produção normativa não é um simples 'exercício' em si; ele tem um sentido substancial, ou seja, uma razão de ser. A própria atribuição de competência tributária, na discriminação constitucional, tem caráter substancial. O legislador constituinte, quando define uma determinada materialidade ou indica determinada finalidade, não está dando um pretexto para o legislador ordinário tributar como bem lhe aprouver, com intuito meramente arrecadatório, mas está definindo o critério para a tributação". Para o autor, "a atribuição de competência, em última análise, além de ter uma função estática de verificação de inconstitucionalidade, tem também uma função de legitimar os procedimentos impositivos, detectando distorções entre os mecanismos aplicativos da lei e o pressuposto de fato, ou as finalidades que forem qualificadas pela lei instituidora da exigência pecuniária"[20].

Caso o legislador não exerça sua competência tributária nos estritos termos definidos pela Constituição – *e aqui, por evidente, se enquadra não só o legislador infraconstitucional, mas também o constituinte derivado* –, estará perpetrando abuso de poder e desvio de finalidade do ato legislativo.

No dizer de Miguel Reale, não se pode permitir que o Poder Público, para resolver **problema de caixa**, busque através da proliferação de Emendas Constitucionais o *emprego malicioso de processos tendentes a camuflar a realidade, usando dos poderes inerentes ao "processo legislativo" para atingir objetivos que não se compadecem com a ordem constitucional.*

---

20 Op. cit., p. 162-163.

Motivos de ordem pública ou razões de Estado – que muitas vezes configuram fundamentos políticos destinados a justificar, pragmaticamente, *ex parte principis*, a inaceitável adoção de medidas que frustram a plena eficácia da ordem constitucional, comprometendo-a em sua integridade e desrespeitando-a em sua autoridade – **não podem ser invocados para viabilizar o descumprimento da própria Constituição**[21].

---

21 RE 250.590 – Ag/RS, rel. Min. Celso de Mello.

CONSIDERAÇÕES ACERCA DO ICMS NA REMESSA E NO RETORNO PARA INDUSTRIALIZAÇÃO POR CONTA E ORDEM

ARGOS CAMPOS RIBEIRO SIMÕES*

1 INTRODUÇÃO

A remessa e o retorno simbólicos em operações interestaduais para industrialização, apesar de tema específico atinente ao ICMS, tem suscitado acalorados debates no julgamento de autos de infração no âmbito do Tribunal de Impostos e Taxas de São Paulo.

Sem a pretensão de esgotar o tema, elencamos aqui alguns pensamentos que reputamos fundamentados, na pretensão de apenas abrir um caminho à discussão científica.

Este artigo dedicamos ao nosso grande e estimado Professor Bottallo, como uma singela homenagem e como um reconhecimento de que seus ensinamentos têm se revestido de extrema importância prático-teórica em nosso dia a dia como julgadores administrativos.

---

* Agente Fiscal de Rendas. Juiz do Tribunal de Impostos e Taxas de São Paulo. Assistente Fiscal da Escola Fazendária da Secretaria da Fazenda de São Paulo – FAZESP. Coordenador e Professor do Curso de Especialização em Direito Tributário Material e Processual da FAZESP. Professor do Curso de Especialização da GV-*Law* (setor tributário-comercial – ICMS). Professor palestrante do IBET. Professor palestrante do COGEAE-PUC. Professor palestrante da FAAP-SP. Professor palestrante da EPD-SP. Professor palestrante da APET-SP. Especialista em Direito Tributário (IBET/IBDT). Especialista em Direito Tributário (FAZESP) e Mestrando em Direito Tributário (PUCSP).

Voltando ao tema, afinal de contas, o fato de o Estado de São Paulo não possuir previsão legal de tributação em determinada época, nos casos de remessa e retorno simbólicos interestaduais para industrialização, autoriza-o a considerar tal prática comercial como sonegatória? Planejamento tributário que pretenda minorar a carga tributária é prática evasiva ou elisiva?

Iniciamos o estudo fincando premissas de como **enxergamos** o direito, pois, sem a precisa definição de direito, de validade, de vigência, de eficácia, de aplicação, de incidência e de interpretação, toda nossa argumentação restaria estéril.

Pretendemos, assim, contribuir para um aprofundamento mais crítico sobre este tema específico, mas atual e de grande importância para as empresas, cujas consequências tomam proporções tributárias graves e de amplitude nacional.

2 PROBLEMA CENTRAL - HÁ OU NÃO A POSSIBILIDADE DO ICMS SIMBÓLICO NA REMESSA E RETORNO PARA INDUSTRIALIZAÇÃO POR CONTA E ORDEM EM OPERAÇÃO INTERESTADUAL?

Analisemos a seguinte situação fática.

Estabelecimento capixaba adquire matéria-prima junto a diversos fornecedores e determina que as mercadorias sejam entregues por sua conta e ordem a estabelecimento da mesma empresa localizado em São Paulo.

A filial capixaba realiza a operação a título de **remessa para industrialização por sua conta e ordem** (com suspensão de ICMS devido a seu Estado).

O industrializador paulista efetua a industrialização e, em seguida, envia apenas simbolicamente as mercadorias em retorno para o estabelecimento capixaba, atribuindo a esta operação a natureza jurídica de **retorno de industrialização por conta e ordem do estabelecimento capixaba** (com suspensão do ICMS paulista e tributação apenas do material e mão de obra empregados).

Após o retorno simbólico, o estabelecimento capixaba realiza negócio jurídico com varejistas paulistas e, também por sua conta e ordem, determina que as mercadorias já industrializadas sejam entregues pelo industrializador paulista diretamente aos novos adquirentes paulistas.

Fisicamente as matérias-primas foram remetidas para industrialização diretamente dos estabelecimentos fornecedores de matéria-prima para o industrializador paulista que efetuou a industrialização.

Juridicamente as matérias-primas foram adquiridas pelo estabelecimento capixada e remetidas simbolicamente para industrialização aos estabelecimentos industriais paulistas.

De lá, as mercadorias saíram diretamente para compradores paulistas.

O Fisco paulista, entendendo que houve **simulação** tanto no envio das matérias-primas para o industrializador paulista, por conta e ordem do adquirente capixaba, quanto no retorno simbólico das mercadorias já industrializadas, concluíra pela **prática sonegatória** de toda a triangulação, desqualificando-a e resolvendo autuar o industrializador paulista pelo não pagamento de ICMS à alíquota interna na saída dos produtos industrializados para os varejistas paulistas destacados acima.

Desqualifica, assim, a ida e o retorno simbólicos para industrialização por conta e ordem do estabelecimento capixaba, como descrito nos documentos fiscais que registraram as operações triangulares.

O Fisco bandeirante fundamenta a ação fiscal no fato de que **fisicamente** as mercadorias nunca passaram pelo estabelecimento capixaba (nem como matérias-primas, nem como produtos industrializados), sendo que houve apenas simples aquisição de mercadorias pelo estabelecimento paulista (também industrializador) com posterior operação interna de circulação de mercadorias já industrializadas.

Elencamos as razões destacadas pela administração fiscal paulista para manter incólumes as autuações nos termos lavrados pelos seus agentes fiscais:

a) de que o ordenamento paulista vigente à época dos eventos não contemplava a situação de remessa e retorno simbólicos interestaduais para industrialização por conta e ordem de estabelecimento localizado fora de São Paulo, sendo que só seria possível o simbolismo pretendido em operações internas;

b) que o produto já industrializado nunca saíra do Estado de São Paulo e que o ICMS deveria ser recolhido onde ocorre a **circulação física** de mercadorias;

c) que os estabelecimentos envolvidos **pretenderam mascarar** a verdadeira natureza das operações que eram de simples aquisição de mercadorias para serem industrializadas por estabelecimento paulista com posterior remessa dessas mercadorias a compradores varejistas também paulistas.

Assim, o problema central reside na validação jurídica ou não do regime de ICMS simbólico (operações não físicas) na remessa e no retorno para industrialização por conta e ordem de estabelecimento localizado em diversa unidade da Federação com estabelecimento paulista e se tal prática tributária teria natureza elisiva ou evasiva.

Posta a situação factual, destacamos algumas premissas necessárias à discussão jurídica do problema, a fim de que não se tornem estéreis nossas conclusões.

3 DO DIREITO POSITIVO

Partilhando dos ensinamentos de Paulo de Barros Carvalho[1], operamos no direito positivo, entendendo-o como sistema, cujo repertório estruturado é constituído por normas jurídicas válidas (existentes) em determinado território.

A validade de uma norma confunde-se com sua existência, entendendo o elemento norma jurídica como estrutura formal bimembre inserida no sistema jurídico por agente e procedimento previstos pelo próprio sistema, sendo atributiva de efeito prescritivo (permitido, obrigatório ou proibido) à descrição de uma porção da realidade possível do **mundo do ser** eleita como relevante pelo agente competente à enunciação legislativa.

Nesta linha de pensamento, segundo Paulo de Barros Carvalho, **norma jurídica** é norma **válida**, constituindo a validade uma relação formal de pertinência da norma ao sistema.

Destaca o ilustre professor que "as normas jurídicas, proposições prescritivas que são, têm sua **valência própria**. Delas não se pode dizer que sejam verdadeiras ou falsas, valores imanentes às proposições descritivas da Ciência do Direito, **mas as normas jurídicas serão sempre válidas ou inválidas**, com referência a um determinado sistema 'S' ... A **validade** não é, portanto, atributo que qualifica a norma jurídica, tendo *status* de relação: é o **vínculo** que se estabelece entre a proposição normativa e o sistema do direito posto, de tal sorte que ao dizermos que **u'a norma 'N' é válida,**

---

1   *Curso de direito tributário*. 18. ed. São Paulo: Saraiva, 2007, p. 2.

estaremos expressando que ela pertence ao sistema 'S'"[2].

Assim, o direito é **construção intelectual** vertida em **linguagem** que só reconhece os fatos sociais se internalizados no sistema jurídico via códigos reconhecíveis pelo próprio direito através da **linguagem** que ele mesmo convencionou. Este direito não tem órgãos do sentido; ele não reconhece nem toca a realidade; ele cria um mundo paralelo recheado de descrições de supostos eventos do mundo real.

Neste sentido, Tárek Moussallem destaca que *"(1) sem linguagem não há realidade social (nem natural); (2) sem linguagem não há direito (objeto); e (3) sem linguagem não há conhecimento; logo, sem linguagem não há Ciência do Direito"*[3].

Sobre o direito e a linguagem, afirma, ainda, o mestre capixaba: "O direito pertence à classe dos fatos culturais e, como tal, encontra-se necessariamente plasmado em uma linguagem: a linguagem em sua função prescritiva, objetivada em um *corpus* identificável na variedade dos textos normativos..."[4].

Ainda afirma Tárek Moussallem: "... a linguagem prescritiva (dever-ser) é irredutível à linguagem descritiva (ser). As funções da linguagem são inconfundíveis e, por isso, incomunicáveis entre si: são jogos linguísticos diferentes, cada qual com suas próprias regras"[5].

O mundo do ser (o evento) não é percebido pelo direito. Nesta trilha, Eurico de Santi destaca que *"a realidade é algo que não existe para o direito, que constrói sua verdade sobre os fatos para efeito de realizar seu processo de autor-reprodução..."*[6].

É um sistema autorreferente que equipara a existência de uma norma à sua validade. Uma norma é jurídica se for válida; e, se é válida, então **existe**. Se não é válida, então não existe e não é norma jurídica.

Esta visão reflete diretamente na fundamentação das decisões no direito. Os fatos somente serão **fatos jurídicos** (fatos juridicizados pelo direito) **se forem expressões denotativas dos moldes conotativos insertos nas hipóteses** previstas no segmento descritivo de norma abstrata; senão, serão meros fatos sem efeito jurídico algum.

---

2 *Direito tributário, linguagem e método*. São Paulo: Noeses, 2008, p. 403-404.
3 *Fontes do direito tributário*. São Paulo: Noeses, 2006, p. 22.
4 Idem, p. 20.
5 Idem, p. 21.
6 *Decadência e prescrição no direito tributário*. São Paulo: Max Limonad, 2000, p. 44.

Assim, as seguintes normas decisórias **(i)** "Tendo em vista o exacerbado valor da multa, se o contribuinte resolver pagar, necessariamente, fechará as portas, então deve ser o cancelamento do Auto de Infração" ou **(ii)** "o Auto de Infração deverá ser mantido em face de que o prejuízo financeiro ao Erário será enorme com seu cancelamento" podem até descrever **eventos** verdadeiros e possíveis no **mundo do ser**, mas, por tais eventos não terem sido eleitos pelo legislador competente como hipóteses normativas suficientes a quaisquer efeitos jurídicos, então, apesar de admitirmos a sua possível veracidade, não integram normas válidas; não possuem juridicidade.

Não sendo fatos jurídicos; serão meros fatos insuficientes a integrarem a motivação descritiva de uma norma decisória, seja para cancelar, seja para manter um auto de infração.

As normas não incidem automaticamente com a mera ocorrência de um evento no mundo real, mas aguardam a ação enunciativa de um agente eleito pelo ordenamento (agente competente), que, realizando atividades também previstas no ordenamento (procedimento competente), faça a norma incidir sobre a descrição do evento, tornando-o fato jurídico. Aqui, **incidência só ocorre com aplicação**; com a criação normativa como linguagem posta.

Destaca Paulo de Barros Carvalho que *"em rigor, não é o texto normativo que incide sobre o fato social, tornando-o jurídico. É o ser humano que, buscando fundamento de validade em norma geral e abstrata, constrói a norma jurídica individual e concreta, na sua bimembridade constitutiva, empregando, para tanto, a linguagem que o sistema estabelece como adequada, vale dizer, a linguagem competente"*[7].

Basta a norma ser vigente e teremos fato jurídico, efeito da **subsunção** da linguagem do fato à linguagem da norma (ou do fato à norma, já que ambos só são reconhecíveis através da linguagem).

Com o fato jurídico (elemento denotativo) teremos o **efeito jurídico** previsto, de forma hipotética, na norma geral e abstrata que lhe serve de modelo conotativo.

Se inexistirem obstáculos ao percurso da positivação do direito, teremos que a norma geral e abstrata a ser incidida/aplicada possui **eficácia técnica.**

Sobre o conceito de eficácia técnica, destaca Paulo de Barros Carvalho: *"Sob a rubrica de eficácia técnica vemos a **condição que a regra de direito ostenta,***

---

7 *Direito tributário, linguagem e método*, cit., p. 151-152.

no sentido de descrever acontecimentos que, uma vez ocorridos no plano do real-social, **tenham o condão de irradiar** *efeitos jurídicos,* **já removidos os obstáculos** *que impediam tal propagação"* [8].

Se de forma pragmática os destinatários do dever-ser normativo cumprirem o ali previsto, teremos a **eficácia social**.

Como afirma Paulo de Barros Carvalho, *"a eficácia social ou efetividade ... diz com a produção das consequências desejadas pelo elaborador das normas, verificando-se toda vez que a conduta prefixada for cumprida pelo destinatário..."* [9].

Outra premissa a ser posta de crucial relevância é a questão do entendimento sobre a atividade de interpretar.

Mas o que é interpretar?

Para Kelsen, *"quando o Direito é aplicado por um órgão jurídico, este necessita de fixar o sentido das normas que vai aplicar, tem de interpretar estas normas. A interpretação é, portanto, uma* **operação mental** *que acompanha o processo da aplicação do Direito no seu progredir de um escalão superior para um escalão inferior..."* [10].

Assim, como operação mental reveste-se não de uma descrição, mas, sim, de uma construção.

Entendemos a interpretação, portanto, como a construção de uma significação, decidindo por **um aspecto semântico contextual (dentre os possíveis)** baseado em um determinado suporte físico, origem do processo hermenêutico.

Ensina Kelsen que *"a relação entre um escalão superior e um escalão inferior da ordem jurídica, como a relação entre Constituição e lei, ou lei e sentença judicial, é uma relação de determinação ou vinculação; a norma do escalão superior regula – como já se mostrou – o ato através do qual é produzida a norma do escalão inferior, ou o ato de execução, quando já deste apenas se trata..."* [11].

Aqui Kelsen reforça a ideia de que o repertório normativo do sistema jurídico encontra-se estruturado numa ordem hierárquica piramidal onde tanto conteúdo como fundamento de validade de quaisquer normas restam positivados em norma de superior hierarquia, finalizando com a pressuposição (portanto não positivada) da chamada norma fundamental.

---

8   Idem, p. 413.
9   Idem, p. 414.
10 *Teoria pura do direito.* São Paulo: Martins Fontes, 2000, p. 387.
11 Idem, p. 388.

Prossegue Kelsen destacando que "esta determinação nunca é, porém, completa. A norma do escalão superior não pode vincular em todas as direções (sob todos os aspectos) o ato através do qual é aplicada. Tem sempre de ficar uma margem, ora maior ora menor, de livre apreciação, de tal forma que a norma do escalão superior tem sempre, em relação ao ato de produção normativa ou de execução que a aplica, *o caráter de um quadro ou moldura a preencher* por este ato. Mesmo uma ordem o mais pormenorizada possível tem de deixar àquele que a cumpre ou executa uma pluralidade de determinações a fazer..."[12] (grifos nossos).

Neste sentido, arrremata Kelsen destacando que "a **interpretação de uma lei não deve conduzir a uma única solução** como sendo a única correta, mas possivelmente **a várias soluções** que – na medida em que apenas sejam aferidas pela lei a aplicar – **têm igual valor**, se bem que apenas uma delas se torne Direito positivo no ato do órgão aplicador do Direito... não significa que ela é a norma individual, mas apenas **que é uma das normas individuais** que podem ser produzidas dentro da moldura da norma geral"[13].

As possibilidades interpretativas de Kelsen nos faz crer que **não se chega**, num processo interpretativo, **à construção de uma única norma**, porém à construção de tantas normas quantos forem os sentidos semânticos possíveis atribuíveis aos termos *preenchedores* das variáveis da estrutura formal normativa **(se X, então dever-ser Y)**.

Kelsen ainda discute sobre a **intencionalidade** da indeterminação semântica causadora das possibilidades construídas na moldura interpretativa.

Preleciona Kelsen que "daí resulta que todo ato jurídico em que o Direito é aplicado, quer seja um ato de criação jurídica, quer seja um ato de pura execução, é, em parte, determinado pelo Direito e, em parte, indeterminado... *a indeterminação pode mesmo ser intencional*, quer dizer, estar na intenção do órgão que estabeleceu a norma a aplicar..."[14] (grifos nossos).

Mais adiante afirma que "simplesmente, a indeterminação do ato jurídico pode também ser a *consequência não intencional* da própria constituição da norma jurídica que deve ser aplicada pelo ato em questão. Aqui temos em primeira linha a pluralidade de significações de uma palavra ou de uma se-

---

12 Idem.
13 Idem, p. 390.
14 Idem, p. 389.

quência de palavras em que a norma se exprime; o sentido verbal da norma não é unívoco, o órgão que tem de aplicar a norma encontra-se perante várias significações possíveis..."[15] (grifos nossos).

Assim, para Kelsen, a indeterminação semântica pode fazer parte da regra do jogo jurídico como fruto da intencionalidade ou não do legislador responsável pela inserção da estrutura formal enunciada nos textos legais.

"Não há texto sem contexto"; assim Paulo de Barros[16] emite sua opinião sobre a impossibilidade de obter-se um conteúdo mínimo semântico abstraindo-se do envoltório normativo circunstancial.

De forma mais precisa destaca que: "é a interpretação que faz surgir o sentido, inserido na profundidade do contexto, mas sempre impulsionada pelas fórmulas literais do direito documentalmente objetivado... não há texto sem contexto ou, de outro modo, não há plano de expressão sem plano de conteúdo e vice-versa"[17].

Tal sentido dá-se pelo amálgama dos aspectos axiológicos e circunstanciais construídos pelo intérprete no seu contato com o texto a interpretar, através da percepção linguística convencional do contexto em que tal interpretação ocorre.

Não prescinde o sentido na interpretação da "atinência às diretrizes fundamentais de organização de frases", nos dizeres de Paulo de Barros[18]; ou seja, os aspectos morfológicos e sintáticos gramaticais do texto a interpretar aliados à sua descoberta semântica imprimem um sentido necessário à interpretação.

Nesta linha, enxergamos uma correlação entre sentido interpretativo e valor.

O valor está no sujeito cognoscente que, em face de escolhas suportadas em aspectos axiológicos particulares, baseadas na sua compreensão do mundo e aliada, ainda, às suas peculiares intenções, busca um dos sentidos possíveis no texto (objeto) a se interpretar.

O sentido pretendido é fruto dos valores politicamente e ideologicamente escolhidos pelo interpretante.

---

15 Idem.
16 *Curso de direito tributário*. 18. ed. São Paulo: Saraiva, 2007, p. 129.
17 CARVALHO, Paulo de Barros. *Direito tributário*: fundamentos jurídicos da incidência. 4. ed. São Paulo: Saraiva, 2006, p. 73.
18 Idem, p. 67.

Assim, o sentido é algo que se encontra vinculado, como dito acima, à forma de compreensão do mundo pelo intérprete; portanto, vinculado aos seus referenciais.

O dado, como fato fornecido, se levado em consideração na busca de um sentido, acaba sendo internalizado pelo intérprete, incorporando seu referencial.

Tais referenciais consistem na forma de compreender o mundo; na sua forma de interação com o ambiente.

Tal sentido, porém, não é explícito; é rumo dado ao percurso interpretativo que somente é descoberto não enquanto processo, mas somente quando é produto.

O sentido é descoberto através do resultado da trajetória interpretativa. Expressa é a transformação textual do resultado da interpretação; o sentido ali se encontra sempre implícito.

Interpretar literalmente, segundo Paulo de Barros, seria focalizar a "presença morfológica das unidades empregadas pelo emissor, as partículas de conexão e a maneira como se tecem as combinações sintáticas..."[19].

Seria reduzir ao mínimo as considerações semânticas do texto físico; como se fosse possível prescindir, na obtenção de um sentido interpretativo, o aspecto semântico de um texto de seu aspecto sintático.

A interpretação literal é uma redução possível do conteúdo significativo reduzindo suas possibilidades na moldura de Kelsen.

O método por excelência seria o sistemático, pois perpassaria, na sua trajetória interpretativa, por todos os planos (sintático, semântico e pragmático), retirando a máxima utilização dos métodos clássicos de interpretação.

Assim, o dirigismo hermenêutico não está no texto; mas na ideologia do sujeito cognoscente que estabelece o método de aproximação do objeto. O dirigismo é estabelecido pelo sistema de referência do intérprete.

Neste sentido, um mesmo texto pode apresentar diferentes possibilidades (um enunciado, várias proposições).

Não há, portanto, interpretações certas ou erradas. Há interpretações válidas ou não válidas dentro das soluções normativas possíveis estabelecidas dentro de uma moldura normativa, em que, como resultado de

---

19 Idem, p. 68.

diversos métodos interpretativos, temos diversos produtos-normas possíveis. Todas possíveis ... todas válidas.

Este o aspecto objetivo da interpretação. Seu aspecto subjetivo restará presente na escolha, em face do **referencial do intérprete** (seus valores, sua visão de mundo), de uma dessas possibilidades normativas insertas na moldura.

Juridicamente quem deve dizê-lo é o intérprete competente escolhido pelo próprio direito.

3.1. Alguns aspectos de nossas premissas fundamentais ao nosso estudo

a) Os fatos só terão relevância jurídica se traduzidos em linguagem normativa; senão, serão irrelevantes.

b) As normas jurídicas, como elementos do repertório do sistema jurídico, devem ser sempre interpretadas sistematicamente. As normas tributárias não são exceção a esta premissa.

c) Assim, os efeitos jurídicos das situações envolvendo o Direito Tributário não devem ser unicamente buscados na restrita órbita das normas regulamentares, devendo-se encontrá-los inserindo o contexto disciplinador regulamentar em face do contexto normativo legal e constitucional, sob pena de equívocos interpretativos nocivos.

d) Nesta ótica, portanto, os contextos econômico, social e contábil tornam-se extremamente relevantes para atribuir efeitos jurídicos a uma determinada situação desde que sejam internalizados no sistema jurídico através da linguagem normativa.

e) As interpretações dos textos tributários não devem deixar de considerar os princípios gerais da atividade econômica do Título VII da Constituição Federal de 1988, sob o risco de se tornarem obstáculos intransponíveis à economia nacional.

f) No ICMS o termo **operação** admite a significação de **negócio jurídico**, devendo o tributo ser destinado ao Estado onde se localiza o estabelecimento partícipe do negócio jurídico.

g) Atribuir a dispositivo legal a possibilidade de alterar o Estado arrecadador do tributo seria admitir que lei infraconstitucional pudesse alterar a competência impositiva tributária.

h) Se a competência impositiva tributária é um dos pilares da Federação e esta não pode ser alterada por quaisquer instrumentos normativos, por ser cláusula pétrea, conforme seu **art. 60, § 4º, da CF/88**, então não podemos admitir outra interpretação com relação à sujeição ativa impositiva que não aquela que a própria Carta Magna já definiu quando da repartição das espécies tributárias.

i) O ICMS é devido ao Estado onde foi realizada a operação, se entendida esta como negócio jurídico, não importando a circulação física ou não física das mercadorias respectivas.

Validade, vigência, incidência, aplicação, eventos, fatos, fatos jurídicos, eficácia jurídica, eficácia técnica e eficácia social e interpretação são conceitos jurídicos fundamentais à compreensão do direito que ora operamos.

Sem restarem fincadas tais imprescindíveis premissas, estaríamos a navegar com imprecisão nas rotas jurídicas, pois nossos discursos seriam inócuos.

4 DAS OPERAÇÕES INTERESTADUAIS DE REMESSA E RETORNO PARA INDUSTRIALIZAÇÃO POR CONTA E ORDEM: EVASÃO OU ELISÃO FISCAL?

Não é prática fiscal evasiva a logística comercial que pretende minorar seu custo tributário.

Pagar menos tributo não é infração nem crime tributário, é pretensão legítima de todos os administrados.

Legítima em face da aceitação de que todos nós buscamos nas nossas atividades preservar nosso patrimônio, diminuindo os custos e os entraves burocráticos a nossos deveres.

Jurídica em face das normas constitucionais que elencam no seu **art. 5º** o direito à **propriedade** (portanto, à preservação do nosso patrimônio) e à **liberdade** que, interpretada em conjunto ao princípio da legalidade (seu inciso II do art. 5º), assegura a livre prática de ações comerciais; contanto que não haja restrição legal a obstá-las.

Sonegação envolve a prática furtiva de agir em desconformidade ao prescrito normativamente, praticar ilícitos com a finalidade de esquivar-se da exação devida.

Organizar-se para pagar menos tributo, a fim de preservar o seu patrimônio, é garantia constitucional, não representando evasão tributária nem sonegação.

Sobre a questão da liberdade garantida pela Lei Maior, Eduardo Domingos Bottallo, em preciso ensaio, ensina:

> O art. 5º da Constituição relaciona, em seu *caput*, os bens invioláveis para cuja tutela convergem os direitos e as garantias, implícitas e explicitas, de que trata o dispositivo.
>
> Dentre estes bens invioláveis, figura o princípio que assegura o direito à liberdade...
>
> (...)
>
> Conquanto valor altamente prestigiado pelo ordenamento jurídico, o direito à liberdade submete-se a interferências externas que lhe impõem limites, tanto formais quanto materiais.
>
> A tributação, da qual passaremos, a seguir, a nos ocupar, pode ser um desses limites.
>
> O fenômeno da tributação, a exemplo do que ocorre com o da liberdade, abre espaço a vasto e complexo campo de apreciação.
>
> O poder de tributar que, em suas origens, não encontrava limites jurídicos, veio, ao longo dos tempos, sendo, por assim dizer, "domado", ao ponto de transmudar-se, no interior do Estado Democrático de Direito, em função, como tal, sujeita a expressiva gama de condicionantes que restringem e disciplinam o seu exercício[20].
>
> Nesta medida, chama a atenção o sentido de bipolaridade que se faz presente nas relações entre liberdade e tributação.
>
> Isto porque o tributo tanto serve de instrumento que garante a liberdade, como de meio pelo qual ela é restringida.
>
> Assim, ainda que a tutela da liberdade possa encontrar limites no desempenho, pelo Estado, da função tributária, esta deve ser exercida de modo a preservar (e jamais comprometer) a higidez daquela[21].

---

20 Os preceitos consubstanciados no art. 150 da Constituição ("Limitações do Poder de Tributar") são bons exemplos dessas restrições. Reconhece-se ao contribuinte, por meio deles, o direito à legalidade, à isonomia, à não surpresa, ao não confisco e assim por diante. [Observação do Professor Bottallo em seu ensaio.]

21 Liberdade e Tributação (um breve estudo em homenagem a Paulo de Barros Carvalho). In: SCHOUERI, Luís Eduardo (org.). *Direito tributário*. São Paulo: Quartier Latin, 2008, p. 217.

Se em nosso sistema normativo houvesse a seguinte norma: *se pretender pagar menos tributo, então deve-ser o reconhecimento da sonegação,* poderíamos falar que a gestão tributária pretendente a minorar o ônus tributário teria a natureza jurídica de uma evasão fiscal.

A prática comercial de se efetuar uma remessa e retorno para industrialização por conta e ordem entre os entes federados com a finalidade de se diminuírem os custos logísticos e fiscais não podem, portanto, ser considerados como práticas evasivas de tributos.

Poder-se-ia argumentar que a logística em comento não restaria vedada comercialmente, mas seu efeito jurídico-tributário da suspensão da cobrança do ICMS sim, pois tal efeito suspensivo só se faria presente na logística interna e não na interestadual, por ausência de norma prescrevendo o regime interestadual da remessa e retorno para industrialização por conta e ordem.

A situação factual acima descrita **reveste-se de possibilidade jurídica** dentro das peculiares normas que permeiam nosso ordenamento.

O fato do Estado de São Paulo não possuir norma de natureza tributária alcançando uma operação interestadual de remessa e retorno simbólicos para industrialização por conta e ordem não pode atribuir à prática comercial assim realizada a natureza de sonegatória.

A impossibilidade de tributar por falta de previsão legal não deve restringir a gestão comercial assegurada pela própria Constituição Federal em seu art. 170, *caput*, em sintonia com as lições acima descritas pelo Professor Bottallo.

A tributação como limite à liberdade não pode ser exigida, em face do princípio da legalidade (art. 5º, II, da CF/88), ao arrepio de sua própria previsão normativa.

Quanto ao argumento do Fisco bandeirante de que a tributação deve acompanhar tão somente a circulação física das mercadorias, como motivo à autuação da situação em foco, também não se sustenta.

Em sintonia com nossas premissas, a circulação física ou não física de mercadorias só terá relevância jurídica se estiver prevista no sistema jurídico como integrante de seu repertório normativo.

O argumento de que a riqueza acompanha tão somente a circulação física, como índice suficiente à tributação, não se sustenta quando admitimos que somente situações previstas em normas têm a capacidade de produzir efeitos jurídicos.

Fatos relevantes em outros sistemas (econômicos, financeiros, contábeis, sociais, morais etc.) só têm importância jurídica se forem traduzidos em linguagem normativa competente.

O legislador não elegeu tais fatos como relevantes a sustentar o fundamento utilizado pelo Fisco paulista para considerar como infracional a gestão comercial de se realizar remessa e retorno interestaduais simbólicos para industrialização por conta e ordem.

A remessa por conta e ordem das matérias-primas para industrialização em diversos Estados, por não estar prevista tributariamente não indica que sua prática comercial reste vedada.

A tributação deve acompanhar o ritmo das atividades econômicas e não causar-lhes entraves. O **art. 170, caput, da CF/88** assegura a *livre-iniciativa* na órbita econômica.

Em nosso caso, também quando industrializadas as mercadorias pelo estabelecimento paulista, faz-se necessário o retorno das mercadorias ao remetente capixaba. O industrializador não está credenciado a armazenar mercadorias de outrem.

Se, porém, os compradores da mercadoria industrializada estão no Estado do industrializador, por que aumentar o custo de produção com o retorno físico do bem já industrializado?

A melhor gestão indica que se deve fazer um retorno simbólico das mercadorias industrializadas ao encomendante capixaba e que este deve transferir tais bens aos novos adquirentes paulistas.

Assim, o negócio jurídico (a operação) resta travado entre o estabelecimento capixaba e o adquirente paulista. Esta a operação que deve ser alcançada pela tributação do ICMS: uma operação interestadual com o tributo sendo devido ao Estado do Espírito Santo.

A mera circulação física do industrializador paulista com destino ao estabelecimento adquirente também paulista não representaria, assim, uma operação alcançada pelo ICMS paulista.

Assim como a mera circulação física dos fornecedores de matéria-prima que, por conta e ordem, remetem suas mercadorias para outro Estado, também não representaria um negócio jurídico passível da cobrança do ICMS. Não houve transferência de propriedade entre os movimentadores físicos. O industrializador nunca fora proprietário e o fornecedor original de matérias-primas deixou de sê-lo quando tais produtos foram adquiridos pelo estabelecimento capixaba.

Estas as conclusões que seriam suficientes à legitimação da operação comercial, com a consequente anulação de eventual auto de infração lavrado contra o estabelecimento industrializador paulista.

5 PENSAMENTOS FINAIS

Nada concluímos de forma definitiva; nossa proposta fora a de discutir uma situação prática através de premissas rigorosamente traçadas pelo método normativo de se *enxergar o direito*, direcionando diversas e possíveis soluções.

Entendendo o direito como sistema normativo autorreferente e preso à linguagem que ele mesmo convencionou, permanecemos serenos ao buscar uma resposta ao questionamento inicial no próprio ordenamento.

A discussão sobre a possibilidade jurídica ou não de se efetuar licitamente a prática de remessa e retorno simbólicos em operações interestaduais por conta e ordem restringiu-se, portanto, ao método preliminarmente proposto de entender o direito como linguagem normativa.

A busca da visão interpretativa sistemática e a aceitação de que o direito cria sua própria realidade, não guardando quaisquer necessidades de similitude com o mundo do ser, torna aceitáveis as parciais e precárias conclusões a que chegamos:

1) E que o reconhecimento da sonegação não pode advir da intenção de se pagar menos tributo; esta é um intenção legítima.

2) Planejamentos tributários que licitamente resultem em menor carga tributária não devem ser considerados evasivos de tributação.

3) A própria tributação como limites aos direitos à propriedade e à liberdade possui limites. A natureza destes limites é exclusivamente normativa.

4) A interpretação das normas jurídicas deve ser sistemática, sendo que em nosso caso particular, de interpretação de normas tributárias, deve-se atentar para as normas construídas do art. 170 da CF.

5) A só presença de circulação física não restaria suficiente a indicar, na ausência de previsão normativa, a possibilidade de tributação.

6) De que a prática comercial da remessa e do retorno simbólicos em operação interestadual de industrialização não se revestem de prática evasiva de tributos, mas de gestão lícita dos recursos de quem realiza tal atividade.

Este arigo é fruto de reflexões sobre o tema instigadas, especialmente, por observações efetuadas por nobres mestres, sendo que o Professor Bottallo teve importância fundamental, em face de seus valiosos ensinamentos, nas nossas precárias observações.

6 REFERÊNCIAS

BOTTALLO, Eduardo Domingos. Liberdade e tributação (um breve estudo em homenagem a Paulo de Barros Carvalho). In: SCHOUERI, Luís Eduardo (org.). *Direito tributário*. São Paulo: Quartier Latin, 2008, p. 217--228.

CARVALHO, Paulo de Barros. *Curso de direito tributário*. 18. ed. São Paulo: Saraiva, 2007.

_____. *Direito tributário*: fundamentos jurídicos da incidência. 4. ed. São Paulo: Saraiva, 2006.

_____. *Direito tributário, linguagem e método*. São Paulo: Noeses, 2008.

KELSEN, Hans. *Teoria pura do direito*. São Paulo: Martins Fontes, 2000.

MOUSSALLEM, Tárek Moysés. *Fontes do direito tributário*. São Paulo: Noeses, 2006.

SANTI, Eurico Marcos Diniz de. *Lançamento tributário*. São Paulo: Max Limonad, 1999.

_____. *Decadência e prescrição no direito tributário*. São Paulo: Max Limonad, 2000.

BREVES CONSIDERAÇÕES SOBRE A CORREÇÃO MONETÁRIA E OS JUROS DE MORA NO DIREITO TRIBUTÁRIO

ARLINDO FELIPE DA CUNHA*

1 INTRODUÇÃO

A maioria da doutrina analisa os institutos da correção monetária e dos juros de mora em conjunto com as sanções tributárias, como se espécies destas fossem. Neste sentido, leciona Paulo de Barros Carvalho[1], apesar de ressalvar que não é correto incluir entre as sanções que incidem pela falta de pagamento do tributo, em qualquer situação, a conhecida figura da correção monetária do débito.

Referidos institutos não constituem espécies de sanções tributárias e não visam penalizar o infrator da obrigação tributária principal, mas tão somente preservar o valor real do tributo e remunerar o sujeito ativo pelo seu recebimento a destempo.

Independentemente de sua classificação ou função, as sanções possuem caráter penal, visto que impõem um ônus ao sujeito passivo pelo descumprimento da obrigação tributária, seja ela substancial ou formal. O objetivo das sanções tributárias não é o simples ressarcimento do dano ou cominação de penas criminais, mas a imposição de uma consequência prejudicial para o infrator, de forma a desestimulá-lo da prática de atos ilícitos.

---

* Professor de Direito Tributário da USCS. Procurador-Geral do Município de Santo André. Mestre e Doutor pela PUCSP.
1 *Curso de direito tributário*, p. 584.

A função de ressarcimento é alcançada pelos juros de mora, que remuneram o capital retido indevidamente e não pela pena, muitas vezes fixada em valores elevadíssimos. O fato de algumas sanções terem funções indenizatórias ou compensatórias, repressivas e educativas, não lhes retira a sua finalidade primordial que é penalizar o infrator pela prática da conduta ilícita.

As sanções pecuniárias integram o conceito de crédito tributário, em seu sentido amplo (art. 113, § 3º, do CTN), assim, sujeitam-se aos encargos financeiros da correção monetária e dos juros de mora, após o vencimento do prazo estipulado para o seu pagamento.

2 CORREÇÃO MONETÁRIA

A correção monetária foi institucionalizada pela Lei n. 4.357, de 16-7--1964, que, no art. 7º, previa a atualização monetária, em função das variações do poder aquisitivo da moeda nacional. Inicialmente, somente se aplicava aos créditos tributários, posteriormente, teve o seu campo de incidência estendido para todas as operações de natureza pública e privada.

Correção monetária não constitui penalidade, é mera atualização da moeda em face da inflação. Trata-se de reposição do valor real da moeda corroída pela inflação. Concretiza-se através da medição do índice inflacionário e da fixação dos seus respectivos indexadores, tais como SELIC (federal), UFESP (estadual) e FMP (municipal).

A fixação desses indexadores pelos Estados e pelos Municípios é plenamente constitucional, desde que o seu valor não exceda o índice federal fixado. Segundo o Supremo Tribunal Federal, "o que não se admite é a incidência de índice de atualização monetária que não represente efetivamente a variação do poder aquisitivo da moeda nacional, sob pena de constituir excesso de execução"[2].

A sua aplicação não caracteriza aumento de tributo, conforme dispõe expressamente o art. 97, § 2º, do CTN, ao estabelecer que não constitui majoração de tributo a atualização do valor monetário da sua respectiva base de cálculo. Desta forma, pode ser efetuada mediante decreto, desde que res-

---

2 RE-AgRg 168.602/SP.

peitado o percentual do índice inflacionário oficial apurado[3]. Entretanto, não se deve confundir atualização da base de cálculo pela aplicação da correção monetária como forma de preservar o seu valor, com modificação ou aumento do tributo, que somente pode ser realizado por meio de lei em sentido formal.

A correção monetária é devida a partir do dia seguinte ao vencimento do crédito tributário, calculada proporcionalmente sobre o principal e acessório, ou seja, sobre o valor do tributo e das multas[4].

3 JUROS DE MORA

Juros de mora são encargos financeiros acrescidos mensalmente ou *pro rata die* ao valor do principal, até o efetivo cumprimento da obrigação tributária, em percentual previamente definido na legislação tributária.

O recolhimento do crédito tributário no prazo fixado é dever legal do sujeito passivo, logo, não o fazendo ou fazendo-o de forma extemporânea, sujeita-se à incidência dos juros de mora, em decorrência da retenção indevida de recurso pertencente à Fazenda Pública.

O não cumprimento da obrigação tributária principal pelo sujeito passivo no prazo legal, com o devido recolhimento da quantia devida aos cofres públicos, proporciona consequências danosas ao Estado, que fica sem os recursos públicos e, consequentemente, terá que buscar tais recursos no mercado financeiro, com os ônus contratuais devidos. Em contrapartida, possibilita um enriquecimento indevido ao sujeito passivo, que aplica o valor do tributo devido no mercado financeiro, quando deveria repassá-lo ao Fisco. Os juros visam remunerar o sujeito ativo pela retenção indevida de valores que deveriam ter-lhes sido repassados.

Os juros de mora não se enquadram no conceito de penalidade imposta pelo descumprimento da legislação tributária, trata-se de remuneração de

---

3 Súmula 160 do STJ: "É defeso, ao Município, atualizar o IPTU, mediante decreto, em percentual superior ao índice oficial de correção monetária".
4 Súmula 45 do extinto Tribunal Federal de Recursos: "As multas fiscais, sejam moratórias ou punitivas, estão sujeitas à correção monetária".

capital retido indevidamente, em face do não recolhimento do tributo no prazo legal. Os juros de mora objetivam compensar o credor pelo atraso no recolhimento do tributo, enquanto a multa tem por finalidade punir o contribuinte omisso[5].

Para Hector Villegas[6], difere das sanções repressivas em decorrência da exclusiva função reparatória destas, quando, na realidade, os juros de mora visam restabelecer o equilíbrio perturbado pela violação, significando para o infrator, unicamente, a privação do que foi ilegitimamente obtido. Pode-se, inclusive, afirmar que a indenização não implica necessariamente um prejuízo patrimonial, pois quem devolve o que obteve com sua ação ou omissão não fica, por isso, mais pobre do que antes.

O Superior Tribunal de Justiça, ao julgar o Recurso Especial n. 103.745--2, por meio da 2ª Turma, firmou o entendimento de que juros moratórios, a partir do novo Código Civil, têm natureza indenizatória. Assim, por não constituir "pena", no sentido jurídico do termo, subordinado fica ao regime jurídico do Direito Civil das Obrigações e não ao sistema jurídico repressivo do Direito Penal.

Mencionado encargo pode ser cobrado de forma cumulada com a multa moratória, por ser verba distinta e possuir diferente fundamento de validade[7]. Neste sentido é a Súmula 209 do extinto Tribunal Federal de Recursos: "Nas execuções fiscais da Fazenda Nacional, é legítima a cobrança cumulativa de juros de mora e multa moratória".

Outrossim, não deve ser confundido com os denominados "recargos" da doutrina estrangeira, que têm como função penalizar o sujeito passivo pelo

---

5 Este não é o pensamento de Edmar Oliveira Andrade Filho, que entende que "os juros de mora, por sua vez, representam uma penalidade por ato ilícito em face do retardamento culposo do pagamento devido fora dos casos autorizados pelo ordenamento jurídico, isto é, eles são devidos como sanção por ato ilícito que causa dano ao credor" (*Infrações e sanções tributárias*, p. 135).

6 *Direito penal tributário*, p. 219.

7 É perfeitamente cabível a cumulação dos juros e multa moratória, tendo em vista que os dois institutos possuem natureza diversa (art. 161 do CTN) (REsp 530.811/PR, rel. Min. João Otávio de Noronha, DJ de 26-3-2007). A multa possui natureza punitiva e integra a obrigação tributária principal, assim, sujeita-se à incidência de juros de mora (TRF, 4ª Região, ApCv 2008.71.99.001730-0/RS – *IOB* 1/25722). É legítima a cobrança de juros de mora cumulada com multa fiscal moratória. Os juros de mora visam à compensação do credor pelo atraso no recolhimento do tributo, enquanto a multa tem finalidade punitiva ao contribuinte omisso (REsp 836.434/SP).

descumprimento da obrigação no prazo legal, caracterizado pela incidência de um determinando percentual, que vai aumentando de acordo com o transcurso do tempo. Priva o infrator não somente dos juros obtidos com a retenção indevida, mas também de algo "suplementar", que recai sobre outros bens jurídicos[8]. Por algo a mais que representa em relação aos juros, caracteriza--se como uma penalidade e, como tal, deve ser considerado como uma sanção tributária, possuindo a mesma natureza da multa moratória.

O Código Tributário Nacional trata os juros de mora em diversos dispositivos. Vejamos.

O *caput* do art. 161 estabelece que "o crédito não integralmente pago no vencimento é acrescido de juros de mora, seja qual for o motivo determinante da falta, sem prejuízo da imposição das penalidades cabíveis e da aplicação de quaisquer medidas de garantia previstas nesta lei ou em Lei tributária".

Em uma primeira observação do dispositivo legal, verifica-se que a sua incidência independe de indagação dos motivos que levaram o sujeito passivo ao não pagamento do tributo no prazo legal, se doloso ou culposo. Não se exige a indagação de imputabilidade ou não, da ocorrência de caso fortuito ou força maior ou qualquer outro motivo que possa justificar o descumprimento da obrigação tributária. De acordo com Hugo de Brito Machado, "a caracterização da mora, em Direito Tributário, é automática. Independe de interpelação do sujeito passivo. Não sendo integralmente pago até o vencimento, o crédito é acrescido de juros de mora, seja qual for o motivo da falta, sem prejuízo das penalidades cabíveis e da aplicação de quaisquer medidas de garantia previstas no CTN ou em lei tributária (CTN, art. 161)"[9].

Em segundo lugar, a incidência dos juros de mora não é excluída pela imposição das sanções pecuniárias ou de outras medidas de garantia. Quando for o caso, incidem simultaneamente, em conjunto sobre um mesmo fato, mas por fundamentos legais diferentes. Tais incidências distintas comprovam a diferença dos institutos; juros não se confundem com as multas, principalmente a de mora.

Por não se confundir com penalidade, o dever do sujeito passivo em remunerar o Fisco pelo atraso no cumprimento da obrigação persiste ainda que presentes as causas excludentes de antijuridicidade, culpabilidade e punibilidade.

---

8   Hector Villegas. *Direito penal tributário*, p. 322.
9   *Curso de direito tributário*, p. 223.

É exigido na tentativa frustrada de pagamento mediante consignação, com o julgamento da improcedência da ação no todo ou em parte. A cobrança do crédito é acrescida de juros de mora, sem prejuízo das penalidades cabíveis (art. 164, § 2º, do CTN).

O crédito tributário não pago, no prazo fixado, passa a constituir Dívida Ativa, depois de regularmente inscrito na repartição administrativa competente, que exige, entre outros requisitos, a indicação obrigatória da quantia devida e a maneira de calcular os juros de mora acrescidos (art. 202, II, do CTN). A dívida regularmente inscrita goza de presunção de certeza e liquidez e tem o efeito de prova pré-constituída. A fluência de juros de mora não exclui a liquidez do crédito (art. 204 c/c o parágrafo único do art. 201, ambos do CTN).

Será também exigido de todos os participantes de ato praticado sem a prova da quitação de tributos, quando indispensável para evitar a caducidade de direito (art. 207 do CTN), bem como do funcionário que expedir certidão negativa com dolo ou fraude e que contenha erro contra a Fazenda Pública (art. 208 do CTN).

Quanto ao percentual, o art. 161, § 1º, do CTN estipula que se a lei não dispuser de modo diverso, os juros de mora são calculados à taxa de 1% (um por cento) ao mês. Entretanto, as diversas leis tributárias estabelecem percentuais próprios, como é o caso da Lei n. 9.250/95, que fixa a taxa SELIC para os tributos federais, com fato gerador[10] ocorrido a partir de 1º de janeiro de 1997. A aplicação dos juros *in casu* afasta a cumulação de qualquer índice de correção monetária, a partir de sua incidência, uma vez que já se encontra considerada nos cálculos fixadores da referida taxa[11].

Para os tributos estaduais e municipais, devem ser observadas as respectivas legislações[12]. Se omissas quanto ao percentual, aplica-se a taxa de 1%

---

10 Juros de Mora – RIPI: "Art. 471. Sobre os débitos do imposto, a que se refere o art. 469, cujos fatos geradores ocorrerem a partir de 1º de janeiro de 1997, incidirão juros de mora calculados à taxa referencial do SELIC, para títulos federais, acumulada mensalmente, a partir do primeiro dia do mês subsequente ao vencimento do prazo até o último dia do mês anterior ao do recolhimento e de 1% (um por cento) no mês de recolhimento (Lei n. 9.430, de 1996, art. 61, § 3º, e Lei n. 10.522, de 19 de julho de 2002, art. 30). Parágrafo único. O imposto não recolhido no vencimento será acrescido de juros de mora de que trata este artigo, seja qual for o motivo determinante da falta, sem prejuízo da imposição das penalidades cabíveis (Lei n. 5.172, de 1966, art. 161)".
11 AgRg no REsp 749.217/SP, rel. Min. José Delgado, j. em 28-6-2005, v.u.
12 TRIBUTÁRIO. AGRAVO REGIMENTAL NO AGRAVO DE INSTRUMENTO.

(um por cento) ao mês, fixada pelo Código Tributário Nacional que, para essa matéria, funciona como norma geral tributária.

3.1 Hipóteses de não incidência dos juros de mora

A incidência dos juros de mora fica excluída durante a pendência de consulta formulada pelo devedor, dentro do prazo legal, para o pagamento do crédito tributário (art. 161, § 2º, do CTN), visto que, neste caso, não existe mora por parte do sujeito passivo, que aguarda uma solução da dúvida pela autoridade administrativa. Segundo José Eduardo Soares de Melo, "para que não incidam juros, é necessário que se trate de consulta escrita, e que atenda às exigências legais. Caso a resposta disponha sobre o cumprimento de obrigação tributária, o contribuinte poderá recolher o tributo, sem o acréscimo de juros"[13].

Não incide quando o contribuinte deixa de recolher o tributo devido no prazo legal em observância às normas complementares expedidas pela autoridade administrativa (art. 100, parágrafo único, do CTN). Por razão lógica, a mora não pode ser imputada ao sujeito passivo que, seguindo orientações legais do próprio Fisco, deixa de recolher o tributo no prazo fixado. Para Eduardo Domingos Bottallo, "é certo que as normas complementares compreendidas no âmbito da legislação tributária podem ser alteradas ou substituídas por outras. Todavia, seus efeitos só se farão sentir sobre situações concretas verificadas após a modificação. Novas diretrizes não podem prejudicar o contribuinte que agiu de acordo com critérios anteriores, predominantes ao tempo da ocorrência do fato imponível, ainda que disso possa ter resultado a insuficiência no recolhimento do tributo"[14].

EXECUÇÃO FISCAL. FAZENDA DO ESTADO DE SÃO PAULO. TAXA SELIC. CABIMENTO. ENTENDIMENTO CONSOLIDADO NO JULGAMENTO DO RECURSO ESPECIAL REPETITIVO 1.111.189/SP. 1. É legítima a utilização da taxa Selic como índice de correção monetária e juros de mora dos débitos do contribuinte para com a Fazenda Pública, não só na esfera federal (Lei 9.250/95), como também no âmbito dos tributos estaduais, contanto que haja lei local autorizando sua incidência. 2. A Lei paulista 10.175/98 autoriza a adoção da taxa Selic. 3. Decisão agravada em sintonia com jurisprudência da 1ª Seção, ratificada por ocasião do julgamento do Recurso Especial Repetitivo 1.111.189/SP (art. 543-C do CPC). 4. Agravo regimental não provido" (AgRg no Ag 009380/SP – AgRg no AgI 2007/0293778-6).

13 *Curso de direito tributário*, p. 220.
14 *Curso de processo administrativo tributário*, p. 125.

Também não incidem os juros de mora durante o período de suspensão da exigibilidade do crédito tributário, nas hipóteses arroladas no art. 151 do CTN. Suspensa a exigibilidade do crédito tributário, não há que se falar em mora, assim, a fluência dos juros somente ocorrerá quando a condição de suspensão não mais vigorar[15].

Por último, cabe ressaltar que a denúncia espontânea não elimina a incidência dos juros de mora, alcança somente as multas. O art. 138 do CTN exige como requisito para a exclusão da responsabilidade o pagamento do tributo devido e dos juros de mora[16].

3.2 Restituição ou compensação

O pagamento do tributo de forma indevida, total ou parcialmente, dá lugar à restituição ou à compensação, na mesma proporção dos valores correspondentes aos juros de mora (art. 167 do CTN). Atualmente, na esfera federal, a restituição ou compensação é calculada com base na taxa SELIC, fixada pela Lei n. 9.250/95, que incide a partir da data do pagamento indevido. Não se aplica a referida taxa SELIC quando na sentença já tiverem sido estipulados juros de mora e correção monetária, sob pena de ofensa à coisa julgada[17].

---

15 Art. 151. Suspendem a exigibilidade do crédito tributário: I – moratória; II – o depósito do seu montante integral; III – as reclamações e os recursos, nos termos das leis reguladoras do processo tributário administrativo; IV – a concessão de medida liminar em mandado de segurança; V – a concessão de medida liminar ou de tutela antecipada, em outras espécies de ação judicial; VI – o parcelamento."

16 "Art. 138. A responsabilidade é excluída pela denúncia espontânea da infração, acompanhada, se for o caso, do pagamento do tributo devido e dos juros de mora, ou do depósito da importância arbitrada pela autoridade administrativa, quando o montante do tributo dependa de apuração."

17 PROCESSUAL CIVIL. AGRAVO REGIMENTAL. EMBARGOS À EXECUÇÃO. REPETIÇÃO DE INDÉBITO. LIQUIDAÇÃO DE SENTENÇA. TAXA SELIC. NÃO INCIDÊNCIA. VIOLAÇÃO À COISA JULGADA. 1. Esta Corte já se pronunciou no sentido de não ser possível a inclusão da Selic para o cálculo do indébito tributário, quando na sentença já tiverem sido estipulados juros de mora e correção monetária, sob pena de ofensa à coisa julgada. Tal entendimento se firmou partindo da premissa de que a decisão transitada em julgado havia sido proferida após a vigência da Lei n. 9.250/95. Precedentes: EREsp 797.084/DF, desta Relatoria, 1ª Seção, DJe de 6-10-2008; AgRg no Ag 682.176/DF, rel. Min. Castro Meira, 2ª Turma, DJ de 19-9-2005. 2. Agravo regimental não provido" (AgRg no Ag 110.871-1/SP, AgRg no AgI 2008/0234475-9).

Nos tributos de competência dos Estados, Distrito Federal e Municípios, inexistindo lei específica dispondo sobre a taxa SELIC, aplica-se o percentual de 1% (um por cento) estabelecido no art. 161, § 1º, do CTN, que incide somente a partir do trânsito em julgado do processo de conhecimento, conforme a Súmula 188 do STJ: "Os juros moratórios, na repetição de indébito tributário, são devidos a partir do trânsito em julgado da sentença".

4 CONCLUSÕES

Diante do exposto, correção monetária não constitui penalidade. Trata-se de mera atualização da moeda em face da inflação. Visa repor o valor real da moeda em virtude da desvalorização provocada pela inflação. Materializa-se por meio de medição do índice inflacionário e da fixação dos seus respectivos indexadores, tais como SELIC (federal), UFESP (estadual) e FMP (municipal).

Os juros de mora, por outro lado, também não se enquadram no conceito de penalidade imposta pelo descumprimento da legislação tributária. Visam remunerar o capital retido indevidamente, em face do não recolhimento do tributo no prazo legal. Os juros de mora objetivam compensar o credor pelo atraso no recolhimento do tributo, enquanto a multa tem por finalidade punir o contribuinte omisso.

5 REFERÊNCIAS

BOTTALLO, Eduardo Domingos. *Curso de processo administrativo tributário*. São Paulo: Malheiros, 2009.

CARVALHO, Paulo de Barros. *Curso de direito tributário*. São Paulo: Saraiva, 2009.

MACHADO, Hugo de Brito. *Curso de direito tributário*. São Paulo: Malheiros, 2007.

MELO, José Eduardo Soares de. *Curso de direito tributário*. São Paulo: Dialética, 1997.

VILLEGAS, Hector B. *Direito penal tributário*. São Paulo: Resenha Tributária, 1974.

CRIMINALIDADE E DIREITO PENAL

ANTÔNIO CLÁUDIO MARIZ DE OLIVEIRA*

Participar desta publicação, em homenagem a Eduardo Botallo, constitui motivo de honra, orgulho e grande alegria. A admiração que nutro pelo homenageado já varou os anos e mais aumenta à medida que melhor o conheço, por acompanhar a sua brilhante trajetória, como advogado, professor e jornalista.

Ao lado da admiração pelo profissional, no entanto, habita o meu íntimo um grande respeito pelo ser humano que aprendi a estimar e a prezar mercê de suas decantadas qualidades pessoais.

1 A CRIMINALIDADE NO BRASIL

Fenômenos ainda não bem compreendidos ou explicitados, como o da globalização, o avanço tecnológico, o crescimento mundial da violência, a influência da mídia, a prevalência da economia, alterações substanciais nas relações interindividuais e o enfraquecimento da ideologia estão revelando a incapacidade de alguns sistemas jurídicos para lidar e atender situações e demandas deles decorrentes.

Dentre os ramos do Direito mais atingidos por tais fenômenos situa-se o Direito Penal. Exige-se dele uma eficácia que, com certeza, escapa à sua própria natureza e finalidades. Pretende-se que a legislação penal seja, por si só, um instrumento apto a dar efetivo combate à criminalidade. A visão meramente repressiva e a pena de prisão como única resposta ao crime acarretaram uma carga de responsabilidade que extrapola os limites de sua efetivação.

---

* Advogado criminalista.

Essa exigência, no Brasil, está relacionada com um tradicional posicionamento da sociedade, especialmente das elites, em face da criminalidade. O discurso corrente sobre o crime é distorcido, superficial e não conduz a soluções satisfatórias. A criminalidade é vista e analisada a partir de seus efeitos, ficando as suas causas relegadas a um plano secundário. Na verdade, são elas relegadas ao esquecimento.

Encara-se o crime como uma realidade posta e não como uma realidade a ser evitada. Por tal razão, as exigências em torno do Direito Penal são desproporcionais e despropositadas. As soluções aventadas para a questão criminal se situam, quase que exclusivamente, no clamor por leis mais rigorosas e na maior criminalização, ao lado de uma atuação policial mais eficiente, passando, vez ou outra, pela pregação da adoção da pena de morte.

Cumpre lembrar que salvo recentes movimentos de reação contra a corrupção e a improbidade administrativa, o crime temido e combatido é o que atenta contra a vida e contra o patrimônio.

Assim, resumindo, encara-se o crime no Brasil como um fenômeno representado pelo aumento dos delitos contra a vida e contra o patrimônio, com causas localizadas, exclusivamente, na periculosidade e na vontade de cada criminoso, com desprezo pelos fatores exógenos e cuja solução não ultrapassa os limites da ação policial e da aplicação de leis mais rigorosas.

As estatísticas, realmente, mostram a grande incidência dos homicídios, sequestros, latrocínios, roubos e outros crimes contra o patrimônio e contra a vida. No entanto, um escorço histórico indica que, desde 1940, data do Código Penal, até os nossos dias, as leis penais passaram a tutelar, por meio das normas sancionadoras, uma série de condutas não consideradas criminosas à época. As ações predatórias do homem, em particular, e da sociedade, como um todo, atingem bens e valores que necessitam da proteção penal. De uns anos a essa data estão se amiudando as agressões ao meio ambiente, à moralidade administrativa, aos direitos do consumidor, às regras que regem os sistemas tributário e financeiro, entre outras.

Uma primeira e inafastável observação deve ser feita: o rol dos crimes cometidos não se limita àqueles tradicionais, já referidos. Por outro lado, o crime no Brasil não é praticado apenas pelas camadas menos cultas e economicamente desvalidas. No entanto, é contra elas que se voltam as ações repressivas, as estatísticas e o rancor público.

Parece haver certa tendência em se dividir a sociedade em duas partes, uma sã, imune a crimes, e outra contagiada pelo vírus da violência. A segunda precisa ser combatida, reprimida e punida. A primeira, quando se comete delitos, é merecedora de complacência, compreensão e até perdão...

A verdade, no entanto, olvidada de forma deliberada e reiterada, é que o crime atinge todos os escalões sociais. Os componentes das camadas mais afortunadas obviamente também cometem delitos. E, o que é grave, o comportamento delituoso das elites se espraia de forma exemplar e contagiante e provoca, junto àqueles que não se contaminaram pelo crime, a descrença, o sentimento de abandono, a perda dos referenciais éticos e morais.

A respeito, o pranteado Professor Manoel Pedro Pimentel usava uma feliz expressão para mostrar que o crime pode ser e é praticado por todas as camadas sociais. E, mais, que segmentos menos privilegiados são contaminados pela criminalidade das altas esferas. Ele denominava essa influência de "contágio hierárquico da criminalidade". Simplificando a fórmula: se os que detêm privilégios delinquem, por que os dasafortunados não podem fazê-lo?

O crime, pois, não é uma entidade isolada, distante e estranha à sociedade. Ao contrário, ele constitui uma realidade presente no âmago dessa mesma sociedade, dela faz parte, por ela é gerado e nela produz seus feitos. Portanto, o pensar sobre o crime implica necessariamente no pensar a sociedade como um todo, tentando nela alcançar as causas e soluções para o problema criminal.

A metamorfose sofrida pela sociedade brasileira foi rápida e radical. Não faz muito tempo, homens desprovidos de cultura e de bens materiais, dedicados a ofícios simples, artesanais, mas possuidores de excelsas qualidades morais e éticas, eram respeitados e considerados pelo corpo social como "homens de bem". Esse patrimônio, no entanto, não pesa mais na bolsa dos valores sociais.

Nas últimas décadas a sociedade brasileira sofreu profundas modificações que alteraram substancialmente o seu perfil. Valores e princípios são frequentemente postos em cheque; grassa uma trágica desigualdade social; germinam e dão frutos as raízes daninhas da corrupção e da violência; inexistem mecanismos de amparo aos desvalidos.

O modelo de sociedade capitalista que nos foi imposto, essencialmente tecnocrático e financeiro que é considerado a força motriz da sociedade. Vigora a ideia de que a economia constitui um fim em si mesmo. Não é posta a economia como um meio para o desenvolvimento do homem. A crença na eficiência do mercado, nas vantagens da especulação financeira e na supremacia do capital prepondera sobre os valores do espírito. Assim, uma cultura individualista, distante dos interesses nacionais, do bem comum e da solidariedade, origina males inevitáveis: corrupção, violência, miséria, exclusão social, um cínico e cruel desrespeito a valores éticos e morais.

A solidariedade cede lugar ao egoísmo e à emulação destrutiva. A busca desesperada de bens de consumo e de posição social substitui o desejo de aprimoramento intelectual e espiritual. Noções como bem comum e interesse coletivo passaram a ser meras figuras de retórica. Essa atitude personalista avilta o ser humano, pois amortece a sua maravilhosa capacidade de amar o próximo e o condena à mais cruel das penas: a solidão.

A priorização do ter, em detrimento do ser, provoca uma sensação de abandono e de injustiça, esgarça o senso ético e deteriora os freios inibitórios. Não raras vezes leva ao crime, mormente quando somadas às nossas vergonhosas carências sociais. Assim, a conjugação de vários fatores nos apresenta um quadro dantesco, trágico, onde o homem carente, excluído, desempregado surge de forma aviltada, indigna, comparado à coisa abandonada.

Cumpre realçar a preocupante situação das gerações mais novas. Despojadas, muitas vezes, de valores éticos, que sequer lhes foram transmitidos, possuem uma tendência quase irrefreável para desprezar e desrespeitar desde as normas mais comezinhas de civilidade até o bem supremo, que é a vida humana. As carências, o contágio hierárquico do crime, o contato com o sofrimento alheio e com o próprio, a visão permanente do outro Brasil, rico, sofisticado, esnobe e insensível, os massacrantes apelos consumistas, compõem um painel de fatores criminógenos gerados pela própria sociedade. Uma sociedade do bem-estar para poucos que, segundo Pinatel, coloca a felicidade como a satisfação imediata do prazer do momento.

O panorama é dos mais sombrios e constitui um campo fértil para a expansão da criminalidade, sendo difícil imaginar que o Direito Penal possa barrar tal avanço. A previsão de condutas típicas e as respectivas penas, por mais rigorosas que sejam, obviamente não exerce nenhuma função inibitória. Chega a ser até risível crer-se que a mera previsão de sanções e mesmo a sua execução impeçam as práticas criminosas.

Nota-se a existência de um curioso paradoxo: ao mesmo tempo que aumenta o rigor penal, por meio de leis severas, penas aumentadas, novas condutas criminalizadas, como oficial à sociedade que clama por castigo, a criminalidade aumenta vertiginosamente, demonstrando a ineficácia da resposta meramente repressiva.

A tendência de se atribuir às leis penais a responsabilidade pelo aumento da criminalidade é fruto de desinformação e má compreensão do fenômeno criminal, propositadamente fomentada pelas autoridades e pela classe política por meio do discurso meramente repressivo que olvida por completo as causas da criminalidade.

Há alguns fatores que devem ser considerados na análise do crime e da atuação do Direito Penal em nosso país. Os problemas dos sistemas judiciários e penitenciários não podem ser olvidados. A falta de critério na adoção da pena privativa de liberdade; a timidez em aplicar as penas restritivas de direitos, o alheamento de parte dos juízes e dos promotores da realidade social que os cerca, a ausência de uma eficaz assistência judiciária, dentre outros fatores, mostram, na verdade, menos as deficiências das leis penais do que as falhas em sua aplicação e execução. Claro que os erros na efetivação das punições criam um clima de descrença na justiça e as péssimas condições de sua execução frustram os objetivos de readequação social da pena, que ficam relegados a uma mera previsão teórica, sem nenhuma possibilidade de concretização.

2 DISTORÇÕES NA REAÇÃO CONTRA O CRIME

Além dos fatores acima apontados, devem ser levadas em conta, na análise ora feita, as deficiências existentes na aplicação e na execução da legislação penal. A ideia arraigada de que a única resposta para o crime é a prisão, com desprezo das alternativas penais e da caótica situação do sistema penitenciário nacional, são fatores que geram distorções inevitáveis na realidade do combate ao crime em nosso país.

Não se pode ignorar, por outro lado, os exageros que estão sendo cometidos em nome da luta contra o chamado delito do colarinho branco. Se o despertar da consciência para as questões da "alta criminalidade" merece os nossos aplausos, há de se anotar que excessos estão sendo cometidos contra as garantias individuais de um Estado Democrático de Direito.

Na realidade da impunidade que caracterizava a criminalidade das elites, passamos para uma fúria acusatória, que desrespeita e desconsidera direitos e postulados constitucionais. As duas situações conduzem à insegurança jurídica, ao descumprimento da lei e à violação da dignidade pessoal.

Em primeiro lugar, cumpre apreciar a atuação da imprensa. Parte dos veículos de comunicação tem transformado suas investigações e denúncias em instrumento de constante busca do sensacionalismo, do negativo, do destrutivo, sem nenhum compromisso com a ética jornalística, com a verdade e com o respeito ao próximo.

Na maioria dos casos há um açodamento da mídia em noticiar a pseudorresponsabilidade penal de alguém. Fatos desabonadores são lançados sem comprovação ou menção à fonte, protegida esta pelo sigilo, e passam a ser considerados como fatos verdadeiros. Ao contrário do que ocorre na Justiça, não necessitam de comprovação. O tratamento dado à matéria não é imparcial. Noticia-se apenas o negativo. Prevalece uma abominável posição maniqueísta, onde o bom, o positivo, o edificante são esquecidos.

Na verdade, essa má imprensa não se limita a informar, acusa. Não admite defesa, condena. Não quer processo, deseja punição.

Ela extrapola os lindes de seus objetivos e o faz de forma perniciosa e maléfica. Sua atividade na cobertura de eventos criminosos ou tidos por ela como tais desrespeita os mais comezinhos direitos da pessoa humana: sua honra, sua intimidade, sua privacidade, o respeito que merece do corpo social e de seus familiares. Ademais, fere princípios constitucionais do Estado Democrático ligados à *persecutio criminis*, pois não são respeitados o direito de defesa, o devido processo legal, o contraditório e a presunção de inocência.

O Ministério Público brasileiro, por sua vez, indiscutivelmente tem se empenhado no fortalecimento e na efetivação do primado da lei, da intangibilidade do regime democrático e da aplicação da justiça No entanto, alguns reparos devem ser feitos no que tange à sua atuação. Deve ser realçada a falsa ideia preponderante junto à sociedade brasileira, de que o objetivo primordial da instituição é o de exercer a acusação sistemática e obstinada. Esta deformação atinge, inclusive, membros do próprio *Parquet*. Esquecem-se que o alvo de sua missão e de seus esforços intelectuais supera o objetivo de perseguir condenações.

Instituição permanente e essencial à administração da justiça e também responsável pela defesa da ordem jurídica, da democracia e dos interesses indispensáveis, reduzi-la a mero órgão acusador é aviltar e apequenar sua exponencial missão de elemento essencial à função jurisdicional. Com certeza a sua essencialidade não reside na necessária condução de uma postulação condenatória até o termo final do processo, alheio às circunstâncias fáticas carreadas para os autos, o que não poucas vezes a levariam a tomar rumos diversos daqueles inicialmente expostos.

Muitas vezes cobrados e pressionados pela imprensa, adotam providências, requerem medidas e dão declarações ainda não consentâneas com as circunstâncias do fato, muitas vezes nem sequer apuradas. Requerimentos, por vezes, desprovidos de amparo legal são formulados exclusivamente em atenção às expectativas criadas pela mídia.

E a imprensa escrita e televisiva aproveita-se da precipitação do Ministério Público para produzir um grande alarde, dar ao fato desproporcional divulgação, sem que ele esteja ao menos caracterizado como delituoso. Ademais, aponta e divulga o nome do indigitado responsável, tido como tal, por frágeis e inconsistentes ilações, produzidas muitas vezes pelo próprio noticiário jornalístico. E a acusação é acolhida pelo promotor, mais preocupado em mostrar sua agilidade e presteza do que em apurar, investigar e formar sua convicção indispensável à adoção das medidas que venha a postular.

Para completar o painel de fatores que deturpam, desenfocam e empanam a realização do Direito Penal, deve ser analisada a própria posição da sociedade. Na verdade, ela constitui terreno fértil para que germine o escândalo, a maledicência, a acusação leviana e a execração. A sociedade perdeu o seu poder de crítica. Recebe como verdade axiomática aquela que lhe é transmitida pela mídia, mormente se atender aos seus anseios de encontrar culpados para exigir castigo.

Ademais, a sociedade desconhece por completo os princípios que norteiam a administração da justiça penal, sendo indiferente, ou melhor, contrária ao próprio direito de defesa, quando se trata da defesa alheia, pois quanto à pessoal cada cidadão a exige veementemente. Note-se que a sociedade, de um modo geral, confunde a figura do advogado com a do acusado e o enxerga como defensor e apologista do próprio crime praticado.

Aqueles que são colocados à execração pública, em razão do alarido da imprensa e das acusações e manifestações açodadas sobre sua ainda não investigada responsabilidade, passam a ser considerados os grandes vilões e exclusivos criminosos da nação, especialmente nos casos de improbidade ou nos crimes financeiros. O encontro de um culpado aplaca e satisfaz a consciência social, caindo no esquecimento inúmeras outras investigações e apurações que permitiriam o efetivo e real combate à delinquência econômico-financeira e à improbidade administrativa.

Observa-se que dentro desse esquema pouca ou nenhuma condição possui o acusado de desenvolver em sua plenitude o direito de defesa. Os responsáveis pela tutela penal já se encontram com suas convicções constituídas, ficando prejudicadas as alegações e ponderações defensivas. Na verdade, o apontado autor de um crime já foi previamente condenado, sem que houvesse acusação formal, processo, defesa e sentença judicial.

3 RESPONSABILIDADE PENAL OBJETIVA

Como exemplo do descompasso existente entre a aplicação prática do Direito Penal no Brasil e o dogmatismo penal, deve ser realçada a questão da responsabilidade penal.

A autoria recebeu por parte dos penalistas percuciente análise e aprofundados estudos para que fosse encontrada a sua adequada conceituação.

Para a chamada teoria subjetiva ou subjetiva causal, o autor seria aquele que de uma maneira ou de outra cria uma condição para a ocorrência do delito. A crítica feita, e com toda procedência, refere-se à ampliação desmedida da autoria, que alcançaria desde os executores até os que não praticaram atos ligados ao fato criminoso, mesmo que indiretamente. Essa concepção, pela sua abrangência, permite, por exemplo, que se responsabilize o vendedor da arma utilizada em um homicídio.

A teoria formal objetiva, ao contrário, limita a autoria à prática da ação descrita no tipo. Desta forma, não estariam envolvidos mesmo aqueles que colaboraram com o resultado, por não terem praticado a conduta típica. Nega, assim, a possibilidade da participação na conduta de outrem.

Por derradeiro, uma terceira teoria foi assimilada pela doutrina penal. Trata-se da teoria do domínio da fato. Autor é quem praticou o núcleo do tipo, é o responsável material ou intelectual pela realização do fato. Há uma estreita ligação entre autoria e tipo. O elemento volitivo coloca dentro do conceito de autor também aquele que, sem ter praticado a ação, desejou o resultado e colaborou ao menos intelectualmente para o seu alcance ou utilizou-se de terceiro inimputável ou alguém que agiu ignorando a ilicitude do fato.

A partir do acolhimento da concepção do domínio do fato, os penalistas elaboraram as formas de autoria. Assim, temos o autor executor, o autor intelectual e o autor mediado. O primeiro realiza materialmente a conduta total ou parcialmente. O autor intelectual, por sua vez, determina a realização do fato, sem dele participar materialmente. Por fim, o autor mediato é aquele que se utiliza de um inimputável para a prática delitiva ou de pessoas que agem desconhecendo o caráter delituoso de sua conduta. Ao lado do conceito de autoria, temos o de coautoria e de participação. Na primeira hipótese o agente age como autor, isto é, ele tem o domínio do fato, mas age em conjunto com outro ou outros autores. Já na participação, o fato praticado pelo partícipe é atípico, mas contribui para a concretização do fato típico realizado por outrem. Note-se que a participação pode ser moral e se apresenta sob as formas do induzimento e da instigação. No induzimento o agente cria no espírito de outrem a intenção de praticar o crime. Na instigação há o estímulo, o reforço à ideia delituosa já existente.

Por essas breves considerações vemos que a responsabilidade penal só pode recair sobre quem teve com o fato criminoso uma relação de execução ou de colaboração, marcada pela consciência e pela vontade.

O insigne Professor José Frederico Marques nos mostra que a responsabilidade penal não pode ser ficta, presumida, diversa daquela proveniente da própria conduta do agente e de sua postura psicológica em face do evento delituoso. "A conduta objetivamente ilícita de que proveio a lesão a interesse penalmente tutelado só será delituosa e punível, se contiver o coeficiente subjetivo da culpabilidade. É esta que liga o fato típico e antijurídico ao homem, estabelecendo o nexo necessário entre o conteúdo objetivo e a conduta ilícita e o querer interno do agente"[1].

Embora absolutamente sedimentadas, tais noções estão sendo relegadas ao esquecimento, especialmente nos denominados crimes societários, nos quais a conduta, em tese, favorece uma pessoa jurídica e é praticada em seu nome.

Nas hipóteses desses crimes, durante o inquérito policial não há nenhuma preocupação em se investigar a autoria. Não são colhidos elementos aptos a apontar a responsabilidade pessoal. As investigações ficam restritas à materialidade delitiva. Não são raras as vezes, mormente nos casos de crimes tributários, financeiros, ecológicos ou contra o consumidor, nos quais o inquérito policial não é sequer instaurado. A denúncia baseia-se no auto de infração lavrado pela autoridade administrativa e o crime é imputado aos sócios, diretores, administradores ou gerentes da sociedade.

Esta deplorável prática representa um retrocesso na doutrina construída no prol da liberdade individual, por meio da exata definição da responsabilidade penal. E, sem dúvida, tem ela origem na verdadeira sanha acusatória que impulsiona a ação de policiais e promotores públicos em detrimento dos direitos e das garantias previstas pelo ordenamento jurídico, inclusive pela Constituição Federal.

---

1 *Tratado de direito penal*, 1. ed. atualizada, 1997, v. II, p. 201.

A fúria punitiva, estimulada pela imprensa e por segmentos da sociedade, causa maior estupefação quando se compara o desenvolvimento de outros ramos do Direito com o Direito Penal. Com efeito, o Direito Tributário, por exemplo, que funda a responsabilidade em critérios objetivos, tem discutido a adoção da tese da imputação subjetiva. O jurista Hector Villegas, em seu *Direito penal tributário*, mostra que vários autores apontam para a nova orientação conceitual. Assim, Bielsa afirmou que "a noção simplista da chamada responsabilidade objetiva (sem culpa), longe de significar um progresso para o direito, faria com que este retrocedesse aos tempos bárbaros anteriores a lei Aquilia". Villegas se refere, ainda, a Spola, para quem, embora prevaleça o fato objetivo, deve-se reconhecer "que constitui um progresso jurídico, aproximar os dois ramos do direito repressivo, no que concerne ao requisito subjetivo". Por fim, Hector Villegas cita Jarach, que defende a subjetividade absoluta, com a qual ele, Villegas, não concorda. Diz Jarach que "a evolução do direito tributário é e deve ser no sentido de aceitar sem exceções o princípio segundo o qual não pode haver pena sem culpabilidade em sentido amplo, por dolo ou simples culpa"[2].

Verifica-se, portanto, que no próprio Direito Tributário os estudiosos têm avançado seu pensamento em matéria de responsabilidade procurando, ao menos, mitigar o rígido princípio objetivo, com a aplicação de alguns princípios ligados à culpabilidade.

A responsabilidade pessoal, que no Direito Penal passou a ser considerada um verdadeiro dogma, vem, como se viu, sofrendo sérios abalos. É preciso que haja uma pronta reação dos operadores do Direito que estejam comprometidos com a correta distribuição da Justiça Criminal, pois, do contrário, em nome também do combate à corrupção e à impunidade, outros princípios poderão ser olvidados, tais como o da legalidade, do devido processo legal, do contraditório, da ampla defesa, dentre outros.

Deve-se salientar que o desrespeito ao princípio da responsabilidade penal subjetiva está presente na própria legislação criminal. A sua disciplinada legal é desnecessária, pois ela segue, em relação a todas as figuras penais, as regras da Parte Geral do Código Penal, inspiradas na elaboração doutrinária. Portanto, não se justifica, mesmo nos chamados crimes societários, que o legislador dite regras sobre responsabilidade penal, pois os conceitos de autoria, coautoria e de participação não variam de acordo com a natureza dos

---

2 *Direito penal tributário*, Ed. Revista Tributária de São Paulo, p. 234-235.

delitos ou com os seus eventuais beneficiários, bem como são imutáveis os postulados que informam a culpabilidade e a tipicidade.

Alguns diplomas legais, no entanto, incorrem no erro e adotam a responsabilidade sem culpa. Assim, a antiga Lei Orgânica da Previdência Social (Lei n. 3.807, de 26-8-1960), em seu art. 86, parágrafo único, rezava que "para os fins deste artigo consideram-se pessoalmente responsáveis o titular da firma individual os sócios solidários, gerente, diretores ou administradores das empresas incluídas no regime desta Lei". A lei que criou o Conselho Monetário Nacional, em seu art. 44, § 7º, dispôs da mesma forma: "Quaisquer pessoas físicas ou jurídicas que atuem como instituição financeira sem estar devidamente autorizada pelo Banco Central da República do Brasil, ficam sujeitas à multa referida neste artigo e detenção de 1 (um) a 2 (dois) anos, ficando a esta sujeitos, quando pessoa jurídica, seus diretores e administradores". A Lei n. 7.492/86, que define os crimes contra o sistema financeiro nacional, da mesma forma das anteriores, em seu art. 25, atribui ao controlador e aos administradores da instituição financeira, assim considerados os diretores e gerentes, responsabilidade penal, independente da existência de qualquer vínculo com o fato delituoso.

Todos esses dispositivos encerram uma verdadeira heresia no campo penal e uma agressão jurídica para qualquer sociedade evoluída: a possibilidade de punição por fatos de terceiros. No dizer do grande penalista argentino Soler[3], a responsabilidade penal por fato de outrem é própria das formas primitivas de cultura, quando não se havia operado o processo de *diferenciación individualizadora*. Para ele, o princípio da subjetividade da ação conduz a duas importantes consequências: a subjetivização da culpa, que exclui as formas de responsabilidade objetiva, e a individualização da responsabilidade, que impede que alguém sofra pela do outro.

Hugo de Brito Machado, entre nós, ponderou que "considera-se responsabilidade penal objetiva o estado de sujeição a uma sanção criminal independentemente de restar demonstrado o dolo ou culpa, bastando o nexo de causalidade material. É a responsabilidade por um acontecimento a alguém em virtude apenas de um nexo de causalidade material, entre a conduta e o resultado, com exclusão de qualquer contribuinte de elemento subjetivo, seja do conhecimento ou de vontade"[4].

---

3 *Direito penal*, t. I, p. 249-251.
4 Responsabilidade penal no âmbito das empresas, in *Direito penal empresarial*, p. 128.

4 RESPONSABILIDADE PENAL DA PESSOA JURÍDICA

Tem-se procurado, em vista do crescimento dos delitos coletivos ou societários, encontrar fórmulas de enquadramento das sociedades dentro dos limites do Direito Penal, sem que seja alterada a estrutura do direito penal da culpa.

O notável advogado e penalista Manoel Pedro Pimentel afirmou ser possível a adoção da responsabilidade penal da pessoa jurídica apenas *de lege ferenda*, mas após "uma profunda reformulação doutrinária", pois "vigentes os postulados da responsabilidade subjetiva, não há como punir a pessoa jurídica, e os crimes praticados em nome da sociedade somente podem ser punidos através da apuração da responsabilidade individual dos mandatários da sociedade, desde que comprovada sua participação nos fatos. Responsabilizar a pessoa jurídica nos apertados limites do princípio da responsabilidade por culpa é solução que a dogmática penal não aceita"[5].

Razão assiste ao ilustre professor. Dentro da dogmática penal prevalente, onde culpabilidade e conduta possuem papel de relevância, parece óbvio que a pessoa jurídica não pode ser sujeito ativo de delito. Este é fruto de uma conduta humana marcada pela vontade e que merece a censura do corpo social.

Cumpre, antes da abordagem da questão sob o prisma da Constituição Federal de 1988, abrir um parênteses para mostrar que há uma tendência mundial em se considerar a pessoa jurídica passível de figurar no polo ativo do evento criminoso. Tal tendência decorre da verificação de que vários delitos são praticados em nome ou sob o manto organizacional de uma pessoa jurídica, "a empresa foi 'descoberta' pelo direito penal e pela criminologia como um centro susceptível de gerar ou de favorecer a prática de factos penalmente ilícitos, porque de repercussão desvaliosa no tecido econômico--social. A empresa passou a ser um centro, em redor do qual se podem conceber diferenciadas actividades ilícitas"[6].

---

5 *Crimes contra o sistema financeiro nacional*, p. 171-172.
6 Faria Costa, Natureza jurídica de crimes contra as relações de consumo, *Revista Brasileira de Ciências Criminais*, n. 11, p. 129.

As legislações penais não são uniformes a respeito da responsabilidade penal da pessoa jurídica. Na França, a admissão é expressa. O art. 121-2 do Código Penal de 1994 dispõe que "as pessoas jurídicas, com exceção do Estado, são penalmente responsáveis segundo as disposições dos arts. 121-4 a 121-7 (tratam da tentativa e da cumplicidade) e nos casos previstos pela lei, pelas infrações cometidas, por sua conta, por seus órgãos e seus representantes". Saliente-se que vários delitos, e não apenas os econômicos ou ecológicos, segundo o Direito Penal francês, comportam autoria por parte da pessoa jurídica, tal como o homicídio culposo, a lesão corporal culposa, o tráfico de entorpecentes, a corrupção ativa, dentre outros.

Segundo Fausto Martin de Sanctis, no direito inglês "a responsabilidade penal das pessoas jurídicas, dentro da responsabilidade objetiva, ocorre pelo fato pessoal (*strict liability*) ou de fato de terceiro (*vicarious liability*). Ambos são excepcionais e podem recair não só sobre pessoas coletivas, mas inclusive sobre as pessoas físicas"[7].

A Itália e a Espanha não admitem a imputação criminal à pessoa jurídica. A respeito deste último país, Jesus Maria Sanches mostra que o Direito Penal espanhol mantém-se fiel à doutrina penal da culpabilidade e à teoria do delito: ...basta hoy la doctrina mayoritaria en España ha entendido que las necesidades de prevención existentes en el ámbito de la criminalidad de empresa no hacen preciso auténtica penas criminales a las empresas, ni tampoco poder afirmar que la empresa comete delitos. Asi pues, há mantendo firme la estrutura del sistema de la teoría del delito, como orientado a hechos 'personales'"[8].

Na Alemanha, segundo Sérgio Salomão Shecaira, "às pessoas jurídicas podem ser impostas sanções pela via do chamado direito penal administrativo, ou contravenção à ordem. Estas são infrações de menor gravidade. Sua sanção não é a multa penal (*Geldsbrafe*), mas sim uma multa administrativa (*Geldsbusse*). Esta é aplicada para as infrações de trânsito e as econômicas'"[9]. René Ariel Dotti esclarece que as chamadas multas convencionais, que são penas acessórias (*Geoldbusse*), podem ser aplicadas "contra as sociedades quando um seu agente, revestido de certa representatividade, comete um crime

---

7 *Responsabilidade penal da pessoa jurídica*, Saraiva, 1999, p. 49.
8 Responsabilidad penal de las empresas y sus organos en derecho español, in *Responsabilidade penal da pessoa jurídica*, Revista dos Tribunais, 2001, p. 13.
9 *Responsabilidade penal da pessoa jurídica*, p. 1998.

ou uma contravenção e o fato ilícito guarda relação com o giro comercial da pessoa moral"[10].

O Código Penal português, embora preveja a responsabilidade pessoal, possibilita que haja previsão expressa no sentido da responsabilidade do ente coletivo. No entanto, como adverte Manuel Antonio Lopes da Rocha, "se se tornar claro que uma pessoa singular é responsável, é a seu respeito que importa agir em primeiro lugar, porque as sanções aplicáveis à pessoa coletiva podem implicar efeitos econômicos nefastos e mesmo desastrosos, de diversos pontos de vista. A sanção só deve atingir o ente coletivo para completar os efeitos da reação dirigida à pessoa singular, nomeadamente quando tirar proveito da infração ou quando não for passível determinar quem é o responsável. Aliás, não seria aconselhável que a possibilidade de atingir a pessoa colectiva tivesse como efeito negligenciar a descoberta da pessoa singular responsável, que assim poderia beneficiar de uma imunidade de facto inadmissível, a qual não deixaria de favorecer uma dinâmica do seu sentimento de responsabilidade"[11].

No Brasil, a análise da questão passou a merecer extensas considerações após a promulgação da Constituição Federal de 1988. Dois dispositivos passaram a ser vistos como autorizadores da responsabilização penal das pessoas jurídicas. Assim, o § 5º do art. 173 determina que "a lei, sem prejuízo da responsabilidade jurídica individual dos dirigentes da pessoa jurídica, estabelecerá a responsabilidade desta, sujeitando-a às punições compatíveis com sua natureza, nos atos praticados contra a ordem econômica e financeira e contra a economia popular".

Por seu turno, diz o § 3º do art. 225: "As condutas e atividades consideradas lesivas ao meio ambiente sujeitarão os infratores, pessoas físicas ou jurídicas, às sanções penais e administrativas, independentemente da obrigação de reparar os danos causadores".

O advogado Sérgio Salomão Shecaria afirma que "a responsabilidade penal da pessoa jurídica continua sendo tema polêmico e candente em direito penal, particularmente na doutrina brasileira. O legislador constituinte reavivou a discussão do assunto, ao editar os dois dispositivos citados. Não obstante existirem opiniões contrárias de juristas de nomeada, a nosso juízo

---

10 *Revista de Direito Penal e Criminologia*, p. 148.
11 A responsabilidade penal da pessoa coletiva: novas perspectivas, in *Direito penal econômico*, Coimbra, 1985, p. 134.

não há dúvida de que a Constituição estabeleceu a responsabilidade penal da pessoa jurídica"[12].

Ao contrário da opinião acima, que é esposada por conceituados penalistas, as duas normas constitucionais não contêm permissão para que a legislação infraconstitucional passe a punir a pessoa jurídica como autora do delito.

O primeiro deles, dirigido à proteção dos sistemas econômico e financeiro e da economia popular, além de prever a responsabilidade individual dos dirigentes, autoriza que a lei sujeite a pessoa jurídica às punições *compatíveis com sua natureza*.

Ora, a natureza das entidades jurídicas é absolutamente incompatível com as sanções penais e com os princípios hoje norteadores do Direito Penal. A principal sanção adotada pela legislação penal, codificada ou esparsa, é a que limita o direito de locomoção. A própria Constituição Federal, no art. 5º, traz comandos concernentes ao regime de cumprimento da pena e outorga direitos e garantias ao condenado. Assim, adota o princípio da personalidade e da individualização da pena (incisos XLV e XLVI); arrola os tipos de sanções e prioriza a privação ou restrição da liberdade (inciso XLVI); obriga o cumprimento da pena em estabelecimentos distintos (inciso XLVII); garante a integridade física e moral aos presos (inciso XLIX); assegura às presidiárias o direito a amamentar seus filhos (inciso L). Clara, pois, a incompatibilidade entre a prisão e a pessoa jurídica. Poder-se-ia afirmar que há, no entanto, compatibilidade entre esta e algumas outras sanções penais. É verdade. Mas tais sanções têm natureza administrativa, e como o legislador constitucional, no § 5º do art. 173, não dispôs que a punição à pessoa jurídica deveria ser penal, a mencionada incompatibilidade só pode remeter o legislador ordinário às punições administrativas.

Admitindo-se a pessoa jurídica como figurando no polo ativo das condutas delituosas, os princípios da personalização e da individualização da pena ficam derrogados. Com efeito, como salienta René Ariel Dotti, "os procedimentos de identificação e submissão acima expostos não se aplicam quando o 'autor' do crime seja pessoa jurídica. Mesmo que o fato típico tenha sido causado somente por um de seus diretores, todos os demais sofrem, em maior ou menor intensidade, os efeitos primários da condenação. E se, em conse-

---

[12] A responsabilidade penal da pessoa jurídica e a nossa recente legislação, in *Responsabilidade penal da pessoa jurídica e medidas provisórias e direito penal*, p. 134.

quência da sanção imposta, a pessoa jurídica não tiver condições materiais ou morais para sobreviver, tal evento alcança todas as pessoas físicas e jurídicas que vivem sob a sua divergência"[13].

Igualmente, o art. 225, § 3º, não trouxe a modificação pretendida por muitos. Quando ele dispõe que as condutas nocivas ao meio ambiente sujeitarão os "infratores, pessoas físicas ou jurídicas, a sanções penais e administrativas" está rigorosamente determinando a aplicação das sanções penais às pessoas físicas e as administrativas às pessoas jurídicas. Qualquer outra interpretação representa um excesso, um transbordamento dos limites desejados pelo legislador. Miguel Reale Júnior assim entende: "O dispositivo deve ser interpretado no sentido de que as pessoas físicas ou jurídicas sujeitam-se 'respectivamente' a sanções penais e administrativas"[14].

A Lei n. 9.605, de 12-2-1998, prevê expressamente o ente coletivo como autor de delitos. Diz seu art. 3º: "As pessoas jurídicas serão responsabilizadas administrativa, civil e penalmente conforme o disposto nesta Lei, nos casos em que a infração seja cometida por decisão de seu representante legal, ou contratual, ou de seu órgão colegiado, no interesse ou benefício da sua entidade". O parágrafo único desse artigo afirma que "a responsabilidade da pessoa jurídica não exclui a da pessoa física, autoras, coautoras ou partícipes do mesmo fato".

A lei, embora afirme de forma explícita a responsabilidade penal de uma sociedade, vinculou-a àquela da pessoa física. Realmente, o próprio artigo citado a condiciona à conduta de um seu representante legal ou de seu órgão colegiado, em benefício ou no interesse da entidade. Ademais, a pessoa física a ela ligada e que tenha o domínio do fato, como autora ou coautora, ou agindo como partícipe será também punida. Na verdade, a adoção da responsabilidade da entidade coletiva não foi adotada de forma integral, pois vinculada necessariamente a uma conduta de pessoa física. O legislador, na verdade, não se sentiu encorajado em desprezar os postulados da culpabilidade. Como culpa é conduta reprovável, ligou a punição da pessoa jurídica a uma conduta de um ou de vários de seus representantes legais ou contratuais.

---

13 In *Revista*, cit., p.152.
14 Responsabilidade penal da pessoa jurídica, Revista dos Tribunais, 2001, p. 138.

5. REVISÃO E ALTERAÇÕES DOUTRINÁRIAS

Quando apontamos o estreito liame ou a relação de causa e efeito, entre o avanço do crime em nosso país e as incessantes e inconsequentes cobranças por um direito penal rigoroso, como instrumento de combate ao crime, tínhamos em mente mostrar que a tendência punitiva atinge os legisladores que se rendem à grita geral e legislam sem atenção aos cânones e princípios consagrados pelos ordenamentos jurídicos de todo o mundo democrático. Esquecem-se que o Direito Penal descreve e sanciona condutas proibidas, mas ao mesmo tempo garante a liberdade e a dignidade individuais, procurando, por meio de normas gerais, impor-lhe claros e intransponíveis limites. Os princípios da legalidade, da responsabilidade subjetiva, da culpabilidade, da personalidade da pena, dentre outros, constituem excepcionais conquistas do humanismo e da democracia.

A previsão legal da responsabilidade penal dos entes coletivos, sem as indispensáveis revisões doutrinárias, e a adoção da responsabilidade objetiva são apenas dois exemplos do tratamento que se dá ao Direito Penal sob o influxo de movimentos repressivos.

Extremamente eloquente é a manifestação, seguida de um ilustrativo exemplo, do Professor Augusto Thompson[15], ao abordar os riscos da adoção da responsabilidade objetiva: "A moda pode pegar... aí voltaremos a topar com a condenação de seres humanos a título, tão apenas, de responsabilidade objetiva. O risco é manifesto. A retirada dessa garantia – pois a cobrança da responsabilidade subjetiva representa uma sublime garantia – já foi realizada no período da ditadura. E tal prática, **anunciada** pela inclusão da pessoa jurídica como autora do crime, pode voltar, sobretudo naquelas áreas em que a persecução penal ocorre em estado de plena histeria. Impossível?". Nesse ponto, responde com a transcrição de uma preocupante notícia de jornal: "'As crescentes apreensões de drogas em escolas e o envolvimento de alunos e até professores com o tráfico tornaram-se uma das maiores preocupações da Polícia Federal. Em relatório encaminhado no fim de abril ao Ministério da Justiça, a Polícia Federal destaca a importância de responsabilizar criminalmente os diretores de estabelecimentos escolares que sejam omissos com

---

15 *Direito penal*, v. I, p. 144.

a prevenção do tráfico e consumo de drogas em suas dependências' (*Jornal do Brasil*, de 4-6-1996, p. 4).

A respeito das questões suscitadas pela adoção da responsabilidade penal da pessoa jurídica, Cezar Roberto Bitencourt salientou: "A polêmica sobre a responsabilidade penal das pessoas jurídicas apresenta inúmeros problemas, dentre os quais podem-se destacar os seguintes: a) questões de política criminal; b) o problema da capacidade de ação; c) a incapacidade de culpabilidade; d) o princípio da personalidade da pena; e) as espécies ou natureza das penas aplicáveis às pessoa jurídicas"[16].

O ilustre promotor Dr. Fábio Guedes de Paula Machado prega a necessidade da criação de um microssistema para que a pessoa jurídica venha a ser responsabilizada penalmente, em face do grande rol de problemas e de questões envolvidas, tendo em vista a dogmática penal vigente. O novo sistema refletirá "em novo conceito de ação, de imputação objetiva, de culpabilidade, e de pena, ou melhor, como defende Hassemer, a criação de um novo direito". Segundo sua visão, a culpabilidade tal como a concebemos seria afastada. Ademais, provas poderiam ser obtidas "à margem do sistema constitucional, pois o que de fato impunha é a instrumentalização dos meios previstos de impedimento da ocorrência do crime"[17].

Trata-se, na verdade, de opinião que espelha o pensar de boa parte dos responsáveis pela *persecutio criminis* em nosso país. Adeptos do chamado funcionalismo creem no Direito Penal como instrumento capaz de se opor ao crime com eficiência e de dar à sociedade maior segurança. Posicionamento que, infelizmente, olvida todos os fatores desencadeadores do crime, sejam de que natureza forem, e atribuem ao Direito Penal total responsabilidade pelo combate à delinquência.

A respeito do movimento que deseja operar modificações radicais no âmbito do Direito Penal, objetivando atender demandas incompatíveis com sua estrutura doutrinária, Alberto Silva Franco mostrou-nos que na década de 1990, ao lado da intensa criminalização que atingiu condutas até então distantes das leis penais, duas perigosas tendências surgiram: uma, a chamada "funcionalização do mecanismo controlador", que coloca o Direito Penal a serviço de um discurso político-criminal repressivo, e outra que prega a desformalização daquele mecanismo em detrimento de garantias penais e pro-

---

16 *Responsabilidade penal da pessoa jurídica e medida provisória e direito penal*, p. 57.
17 Crise do direito penal, *RT*, 765/418.

cessuais individualmente conquistadas. "Todas essas tendências da denominada 'pós-modernidade penal' centram-se na ideia preventiva e repressiva, em detrimento dos princípios penais liberais que informam o Estado Democrático de Direito", arremata o notável penalista[18].

6 CAOS LEGISLATIVO

Vimos como tem sido nociva a influência da imprensa na aplicação da lei penal. Arvora-se ela em detentora dos poderes tais que lhe permitem substituir, pelo menos aos olhos e no sentir do povo, o próprio Poder Judiciário. Acusa, julga e pune. Suas acusações são desprovidas de prova, de defesa e de contraditório, mas se tornam verdades indestrutíveis. Seus julgamentos são inapeláveis. E a sua punição – execração pública – é indelével. Observamos, igualmente, que a sociedade aceita o papel desempenhado pela mídia e recebe, sem nenhum senso crítico, as "sentenças" dela advindas, passando, por sua vez, a exercer, com eficiência, o papel de algoz do "condenado".

A imprensa, no entanto, exerce também um outro deletério papel ligado ao Direito Penal, qual seja, a de indutora da elaboração de novas leis criminais. Com efeito, nesse setor ela age de forma pontual, episódica, pois sempre atua quando sabe da reação social em face de determinados eventos. Na verdade, não com pouca frequência ela mesma se incumbe de provocar e de insuflar aquela reação. Nesse momento, passa, em nome da coletividade, a exigir novas leis penais ou o maior rigor com as punições previstas para condutas já previstas como criminosas pelo ordenamento.

Esse comportamento da mídia vem colaborando para a crescente desordem legislativa existente no campo penal em nossos dias.

Aliás, o quadro que se apresenta reflete o estado de estupefação e de ausência de rumos em que nos encontramos, em face do aumento da criminalidade e da obstinada recusa das elites em reconhecer as suas causas e enfrentá-las. Como, de qualquer forma, algo deve ser feito para dar resposta aos clamores da sociedade, leis e mais leis penais são promulgadas sem nenhum critério científico e mesmo pragmático.

---

18 Comentários declarados no Boletim n. 58 do IBCCrim – setembro de 1997.

Damásio Evangelista de Jesus apreendeu com perspicácia a situação reinante. Afirmou que o Poder Público, prevenido pela delinquência e pela obrigação de garantir a segurança, tem definido as violações correntes "em leis novas, numa verdadeira esquizofrenia legislativa"[19]. Como exemplo cita os crimes contra a economia popular descrita em pelo menos três diplomas legislativos.

Como já foi afirmado, transformou-se em dogma, em verdadeira cultura, a ideia de que o Direito Penal e a repressão policial constituem o único caminho a ser trilhado contra o crime. Para não assumirem suas responsabilidades relacionadas às causas e aos fatores criminógenos, os políticos propagam à exaustão seu surrado discurso e legislam desordenada e descriteriosamente, atendendo, assim, aos reclamos gerais. A própria sociedade não deseja desvendar essa cortina de fumaça, para não se ver diante de sua parcela de culpa. A imprensa, de sua banda, participa com eficácia da encenação, e todos possuem a confortável ilusão de que estão atuando contra o crime. Esta impressão é diariamente desfeita, mas nem por isso o jogo termina e a realidade é assumida.

Em primoroso trabalho, denominado "Abalos à dignidade do direito penal"[20], o Procurador de Justiça Marco Antônio de Barros demonstrou, após uma análise criteriosa do nosso Direito Penal positivo, a absoluta balbúrdia, marcada pelas incoerências e ausência de critério, reinante no conjunto das leis esparsas hoje existentes.

Ele coloca no frontispício de seu trabalho uma assertiva do Professor José Francisco de Faria Costa: "O Direito Penal é o direito à liberdade. É o conjunto de leis que estabelece o espaço de liberdade do indivíduo. O Direito Penal não pode ser utilizado como instrumento de solução dos problemas sociais; ele não pode distribuir riqueza. É preciso haver uma política social. Não peçam ao Direito Penal aquilo que ele não pode dar".

Esta verdade reflete o real escopo do Direito Penal. Ele tutela a liberdade mostrando ao homem quais as condutas que lhe são negadas, não com o cunho de restringi-lo, mas de demarcar com precisão o seu espaço de conduta lícita. Não é um meio de pôr fim ao crime, pois este precisa sim ter as suas origens detectadas e evitadas, função política administrativa que foge do âmbito de incidência da lei penal.

---

19 Justiça e criminalidade, *Revista Brasileira de Ciências Criminais*, n. 5, jan./mar. 1994, p. 83.
20 *RT* 747/495.

Mas, voltando ao trabalho do Dr. Marco Antonio de Barros, nele encontramos exemplos de incongruência e incorreta avaliação da importância dos bens jurídicos protegidos, examinados comparativamente. Desta forma, o estupro e o atentado violento ao pudor, conforme reza a Lei n. 8.072/90, passaram a ser apenados com seis a dez anos de reclusão, numa equivalência desproporcional à respectiva gravidade. E mais, ambos, no que tange à pena mínima, estão comparados ao homicídio simples. Outra comparação estarrecedora é a feita entre um atentado violento ao pudor cometido contra criança – nove anos de reclusão, de acordo com os arts. 214 do CP e 9º da Lei n. 8.072/90, com um homicídio simples praticado também contra criança – seis anos de reclusão.

Quanto ao homicídio qualificado, que passou a ser considerado crime hediondo, Marco Antônio de Barros assevera que esse crime foi assim classificado para atender a clamor popular cuja origem foi o assassinato de uma atriz de televisão. Tal clamor "foi fomentado pelos órgãos de comunicação, cujo poder de pressão que sobre os congressistas exerce não pode ser ignorado e, em alguns casos, não parece ser dos mais saudáveis".

Trata-se de um exemplo típico de "atuação legislativa" da mídia.

Muitos outros exemplos foram citados pelo autor, demonstrando a imperiosa necessidade de uma codificação que reúna de maneira orgânica e coerente as inúmeras normas penais existentes em leis esparsas, procurando-se assim curar nosso ordenamento da "esquizofrenia legislativa". Torna-se necessário, no entanto, que as leis sejam inteligentes, expressem os valores que efetivamente necessitem de tutela penal e não sejam elaboradas ao sabor dos acontecimentos rumorosos. Não se pode legislar casuisticamente. Do contrário, continuará em marcha a banalização do Direito Penal, com consequências gravíssimas, dentre as quais o desrespeito e a descrença da sociedade em seus postulados e princípios e nas leis editadas.

Oportuno é o ensinamento do velho Marquês de Beccaria, citado pelo Dr. Marco Antonio de Barros: "Desejais prevenir os crimes? Fazei leis simples e evidentes e esteja o país inteiro preparado a armar-se para defendê-la, sem que a minoria de que falamos se preocupe em destruí-la". Lembra o ilustre Procurador de Justiça que Beccaria, em 1764, advertia ser mais sábio e útil procurar evitar o mal do que repará-lo. E mais, que uma legislação boa e eficiente é a "arte de propiciar aos homens a maior soma de bem-estar possível".

Sábios, oportunos, mas lamentavelmente não apreendidos ensinamentos. A cegueira em relação à reação ao crime persiste em colocar os esforços do legislador nos seus efeitos e não na adoção de medidas aptas a evitá-lo.

Ao escrever sobre a necessidade de uma nova codificação penal, o professor paranaense René Ariel Dotti escreveu que além do grande número de leis penais existentes ou em decorrência mesmo desse excesso, os operadores da Justiça Penal estão sofrendo em face da "amarga experiência da inflação legislativa, responsável por um tipo de direito penal do terror". Duas marcas desse direito são apontadas pelo eminente professor: "a massificação da responsabilidade criminal e a erosão do sistema positivo". A primeira provoca a subversão do princípio da presunção de inocência e "alimenta a fogueira da suspeita que é a Justiça das paixões, consagrando a responsabilidade objetiva" e a segunda impõe a anarquia nos meios e nos métodos do controle da violência e da criminalidade e "estimula o discurso político e revela a ausência de uma política criminal em nível de Governo Federal"[21].

7 CONCLUSÃO

A análise do Direito Penal em nosso país implica o exame da questão da criminalidade, mais especificamente na avaliação que a sociedade faz desse fenômeno. Esse exame prévio nos revela uma visão exclusivamente repressiva no que tange ao combate ao crime, que justifica o clamor permanente e geral por leis mais rigorosas, maior criminalização e aplicação da pena de prisão como únicas respostas ao crime. É ele encarado como uma realidade posta e não como um fenômeno a ser evitado. A criminalidade, pois, é observada a partir dos seus efeitos, ficando os fatores que a desencadeiam relegados a um plano secundário. Desta forma, exige-se do Direito Penal uma eficiência não consentânea com a sua natureza e com as suas finalidades. Por outro lado, a reação ao avanço da criminalidade tem provocado uma série de distorções sentidas na atuação da imprensa, bem como de autoridades responsáveis pela *persecutio criminis*. A própria dogmática penal vem sofrendo abalos, pois a aplicação do Direito Penal muitas vezes destoa de princípios consagrados universalmente. Dentro da linha de ampliação de abrangência do Direito Penal, como instrumento de repressão, alguns penalistas defendem a adoção da responsabilidade penal da pessoa jurídica, contrariando aspectos

---

21 *Revista Brasileira de Ciências Criminais*, n. 28, p. 152.

doutrinários da maior relevância, tais como a culpabilidade, a conduta e a responsabilidade subjetiva. Esta última, também como resultado da aplicação desmesurada e imprópria do direito penal, está sendo substituída pela responsabilidade objetiva, até então rejeitada pelos doutrinadores. Por derradeiro, a descriteriosa criminalização, representada por um número excessivo de leis penais esparsas, também reflete a hipertrofia do Direito Penal, como fruto de uma visão eminentemente repressiva sobre a criminalidade.

BREVE ENSAIO SOBRE TRIBUTAÇÃO DOS *ROYALTIES* PELO IMPOSTO SOBRE A RENDA E PELA CIDE

EDISON AURÉLIO CORAZZA*

Até a edição da Medida Provisória n. 1.459, de 21-5-1996, que em função de suas reedições e reformulações cristalizou-se na Medida Provisória n. 2.159-70, de 24-8-2001, a tributação no Brasil das importâncias pagas, creditadas, entregues, empregadas ou remetidas para o exterior a título de *royalties* se dava através da incidência do imposto de renda federal (IRRF-*Royalties*), mediante retenção na fonte localizada em território nacional, a uma alíquota de 25% (vinte e cinco por cento).

Referido diploma, através de seu art. 4º[1], reduziu a alíquota desse tributo para 15% (quinze por cento), mantendo suas demais características.

Uma das reedições da Medida Provisória n. 1.459/96, a n. 2.062-60, de 30-11-2000, sinalizou, pela primeira vez, a possibilidade de alteração na sistemática da tributação das liquidações de *royalties*, ao prever que a alíquota do IRRF-*Royalties* voltaria a ser de 25% (vinte e cinco por cento) a partir de 1º de janeiro de 2001, salvo se fosse criada uma contribuição de intervenção no domínio econômico sobre a mesma operação (CIDE-*Royalties*), hipótese em que o IRRF-*Royalties* teria sua alíquota fixada novamente em 15% (quinze por cento), nos termos de seu art. 3º, *in verbis*:

---

* Advogado em São Paulo. Mestre em Direito Tributário pela PUCSP. Doutorando em Direito Tributário pela PUCSP. Professor Assistente no Cogeae – PUCSP. Pós-graduação *lato sensu* (especialização) no curso Direito Tributário – Uma Visão Constitucional. Diretor do Instituto de Pesquisa Tributária – IPT.

1 "Art. 4º Fica reduzida para 15% (quinze por cento) a alíquota do imposto de renda incidente na fonte sobre as importâncias pagas, creditadas, entregues, empregadas ou remetidas para o exterior a título de *royalties* de qualquer natureza."

> Art. 3º Fica reduzida para 15% (quinze por cento) a alíquota do imposto de renda incidente na fonte sobre as importâncias pagas, creditadas, entregues, empregadas ou remetidas ao exterior a título de *royalties*, de qualquer natureza.
>
> § 1º Relativamente aos fatos geradores ocorridos a partir de 1º de janeiro de 2001, a alíquota de que trata o *caput* passa a ser de 25% (vinte e cinco por cento).
>
> § 2º A alíquota referida no parágrafo anterior e a aplicável às importâncias pagas, creditadas, entregues, empregadas ou remetidas para o exterior a título de serviços técnicos e de assistência técnica, administrativa e semelhantes, será reduzida para 15% (quinze por cento), na hipótese de instituição de contribuição de intervenção no domínio econômico incidente sobre essas mesmas importâncias.
>
> § 3º A redução de que trata o parágrafo anterior aplicar-se-á a partir do início da cobrança da referida contribuição.

No mês seguinte à edição da Medida Provisória n. 2.062-60/2000 foi editada a Lei n. 10.168, de 29-12-2000, concretizando a criação da denominada Contribuição de Intervenção no Domínio Econômico – "CIDE-*Royalties*", para custear o "Programa de Estímulo à Interação Universidade-Empresa para o Apoio à Inovação", igualmente criado pela Lei n. 10.168/2000, cujo objetivo principal é o de "estimular o desenvolvimento tecnológico brasileiro, mediante programas de pesquisa científica e tecnológica cooperativa entre universidades, centros de pesquisa e o setor produtivo" (art. 1º).

O contribuinte da CIDE-*Royalties* vem descrito no art. 2º dessa lei, nestes termos:

> Art. 2º Para fins de atendimento ao Programa de que trata o artigo anterior, fica instituída contribuição de intervenção no domínio econômico, devida pela pessoa jurídica detentora de licença de uso ou adquirente de conhecimentos tecnológicos, bem como aquela signatária de contratos que impliquem transferência de tecnologia, firmados com residentes ou domiciliados no exterior.

A base de cálculo do novo tributo, por sua vez, veio descrita no § 2º do mesmo art. 2º:

> § 2º A contribuição incidirá sobre os valores pagos, creditados, entregues, empregados ou remetidos, a cada mês, a residentes ou domiciliados no exterior, a título de remuneração decorrente das obrigações indicadas no *caput* deste artigo.

Em 19 de dezembro de 2001, foi editada a Lei n. 10.332, que alterou a redação dos parágrafos do art. 2º da Lei n. 10.168/2000 e ampliou a incidência da CIDE para fins de custeio do Programa de Estímulo à Interação Universidade-Empresa para o Apoio à Inovação, fazendo-a alcançar também os contratos de serviços técnicos e de assistência administrativa e semelhantes prestados por residentes ou domiciliados no exterior, mantendo sua base de cálculo para *royalties*, conforme abaixo:

> § 2º A partir de 1º de janeiro de 2002, a contribuição de que trata o *caput* deste artigo passa a ser devida também pelas pessoas jurídicas signatárias de contratos que tenham por objeto serviços técnicos e de assistência administrativa e semelhantes a serem prestados por residentes ou domiciliados no exterior, bem assim pelas pessoas jurídicas que pagarem, creditarem, entregarem, empregarem ou remeterem *royalties*, a qualquer título, a beneficiários residentes ou domiciliados no exterior.
>
> § 3º A contribuição incidirá sobre os valores pagos, creditados, entregues, empregados ou remetidos, a cada mês, a residentes ou domiciliados no exterior, a título de remuneração decorrente das obrigações indicadas no *caput* e no § 2º deste artigo.

Por fim, em 27 de fevereiro de 2007, a Lei n. 11.452 incluiu mais um parágrafo ao art. 2º da Lei n. 10.168/2000, excluindo da incidência da CIDE a remuneração pela licença de uso ou de direitos de comercialização ou distribuição de *software*, desde que não envolvam a transferência de tecnologia, conforme transcrevemos abaixo:

> § 1º-A A contribuição de que trata este artigo não incide sobre a remuneração pela licença de uso ou de direitos de comercialização ou distribuição de programa de computador, salvo quando envolverem a transferência da correspondente tecnologia.

Desta feita, a tributação das importâncias pagas, creditadas, entregues, empregadas ou remetidas para o exterior a título de *royalties* se dá, hoje, através de dois tributos distintos: IRRF-*Royalties* e CIDE-*Royalties*.

As bases de cálculo, de um e de outro tributo, como se vê às escâncaras, são idênticas, conforme o texto dos já citados art. 5º da Medida Provisória n. 1.459/96 (hoje, art. 3º da MP n. 2.159-70/2001)[2] e do art. 2º, § 3º, da Lei n.

---

2 "Art. 3º Fica reduzida para 15% (quinze por cento) a alíquota do imposto de renda incidente na fonte sobre as importâncias pagas, creditadas, entregues, empregadas ou remetidas

10.168/2000, alterada pela Lei n. 10.332/2001: incidência conjunta na ocorrência dos respectivos fatos e sobre os valores pagos, creditados, entregues, empregados ou remetidos a residentes ou domiciliados no exterior, a título de *royalties*.

Questão interessantíssima, todavia, surge ao se perquerir sobre as hipóteses de incidência e os sujeitos passivos das obrigações tributárias em exame.

No caso do IRRF-*Royalties*, uma vez que este tributo incide sobre a disponibilidade econômica ou jurídica de renda ou proventos de qualquer natureza (art. 43, I e II, do CTN[3]), é a disponibilização dos *royalties* que faz incidir o tributo – isto é, a relação jurídica exsurge em função dos frutos auferidos pelo residente ou domiciliado no exterior. Já a CIDE-*Royalties* incide, em termos legítimos, não por força da disponibilização, mas por força do pagamento, crédito, entrega, emprego ou remessa dos *royalties* ao exterior.

A verdade é que se está diante de situação em que há *dois lados de uma mesma moeda*: a relação jurídica de suporte à tributação pelo IRRF-*Royalties* e pela CIDE-*Royalties* é, invariavelmente, entre a pessoa jurídica situada no Brasil e o beneficiário no exterior. Por isso, é forçoso concluir que a hipótese de incidência é a mesma, vez que o negócio jurídico que dá causa à tributação (a moeda de dois lados) também é invariavelmente coincidente.

No mesmo diapasão é que causa perplexidade verificar que o contribuinte do IRRF-*Royalties* é o beneficiário, localizado no exterior, do valor percebido a título de *royalties*. A fonte localizada no Brasil, no caso, é mera responsável pela retenção do tributo. Quanto à CIDE-*Royalties*, o contribuinte é a pessoa jurídica que pagar, creditar, entregar, empregar ou remeter tais *royalties*.

De qualquer sorte, e isto nos parece de extrema relevância jurídica, o *sujeito passivo* da obrigação tributária derivada da ocorrência da hipótese de incidência é, sempre, *a mesma pessoa jurídica*.

Confrontando-se um e outro tributo, vê-se, pois, que há identidade absoluta entre hipóteses de incidência, bases de cálculo e sujeitos passivos da

---

ao exterior a título de remuneração de serviços técnicos e de assistência técnica, e a título de *royalties*, de qualquer natureza, a partir do início da cobrança da contribuição instituída pela Lei n. 10.168, de 29 de dezembro de 2000."
3 "Art. 43. O imposto, de competência da União, sobre a renda e proventos de qualquer natureza tem como fato gerador a aquisição da disponibilidade econômica ou jurídica: I – de renda, assim entendido o produto do capital, do trabalho ou da combinação de ambos; II – de proventos de qualquer natureza, assim entendidos os acréscimos patrimoniais não compreendidos no inciso anterior."

relação jurídica tributária (gênero), posto que o obrigado ao pagamento do IRRF-*Royalties* é, também, o obrigado ao pagamento da CIDE-*Royalties*, seja ele denominado de contribuinte ou de responsável (espécies de sujeito passivo, nos moldes do art. 121, *caput* e parágrafo único, I e II, do CTN[4]).

Trata-se de uma questão *sui generis* que pode ser atribuída à imensa, inesgotável, mas nem sempre sadia imaginação de nossos legisladores no exercício da criação de normas tributárias.

Ora, tributos com estas características idênticas apontadas nada mais são do que tributos iguais em suas essências jurídicas, independentemente de suas denominações e destinações, tal como reza o art. 4º do CTN:

> Art. 4º A natureza jurídica específica do tributo é determinada pelo fato gerador da respectiva obrigação, sendo irrelevantes para qualificá-la:
>
> I – a denominação e demais características formais adotadas pela lei;
>
> II – a destinação legal do produto da sua arrecadação.

No caso em exame, o "fato" que "gera" a obrigação tributária para o sujeito passivo (o obrigado) é exatamente o mesmo, sendo irrelevantes para a identificação da natureza jurídica tributária os demais aspectos secundários ou acessórios para esta certificação, tais como o *nomen iuris* adotado, a destinação legal do produto da arrecadação e outras características adotadas pela lei, como, por exemplo, direitos a créditos e, o mais grave, distorções formais que procuram inutilmente deslocar os aspectos intrínsecos do tributo de forma a tentar desnaturá-lo tal como historicamente concebido em nosso país: *imposto sobre a renda auferida pelo residente ou domiciliado no exterior*, dê-se ao sujeito passivo da obrigação tributária o nome de contribuinte ou de responsável, ou confira-se ou não, a um ou a outro, direito a crédito por força de pagamentos realizados.

Esta conclusão se reforça e suas consequências se agravam pela análise de outros aspectos da legislação que regula a malfadada CIDE-*Royalties*, que passaremos brevemente a avaliar.

---

[4] "Art. 121. Sujeito passivo da obrigação principal é a pessoa obrigada ao pagamento de tributo ou penalidade pecuniária. Parágrafo único. O sujeito passivo da obrigação principal diz-se: I – contribuinte, quando tenha relação pessoal e direta com a situação que constitua o respectivo fato gerador; II – responsável, quando, sem revestir a condição de contribuinte, sua obrigação decorra de disposição expressa de lei."

A mencionada Lei n. 10.168/2000, como vimos, instituiu o Programa de Estímulo à Interação Universidade-Empresa para o Apoio à Inovação, cujo objetivo principal é o estímulo ao desenvolvimento tecnológico brasileiro, através de programas de pesquisa científica e tecnológica cooperativa entre universidades, centros de pesquisa e o setor produtivo (art. 1º da apontada lei).

Para fins de atendimento ao mencionado Programa, a Lei n. 10.168/2000 instituiu, também, através de seu artigo 2º, a CIDE-*Royalties*.

A Lei n. 10.168/2000 foi regulamentada pelo Decreto n. 3.949, de 3-10-2001 (revogado em 11 de abril de 2002 pelo Decreto n. 4.195), cujo art. 1º determinou que "os recursos provenientes da contribuição de que trata o art. 2º da Lei n. 10.168, de 29 de dezembro de 2000, serão alocados ao Fundo Nacional de Desenvolvimento Científico e Tecnológico – FNDCT, em categoria de programação específica denominada CT – VERDE-AMARELO, e utilizados para atender ao Programa de Estímulo à Interação Universidade--Empresa para o Apoio à Inovação".

O mesmo decreto estabeleceu quais atividades se compreendem neste Programa de Estímulo, sendo as mesmas verdadeiras cláusulas em branco conferidas à Administração Pública, dada a vagueza dos termos aplicados na legislação, sendo certo, contudo, que a CIDE-*Royalties* tem por destino a cobertura de inúmeras despesas vinculadas a ações de responsabilidade governamental, sem características de intervenção no domínio econômico, tais como projetos de pesquisa científica e tecnológica, desenvolvimento tecnológico experimental, desenvolvimento de tecnologia industrial básica, implantação de infraestrutura para atividades de pesquisa e inovação, difusão do conhecimento científico e tecnológico, educação para a inovação, ações de estímulo a novas iniciativas, promoção da inovação tecnológica nas micro e pequenas empresas etc.[5]

Ora, a instituição de contribuição de intervenção no domínio econômico somente se justifica na medida em que a União Federal, por qualquer fator, necessita regular a ordem econômica estabelecida por disfunções que acarretem a inobservância dos postulados constitucionais que regem a atividade econômica nacional, previstos nos arts. 170 e seguintes de nossa Carta

---

5 O Decreto n. 4.195/2002, que regulamentou tanto a Lei n. 10.168/2000 quanto a Lei n. 10.332/2001, repetiu estas atividades como compreendidas no Programa em apreço. Já a Lei n. 10.332/2001 estabeleceu destinações específicas a alguns programas de caráter científico, tecnológico e competitivo, já existentes no plano federal.

Magna. Portanto, a CIDE deve custear a ação do Estado nesta regulação estrita, extrapolando os seus limites o custeio de outras atividades, por mais excelsos que sejam seus meios e fins.

Promover e incentivar o desenvolvimento científico, a pesquisa e a capacitação tecnológica não se constitui em intervir na economia, mas cumprir obrigação constitucional cujo custeio deve se dar através dos tributos ordinários permitidos pela Constituição Federal e cuja competência tenha sido conferida ao ente tributante.

Tal obrigação do Estado está expressa no art. 218 da *Lex Magna* que, aliás, sequer está inserido no título "Da Ordem Econômica e Financeira" da Constituição Federal mas, sim, no título destinado a cuidar "Da Ordem Social":

> Art. 218. O Estado promoverá e incentivará o desenvolvimento científico, a pesquisa e a capacitação tecnológicas.
>
> § 1º A pesquisa científica básica receberá tratamento prioritário do Estado, tendo em vista o bem público e o progresso das ciências.
>
> § 2º A pesquisa tecnológica voltar-se-á preponderantemente para a solução dos problemas brasileiros e para o desenvolvimento do sistema produtivo nacional e regional.
>
> § 3º O Estado apoiará a formação de recursos humanos nas áreas de ciência, pesquisa e tecnologia, e concederá aos que delas se ocupem meios e condições especiais de trabalho.
>
> § 4º A lei apoiará e estimulará as empresas que invistam em pesquisa, criação de tecnologia adequada ao País, formação e aperfeiçoamento de seus recursos humanos e que pratiquem sistemas de remuneração que assegurem ao empregado, desvinculada do salário, participação nos ganhos econômicos resultantes da produtividade de seu trabalho.
>
> § 5º É facultado aos Estados e ao Distrito Federal vincular parcela de sua receita orçamentária a entidades públicas de fomento ao ensino e à pesquisa científica e tecnológica.

Tais disposições se constituem em obrigações regulares do Estado e estão inseridas em suas funções justificadoras de sua existência, precipuamente no que se refere à promoção do desenvolvimento econômico e social[6].

---

6   Nesse sentido, Ives Gandra Martins afirma sobre o art. 218: "O dispositivo volta-se à função do Estado, que é aquela da promoção do desenvolvimento. Cabe ao Estado promover e incentivar as atividades nesse campo" (*Comentários à Constituição do Brasil*, São Paulo: Saraiva, 1998, p. 776).

Portanto, a CIDE-*Royalties* é, a nosso ver, um imposto (o mesmo IRRF--*Royalties*, na qualidade de um adicional) destinado indevidamente a fundo (Fundo Nacional de Desenvolvimento Científico e Tecnológico – FNDCT)[7] e despesas específicas, em afronta ao art. 167, IV, da CF, que proíbe a vinculação de receita de impostos a fundo, órgão ou despesa, com as ressalvas expressas no dispositivo, dentre as quais não se incluem a que se verifica na instituição e vinculação do tributo em exame[8].

E a análise desta impropriedade de destinação tributária nos leva a algo de extrema gravidade no âmbito constitucional que, segundo entendemos, malfere o princípio federativo insculpido como sobrenorma pela nossa Constituição.

De fato, a destinação dos recursos arrecadados pela União Federal a título de imposto de renda está posta de maneira categórica na Constituição Federal, sendo certo, como visto, que seu destino não pode estar previamente vinculado a qualquer órgão, fundo ou despesa, à luz da vedação efetuada pelo art. 167, IV, da CF.

Nos termos do art. 159 da Carta Magna, que traça a regra geral da distribuição do produto do imposto de renda, este deve ser parcialmente destinado ao Fundo de Participação dos Estados e do Distrito Federal, ao Fundo de Participação dos Municípios e a programas de financiamento ao setor produtivo das Regiões Norte, Nordeste e Centro-Oeste, conforme a seguir:

---

7   Nada obstante a destinação dos recursos da CIDE-*Royalties* aos programas descritos no art. 1º da Lei n. 10.332/2001, o § 1º do art. 2º desta lei manteve o destino original dos recursos ao FNDCT, tal como previa originariamente a Lei n. 10.168/2000 e o Decreto n. 3.949/2001, de maneira que a arrecadação da CIDE-*Royalties* permanece vinculada ao FNDCT, com destinação posterior legalmente estabelecida.

8   "Art. 167. São vedados: (...) IV – a vinculação de receita de impostos a órgão, fundo ou despesa, ressalvadas a repartição do produto da arrecadação dos impostos a que se referem os arts. 158 e 159, a destinação de recursos para as ações e serviços públicos de saúde, para manutenção e desenvolvimento do ensino e para realização de atividades da administração tributária, como determinado, respectivamente, pelos arts. 198, § 2º, 212 e 37, XXII, e a prestação de garantias às operações de crédito por antecipação de receita, previstas no art. 165, § 8º, bem como o disposto no § 4º deste artigo."

Esta a redação dada ao dispositivo pela Emenda Constitucional n. 42/2003 que, embora de edição posterior aos diplomas legais em análise, apenas acresceu à redação anterior, vigente à época da edição destas últimas, a vedação da destinação de recursos para realização de atividades de administração tributária.

Art. 159. A União entregará:

I - do produto da arrecadação dos impostos sobre renda e proventos de qualquer natureza e sobre produtos industrializados, quarenta e sete por cento na seguinte forma:

a) vinte e um inteiros e cinco décimos por cento ao Fundo de Participação dos Estados e do Distrito Federal;

b) vinte e dois inteiros e cinco décimos por cento ao Fundo de Participação dos Municípios;

c) três por cento, para aplicação em programas de financiamento ao setor produtivo das Regiões Norte, Nordeste e Centro-Oeste, através de suas instituições financeiras de caráter regional, de acordo com os planos regionais de desenvolvimento, ficando assegurada ao semiárido do Nordeste a metade dos recursos destinados à Região, na forma que a lei estabelecer.

Portanto, do todo arrecadado pela União Federal a título de imposto de renda[9], 44% (quarenta e quatro por cento) não lhe pertence, mas sim aos Estados, ao Distrito Federal e aos Municípios, através dos respectivos Fundos de Participação, enquanto 3% (três por cento) têm destinação constitucionalmente fixada para o fomento do setor produtivo das Regiões Norte, Nordeste e Centro-Oeste, assegurando-se, ainda, que metade destes últimos recursos sejam aplicados no semiárido nordestino, totalizando a ser distribuído, desta forma, 47% (quarenta e sete por cento) do todo arrecadado.

Aplicando-se a regra constitucional ao caso em embate, tem-se que dos 25% (vinte e cinco por cento) que deveriam ser arrecadados pela União Federal a título de IRRF-*Royalties*, podemos afirmar, *grosso modo*, que pertenceriam aos Estados e Distrito Federal 5,375% (cinco inteiros e trezentos e setenta e cinco milésimos por cento) desta alíquota, enquanto aos Municípios, 5,625% (cinco inteiros e seiscentos e vinte e cinco milésimos por cento), em um total de 11% (onze por cento). Desta forma, à União Federal pertenceriam 14% (quatorze por cento) da alíquota, montante este que poderia ser aplicado de acordo com as políticas orçamentárias federais, sendo certo, contudo, que ao menos 0,75% da alíquota do IRRF-*Royalties* deveria

---

9   Estamos desconsiderando, aqui, parcelas bastante específicas de imposto de renda arrecadado na fonte sobre rendimentos pagos pelos Estados e Municípios, suas autarquias e suas fundações, cujo produto é, de acordo com a Constituição Federal (arts. 157, I, e 158, I), pertencente ao Estado ou ao Município respectivo.

ter a destinação certa ao Norte, Nordeste e Centro-Oeste, nos termos já referidos[10].

De outro giro, a Constituição Federal não cuidou de dar direção rígida às contribuições de intervenção de domínio econômico, sendo certo, porém, que este tributo pertence integralmente à União Federal (vez que o art. 149 confere à União competência exclusiva para intervir na economia por meio deste tributo) e deve ter destino perfeitamente amoldado aos custos e encargos desta atuação interventiva, sob pena de desfiguração jurídica do tributo instituído[11].

Desta feita, o fruto da aplicação da alíquota de 10% (dez por cento) da CIDE-*Royalties* instituída pela Lei n. 10.168/2000 cabe integralmente à União Federal, sendo o seu objetivo custear o já referido Programa de Estímulo à Interação Universidade-Empresa para o Apoio à Inovação, através da destinação dos recursos ao FNDCT.

Assim, temos que a liquidação de operações envolvendo *royalties* em favor de residentes e domiciliados no exterior deveria ser tributada apenas pelo IRRF-*Royalties* em 25% (vinte e cinco por cento) dos respectivos valores, com maior repasse de recursos a Estados, Distrito Federal e Municípios, em função da destinação constitucional exigida pela Constituição Federal. Diversamente, porém, o legislador federal instituiu imposto de renda sob as vestes de uma contribuição de intervenção no domínio econômico, a uma alíquota de 10% (dez por cento), reduzindo na mesma proporção o IRRF--*Royalties*, de maneira a aumentar a arrecadação tributária própria e indivisível da União Federal e, por decorrência lógica, diminuindo a participação dos demais entes federativos e das regiões geográficas socialmente menos favorecidas nos frutos desta tributação.

---

10 O exercício matemático desenvolvido no texto tem fins meramente ilustrativos, posto que o montante a ser distribuído de imposto de renda deve ser do total arrecadado, independentemente do título de que se derivou a competente arrecadação. Todavia, ele demonstra que o imposto de renda arrecadado pela União afeta, diretamente, os demais entes políticos e as diretrizes de fomento financeiro de regiões constitucionalmente consideradas menos favorecidas.

11 Como bem leciona Tácio Lacerda Gama, "é justamente a destinação específica que autoriza a sua criação (da CIDE). Com efeito, se o destino daquilo que se arrecada com esses tributos não for a intervenção específica que ensejou sua criação, o tributo terá outra natureza, diversa das contribuições. O regime jurídico aplicável, por isso, também será diverso. Assim, será possível falar em imposto ou em outra espécie de exação, exceto em contribuições interventivas" (*Contribuição de intervenção no domínio econômico*, São Paulo: Quartier Latin, 2003, p. 266).

Parece-nos que esta apropriação indevida de recursos por parte da União Federal, por lesar financeiramente Estados, Distrito Federal e Municípios, atenta ao princípio federativo brasileiro constitucionalmente consagrado, juntamente com o princípio republicano, como regente de todos os demais princípios estabelecidos em nossa Constituição, de modo a impregná-los sob todos os aspectos, não importando suas naturezas, sejam elas sociais, políticas, econômicas, individuais etc.

Assim nos lecionou o sempre saudoso Geraldo Ataliba, com apoio em lições não menos ilustres de Celso Antônio Bandeira de Mello:

> Alguns princípios constitucionais foram tradicionalmente postos pelos sucessivos legisladores constituintes como fundamentais a todo o sistema, e, por isso, em posição de eminência relativamente a outros.
>
> No Brasil os princípios mais importantes são os da federação e da república. Por isso, exercem função capitular da mais transcendental importância, determinando inclusive como se deve interpretar os demais, cuja exegese e aplicação jamais poderão ensejar menoscabo ou detrimento para a força, eficácia e extensão dos primeiros (v. *Elementos de Direito Administrativo*, Ed. RT, 1980, p. 230)[12].

Desta feita, o ato inconstitucional do legislador federal na instituição da CIDE-*Royalties* obteve a proeza de, com um único tiro, matar diversos pássaros:

a) o sujeito passivo que paga, credita, entrega, emprega ou remete *royalties* ao exterior, por se exigir deste o tributo[13];

b) os Estados e o Distrito Federal, por diminuição dos valores aportados ao Fundo de Participação dos Estados e do Distrito Federal;

c) os Municípios, por diminuição dos valores alocados ao Fundo de Participação dos Municípios; e

d) o setor produtivo das Regiões Norte, Nordeste e Centro-Oeste, inclusive o semiárido nordestino, em função da destinação de fomento que deveria ser efetivada e não foi.

---

12 *República e Constituição*, 2. ed., São Paulo: Malheiros, p. 36.
13 Não estamos considerando aqui os efeitos de direito de crédito por pagamentos anteriores de CIDE-*Royalties* por parte da pessoa jurídica brasileira, uma vez que estes créditos podem ser inferiores aos débitos ou sequer existirem na prática, caso os *royalties* sejam pagos uma única vez.

Esgotaremos aqui nosso trabalho, com uma abordagem propositadamente diferenciada daquela que costumeiramente vemos nas obras jurídicas especializadas que, vez por outra, contêm artigos que versam sobre a tributação dos *royalties*. Outras abordagens indubitavelmente válidas e enriquecedoras da análise da impropriedade desta exação em função de outras violações e desvios constitucionais, tais como o exame de violação à isonomia, a inobservância de necessária contrapartida de atividade estatal relacionada com a exigência tributária, a inexistência de grupo determinado de contribuintes de acordo com a atividade econômica exercida, a ausência de lei complementar prévia etc., podem ser encontradas em referidas obras[14] e foram postas aqui propositadamente de lado, para dar lugar a um exame mais atento à real natureza da CIDE-*Royalties* e para o malferimento, pelo legislador federal, do princípio federativo que deve reger sua produção legiferante, aspectos que julgamos enriquecer, com mais produtividade, os debates jurídicos em torno desta exação.

---

14 Dentre outros trabalhos que cuidam da CIDE-*Royalties* com abordagens diferenciadas da realizada aqui, veja-se, pelos demais, o artigo "Inconstitucionalidade da Contribuição de Intervenção no Domínio Econômico Incidente sobre Remessas ao Exterior – CIDE--*Royalties*", de Sacha Calmon Navarro Coelho e André Mendes Moreira, publicado na *Revista Dialética de Direito Tributário*, n. 89, p. 71 e s. Veja-se, também, a Resolução n. 40 da Associação Brasileira da Propriedade Intelectual, de 2-9-2002, que considera a CIDE--*Royalties* inconstitucional e inadequada pelas razões sumariadas no ato. Disponível em: <http://www.abpi.org.br/resolucoes/resolucao40.htm>. Acesso em: 28 nov. 2005.

CONSTITUIÇÃO DE 1988 E PROJETO DE REFORMA TRIBUTÁRIA CONTIDO NA PEC N. 233/2008: INCREDÍVEIS FALÁCIAS!

EDUARDO MARCIAL FERREIRA JARDIM*

1 DESNECESSIDADE DA CONSTITUIÇÃO DE 1988

Conforme comum sabença, a ordem constitucional de antanho fora outorgada pelo governo militar que alçou o poder por intermédio do golpe de março de 1964. Com efeito, por meio de uma série de Emendas, aquele governo implementou a Constituição de 1946. Fê-lo, inicialmente, por meio da Emenda n. 7, de 22-5-1964, bem assim dera prosseguimento aos seus desígnios por meio de outras, até a Emenda n. 18, de 6-12-1965.

O ponto culminante das Reformas sobreveio com a edição da Carta de 24 de janeiro de 1967, sucedida por inúmeros Atos Complementares e Atos Institucionais, todos de caráter decididamente autoritários e antidemocráticos.

Entrementes, o Poder Revolucionário perdeu força com o decorrer do tempo, em especial na década de 1980, tornando-se tíbio em contraste com os momentos de execráveis truculências e, como contranota, floresceu no país um clima de redemocratização, na medida em que todos os segmentos da sociedade e de seus representantes propugnavam pelo restabelecimento da ordem democrática. Ademais, essa postura política e comportamental da sociedade fazia coro com a realidade internacional que também rejeitava qualquer fórmula de governo autoritário.

---

* Advogado. Mestre e Doutor em Direito pela Pontifícia Universidade Católica de São Paulo. Professor Titular de Direito Tributário na Faculdade de Direito da Universidade Presbiteriana Mackenzie.

Dessarte, nada mais compreensível do que o anseio por uma Reforma Política que, segundo opinião geral, haveria de concretizar-se com a instalação de uma nova ordem constitucional.

Todavia, exatamente aí é que reside o aspecto falacioso daquele momento histórico, o qual se encontrava cristalizado na expressão *Constituinte-já!* Em abono ao asserto, cumpre afirmar, desde logo, que afora alguns poucos dispositivos autoritários, as Cartas de 1967 e 1969 abrigavam um texto exemplar, quer em termos de direitos e garantias, quer no tocante à organização do Estado, bem assim no tangente às regras programáticas concernentes à estruturação dos Poderes, senão também àquelas atinentes à ordem social e econômica.

O grande problema que preexistia à própria Carta de 1967/69 já existia e persiste à luz da Constituição de 1988, qual seja, inexistem mecanismos eficazes que assegurem o cumprimento dos direitos e garantias imersos na Constituição. Ao propósito, vejamos a inverdade representada pela garantia constitucional do direito de propriedade, o qual, ao contrário de simbolizar um comando imperativo, como quer Rui Barbosa, representa uma mera figura de retórica jamais cumprida neste país, qualquer que seja o governo, tanto ao lume da Carta de outrora, como à luz do Texto em vigor.

Realmente, de nada adianta a Lei Maior garantir exemplarmente o exercício do direito de propriedade, de um lado, se o Poder Executivo, como sói acontecer, realiza a desapropriação, quando, como e onde bem entende, sempre na contramão da Constituição e o desafortunado expropriado, a seu turno, não dispõe de nenhum mecanismo que lhe assegure o direito e garantia contemplado no Código Máximo. Assim, resta-lhe tão somente bater às portas do Judiciário e demandar por uma ou mais décadas e, após obter o reconhecimento de seu direito, não raro permanece na fila dos precatórios, pois o Estado descumpre não só a Constituição, mas também a ordem judicial, sem contar que após o exaurimento de todas as questões e questiúnculas, o expropriado passa a receber o seu crédito em dez suaves prestações anuais!

Em realidade, debalde a Constituição revogada fosse editada por um Governo Militar, sua substância hospedava matizes induvidosamente idôneos e lídimos, pelo que o problema do Brasil não tinha por origem a Constituição outorgada, mas a incompetência dos Poderes no sentido de dar concreção ao Texto Constitucional, quer agora, quer outrora. Entretanto, em vez de instituir os meios legislativos e administrativos com o escopo de dar plenitude ao Texto Supremo, criou-se uma nova Carta, a qual ampliou o rol de direitos e garantias, só que apenas no plano retórico. É dizer, restou cristalizada a magna falácia nacional, pois continua tudo como dantes no quartel de Abrantes!

Deveras, além de inútil a edição de uma nova ordem constitucional, o Diploma Magno promulgado em outubro de 1988 afigura-se excessivamente alentado, bem assim permeado com anacronismos vitandos e com regras não só retrógradas, como irresponsáveis, a exemplo da inimputabilidade do menor, senão também a impunidade do maior até o trânsito em julgado da sentença penal condenatória, além da elevação da carga tributária, dentre outras.

1.1 Constitucionalização da impunidade penal

No que respeita à inimputabilidade do menor, o art. 228 da CF assim dispõe: "São penalmente inimputáveis os menores de dezoito anos, sujeitos às normas da legislação especial".

O Código Penal, editado em 1940, já contemplava essa hipótese, a qual, diferentemente dos dias atuais, condizia com a realidade social daquela época, tanto que os menores eram realmente incapazes de cometer crimes. Na década em que foi promulgada a Constituição de 1988, a menoridade penal prevista no Código já se encontrava ultrapassada, em face do expressivo número de menores envolvidos em crimes de toda natureza. Logo, o momento exigia a revogação da inimputabilidade, consoante os bons exemplos do direito comparado. Surpreendentemente, de modo profundamente censurável e irresponsável, a inimputabilidade do menor ganhou o *status* de norma constitucional, numa flagrante e eloquente demonstração de alienação da realidade social e num total descaso com a segurança pública.

Com relação ao criminoso, maior de 18 anos, o art. 5º, LVII, estabelece o seguinte: "ninguém será considerado culpado até o trânsito em julgado de sentença condenatória".

Por sem dúvida, além de contrastar com a realidade social do país e com a violência urbana, comprovadamente das mais elevadas do planeta, essa disposição exprime uma negação da verdade quando a autoria do crime for passível de comprovação sumária, a exemplo do que, no mais das vezes, se verifica na messe do direito penal. Outrossim, traduz, também, um verdadeiro salvo-conduto para o criminoso, uma vez que a definitividade da sentença condenatória pode demorar até décadas, a contar da prática do crime.

Ao demais, ambas as regras destoam dos princípios constitucionais que asseguram o direito à vida, à igualdade, à propriedade, à garantia da segurança por parte do Estado, conflitando, também, com as normas programáticas que estruturam o Judiciário, o Tribunal do Júri e o Ministério Público. Ressalta à evidência a incompatibilidade e não se pode conciliar o inconciliável, razão pela qual é imperioso admitir que esses dispositivos de verdadeira impunidade são normas constitucionais decisivamente inconstitucionais.

O asserto faz coro com o magistério de Krüger, citado por Otto Bachof, para quem "a antinomia entre um princípio constitucional e uma norma singular da Constituição ensejaria uma exceção ao referido princípio ou, no caso de contradição insolúvel, acoimaria de inconstitucionalidade a norma constitucional"[1].

O mestre de Tübingen dedicou um tópico de sua obra ao tema específico por ele denominado "Inconstitucionalidade de normas constitucionais em virtude de contradição com normas constitucionais de grau superior", no qual, *ad exemplum* do caso vertente, veementiza e acoima como inconstitucional a norma constitucional incompatível com os direitos e garantias fundamentais, o mesmo ocorrendo em relação à norma conflitante com os demais postulados basilares da Constituição[2].

Retomando o tema ora bordado em sua pontualidade, quer-se mostrar que a norma examinada não resiste a um contraste de constitucionalidade. Realmente, pretender legitimar a inimputabilidade do menor e a impunidade do maior até o trânsito em julgado da sentença condenatória significa passar ao largo do direito à vida e dos demais direitos e garantias, sobre concluir que o Judiciário e o Ministério Público seriam instituições de brincadeirinha! Decididamente temos uma de duas: ou o direito à vida, à igualdade e à propriedade são figuras de retórica e o Judiciário e o Ministério Público são meros preparadores de processos e sua atuação nada mais é do que um faz de conta, pois quem decide mesmo é o Pretório Excelso num futuro remoto, ou aquelas regras são decididamente inconstitucionais. Este artigo adota a posição segundo a qual tais regras hospedam inquestionável inconstitucionalidade, em que pese habitarem o plano sobranceiro do Estatuto Magno.

---

1 *Normas constitucionais inconstitucionais?*, Almedina, 1994, p. 59.
2 Idem, p. 54 e s.

A inconstitucionalidade da norma constitucional trazida à sirga encontra ressonância no magistério de Otto Bachof, professor da Universidade de Tübingen. Num dos muitos excertos sobre o tema, o mestre alemão assim pontificou, *in verbis*: "Se uma norma constitucional infringir uma outra norma da Constituição, positivadora de direito supralegal, tal norma será, em qualquer caso, contrária ao direito natural e, por conseguinte, carecerá de legitimidade, no sentido de obrigatoriedade jurídica[3]. Por outro lado, nem se diga que Canotilho proclama em sentido contrário, pois o eminente professor português preleciona como improvável um conflito desse jaez, argumento que, em sua implicitude, admite a hipótese contrária, a exemplo, diga-se, *a vol d'oiseau*, de inúmeras regras intersertas em nossa Carta, as quais, por certo, deixariam o mestre em estado de estupefação, mercê das surpreendentes contradições normativas nela existentes.

1.2 *Lex Legum* de 1988 e elevação de carga tributária

Na seara da tributação, o novel Texto modificou o percentual dos repasses de receitas federais provenientes do IPI e do IR em prol de Estados e Municípios, majorando-os de 13 e 14% para 21,5 e 22,5%. Por óbvio, ao perder uma parcela expressiva das receitas apontadas, a União instituiu novos gravames, bem como aumentou outros, com a finalidade de restabelecer o *status quo ante*. E, o que é pior, essa partilha de recursos financeiros ensejou o surgimento de milhares de Municípios que são mantidos exclusivamente com as receitas dos repasses, tornando o custo-Brasil verdadeiramente insuportável. Sobremais, o efeito dominó afigura-se inexorável, vale dizer, os aumentos tendem a gerar mais aumentos. Em suma, quer na órbita penal, quer no universo tributário, restam incontroversos os aspectos funestos submersos da Constituição de 1988.

1.3 Inconstitucionalidades insertas em Emendas

De par com as sobrenumeráveis impropriedades contidas na Constituição de 1988, o patamar normativo constitucional encontra-se comprometi-

---

[3] Idem, p. 62-63.

do por um censurável casuísmo de suas inúmeras Emendas, muitas, diga-se de passagem, manifestamente inconstitucionais.

Nesse compasso, algumas absurdidades merecem ser comentadas, a teor da Ação Declaratória de Constitucionalidade, criada pela Emenda n. 3, de 17-3-1993 e alterada pela Emenda n 45, de 8-12-2004, encampada pela Carta Magna, por meio do art. 103 e seus desdobres, cujo teor desrespeita o primado da universalidade da jurisdição.

Em veras, na Ação Declaratória de Constitucionalidade de natureza tributária, por exemplo, o contribuinte do tributo questionado não toma parte no pleito e a decisão que lhe for adversa o obriga ao integral cumprimento, não podendo discutir a matéria no Judiciário, ainda que sob outra óptica.

Nem se diga que a Ação Declaratória de Constitucionalidade seria semelhante à Ação Direta de Inconstitucionalidade, até porque nesta, ao contrário daquela, o Estado atua como parte, não havendo, pois, qualquer restringência ao exercício de direitos em toda sua plenitude.

Outra incrível absurdez repousa no disposto no art. 150, § 6º, da Constituição, cujo mandamento fora instituído pela Emenda n. 3/93, assim positivado:

"Qualquer subsídio ou isenção, redução de base de cálculo, concessão de crédito presumido, anistia ou remissão, relativos a impostos, taxas e contribuições, só poderá ser concedido mediante lei específica, federal, estadual ou municipal, que regule exclusivamente as matérias acima enumeradas ou o correspondente ao tributo ou contribuição, sem prejuízo do disposto no art. 155, § 2º, XII, *g*".

A aludida disposição contém uma série de desconveniências, dentre as quais a mais grave é aquela que restringe o Poder Tributário das Pessoas Constitucionais, matéria, obviamente, insuscetível de qualquer redutor por parte do Poder derivado. Ora, aqueles que reconhecem poderes na Emenda no sentido de reduzir competências, seriam levados a crer, também, que esse diploma poderia suprimir competências ou mesmo modificar a forma federativa de Estado, dentre outras hipóteses, tudo por uma questão de um mínimo de coerência. O raciocínio exposto utiliza recursos de lógica formal para efeito de demonstrar com todas as letras o aspecto teratológico dessa regra constitucional e, por que não dizer, sua manifesta inconstitucionalidade.

Há mais cincas nesse comando, tanto que omite o Distrito Federal do rol de pessoas tributantes, erro que, em virtude da isonomia, não excluiria essa pessoa constitucional da condição de destinatária da referida disposição constitucional.

Mais grave é a discriminação entre a norma instituidora de tributação ou de tributação majorada e a norma de tributação reduzida ou isenção ou anistia, uma vez que as primeiras permanecem a salvo de qualquer restrição formal, enquanto as segundas dependem de lei específica que discipline exclusivamente a matéria objeto da redução ou isenção ou mesmo anistia.

Ora, como visto, a norma sob comento, constitucionalizada pela Emenda n. 3/93, afronta a igualdade nas relações entre Estado e contribuinte, uma vez que estabelece restrições em relação à produção de normas de tributação favorável ao contribuinte e, tacitamente, não estipula nenhum balizamento no tangente à norma de tributação positiva, vale dizer, aquela que institui ou majora o tributo! É dizer, lembra aquele ditame de governos autoritários: *Aos amigos, tudo. Aos inimigos, a Lei!*

De outro lado, não se forra de diatribes o comando concernente ao ICMS e inserto no art. 155, § 2º, inciso IX, alínea *a*, da Constituição, o qual foi instituído pela Emenda n. 33, de 11-12-2001. Seu texto assim estabelece, *in verbis:*

IX – incidirá também:

a) sobre a entrada de bem ou mercadoria importados do exterior por pessoa física ou jurídica, ainda que não seja contribuinte habitual do imposto, qualquer que seja a sua finalidade, assim como sobre o serviço prestado no exterior, cabendo o imposto ao Estado onde estiver situado o domicílio ou o estabelecimento do destinatário da mercadoria, bem ou serviço.

O ponto reprochável consiste na subversão lógico-sistemática em que o constituinte derivado qualificou como mercadoria aquilo que não é mercadoria, tudo com o desígnio de submetê-la à tributação. Em face da heresia desse preceito, a importação de um bem para uso próprio estaria sujeita à incidência do ICMS, imposto cuja materialidade consiste na realização de operações relativas à circulação de mercadorias e não de bens!

Mais uma vez o Congresso Nacional foi longe de andar certo, pois cometeu uma grave equivocidade, na dimensão em que não é dado a qualquer Poder, nem mesmo ao constituinte originário, a possibilidade de transfigurar a quintessência da linguagem normativa, sendo-lhe vedado, portanto, considerar como *mercadoria* aquilo que está fora do comércio.

2 OBJEÇÕES AO PROJETO DE REFORMA TRIBUTÁRIA CONTIDA NA PEC N. 233/2008

Preliminarmente, impende observar que as principais razões apontadas pelo Congresso Nacional à ordem de justificar a Reforma seriam a simplificação e a modernização do Sistema Tributário.

Nada mais inexato, porquanto a simplificação do sistema traduz matéria infraconstitucional e, nesse ponto, o Brasil abriga anacronismos vitandos, a exemplo da necessidade de comprovação de regularidade fiscal para a realização de uma série de atos da vida civil e comercial, algo inimaginável na França, Inglaterra ou Alemanha, dentre outros países de primeiro mundo.

Tal exigibilidade exprime uma verdadeira chantagem oficial, equivale dizer, ou paga ou será obstado de participar de um procedimento licitatório ou de efetuar a venda de um imóvel. Afora o traço autoritário e bizarro desse malfadado requisito, não se pode olvidar que ele abriga manifesta inconstitucionalidade, máxime porque restringe a liberdade do trabalho, ofício ou profissão, sobre contrariar os postulados da liberdade econômica, valores consagrados nos arts. 5º, XIII, e 170, parágrafo único, do Texto Excelso.

Ademais, as exigências burocráticas e inúteis florescem como erva daninha, visto que o Estado não funciona, o apagão é geral, e, ao revés de desburocratizar e tornar o plano administrativo operacional e ágil, o Congresso resolveu modificar o Sistema Constitucional Tributário, o qual, se fosse cumprido, não renderia ensanchas a essas vicissitudes. *Oh my God!*, diriam os ingleses.

Ante essas ponderações, força é dessumir que a burocracia persistirá e, por isso, não haverá qualquer simplificação ou modernização no patamar administrativo, aquele em que o direito tributário se concretiza, até porque esse tema não representa matéria de Emenda Constitucional, mas do legislador ordinário que em nenhum momento cuidou de providências dessa natureza.

No plano substancial, o Projeto reformista afigura-se inoportuno por todas as luzes, tanto que o Sistema Tributário Nacional constitucionalizado não merece reformado, mas tão somente cumprido e obedecido.

O asserto se justifica porquanto o Sistema Tributário na Constituição abriga virtudes singulares, a teor de uma distribuição de competências privativas que evitam a bitributação, todas descritas com clareza solar. É dizer, os tributos de competência da União, ou dos Estados e do Distrito Federal, ou dos Municípios, somente podem ser criados e legislados por essas pessoas jurídicas de direito público interno.

Ademais, o Texto Magno instrumentaliza as pessoas políticas com o Poder Tributário necessário para prover o orçamento e realizar o seu desígnio constitucional, além de estabelecer explicitamente as limitações ao exercício da competência tributária, o que, em suas dobras, simboliza um verdadeiro

Estatuto do Contribuinte no plano excelso, fato sem paralelo no direito comparado.

A Constituição da República, por outro lado, trata da matéria tributária de forma exaustiva, na dimensão em que compreende dezenas e dezenas de comandos versando sobre tributação, situação, diga-se de passagem, que concorre eficazmente para o aprimoramento da segurança jurídica. Esses acertos, cumpre ponderar, não traduzem o labor do constituinte de 1988, o qual, no geral, limitou-se a reproduzir o sistema concebido por Rubens Gomes de Sousa na década de 1950 e positivado por intermédio de alteração à Carta de 1946, efetivada pela Emenda n. 18, de 6-12-1965, aprovada pelo Congresso Nacional no Governo Castello Branco.

O que há de errado, e muito o há, encontra-se no plano legislativo e administrativo, plenos de inconstitucionalidades e ilegalidades. Alguns exemplos merecem ser trazidos à colação, dentre os quais destacam-se os seguintes: a) segundo a seletividade, prevista no art. 155, § 2º, inciso III, o ICMS sobre energia elétrica deveria ser gravado com a alíquota mínima, ou seja, 7%; entrementes, a lei estipula a alíquota máxima, vale dizer, 25%!; b) a base de cálculo do ICMS retrocitado poderia ser no máximo o valor da conta de energia elétrica consumida no período, com base numa visão lógica da Constituição, até porque o valor sujeito à tributação jamais poderia superar o valor da coisa tributada, sob pena de manifesta inconstitucionalidade; todavia, consoante a lei, a base de cálculo do ICMS *in casu* inclui o valor do ICMS, ou seja, o Estado cobra ICMS do próprio ICMS!; c) conforme o primado constitucional da estrita legalidade, a descrição do fato tributário e sua quantificação, dentre outros requisitos, representa matéria privativa de lei, a qual não pode delegar poderes ao Executivo; não obstante, há precedentes normativos na contramão desse princípio, a exemplo do salário-educação e da contribuição de seguro acidentário que foram objeto de normatização por parte do Executivo, tudo com o sufrágio do Supremo Tribunal Federal!; d) a Carta Magna proclama a capacidade contributiva como um dos postulados da tributação; entretanto, a legislação instituiu a mais elevada carga tributária do planeta; e) o regime jurídico constitucional das contribuições sociais consiste no comprometimento de suas receitas em prol da ordem social; no entanto, Emendas à Constituição, na contramão do Texto, liberaram 20% dessas receitas em favor do Executivo para dar a destinação que lhe aprouver[4].

---

4   In artigo nosso publicado na *Revista Dialética de Direito Tributário*, n. 55, p. 40-49.

Enfim, esses são exemplos que retratam o descompasso entre a Constituição e o plano legal, o que mostra a necessidade da produção de uma legislação tributária ordinária e complementar em consonância com o Diploma Magno, jamais modificar o Sistema Constitucional Tributário. Deveras, essa providência é destituída de um mínimo de cabimento, merecendo acoimada com o rótulo de *sin sentido*, segundo a expressiva lição de Genaro Carrió[5].

2.1 Impropriedades específicas submersas na PEC sob exame

Como visto, não caberia ao Projeto de Emenda Constitucional cuidar da simplificação do sistema tributário, por tratar-se de matéria de alçada legislativa e administrativa. Quanto à suposta modernização do sistema, melhor seria ao Congresso Nacional cumprir a Constituição e ao Executivo obedecer a Lei, nada mais.

De par com essas particularidades, dois pontos estruturais merecem ser questionados, vale dizer, a criação do IVA-Federal em substituição às contribuições PIS, Cofins, CIDE, CSSL e salário-educação, bem assim a instituição do IVA-Estadual, federalizando o ICMS e pondo fim à chamada guerra fiscal.

Em realidade, essas inovações representam a coluna mestra da proposta inserta na PEC, por muitos acalentada como a solução das questões tributárias, o que traduz um equívoco, conforme será sustentado em apertada síntese nos tópicos subsecutivos.

2.1.1 Considerações sobre o IVA-Federal

O cogitado IVA-Federal seria um imposto sobre o valor agregado, o qual substituiria as contribuições sobre o faturamento, PIS e Cofins, bem assim à CIDE-combustíveis, senão também a Contribuição Social sobre o Lucro e a Contribuição sobre o salário-educação, esta incidente sobre a folha de salários. Ademais, consoante a exposição de motivos da PEC, a referida medida não traria elevação, nem redução de carga tributária, expressando, outrossim, um aprimoramento do sistema, nos moldes da maior parte dos

---

5 *Sobre os limites del lenguaje normativo*, Buenos Aires: Astrea, 1978.

países, em virtude de extinguir diversos gravames incidentes sobre fatos jurídicos distintos, abrigando-os num único tributo.

Merece reparos a afirmação segundo a qual o referido modelo teria suporte no direito comparado, máxime porque as contribuições sociais PIS e Cofins incidem sobre o faturamento das pessoas jurídicas, tributo anacrônico, injusto, não raro, confiscatório e, por isso mesmo, adotado em apenas seis países, todos obviamente atrasados, inclusive o Brasil. Outrossim, se fosse para copiar o direito estrangeiro sob o pretexto de modernidade, por que não inspirar-se na carga tributária da China que é de 15% do PIB e não aproximando--se de 40% como ocorre entre nós, ou reduzir a incidência de contribuições na folha de salários de 38% para 12,4% como nos Estados Unidos, ou 16,9% como no Japão, ou mesmo 19,8% como na Alemanha que é a mais elevada dentre os países ricos?[6]

Como se vê, o pretexto é fantasioso e falacioso e, lamentavelmente, o debate público sobre o tema afigura-se pobre e passa ao largo dessas ponderações, daí prosperar o engodo no sentido em que a Reforma Tributária seria a solução de um grande problema nacional.

Afora as impertinências apontadas, impende observar que o IVA-Federal será objeto de partilha federativa, vale dizer, a União haverá de distribuir um percentual de suas receitas em prol dos Estados, Distrito Federal e Municípios, o que, à primeira vista, ensejaria supor que as pessoas constitucionais seriam aquinhoadas com mais recursos e toda a população seria beneficiada com a Reforma, até porque, conforme prefalado, o novo gravame, *per se*, não elevaria a carga tributária.

Entrementes, força é reconhecer que as contribuições PIS/Cofins, CSSL são tributos cujas receitas pertencem integralmente à União e o novo IVA-F que substituirá aqueles gravames terá sua arrecadação compartilhada com os demais entes federativos, donde, por consectário, a União perderá receitas. Por óbvio, ante a perda de receitas, não é difícil depreender que a curto prazo a União haverá de majorar os tributos federais em geral ou o próprio IVA-F, com o desiderato de manter os níveis atuais de arrecadação. Em suma, a Reforma terá como intercorrência inevitável a elevação da carga tributária, pelo que merece pronto repúdio por parte dos estudiosos e da sociedade.

---

6 *IMF Working Paper*, n. 97/18, 1997, A. J. Hamann.

2.1.2 Comentos sobre o IVA-Estadual

Consoante noção cediça, os Estados e o Distrito Federal legislam sobre o ICMS e, mercê da autonomia imanente ao pacto federativo, cada qual erige a sua legislação. Nesse contexto, é-lhes facultado criar redutores tributários ou isenções com o propósito de concorrer entre si, a exemplo do incentivo firmado na Bahia, do qual resultou a instalação de uma fábrica da Ford, ou os incentivos que tornaram Ilhéus um expressivo polo de informática, ou mesmo o Amazonas, grande produtor de bens em função desse instrumento extrafiscal.

Assim, essa competitividade entre os entes federativos desfruta de respaldo da Carta da República e revela a vocação de fomentar o crescimento e o progresso de cada Estado, configurando-se extremamente positiva para o país.

Cumpre lembrar que igual sorte de diferenças ocorre no plano municipal, em especial no tangente ao ISS, em consonância com o modelo federal de Estado, assim ocorre nos Estados Unidos da América do Norte, por exemplo, onde o imposto estadual sobre vendas comporta alíquotas entre zero até 7,25%, conforme a vontade de cada Estado, na trilha, a bem ver, do arcabouço do Estado Federal, caracterizado pela existência de autonomia regional, sobretudo no campo tributário, o qual gera recursos para o exercício da autonomia política e administrativa[7].

Lamentavelmente, sob o falso pretexto, segundo o qual a chamada guerra fiscal seria algo negativo, a PEC pretende federalizar o atual ICMS, transformando-o no IVA-Estadual, mutilando, assim, a autonomia dos Estados e do Distrito Federal em relação ao aludido tributo. A toda evidência, o IVA--Estadual será uniformizado com alíquotas mais elevadas, jamais com as alíquotas menores, o que demonstra, mais uma vez, a tendência de elevação de carga tributária contida na Reforma.

Ao suprimir a plena competência tributária estadual e distrital, essa providência afigura-se resolutamente inconstitucional, porquanto afronta a quintessência do primado federativo, sobre apoiar-se numa burla, uma vez que a guerra fiscal, ao contrário de simbolizar algo negativo, antes representa um meio tendente a reduzir a tributação local, no que traduz um direito do contribuinte consagrado nas entrevozes do Texto Excelso e, por isso mes-

---

7 In *Arquivos da Federation of Tax Administration, U.S.A*

mo, não poderia ser objeto de supressão por Emenda ou qualquer diploma normativo, a não ser por meio de golpe de Estado.

3 CONCLUSÕES

I) Na ambitude dos direitos e garantias fundamentais, sobretudo na seara penal e tributária, o que se quer é o simples cumprimento da Constituição, nada mais.

II) Despropositado o Projeto de Reforma Tributária no plano constitucional, porquanto as vicissitudes do sistema tributário decorrem do descumprimento da Carta da República, cujo texto é proclamado alto e bom som como modelar por doutrinadores de tomo, tanto entre nós como alhures.

III) A simplificação do sistema representa matéria de âmbito legislativo e administrativo e não constitucional, daí o descabimento da Reforma sob esse pretexto.

IV) Por considerar que as receitas do IVA-Federal serão compartilhadas com Estados, Distrito Federal e Municípios e que o aludido gravame será composto por tributos cujas receitas atualmente não são partilhadas, será inevitável a perda de arrecadação federal, o que ensejará a majoração dos tributos da União.

V) Inconcebível a federalização do imposto estadual, por suprimir parcela expressiva e inalienável da autonomia dos Estados e Distrito Federal, razão por que configura-se induvidosamente inconstitucional, sem contar com a provável elevação do tributo ao ensejo de sua uniformização que, por certo, não será efetivada com as alíquotas menores.

VI) A Reforma Tributária alvitrada neste Estudo consiste na observância do Texto Excelso, como quer Rui Barbosa em suas palavras candentes: *fora do direito não há solução!*

OS EFEITOS DA DECLARAÇÃO DE INCONSTITUCIONALIDADE DE LEI PELO SUPREMO TRIBUNAL FEDERAL

ESTEVÃO HORVATH*

VALERIA ZOTELLI**

1 INTRODUÇÃO

Em primeiro lugar, gostaríamos de registrar nossa satisfação e a imensa honra do convite para participar desta merecida homenagem ao professor de todos nós, Eduardo Domingos Bottallo, defensor ferrenho da justiça e dos valores constitucionais, na linha de pensamento de Geraldo Ataliba, de quem o ilustre homenageado foi assistente e discípulo.

Seguindo tal caminho, o tema escolhido traz à tona a preocupação com a banalização do *sistema jurídico* que há algum tempo vem induzindo à relativização da segurança jurídica.

O fato é que, em recentes julgamentos em âmbito tributário, o Supremo Tribunal tem determinado a modulação dos efeitos das suas decisões de modo que, mesmo em face do reconhecimento da invalidade de leis no sis-

---

* Professor de Direito Tributário da PUCSP e de Direito Financeiro da USP.
** Advogada. Mestre em Direito Tributário pela PUCSP. Especialista em Direito Processual Civil pelo Centro de Extensão Universitária, em Direito Empresarial pela Universidade Mackenzie e em Direito Tributário pela COGEAE/PUCSP. Professora Assistente do Curso de Especialização em Direito Tributário – Uma visão Constitucional, da COGEAE/PUCSP, Professora Convidada do Curso de Especialização em Direito Empresarial e Direito Tributário das Faculdades Integradas "Antônio Eufrásio de Toledo" – Toledo/Presidente Prudente, de cursos de MBA, de Especialização em Gestão de Negócios da Fundação Instituto de Administração – FIA e de MBA *in company* da Fundação Getulio Vargas – FGV/SP.

tema jurídico, tem determinado que seus efeitos sejam reconhecidos apenas *ex nunc*.

Nesse sentido, temos por objetivos a análise dos efeitos da declaração de inconstitucionalidade de lei pelo Supremo Tribunal Federal, em sede de Ação Direta de Inconstitucionalidade, principalmente no que tange à sua modulação, bem como a verificação da compatibilidade do art. 27 da Lei n. 9.868, de 10-11-1999, com o sistema jurídico nacional.

2 SISTEMA JURÍDICO

Dado o tema a ser enfrentado - análise dos efeitos da declaração de inconstitucionalidade de lei pelo Supremo Tribunal Federal, em sede de Ação Direta de Inconstitucionalidade, com sua consequente extirpação do sistema jurídico nacional –, outro não pode ser o ponto de partida senão a própria definição do que seja sistema jurídico no qual as leis, inclusive aquelas que preveem o seu próprio controle interno, estão inseridas.

Segundo FERRAZ JUNIOR (2003, p. 176), um sistema é composto de um conjunto de elementos denominado repertório e de uma estrutura, entendida como conjunto de regras que determinam as relações entre aqueles elementos. Assim, o sistema é um complexo que se compõe de uma estrutura e um repertório, concluindo o autor que o ordenamento jurídico é um sistema.

Pressupõe, pois, a ideia de sistema a possibilidade de os seus elementos se inter-relacionarem de maneira coerente, de acordo com regras previamente estabelecidas, de tal forma que, conforme conclusão de MARQUES (2000, p. 24), "o conjunto deve, pois, ser congruente, capaz de orientar sua própria intelecção pelo intérprete".

Nesse sentido o direito positivo é um sistema, na medida em que é formado por um feixe de comandos legais (proposições prescritivas), organizados em uma estrutura hierarquizada, sendo que, cada um deles, pertencendo ao todo, se inter-relaciona com os demais, de modo a regular as relações intersubjetivas. Direito positivo, pois, é o conjunto de proposições prescritivas que regem um grupo definido de pessoas, num dado momento histórico, e que têm por finalidade regular as relações inter-humanas.

Esse feixe legal é o objeto de estudo da ciência do direito, que também é um sistema, na medida em que tem por matéria de análise o conjunto das proposições do direito positivo, verificando, inclusive, a pertinencialidade de cada comando legal ao sistema jurídico nacional.

O termo "sistema jurídico" pode designar tanto o sistema da ciência do direito quanto o do direito positivo. Assim é que, onde houver um conjunto de elementos relacionados entre si e aglutinados perante uma referência determinada, ter-se-á sistema.

Tanto o direito positivo quanto a ciência do direito devem guardar coerência estrutural, tendo ambos por base a derivação de todas as leis de uma norma fundamental que, regendo a criação de comandos prescritivos de hierarquia inferior, imprime unidade ao sistema. Tal norma superior é, no sistema normativo brasileiro, a Constituição Federal de 1988, a qual prevê a competência para instituição, pelos entes políticos, por intermédio de seus Poderes Legislativos, de novas proposições prescritivas, delimitando a competência para o exercício desse poder-dever.

Tal norma prevê a estruturação normativa brasileira como um sistema escalonado de leis, diante do qual as normas de hierarquia inferior encontram fundamento de validade na norma de hierarquia imediatamente superior, até retornar-se ao ponto de partida, qual seja, a própria Constituição Federal.

Conforme esclarecido por GONÇALVES (2002, p. 41), dentro do sistema jurídico nacional estão presentes subsistemas construídos a partir de conceitos aglutinantes próprios, dentre eles o subsistema constitucional tributário, que é formado por princípios e regras constitucionais que regem o exercício da tributação.

Assim, as normas do subsistema tributário brasileiro estarão em conformidade com o sistema jurídico nacional se, e somente se, guardarem consonância com normas de hierarquia superior e, em última análise, com a Constituição Federal.

3 VALIDADE DAS NORMAS NO SISTEMA JURÍDICO

A norma que guarda relação formal e material com o sistema é uma norma válida. Falar em validade é referir-se a vínculo ou relação de pertinencialidade ao sistema no qual a norma está inserida.

Segundo FERRAZ JUNIOR (2003, p. 197-198), "para reconhecermos a validade de uma norma, precisamos, em princípio e de início, que a norma esteja integrada no ordenamento. Exige-se, pois, que seja cumprido o processo de formação ou produção normativa, em conformidade com os requisitos do próprio ordenamento. Cumprido esse processo, temos uma norma válida".

Sob a influência dos ensinamentos de SANTI (2001, p. 63-70), pode-se concluir que a norma será considerada válida se for inserida no ordenamento jurídico de acordo com as regras previamente ditadas em norma hierarquicamente superior, o que implica ter sido editada pelo órgão competente e segundo um procedimento determinado.

Além disso, é necessário que haja respeito às matérias sobre as quais a norma possa versar e que, igualmente, encontram-se previamente determinadas no ordenamento jurídico.

As normas, pois, estão submetidas a duas análises distintas de sua pertinencialidade ao sistema, devendo ser averiguada a sua validade formal e a sua validade material.

Validade formal é a atribuição que a norma possui em razão de ter sido produzida em observância às normas de competência previamente estabelecidas. Já a *validade material* é o atributo da norma em relação à matéria sobre a qual versa, cujos limites são, igualmente, atribuídos por norma hierarquicamente superior (FERRAZ JUNIOR, 2003, p. 198).

Este também é o entendimento de REALE (1973, p. 130), que conclui que "condição, precípua, portanto, para que a lei seja válida é a conjugação de dois requisitos: ser emanada de um órgão competente e ter o órgão competência *ratione materiae*. (...) É necessário um terceiro requisito: que o poder se exerça, também, com obediência às exigências legais: é a legitimidade do procedimento ...".

Nesse sentido, a validade da norma depende do cumprimento das chamadas regras de estrutura que foram definidas por SANTI (2001, p. 33) como as normas que regulam a produção jurídica. Sendo reconhecida a pertinencialidade da norma ao sistema, a norma está apta a produzir efeitos. Porém, conforme ensina FERRAZ JUNIOR (2003, p. 216), "essa capacidade de produzir efeitos, contudo, quando a norma não tem validade, pode ser-lhe recusada desde o momento em que passaria a ter vigência, sendo-lhe a capacidade de produzir efeitos negada *ex tunc* (desde então). Falamos, nesse caso, de nulidade". Isso quer dizer que, não tendo sido respeitado o procedimento previamente determinado em lei, tendo este sido adotado por ente incompetente, ou, ainda, não tendo sido respeitados os limites materiais sobre os quais o legislador estava autorizado a tratar, não há que se falar em norma corretamente inserida no sistema e, portanto, em norma válida.

Assim, a norma inválida, ou seja, aquela que não foi inserida no sistema de maneira condizente com as regras de estrutura que lhe dariam foro de pertinencialidade, em momento algum foi vigente, ou seja, seus comandos nunca estiveram aptos a ser exigíveis e, tampouco, possuiu eficácia, uma vez que jamais esteve apta a incidir e a gerar efeitos.

4 DO AFASTAMENTO DE NORMA INVÁLIDA DO SISTEMA JURÍDICO

A partir da definição de validade, pode-se afirmar que, caso a norma não tenha sido inserida no sistema jurídico pela autoridade competente, ou não tenha sido submetida ao procedimento previamente determinado, tudo segundo as normas de estrutura atinentes à sua criação – o que inclui os limites materiais de seu campo de atuação –, ela não será válida.

Tendo a lei sido inserida no sistema de maneira presumidamente válida, submetendo assim os cidadãos aos seus desígnios, pode-se verificar algum defeito fatal em seu nascimento.

O questionamento das leis supostamente inconstitucionais pode se dar de duas maneiras: a) por intermédio do controle difuso ou concreto da constitucionalidade das leis, ou seja, mediante a instauração da lide entre duas partes, em decorrência do qual a declaração da conformidade ou não da norma ao sistema terá efeitos apenas entre os litigantes; ou b) por intermédio do controle concentrado ou abstrato da constitucionalidade, mediante a propositura de Ação Direta de Inconstitucionalidade (ADI) perante o Supremo Tribunal Federal, delimitada na Constituição Federal (arts. 102 e 103[1]).

---

1 "Art. 102. Compete ao Supremo Tribunal Federal, precipuamente, a guarda da Constituição, cabendo-lhe: I - processar e julgar, originariamente: *a*) a ação direta de inconstitucionalidade de lei ou ato normativo federal ou estadual e a ação declaratória de constitucionalidade de lei ou ato normativo federal; (...) III - julgar, mediante recurso extraordinário, as causas decididas em única ou última instância, quando a decisão recorrida: *a*) contrariar dispositivo desta Constituição; *b*) declarar a inconstitucionalidade de tratado ou lei federal; *c*) julgar válida lei ou ato de governo local contestado em face desta Constituição. § 1º A arguição de descumprimento de preceito fundamental, decorrente desta Constituição, será apreciada pelo Supremo Tribunal Federal, na forma da lei. (...) Art. 103. (...) § 3º Quando

Da análise de referidos artigos verifica-se que o controle concentrado ou abstrato e o controle difuso ou concreto da constitucionalidade são tratados de maneira distinta pela Constituição Federal, podendo-se extrair diferenças fundamentais.

4.1 Do controle difuso ou concreto de constitucionalidade

Por intermédio do art. 102, III, *a*, da CF, ao Supremo Tribunal Federal foi outorgada competência para analisar, em controle difuso ou concreto, a constitucionalidade das normas, em sede de recurso extraordinário em processo instaurado entre partes. Desta forma, a análise da inconstitucionalidade da lei que incide sobre a relação entre partes terá efeitos apenas entre os litigantes (*inter partes*), não afetando a própria validade da lei no ordenamento jurídico e em face das demais pessoas físicas ou jurídicas.

Porém, a análise da inconstitucionalidade da lei em controle difuso poderá ter efeitos *erga omnes* desde que seja adotado o procedimento previsto no inciso X do art. 52 da CF, o qual determina que "compete privativamente ao Senado Federal suspender a execução, no todo ou em parte, de lei declarada inconstitucional por decisão definitiva do Supremo Tribunal Federal". A despeito da falta de previsão expressa pela Constituição Federal, referido comando se aplica aos casos em que, tendo a Corte Suprema analisado a inconstitucionalidade de um comando prescritivo em processo entre partes e visando à sustentação do sistema jurídico nacional, este conclui que tal decisão deve repercutir *erga omnes*, ensejando, então, a adoção do procedimento previsto no art. 52, X, da CF, o qual tem por consequência a perda da eficácia da lei[2] tida por inconstitucional a partir da data da publicação da Resolução do Senado Federal.

Nesse sentido manifesta-se Gilmar Mendes (2004, p. 291) ao afirmar que "admite-se, atualmente, na doutrina que a eficácia *erga omnes* tem hierarquia constitucional. Sustenta-se, com base no argumento a contrário, lastre-

---

o Supremo Tribunal Federal apreciar a inconstitucionalidade, em tese, de norma legal ou ato normativo, citará, previamente, o Advogado-Geral da União, que defenderá o ato ou texto impugnado."

2 Utiliza-se "lei", aqui e ao longo deste artigo, em sentido lato, podendo significar qualquer comando prescritivo inserido no ordenamento jurídico por autoridade competente.

ado no art. 52, X, da Constituição, que a suspensão da aplicação da lei inconstitucional pelo Senado Federal é exigida apenas nos casos de declaração incidental de inconstitucionalidade".

Tal procedimento não equivale à revogação da lei tida por inconstitucional, ou ao seu afastamento do sistema dado o reconhecimento da sua invalidade. Após a publicação da Resolução do Senado Federal a norma, declarada inconstitucional no curso de um processo submetido ao controle concreto ou difuso da constitucionalidade, torna-se ineficaz, deixando de incidir e de produzir efeitos desde aquele momento (efeito *ex nunc*), não afetando diretamente a sua eficácia no período antecedente à publicação de referida Resolução. Isso quer dizer que, após a publicação da Resolução do Senado Federal, a norma permanece formalmente válida, porém sem eficácia.

Tal consequência decorre do fato de que nem o Supremo Tribunal Federal, em controle difuso ou concreto de constitucionalidade, nem o Senado Federal possuírem competência para, nesse caso, afastar a norma do sistema, competência outorgada exclusivamente ao Poder Legislativo.

4.2 Do controle concentrado ou abstrato de constitucionalidade

De acordo com o art. 102, I, *a*, da CF, ao Supremo Tribunal Federal foi outorgada competência para analisar originariamente, em controle concentrado ou abstrato, a constitucionalidade de comandos normativos por intermédio de ação direta de inconstitucionalidade de lei ou ato normativo federal ou estadual. Assim, tem o Supremo Tribunal Federal o poder de examinar a lei em tese e de declarar, de maneira abstrata e com efeitos *erga omnes*, a sua desconformidade com o sistema jurídico, ou seja, sua invalidade.

No controle concentrado da constitucionalidade das leis, não há partes litigantes. A ação direta de inconstitucionalidade não é proposta em face de um réu, não se materializando a existência de um conflito. Trata-se de controle abstrato da pertinencialidade de uma determinada lei ao sistema, não sendo objeto de análise a sua incidência sobre um caso concreto. Isso quer dizer que, por intermédio da declaração direta de inconstitucionalidade, o Supremo Tribunal Federal tem o condão de analisar e declarar se a lei submetida à apreciação possui ou não vício que a desqualifica como lei validamente pertencente ao sistema jurídico nacional, bem como se está apta a incidir sobre os eventos que buscava atingir.

Verificada a inconstitucionalidade, a norma (ou pseudonorma) é declarada "fora do sistema", não sendo necessária, neste caso, a publicação de Resolução do Senado para afastar sua eficácia, uma vez que eficaz nunca foi. Tampouco enseja a necessidade de revogação formal pelo Poder Legislativo, já que nunca pertenceu ao sistema. Isso porque, conforme já verificado, se a norma é inválida, ela o é desde sempre. Não estando em consonância com as demais regras do sistema, nele nunca foi aceita, razão pela qual jamais esteve apta a gerar efeitos, sendo desprovida de vigência e de eficácia.

O desenrolar de tal raciocínio não pode induzir a outra conclusão senão a da invalidade e ineficácia da norma "desde sempre" (*ex tunc*).

A despeito de tal conclusão ser a regra geral prevista na legislação infraconstitucional de regência da matéria, ou seja, de haver previsão de que o efeito das declarações de inconstitucionalidade em controle abstrato retroage ao momento de inserção da lei no ordenamento jurídico, há exceções legalmente previstas que permitem a atribuição de efeitos *ex nunc* a tal reconhecimento.

5 DA ATRIBUIÇÃO DE EFEITOS *EX NUNC* À LEI DECLARADA INCONSTITUCIONAL

5.1 Da edição da Lei n. 9.868/99

Seguindo o exemplo da legislação de alguns países, principalmente de Portugal, foi editada, em 10 de novembro de 1999, a Lei n. 9.868, que dispõe sobre o processo e julgamento da ação direta de inconstitucionalidade e da ação declaratória de constitucionalidade perante o Supremo Tribunal Federal.

Referida lei, por intermédio de seu art. 27[3], prevê a possibilidade de o Supremo Tribunal Federal determinar que a declaração de inconstitucionalidade de uma lei (leia-se invalidade, não pertinencialidade e, por conseguin-

---

3 "Art. 27. Ao declarar a inconstitucionalidade de lei ou ato normativo, e tendo em vista razões de segurança jurídica ou de excepcional interesse social, poderá o Supremo Tribunal Federal, por maioria de dois terços de seus membros, restringir os efeitos daquela declaração ou decidir que ela só tenha eficácia a partir de seu trânsito em julgado ou de outro momento que venha a ser fixado."

te, ineficácia) tenha efeitos *ex nunc*, ou seja, somente a partir da declaração de inconstitucionalidade. Cumpre deixar claro que tal permissibilidade está atrelada a "razões de segurança jurídica ou de excepcional interesse social".

A adoção de tal medida foi aclamada por grande parte da doutrina, principalmente por um dos responsáveis pelo projeto de referida lei, o Ministro Gilmar Mendes (2004, p. 292), que reconhece, de forma explícita, que a norma declarada inconstitucional é nula ao afirmar que "a lei declarada inconstitucional no controle abstrato de normas não mais pode ser aplicada, seja no âmbito do conceito jurídico privado, seja na esfera estatal. Consoante essa orientação, admite-se que todos os atos praticados com base na lei inconstitucional estão igualmente eivados de ileiceidade. Essa orientação, que já era dominante antes da adoção do controle abstrato de normas no ordenamento jurídico brasileiro, adquiriu, posteriormente, quase o significado de uma verdade axiológica".

Porém, o ilustre autor do Projeto de Lei n. 9.868/99, ao citar Bachof, acaba por concluir "que os tribunais constitucionais consideram-se não só autorizados, mas inclusivamente obrigados a ponderar as suas decisões. É assim que eles verificam se um possível resultado da decisão não seria manifestamente injusto, ou não acarretaria um dano para o bem público, ou não iria lesar interesses dignos de proteção de cidadãos singulares" (p. 299).

Assim, sob o argumento de que "o STF, muito provavelmente, o único órgão importante de jurisdição constitucional a não fazer uso, de modo expresso, da limitação de efeitos na declaração de inconstitucionalidade" (p. 303), e sob influência direta da Constituição portuguesa de 1982, a qual "consagrou *fórmula* segundo a qual, quando a segurança jurídica, razões de equidade ou interesse público de excepcional relevo o exigirem, poderá o Tribunal Constitucional fixar os efeitos da inconstitucionalidade ou da ilegalidade com alcance mais restrito do que o previsto em geral [art. 282º (4)]", acabou por ser editada a Lei n. 9.868/99.

Esclarece, porém, aquele autor, aqui insistentemente citado e transcrito em razão de ser um dos mentores da inclusão no nosso ordenamento jurídico da previsão sob comento, que "não se está a negar caráter de princípio constitucional ao princípio da nulidade da lei inconstitucional. Entende-se, porém, que tal princípio não poderá ser aplicado nos casos em que se revelar absolutamente inidôneo para a finalidade perseguida (casos de omissão; exclusão de benefício incompatível com o princípio da igualdade), bem como nas hipóteses em que a sua aplicação pudesse trazer danos para o próprio sistema jurídico constitucional (grave ameaça à segurança jurídica)".

Tal entendimento prevalece, igualmente, no próprio Supremo Tribunal Federal, que, em várias oportunidades, concluiu que "a declaração de inconstitucionalidade decorrente da procedência de ação direta tem efeitos *ex tunc*, regra que somente admite exceção na forma do art. 27 da Lei n. 9.868/99"[4].

Tal solução sempre foi aclamada por vários autores, dentre eles TORRES (1996)[5], BORGES (2000)[6] e MACHADO (2000a)[7].

Porém, dada a análise sistêmica da legislação pátria, não há como se pôr de acordo com tal solução.

5.2 Da impossibilidade de atribuição de efeitos *ex nunc* à declaração de inconstitucionalidade

Admitida a solução pretendida pelo art. 27 da Lei n. 9.868/99, estar-se--ia atribuindo eficácia a "algo" (já que de lei não se trata) que nunca fez parte do sistema jurídico nacional. Assim, sob o argumento de se manter a sustentabilidade do sistema em situações extremas, está-se, em verdade, desestruturando-o.

5.2.1 Do desvirtuamento do valor justiça

Por intermédio de tais comandos legais, está sendo atribuída ao valor justiça uma amplitude que o sistema normativo não permite. A justiça é

---

4 ADI 483-ED/PR, Tribunal Pleno, rel. Min. Ilmar Galvão, *DJ* de 5-10-2001.
5 "Mas é inegável que o modelo adotado na Alemanha, Itália, Espanha e Portugal consegue realizar melhor os valores democráticos, temperando a eficácia retrooperante da declaração *in abstracto* ao reconhecer a intangibilidade de certas situações consumadas no pretérito e ao se deixar sensibilizar pelos aspectos econômicos, máxime o do prejuízo da Fazenda Pública" (*RDDT* 8/99).
6 "2ª) A norma proclamada inconstitucional pelo Supremo Tribunal Federal não era írrita, nenhuma, absolutamente nula ou inexistente. Ela existiu e valeu no sistema até a sua revogação pela decisão do Supremo Tribunal Federal na ação direta de inconstitucionalidade. 3ª) Mas a proclamação da inconstitucionalidade não pode ter no direito brasileiro o caráter de hipótese-limite de invalidação absolutamente retroativa da norma inconstitucional. A sua retroatividade é mitigada pela preservação constitucional da irretroatividade nas hipóteses de atos em boa-fé praticados sob a vigência da norma anulada (CF, arts. 37, *caput*, e 150, III, *a*)" (*Revista Tributária e de Finanças Públicas*, 30/119).
7 "Mesmo nula, se como tal se quer entender, a lei inconstitucional existe e vigora." *RDDT* 56/89.

valor que, nas palavras de CARVALHO (2000, p. 145), permeia todo o sistema. Mas a sua adoção de forma a ultrapassar as regras impostas pelo próprio sistema normativo pode induzir à sua própria quebra.

Conforme ensina referido autor, "realiza-se o primado da justiça quando implementamos outros princípios, o que equivale a elegê-lo como sobreprincípio"; ou seja, a justiça se materializa por intermédio de outros princípios que regem o sistema.

A sociedade, que está jungida ao feixe de normas que é o sistema jurídico brasileiro, tem percepções variadas sobre o que seja justiça. O que é justo para um, é injusto para o outro e a prova de que a valoração desse princípio está longe de ser tratada de maneira uniforme pela sociedade brasileira nos é dada cotidianamente[8].

Justamente para evitar a sua implementação de forma individual e de acordo com valores que envolvem questões de ordem moral, religiosa, ideológica etc., de cunho eminentemente pessoal, é que são criadas normas prescritivas de conduta que, por sua vez, também estão permeadas por um senso comum, decorrente da carga cultural na qual está inserida a sociedade.

Parece apropriado afirmar que a justiça tem limites e o seu limite é o próprio sistema normativo que, dando azo àquele valor supremo, delimita regras para seu alcance. Obviamente, tal raciocínio é aplicável quando se está diante de um Estado Democrático de Direito, tal como o Brasil.

Nesse contexto, é o próprio sistema que prevê a possibilidade de aqueles que se sentirem lesados pela indevida aplicação de uma lei inválida e ineficaz, valerem-se do Judiciário para reconstituírem seu patrimônio. Portanto, faz-se justiça ao se prever meios legais e compatíveis com o ordenamento jurídico para aqueles que se submeteram à lei tida por inconstitucional verem restabelecidos seus direitos.

Porém, atribuir-se eficácia retroativa a "normas" que nunca pertenceram ao sistema sob a alegação de desestabilização das contas do Estado, significa, em verdade, atribuir à justiça valor que o próprio sistema não lhe atribuiu; é trazer ao sistema uma valoração que ao cientista do direito é vedada, uma vez que seu limite de atuação é o próprio direito positivo, que tem em suas proposições prescritivas o valor justiça impregnado.

---

8   Exemplificativamente, perante a violência que assola o País, para uns, a instituição da pena de morte é solução premente; para outros, a vida é valor supremo e por ninguém pode ser tirada.

Dar azo a tal tipo de entendimento de maneira indiscriminada, como tem pleiteado a Fazenda Nacional quando da análise de inconstitucionalidade de normas inconstitucionais, é, contrariamente, dar primazia à apropriação indébita das quantias recolhidas pelos contribuintes com base em lei inválida; é o afastamento da segurança jurídica que deve permear o sistema jurídico e permear as relações públicas e privadas.

Conforme alerta BECKER (1998, p. 88-91), "o jurista deve cuidar para não confundir o problema da justiça da regra jurídica (sua conformidade com a moral ou o direito natural) com o problema da validade da regra jurídica, isto é, sua juridicidade e o consequente poder de incidir infalivelmente sobre a hipótese de incidência, jurisdicizando-a e a consequente irradiação dos efeitos jurídicos. (...). Uma vez criada a estrutura lógica da regra jurídica, a sua atuação dinâmica se desencadeia com independência do juiz (órgão judiciário), da administração pública (órgão executivo), do jurista que a interpreta, do sujeito ativo e do sujeito passivo vinculados pela relação jurídica que se irradiou após a incidência da regra jurídica sobre a hipótese de incidência realizada". E conclui o referido autor que "sem dúvida, a 'moralização do direito' pela criação de novas regras jurídicas justas em substituição das injustas, é obra meritória e indispensável para o aperfeiçoamento do homem e da sociedade. Entretanto, esta ação moralizadora cabe exclusivamente ao órgão Legislativo (criador das regras jurídicas) e não ao órgão Executivo e nem ao órgão Judiciário".

E não se diga, com apoio nas palavras de BECKER, que a edição da Lei n. 9.868/99 veio trazer ao sistema jurídico nacional a justiça que a questão mereceria; isso porque o próprio sistema constitucional brasileiro não prevê a possibilidade de adoção de tal espécie de prescrição normativa. Com efeito, ao contrário do que ocorre com a Constituição de Portugal, por exemplo – que contempla expressamente a possibilidade de o Poder Judiciário atribuir efeitos *ex nunc* às declarações de inconstitucionalidade pelo Poder Judiciário –, veementemente citada pelos idealizadores da Lei n. 9.868/99 como paradigma para amparar a sua edição, a Constituição Federal brasileira não outorgou ao Supremo Tribunal Federal competência para atribuir à norma nula força de norma vinculante[9].

---

9 Conforme informa XAVIER (1997), tal questão chegou a ser debatida na Assembleia Constituinte de 1988, na qual o Senador Maurício Corrêa apresentou projeto que previa a possibilidade de, quando o Supremo Tribunal Federal declarar a inconstitucionalidade, em tese, da norma legal ou ato normativo, determinar se eles perderiam eficácia desde a

Assim, a Lei n. 9.869/99 acabou por extrapolar a competência outorgada constitucionalmente, sendo ela própria dissonante do sistema jurídico nacional, que apenas permite ao Supremo Tribunal Federal declarar uma lei inválida, ou seja, não pertencente ao ordenamento. Portanto, a atribuição de efeito *ex nunc* à norma reconhecidamente nula é ato incompatível com os limites de atuação delimitados pela Constituição Federal ao Supremo Tribunal Federal. Trata-se de prescrição que, para valer, haveria de constar do texto constitucional, e não de lei infraconstitucional.

6 DOS EFEITOS DECLARATÓRIOS DA SENTENÇA PROFERIDA EM SEDE DE ADI

As decisões judiciais que concluem pela atribuição de efeitos *ex nunc* às declarações de inconstitucionalidade proferidas pelo Supremo Tribunal Federal, além de invocarem a "justiça", estão embasadas principalmente nos seguintes argumentos: a) a atividade desenvolvida pelo Supremo Tribunal Federal ao apreciar a conformidade da lei com a Constituição, na via do controle concentrado, não é de natureza jurisdicional, mas de ato legislativo; e b) ainda que ato judicial fosse, tal decisão tem natureza constitutiva negativa. Exemplos dessas manifestações doutrinárias podem ser encontrados em artigos de MACHADO (2000b) e XAVIER (1997).

Colhemos o escólio de MACHADO, que, ao defender tal posicionamento, afirma que a decisão em ação direta de inconstitucionalidade tem efeito que se opera no plano da normatividade, das prescrições jurídicas e abstratas, não se situando no plano da concreção, como as decisões de caráter jurisdicional, voltadas a resolver conflitos, uma vez que não se cogita dos efeitos da incidência da norma, mas da própria norma. Demonstração do afirmado, segundo o autor, é o fato de que, revogada a lei objeto de análise

---

sua entrada em vigor, ou a partir da decisão declaratória. Da mesma forma, o então Deputado Nelson Jobim, na revisão constitucional de 1984, sugeriu o acréscimo de um parágrafo ao art. 103 da CF prevendo a possibilidade de o Supremo Tribunal Federal, por intermédio de mais de dois terços dos votos de seus membros, concluir que a lei declarada inconstitucional deixaria de produzir efeitos apenas a partir do trânsito em julgado da decisão. Porém, tais projetos não vingaram, sendo silente a Constituição Federal sobre tal hipótese.

de constitucionalidade, a ação direta de inconstitucionalidade perde seu objeto (cf. MACHADO, 2000b).

A questão, porém, deve ser analisada sob outro prisma, afastando-se eventual confusão com relação às atribuições cabíveis a cada um dos três Poderes.

Somente ao Legislativo cabe legislar – como atividade *típica* –, aí incluindo a atribuição de inserir leis (em sentido lato) no ordenamento jurídico, bem como de revogá-las. Ao Judiciário, por sua vez, cabe a verificação da aplicação dessas leis, bem como da sua conformidade com o sistema, não tendo a atribuição constitucionalmente delegada de legislar.

No caso sob análise, ao Judiciário cabe a verificação da validade ou não da norma diante do sistema jurídico nacional, declarando se o comando normativo inserido no ordenamento é válido ou não. Reconhecendo-se a sua invalidade, o que há é a declaração de que a norma nunca fez parte do sistema e não a sua revogação, papel atribuído exclusivamente ao Poder Legislativo.

E não parece devida a invocação dos ensinamentos de Kelsen realizada pelo ilustre professor, no sentido de que é contraditória a afirmação de que a uma lei vigente é inconstitucional, na medida em que todas as leis devem guardar conformidade com a Constituição, razão pela qual, enquanto não for revogada, teria de ser considerada válida, equivalendo a declaração de inconstitucionalidade, assim, a uma verdadeira revogação.

São categóricas as palavras de MESQUITA (2005, p. 111) ao criticar a presunção de constitucionalidade pregada por Kelsen: "... as normas legais não são inconstitucionais porque o tribunal assim as declarou, mas, ao contrário, o tribunal assim as declarou porque já eram inconstitucionais desde o início de sua vigência. A sentença que pronuncia a inconstitucionalidade da lei ou ato normativo não é constitutiva negativa, é declaratória. Consequentemente não reconheço a existência de uma presunção de constitucionalidade a favor das leis ainda não declaradas inconstitucionais. No direito brasileiro, que admite a declaração da inconstitucionalidade por via incidental, não encontra lugar a aludida presunção. Qualquer um do povo pode desobedecer a norma que considere inconstitucional e demandar a declaração da inexistência da obrigação por ela criada. Na experiência jurídica, esse é fato comum que está acontecendo a toda hora".

Ora, no caso de lei declarada inconstitucional em sede de ADI, o que há, em verdade, é o reconhecimento de que a lei que sustentou a exigência de um tributo indevido é nula desde sempre, não tendo sequer adentrado no sistema jurídico nacional. Assim, os efeitos da declaração de inconstitucionalidade devem retroagir ao momento de tentativa de inserção de referida norma no sistema.

6.1 Desvirtuamentos da tese ora atacada: equívocos de ordem processual

Há que se analisar, por fim, a argumentação dos que defendem a tese ora atacada de que a declaração de inconstitucionalidade de uma lei acarreta a nulidade de todos os atos praticados sob a sua égide, ensejando, inclusive, a possibilidade de restabelecimento de decisões anteriormente atacadas pela coisa julgada em sede de controle concreto de constitucionalidade.

Para esclarecer esse ponto, permitimo-nos transcrever, a despeito de longa, a clara e elucidativa lição de MESQUITA (2005), que esclarece a confusão instalada:

"Com efeito, aos menos avisados, poderá parecer que, declarada a inconstitucionalidade da norma, ficariam *ipso facto* declarados nulos todos os atos que com base nela tivessem sido praticados, caso em que ficaria dispensada a propositura da ação rescisória para desconstituir a sentença em contrário, transitada em julgado.

Daí a entender que, sobrevindo a declaração da inconstitucionalidade da lei após o decurso do prazo da ação rescisória, estaria automaticamente rescindida a sentença que nela se fundara, independentemente da propositura da ação rescisória, é apenas um passo.

O poder desse tipo de raciocínio, completamente obtuso e denotador de ignorância crassa em matéria processual, porque desconhece os limites objetivos da coisa julgada – o que é fato gravíssimo – não pode ser minimizado porque tem lá os seus adeptos, e adeptos muito poderosos, como se pode ver na redação do parágrafo único do art. 741 do Código de Processo Civil dada pela Medida Provisória n. 2.180-35/2001.

O certo, na verdade, é que o objeto da ação direta de inconstitucionalidade é limitado à declaração da nulidade da lei ou ato normativo em causa, não incluindo a declaração da nulidade de qualquer outro ato jurídico, quer de direito público, quer de direito privado.

Consequentemente, a nulidade de qualquer outro ato só poderá ser pronunciada mediante a propositura de nova ação, observadas as respectivas condições de admissibilidade e procedência, entre as quais a de que não ofenda a autoridade da coisa julgada".

Assim, a despeito de a conclusão adotada na ação de inconstitucionalidade servir de fundamento para a propositura de medida judicial voltada à nulidade do ato jurídico praticado sob sua égide, há que se respeitar a coisa julgada.

7 CONCLUSÕES

A conclusão fundamental deste estudo é alertar a premência do reconhecimento dos limites do sistema jurídico nacional e a necessidade de submissão às normas por ele impostas a partir da Constituição Federal.

Assim, a norma inválida em momento algum foi vigente, ou seja, seus comandos nunca estiveram aptos a ser exigíveis e, tampouco, possuiu eficácia, uma vez que jamais esteve apta a incidir e a gerar efeitos.

Nesse sentido, a decisão proferida pelo Supremo Tribunal Federal em sede de controle concentrado ou abstrato de constitucionalidade (Ação Direta de Inconstitucionalidade) tem natureza declaratória, uma vez que, por seu intermédio, é reconhecido que a norma jurídica nunca fez parte do sistema.

Portanto, a previsão contida no art. 27 da Lei n. 9.868/99 não tem guarida na competência outorgada pela Constituição Federal ao Supremo Tribunal Federal no que tange à análise da constitucionalidade das leis em sede de ação declaratória de inconstitucionalidade. A Lei Fundamental não autorizou aquele órgão do Poder Judiciário a atribuir à norma inválida foros de validade, razão pela qual resta infrutífera a invocação de exemplos estrangeiros para sustentar o procedimento adotado no Brasil.

Atribuir-se eficácia retroativa a "normas" que nunca pertenceram ao sistema, de modo a evitar que os contribuintes pleiteiem a restituição de valores indevidamente recolhidos, além de não se caracterizar como razão de segurança jurídica – muito pelo contrário – ou de excepcional interesse social (como preconizado pelo próprio art. 27 da Lei n. 9.868/99), significa, em verdade, conferir ao valor "justiça" extensão que o próprio sistema, aparentemente, não lhe atribuiu; é trazer ao sistema uma valoração que ao cientista do direito é vedada, uma vez que seu limite de atuação é o próprio direito positivo, que tem em suas proposições prescritivas o valor "justiça" impregnado.

Mais do que a exposição de um ponto de vista, o presente trabalho busca compartilhar uma séria preocupação com a banalização do significado do sistema jurídico, situação que há algum tempo vem induzindo à relativização de conceitos imprescindíveis à manutenção da segurança jurídica.

8 REFERÊNCIAS

BECKER, Alfredo Augusto. *Teoria geral do direito tributário*. 3. ed. São Paulo: Lejus, 1998.

BORGES, José Souto Maior. Efeitos da declaração de inconstitucionalidade pelo Supremo Tribunal Federal na contribuição para a seguridade social. *Revista Tributária e de Finanças Públicas*. São Paulo, v. 30, p. 119-137, jan./ fev. 2000.

CARVALHO, Paulo de Barros. *Curso de direito tributário*. 13. ed. rev. e atual. São Paulo: Saraiva, 2000.

FERRAZ JUNIOR, Tércio Sampaio. *Introdução ao estudo do direito*: técnica, decisão, dominação. 4. ed. rev. e ampl. São Paulo: Atlas, 2003.

GONÇALVES, José Artur Lima. *Imposto sobre a renda – pressupostos constitucionais*. São Paulo: Malheiros, 2002.

MACHADO, Hugo de Brito. Contribuição previdenciária das agroindústrias – declaração de inconstitucionalidade do § 2º do art. 25 da Lei n. 8. 870/94 – seu alcance. Inexistência de efeitos retroativos em prejuízo do contribuinte. *Revista Dialética de Direito Tributário*. São Paulo, v. 56, p. 89-102, maio 2000a.

_____. Declaração de inconstitucionalidade e direito intertemporal. *Revista Dialética de Direito Tributário*. São Paulo, v. 57, p. 72-87, jun. 2000b.

MARQUES, Márcio Severo. *Classificação constitucional dos tributos*. São Paulo: Max Limonad, 2000.

MENDES, Gilmar Ferreira. *Jurisdição constitucional*. 4 ed. São Paulo: Saraiva, 2004.

MESQUITA, José Ignácio Botelho de. *A coisa julgada*. São Paulo: Forense, 2005.

REALE, Miguel. *Lições preliminares de direito*. São Paulo: José Bushatsky/EDUSP, 1973.

SANTI, Eurico Marcos Diniz. *Lançamento tributário*. 2. ed. rev. e ampl. São Paulo: Max Limonad, 2001.

TORRES, Ricardo Lobo. A declaração de inconstitucionalidade e a restituição de Tributos. *Revista Dialética de Direito Tributário*. São Paulo, v. 8, p. 99-110, maio 1996.

XAVIER, Helena de Araújo Lopes. Consequências da declaração de inconstitucionalidade. *Revista Dialética de Direito Tributário*. São Paulo, v. 21, p. 34-48, jun. 1997.

PLANEJAMENTO TRIBUTÁRIO: DESAFIOS INSTITUCIONAIS

EURICO MARCOS DINIZ DE SANTI*

> Sendo a norma antielisiva
> Não há comiseração:
> A festa toda evasiva,
> tributa até intenção.
>
> A mera suposição
> De alguém ser milionário
> Gera auto de infração
> No interesse solidário.
>
> A cínica solução
> Pra fugir desse cortado,
> é largar a profissão
> e empregar-se no Senado!
>
> *(Eduardo Bottallo)*

1 INTRODUÇÃO. VINCULAÇÃO DOS ATOS ADMINISTRATIVOS E DESAFIOS INSTITUCIONAIS NA PRODUÇÃO E NO CONTROLE DO MOTIVO DO ATO: O PROBLEMA DA PROVA DA INTENÇÃO QUE JUSTIFICA E MOTIVA A LAVRATURA DO AUTO DE INFRAÇÃO E IMPOSIÇÃO DE MULTA (AIIM)

A realização da legalidade tributária se esgota na existência da lei ou exige sua concretização no ato de aplicação? Legalismo autista que não se

---

* Mestre e Doutor pela PUCSP. Professor de Direito Tributário e Financeiro da Escola de Direito de São Paulo da Fundação Getulio Vargas – Direito GV: Coordenador do Núcleo de

realiza na prática ainda é legalidade? Existe legalidade sem provas? É possível obrigar a Administração Tributária a respeitar a legalidade e, ao mesmo tempo, restringir o acesso ao motivo do ato à prova de situações que não se encontram no mundo empírico? Como se prova o *fato da intenção, do dolo, da fraude e da simulação*? É possível falar de *verdade material* sobre o *fato da intenção*? Nesse sentido, como utilizar a ideia de *propósito negocial*?

Se o Conselho Administrativo de Recursos Fiscais (CARF) não permite o controle de constitucionalidade sobre os AIIMs que julga, como aceitar a aplicação dos princípios constitucionais da capacidade contributiva e da solidariedade para fundamentar suas decisões administrativas?

Consoante minhas convicções sobre *a relação entre tempo, aplicação do direito, prova, transparência, lançamento e controle da legalidade*, temas que venho enfrentando, pesquisando[1] e estudando há mais de uma década, encontro-me, agora, instigado a expor e justificar minhas convicções institucionais mediante a análise do tema em estudo dedicado ao meu amigo e mestre Professor Eduardo Domingos Bottallo.

2 O PROBLEMA DAS PROVAS METAFÍSICAS: OS HOMENS PASSAM, MAS AS INSTITUIÇÕES FICAM!

Na última década, assistimos ao combate ideológico e teórico de duas concepções sobre o planejamento tributário, representadas por renomados juristas: de um lado, a defesa do Estado Liberal, dos princípios da livre-iniciativa, da ampla liberdade negocial e da tipicidade cerrada do fato gerador; de outro, a defesa do Estado Social, a busca da solidariedade e da capacidade contributiva como valores constitucionais, pretendendo oferecer novas alternativas à "teoria do fato gerador" e propondo a requalificação do fato em sintonia com o verdadeiro propósito negocial.

Estudos Fiscais da Direito GV e do Curso de Especialização em Direito Tributário da GV*law* e, principalmente, sempre aluno do Professor Bottallo.

1 Em especial os surpreendentes resultados da *primeira pesquisa empírica* de casos sobre a prática das Delegacias de Julgamento da Receita Federal (DRJs) na aplicação da decadência ao Imposto de Renda das Pessoas Jurídicas (IRPJ), materializados no livro *Decadência no Imposto sobre a Renda*. São Paulo: Quartier Latin, 2006.

Ideologias não se comunicam nem se conciliam: são crenças, questões de fé e só por isso merecem respeito. Também a opção por determinados princípios revela convicções conceptuais impossíveis de serem derrotadas umas pelas outras.

Não pretendemos seguir, atacar ou defender nenhuma dessas concepções. O plano desse trabalho é reconstruir a relevância da legalidade na prática do direito e os problemas institucionais causados pela ausência de critérios legais claros. Ideologias podem mudar a *forma de produção* das leis ou informar o redesenho de políticas públicas. Aliás, é o que sugere Norberto Bobbio[2] quando propõe um enfoque funcionalista do direito que, baseado na Sociologia, pretende redesenhar os critérios para a produção de normas jurídicas (e não simplesmente mudar a interpretação das já existentes), substituindo sanções negativas por sanções positivas, premiais ou promocionais que estimulem e provoquem o agente a agir de acordo com dados diretivos, no lugar de simplesmente punir como na estrutura da norma secundária de Kelsen.

A troca da concepção de "Estado Liberal" para "Estado Social" informa uma nova orientação para formulação de políticas públicas que incentivem a produção e aplicação de normas jurídicas finalísticas; contudo, não autoriza, nem pode informar a radical alteração da interpretação de regras estruturadas e produzidas em contextos históricos completamente diversos. Aqui, também, a legalidade impera: a adoção do direito promocional ou promotor depende da paulatina ação do legislador e cabe apenas em áreas em que o aparato repressivo é inadequado.

O fato de o Preâmbulo da Constituição Federal do Brasil instituir *Estado Democrático Social de Direito* (ou a mera referência no art. 1º), sob a divina "proteção de DEUS", não implica a existência jurídica de "DEUS", tampouco autoriza mudar radicalmente a interpretação do direito: informa apenas valores que, assim como *a liberdade, a segurança, o bem-estar, o desenvolvimento, a igualdade e a justiça*, inscritos no mesmo parágrafo, devem pautar a produção normativa e o desenho institucional do nosso país.

Muito pelo contrário, substituir a certeza e a racionalidade das leis por esses valores é que afeta a liberdade, implanta a insegurança, a incerteza, instaura o mal-estar e corrompe o desenvolvimento, gerando desigualdade e injustiça.

Os homens passam, mas as *instituições ficam!*

---

2 Hacia una teoría funcional del derecho. In: *Derecho, filosofía e lenguage*. Buenos Aires: Astrea, 1976, p. 9-30.

3 A DIFÍCIL SITUAÇÃO JURÍDICA DO CONTRIBUINTE E DO APLICADOR ADMINISTRATIVO TRIBUTÁRIO: APLICAR A LEI PODE SER RUIM, MAS AINDA É A MELHOR FORMA QUE O DIREITO ENCONTROU PARA REGULAR CONDUTAS

A insegurança jurídica decorre da falta de critérios normativos para orientar decisões em conformidade com a lei. Todos os operadores do direito sofrem o abalo da dúvida perante legislação contingente e decisões que oscilam ao sabor do espectro permeável da lei. Ninguém escapa à bruma cinzenta da incerteza que encobre e obscurece a possibilidade da racionalidade e da transparência que a aplicação do direito exige. Humanos que somos, caímos: professores são tragados pela complexidade das leis e da aplicação contingente do direito; ministros surpreendem-se com seus inauditos efeitos na economia do País; presidentes sentem-se indignados pela "falta de sensibilidade" na interpretação e aplicação das leis fiscais e, se até o cargo máximo da Secretaria da Receita Federal se sujeita a essa hidra de múltiplas cabeças, qual não é a situação de incerteza do agente fiscal de rendas cujo ofício é aplicar a lei? Mas que lei? E como fica o contribuinte para orientar seus negócios e investimentos?

3.1 Maniqueísmo fiscal e um novo imposto cujo fato gerador é pagar menos tributo com a intenção de pagar menos tributo: questão de boa-fé? Ou má-fé?!

Não há bem ou mal, apenas incerteza. Não há heróis nem vilões, tão só fantasmas aprisionados ao dever de decidir sem certeza nem critérios normativos.

É curioso notar várias circunstâncias que permeiam o período de 1988 a 2008, em que a carga tributária nacional saltou de 20 para 36% do PIB. A nova Constituição, a inflação, o plano real, o ajuste fiscal e uma série de leis ordinárias, complementares e emendas constitucionais avançaram institucionalmente, mediante a criação de novos tributos ou novas hipóteses de incidência. O contribuinte foi empurrado para enfrentar o custo tributário, (a) caindo na ilegalidade (via informalidade, como as classes menos favorecidas ou os pequenos empresários), (b) acomodando-se à legalidade (classe média e assalariados que pagam na tributos na fonte) ou (c) combatendo a legalidade com as próprias armas da legalidade (classe alta e pessoas jurídicas que têm recursos e acesso à Justiça). O resultado, como se pode vislumbrar, é que o aumento da carga tributária incentiva o aumento exponencial do contencioso tributário.

Além disso, uma conjunção de fatores – como (a) a extinção da CPMF no final de 2007, que eliminou o mais poderoso "Raio X" da Receita Federal, baixando o poder de pressão do Fisco sobre o Contribuinte, (b) a queda de R$ 7 bilhões da arrecadação acumulada desde o começo de 2009 em razão da desaceleração da economia e (c) a expectativa de redução de mais R$ 3,4 bilhões decorrentes das desonerações do IPI para veículos e linha branca – tem motivado o Governo a encontrar novas fontes de recursos. No cenário atual de crise, de desonerações irrefletidas e do novo plano de refinanciamento, oferecido pela MP n. 449, não há clima para aumento nem criação de novos impostos; tampouco se sinaliza qualquer hipótese de redução dos gastos públicos. Portanto, a única saída é arrecadar! Mas como?

É. Não dá para criar o "sonhado" imposto sobre grandes fortunas, mas dá para aumentar a pressão da fiscalização e aumentar a arrecadação do *imposto sobre planejamento tributário* cujo fato gerador é *pagar menos tributo com a intenção de pagar menos tributo em conformidade com a lei* e cuja base de cálculo é *a perspectiva dimensível da intenção do contribuinte*.

Ou seja, sem a possibilidade de criar, por lei, novos tributos, o Fisco aproveita as mesmas brechas legais que dão margem ao contribuinte para deixar de pagar tributos, para exigir esses mesmos tributos, agora em nome da lei. Curiosa legislação tributária que, sobre algumas hipóteses, permite ao contribuinte deixar de pagar tributo e, ao mesmo tempo, permite ao Fisco, nas mesmas hipóteses, exigir tributos. Eis o paradoxo: carcaças legislativas criadas em grande parte pelos casuísmos fiscais das privatizações ou para atender *lobbies* de setores específicos, deixaram uma legislação corrompida, repleta de brechas e imprecisões, que dá margens a interpretações dúbias, mas sempre em nome da legalidade. Mas será isso legalidade ainda?!

O pior é que a falta de critérios normativos dá espaço para um *maniqueísmo fiscal* em que bem e mal se personificam nas figuras inverossímeis do bom e do mau contribuinte. Já não importa mais o fato gerador previsto em lei, mas, sim, a intenção negocial (*business purpose*), isto é, se houve *verdadeiro* propósito negocial na operação que permitiu a redução da carga tributária!

Contudo, há aqui dois problemas de corrupção sistêmica entre direito e moral, que caracterizam a decrepitude da nossa legislação tributária. O *primeiro* é que as pessoas jurídicas não têm alma nem intenção; bancos, sociedades anônimas, entre outros, são movidos por objetivos empresariais voltados ao lucro; não se lhes pode atribuir ou exigir consciência moral (ou religiosa). Portanto é descabido pretender utilizar a *intenção* como critério legal para o pagamento ou não-pagamento de tributo. O *segundo problema* é metafísico e intransponível. Exigir tributo exige prova, mas não é possível provar *o bem* ou o *mal*, tampouco as *intenções*, simplesmente porque tais entidades não habitam a pobreza sensorial do nosso mundo empírico.

Cria-se, assim, em decorrência de problemas da própria inércia dos Poderes Executivo e Legislativo, um perigoso espaço em que exigir bilhões de tributos resume-se em questão de boa-fé. Ou má-fé? Como saber?

3.2 Difíceis rumos da legalidade: aplicar a lei pode ser ruim, mas ainda é a melhor forma que o direito encontrou para regular condutas

Tal problema institucional decorre, tecnicamente, de patologias na sinapse entre a lei e o ato de aplicação que realiza a lei. Nessa tarefa de identificação de patologias da legislação tributária, é essencial a distinção entre *legalidade abstrata* e *legalidade concreta* que espelha bem a noção ordinária da distinção entre teoria e prática no direito.

Tal distinção é chave para compreendermos as patologias e os problemas de ruptura da legalidade — abundantes na prática tributária — que se explicam a partir do reconhecimento de que há uma dissociação entre essas duas perspectivas: de que adianta existir a lei se a redação do texto normativo (e a própria interpretação dada pelas autoridades competentes para *dizer* a legislação tributária) não permite garantir a vinculação do ato administrativo de formalização do crédito tributário em razão da impossibilidade de provas ou da impossibilidade de interpretação de conceitos sem referência empírica?

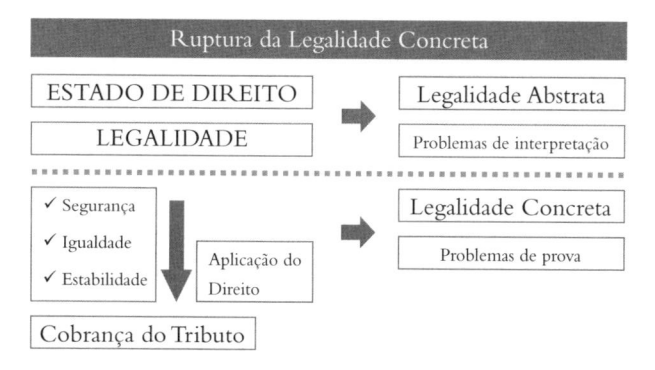

Ruptura da Legalidade Concreta	
ESTADO DE DIREITO →	Legalidade Abstrata
LEGALIDADE	Problemas de interpretação
✓ Segurança ✓ Igualdade ✓ Estabilidade ↓ Aplicação do Direito →	Legalidade Concreta
	Problemas de prova
Cobrança do Tributo	

Para que exista legalidade não basta lei, conforme exige o art. 3º do CTN. É também necessária a possibilidade de vinculação do ato de lançamento. E a vinculação do ato administrativo depende da lei e da prova: se não há lei que regule o *fato da intenção* de pagar tributo como ilícito e, além disso, não é possível a *prova de intenções*, não é possível vincular nem controlar o ato de lançamento.

É na sistematização que detectamos problemas no uso de palavras e expressões como "dolo", "fraude à lei" e "simulação", que geram lacunas de conhecimento e propiciam a ruptura da legalidade nos casos de aplicação do direito. Tal circunstância enseja a falsa possibilidade de que tais defeitos da lei podem ser corrigidos pela inteligência da Dogmática mediante mecanismos contingentes, nem sempre regidos por regras claras e uniformes, ainda que baseados em exigências racionais[3].

Em seu clássico livro *Uma teoria da justiça*, John Rawls – festejado professor do MIT (*Massachusetts Institute of Technology*) e de Harvard – adverte para a ruptura da legalidade, decorrente da aplicação de regras complexas que, em casos concretos, podem propiciar facilmente a justificativa de uma decisão (arbitrária), mas à medida que o número de casos aumenta torna-se mais difícil fornecer uma interpretação plausível para decisões viciadas por preconceitos. O Estado de Direito e seu principal corolário, que é a legalidade, exigem que as leis sejam claras e seu significado claramente definido:

> Estas exigências estão implícitas na ideia da regulação do comportamento por regras públicas. Se, por exemplo, as leis não forem claras quanto aquilo que impõem ou proíbem, o cidadão não saberá qual o

---

3 Cf. ALCHOURRÓN, Carlos; BULYGIN, Eugenio. *Normative systems*. Nova York: Springer, 2005.

comportamento a ter. (...) Um tirano pode modificar as leis sem aviso e punir (...) os seus súditos (...).

Assim, um sistema jurídico deve conter (...) regras de prova que caracterizem a existência de processos de investigação racionais (...) para atingir a verdade[4].

Enfim, se não sei como me comportar perante a lei, não sou livre nem há legalidade, nem possibilidade de controle dos atos administrativos, nem prova possível, nem verdade passível de ser verificada, nem transparência desses atos, restando apenas o arbítrio, ainda que bem-intencionado.

4 LEVANDO O DIREITO A SÉRIO: SISTEMATIZANDO A PRÁTICA DO DIREITO TRIBUTÁRIO E IDENTIFICANDO LACUNAS DE RECONHECIMENTO E LACUNAS DE CONHECIMENTO QUE IMPOSSIBILITAM A PROVA DIRETA E IMPEDEM A REALIZAÇÃO PRÁTICA DA LEGALIDADE

Os juristas parecem coincidir que "o desafio mais importante de sua disciplina é desenvolver a tarefa que vagamente denominam 'sistematizar' e que consiste, no substancial, em determinar as soluções jurídicas para uma matéria dada, de extensão variável, mas sempre limitada"[5]. O modelo mais adequado para sistematizar o material jurídico e identificar suas inconsistências é o *Normative systems* de Carlos Alchourrón e Eugênio Bulygin.

Nesse clássico, publicado há mais de 30 anos e traduzido como *Introducción a la metodologia de las ciencias jurídicas y sociales*, seus autores, distinguindo casos genéricos (hipoteticamente considerados) de casos individuais (verificados no mundo empírico), permitem diferenciar problemas puramente conceptuais, que se colocam no nível das normas gerais, dos problemas empírico-semânticos, que se verificam na aplicação destas normas gerais a casos individuais. Diferença essa que se revela fundamental na construção dos objetos empíricos e de suas investigações.

---

4 *Uma teoria da justiça*. Portugal: Presença, 1993, p. 193-194.
5 MENDONCA, Daniel; GUIBOURG, Ricardo. *La odisea constitucional*. Madrid: Marcial Pons, 2004.

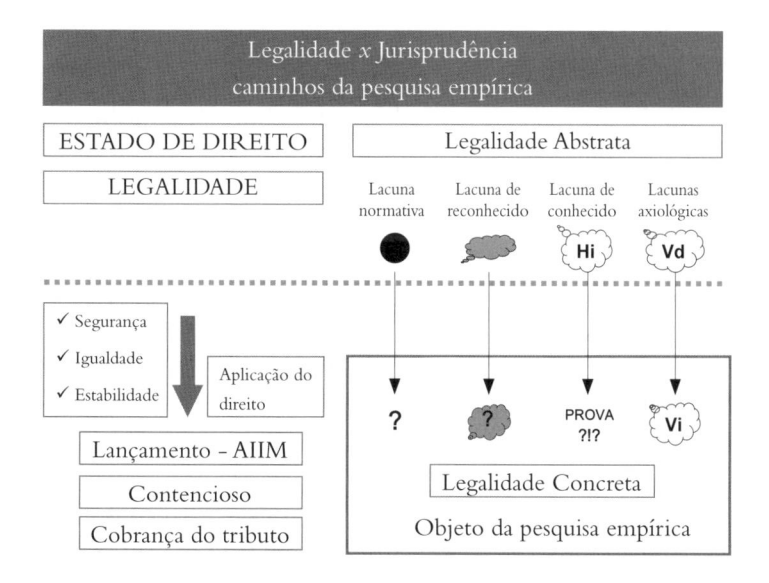

```
┌─────────────────────────────────────────────────────────────────┐
│              Legalidade x Jurisprudência                        │
│              caminhos da pesquisa empírica                      │
├─────────────────────────────────────────────────────────────────┤
│  ESTADO DE DIREITO          Legalidade Abstrata                 │
│  LEGALIDADE         Lacuna   Lacuna de    Lacuna de   Lacunas   │
│                    normativa reconhecido  conhecido  axiológicas│
│                       ●         ☁         ( Hi )     ( Vd )     │
│  ··············································                 │
│  ✓ Segurança                                                    │
│  ✓ Igualdade     Aplicação do                                   │
│  ✓ Estabilidade    direito       ?      ?      PROVA    ( Vi )  │
│                                                 ?!?             │
│  Lançamento - AIIM                                              │
│  Contencioso                    Legalidade Concreta             │
│  Cobrança do tributo            Objeto da pesquisa empírica     │
└─────────────────────────────────────────────────────────────────┘
```

Há *quatro* problemas de *lacunas* nesses dois níveis, como ilustra o quadro acima: somente a primeira no plano geral e abstrato das normas, as demais no plano da subsunção a casos individuais.

Lacuna normativa, no nível das normas gerais e dos casos genéricos, que, como assinala José Juan Moreso, é relacional: "É relativa a um determinado universo de casos, que se gera a partir das propriedades relevantes de um determinado universo do discurso, e a um determinado universo de soluções normativas maximais"[6], ou seja, ocorre no plano normativo, mais precisamente entre as normas gerais e abstratas, representando a ausência de solução normativa para determinada hipótese prevista e posta como relevante no discurso normativo.

Diversamente dessas "lacunas normativas" que se dão exclusivamente no plano das normas gerais e abstratas, temos diante da aplicação *no nível dos casos concretos*, as chamadas "lacunas de conhecimento", "lacunas de reconhecimento" e "lacunas axiológicas".

Lacunas de reconhecimento surgem diante de casos individuais de aplicação do direito, nos quais há dificuldade de saber se a lei se aplica ou não ao caso individual (fato concreto), em razão de falta de determinação semântica dos

---

6 BULYGIN, Eugenio et al. *Lagunas en el derecho*. Madrid/Barcelona: Marcial Pons, 2005, p. 193.

conceitos da norma geral[7]. Decorrem dos chamados problemas de penumbra[8]. Ou seja, decorrem de problemas na interpretação de termos indeterminados utilizados pela lei que, quando aplicados a fatos concretos, situam-se na zona de penumbra, exemplo: saber se lista telefônica é livro para efeito de gozar da imunidade.

Lacunas de conhecimento surgem diante de casos individuais de aplicação em que há dificuldade em se realizar a subsunção da norma geral ao caso individual em razão de falta de conhecimento do fato concreto (de suas propriedades)[9]. Ou seja, decorrem da falta de informação sobre os fatos do caso concreto, exemplo: falta de prova sobre o fato ou a operação jurídica, nos casos de intenção, dolo, fraude ou simulação.

Lacunas axiológicas, enfim, surgem quando não há lacuna normativa, isto é, existe solução normativa geral e abstrata perfeitamente subsumível ao caso concreto, entrementes, esta solução é axiologicamente inadequada. Este tipo de lacuna supõe a existência de uma propriedade relevante (critério axiológico denominado *hipótese de relevância*) no caso individual, mas que foi ignorada (é irrelevante) pelo sistema jurídico posto que consideramos que "o legislador não levou em conta a inserção desta propriedade em questão, *por não havê-la previsto*, e que se a houvesse considerado, haveria dado uma solução diferente; em vez de solucionar o caso de forma genérica, haveria dado uma solução específica (situação que pode, de fato, ser verdadeira em muitos casos)".

5. A ESFERA DE COMPETÊNCIA DO APLICADOR ADMINISTRATIVO E A IMPOSSIBILIDADE DO USO DE PRINCÍPIOS CONSTITUCIONAIS QUE DISTORÇAM O FATO GERADOR E A LEGALIDADE TRIBUTÁRIA: ADMINISTRAR É APLICAR A LEI DE OFÍCIO

Outro problema grave que gera grande insegurança jurídica, propiciando falta de homogeneidade na orientação das decisões administrativas do CARF, ainda que regulamentado expressamente pelo seu próprio Regimen-

---

7   ALCHOURRÓN, Carlos; BULYGIN, Eugenio. *Normative systems,* cit.
8   HART, Herbert L. A. *Derecho y moral.* Ed. Depalma, 1962.
9   ALCHOURRÓN, Carlos; BULYGIN, Eugenio. Op. cit.

to Interno, é a confusão entre as esferas de competência do aplicador administrativo da lei tributária e do juiz no exercício da jurisdição.

Na esfera de competência do aplicador administrativo da lei tributária, a limitação da matéria à legislação infraconstitucional decorre da própria exigência de segurança e objetividade do controle interno dos atos vinculados da Administração Pública: sem restringir os critérios normativos que pautam tais atos, torna-se impossível a existência da vinculação do ato administrativo. Por isso é que o Regimento Interno do CARF, instituído na Portaria n. 256, de 22-6-2009, do Ministério da Fazenda, prescreve:

> Art. 62. Fica vedado aos membros das turmas de julgamento do CARF afastar a aplicação ou deixar de observar tratado, acordo internacional, lei ou decreto, sob fundamento de inconstitucionalidade.

Sendo assim, a defesa da segurança jurídica e da legalidade impede a possibilidade que os atos de aplicação do direito tributário sujeitem-se à amplitude da modulação generalizante, quer de princípios como o da livre--iniciativa ou da ampla liberdade negocial, quer de princípios como o da solidariedade social ou da capacidade contributiva: valores que podem fundamentar as autoridades competentes (juízes) para reconhecer a inconstitucionalidade de uma lei, mas não autorizam uma autoridade administrativa a alterar a lei que tem a obrigação de cumprir como ofício.

6 IMPOSSIBILIDADE DE PROVA EMPÍRICA DAS *INTENÇÕES* NO PLANEJAMENTO TRIBUTÁRIO E PROBLEMAS DE SUBJETIVIDADE NA ESTIPULAÇÃO DO PROPÓSITO NEGOCIAL: UMA PROPOSTA DE INTEGRAÇÃO ENTRE A *TEORIA ESTRUTURAL* E A TEORIA *FUNCIONALISTA DO DIREITO* NA PERSPECTIVA DE NORBERTO BOBBIO

Reitere-se: a falta de critérios normativos dá espaço para o exercício da arbitrariedade embasada num *maniqueísmo fiscal* em que já não importa mais o *fato gerador* previsto em lei; importa, sim, a *intenção* de realizar o ato de *incorporação* ou a *subscrição de capital com ágio*, aferida mediante a inexistência de "propósito negocial" (*business purpose*), isto é, a ausência de outros motivos (econômicos, comerciais, societários) – ou outras *intenções* – para a realização da reorganização societária.

Uma coisa são os problemas que a Teoria do Direito Privado enfrenta ao outorgar relevância jurídica para o *business purpose*: definir critérios para existência, validade ou nulidade do negócio jurídico. É certo que induz insegurança e problemas de inconsistência que o uso da *intenção* acarreta: (a) como critério normativo no plano da legalidade abstrata e (b) o decorrente problema da prova, no plano da aplicação ou legalidade concreta, que motive ou justifique a inexistência, invalidade ou nulidade desse negócio jurídico. Tais problemas pragmáticos admitem soluções contingentes, ainda que difíceis, na prática dos negócios concretos que envolvem partes individuais e terceiros diretamente interessados no negócio.

Outra coisa, completamente distinta, é a tentativa de aplicar a Teoria do Direito Privado para pretender utilizar a *intenção* ou o *propósito negocial* como motivo do AIIM que permita ao Fisco *des*qualificar negócios e *re*qualificar o fato gerador.

Diante desse cenário, o ponto central definidor da incidência da norma passa a ser o *fato gerador mascarado*. Assim, como a legalidade já não importa, *o novo fato gerador do tributo é definido pela verdadeira intenção do negócio jurídico*. *Requalificar* significa, destarte, apenas aplicar a mesma e boa *Teoria do Fato Gerador* de baixo para cima: não mudo a paisagem, apenas tiro o "disfarce" ou a "máscara" para submetê-la ao *verdadeiro* fato gerador. Não se escapa, contudo, da velha subsunção do fato à norma, apenas com uma agravante: não tenho como provar ou refutar a *acusação da intenção de usar* o "disfarce" ou a "máscara" para ocultar a *verdadeira* paisagem.

Tampouco, o *modelo funcional do direito* proposto por Norberto Bobbio pode ser utilizado para justificar uma nova maneira de *reinterpretar o direito* de modo a apreender o *verdadeiro fim* do negócio jurídico, levando em conta sua *intenção* ou *função*. Foi no livro *Reason, Law and Justice* de 1960, publicado nos Estados Unidos, que o catedrático de Turim iniciou seu interesse pela Teoria Funcional, escrevendo o artigo "The Promotion of Action in The Modern State", criticando as técnicas jurídicas de repressão do cidadão e propondo novas técnicas de regulação de conduta que promovessem sanções positivas, prêmios e incentivos.

Segundo Norberto Bobbio,

> o Estado pode limitar a esfera do deixar-fazer de duas maneiras diferentes: obrigando a fazer (ou não fazer) ações que de outro modo seriam facultativas, *e este é o método da restrição coativa da liberdade de atuar*, ou bem estimulando o fazer (ou não fazer) ações que, apesar disto, continuam sendo facultativas, *e este é o método em que se manifesta a função promotora*.

O fenômeno do direito promotor revela o passo do Estado que, quando intervém na esfera econômica, se limita a proteger esta ou aquela atividade produtiva, o Estado que se propõe inclusive a dirigir a atividade econômica de um país em seu conjunto para este ou aquele objetivo. (...)

Entendo por "incentivos" aquelas medidas que servem para facilitar o exercício de uma atividade econômica determinada; por "prêmios", por outro lado, entendo aquelas medidas que se propõem a dar uma satisfação àqueles que hão cumprido uma determinada atividade.

Não consigo enxergar qualquer *sanção positiva*, *prêmio* ou *incentivo* em todo esse aparato autoritário e repressivo ao planejamento tributário que se formou na última década: apenas mais sanções negativas, decorrentes de fatos que, não obstante em conformidade com a lei, são *requalificados*, oportunamente, e enquadrados como simulação ou fraude – punidos por multas de até 150% – unicamente com fundamento na *subjetividade da função*, da *intenção* ou do *fim atribuído ao negócio jurídico*. É o *fim*?!

Aliás, em outro artigo – "Hacia una teoría funcional del derecho" –, escrito em 1971, publicado para os *Estudos em Memória ao Filósofo Argentino Ambrosio Giogia*, Bobbio adverte:

Mas não podemos esquecer que a busca do fim ou dos fins do direito foi a brecha através da qual penetraram na teoria jurídica as ideologias mais antagônicas. (...)

A análise estrutural não serve unicamente para preservar a teoria do direito de contaminações ideológicas, senão que ademais permite desmascarar atitudes políticas que se alojam nos conceitos tradicionais, aparentemente neutros, da ciência do direito[10].

Dez anos depois de publicar sua coletânea de escritos sobre teoria do direito intitulada *Dalla struttura alla funzione. Nuovi studi di teoria del diritto*[11], Bobbio, em 1987, no prólogo à 1ª edição castelhana do livro *Teoría general del derecho*[12], é incisivo ao afirmar que sua passagem pela *análise funcional do direito* fora mal compreendida:

---

10 "Hacia una teoria funcional del derecho", cit., p. 11.
11 BOBBIO, Norberto. Milano: Edizione di Comunià, 1977.
12 Torino: Temis, 1994, p. IX-XII.

Contrariamente ao que geralmente se diz, não creio em absoluto que a teoria funcionalista do direito, tão apreciada pelos sociólogos, haja substituído à estruturalista, como se se tratassem de duas perspectivas incompatíveis. (...) Os elementos deste universo, que são postos em evidência pela análise estrutural, são diferentes daqueles que podem ser postos em evidência pela análise funcional. Os dois pontos de vista são perfeitamente compatíveis, senão que se integram mutuamente e de maneira sempre útil.

Se o ponto de vista estrutural é predominante em meus cursos de teoria do direito, isto se deve exclusivamente ao fato de que, quando os desenvolvi, essa era a orientação metodológica dominante em nossos estudos. *Se hoje os devesse retomar, decididamente não pensaria em substituir a teoria estruturalista pela funcionalista.*

7 ENFIM, INTERESSE PÚBLICO E A NECESSIDADE DE REFORMAS: INCAPACIDADE DE A DOGMÁTICA JURÍDICA FORMAR CONSENSOS E A RELEVÂNCIA DA ORIENTAÇÃO E ESTRUTURAÇÃO DE REFORMAS LEGISLATIVAS CONSISTENTES

Que é interesse público? Que Brasil nós queremos?

David Trubek, resgatando a obra de Max Weber para o estudo da relação entre "direito" e "desenvolvimento", na monumental obra *Economia e sociedade*, retrata a preocupação de Weber em explicar a ascensão do capitalismo na Europa e não em outras partes do planeta, como na Índia, na China e nos países islâmicos. Os contrastes encontrados entre a Europa e outras civilizações não se concentravam na presença ou na ausência de regras de direito específicas, mas no modo de deliberação e criação do direito relativamente livre da interferência direta da religião e de outras fontes de valores subjetivos e imprevisíveis.

É o exemplo do Governo e da Administração Pública agindo em nome de princípios substanciais de justiça social ou de crenças religiosas (magia ou profecia) unicamente orientadas para a solução contingente de caso concreto, sem a racionalidade de regras universalmente aplicáveis que estipulem critérios para a tomada de decisão, intrínsecos ao sistema de direito e que permitam ao cidadão, além de prever e antever a decisão, entender como se chegou a tal decisão[13].

---

13 Cf. TRUBEK, David. In: RODRIGUEZ, José Rodrigo (org.). *O novo direito e desenvolvimento*: presente, passado e futuro. São Paulo: Saraiva, 2009, p. 1-50.

Sem previsibilidade, sem critérios prévios intrínsecos ao direito e sem racionalidade não há possibilidade de controle jurídico das decisões: o direito perde-se como ferramenta simbólica, ideológica e contingente do mero exercício do poder.

Vimos linhas acima que nossa legalidade cria e propicia a formação de quimeras legais: empresas-veículo, ágio interno, possibilidades duvidosas no regime de apuração do IRPJ, empresas que se cindem para gozar das vantagens do regime do lucro presumido e pessoas físicas que constituem jurídicas apenas para pagar menos imposto. Tais situações geram conflitos valorativos e já encontramos soluções paliativas como a sinistra proposta da Lei Geral de Transação, insistentemente veiculada no último Pacto Republicano. Será essa a solução: transacionar? Ou será que já estamos transacionando?

Acredito que essas são patologias da legalidade que não se resolvem com doutrinas brilhantes, nem com interpretações heroicas em nome seja do social, seja da liberdade negocial. O ágio está na legislação: se impede a tributação do ganho de capital, dificulta e compromete a prova da "efetiva verdade" do propósito negocial, talvez seja o caso de criar uma isenção para o ganho de capital.

O direito não é uma varinha mágica de condão que obedece aos desejos de quem a empunha. Temos que aprender a respeitar os limites da realidade, as forças do mercado, enfim, talvez seguir as sugestões de Norberto Bobbio em sua perspectiva *funcionalista do direito*, e buscar outras formas mais inteligentes de atingir os fins do Fisco, que são de interesse público, buscando arranjos tributários que, no lugar de punir o agente fiscal ou o contribuinte, ofereçam sanções positivas, incentivando e premiando as condutas desejadas.

INCONSTITUCIONALIDADE DA EXECUÇÃO DE CONTRIBUIÇÕES PREVIDENCIÁRIAS PELA JUSTIÇA DO TRABALHO

FABIANA DEL PADRE TOMÉ*

1 INTRODUÇÃO

As contribuições apresentam natureza jurídica de tributo, submetendo-se aos princípios e às normas gerais de direito tributário[1]. Dentre as modalidades de contribuição, encontramos aquela destinada ao financiamento da previdência social, instituída com suporte no art. 195, I, *a*, e II, da Constituição. Na qualidade de exação tributária, a formalização do respectivo crédito dá-se por uma das formas previstas no Código Tributário Nacional: o contribuinte declara e paga antecipadamente o valor exigido a título de contribuição previdenciária, por meio do chamado "lançamento por homologação"; ou, não o fazendo, a autoridade administrativa efetua o lançamento de ofício.

Com o advento da Emenda Constitucional n. 20/98, porém, a sistemática de exigência das contribuições previdenciárias sofreu drástica alteração. Essa Emenda Constitucional introduziu o § 3º ao art. 114 da Carta Magna, nos seguintes termos:

> § 3º Compete ainda à Justiça do Trabalho executar, de ofício, as contribuições sociais previstas no art. 195, I, *a*, e II, e seus acréscimos legais, decorrentes das sentenças que proferir.

---

* Mestre e Doutora em Direito Tributário pela PUCSP. Professora no Curso de Pós-Graduação *stricto sensu* da PUCSP. Professora nos Cursos de Especialização em Direito Tributário da PUCSP, IBET e FAAP. Advogada.
1 Fabiana Del Padre Tomé, *Contribuições para a seguridade social à luz da Constituição Federal*, p. 85 e s.

Posteriormente, foi publicada a Emenda Constitucional n. 45/2004, modificando a redação do art. 114 do Texto Maior, a qual, em seu inciso VIII, enunciou a competência da Justiça do Trabalho para executar de ofício as contribuições previdenciárias relativas às sentenças por ela proferidas:

> Art. 114. Compete à Justiça do Trabalho processar e julgar:
> (...)
> VIII – a execução, de ofício, das contribuições sociais previstas no art. 195, I, *a*, e II, e seus acréscimos legais, decorrentes das sentenças que proferir.

Com suporte na Emenda Constitucional n. 20/98 foi editada a Lei n. 10.035/2000, alterando algumas disposições da Consolidação das Leis do Trabalho para, com isso, torná-la compatível com a nova disposição constitucional, traçando regras procedimentais da execução no processo trabalhista.

Antes de tais inovações, competia ao juiz do trabalho oficiar ao INSS (órgão naquela ocasião responsável pela fiscalização e arrecadação das contribuições previdenciárias) caso não houvesse o pagamento das contribuições devidas. Cabia ao INSS, portanto, na qualidade de sujeito ativo tributário, constituir os respectivos créditos mediante lançamento tributário e proceder à sua execução perante a Justiça Federal.

Agora, inseridas as modificações legislativas, cabe à Justiça do Trabalho indicar as contribuições devidas em razão das sentenças que proferir, executando--as de ofício nos próprios autos do processo no qual as sentenças foram exaradas.

Convém registrar ainda que, com a publicação da Lei n. 11.457/2007, a competência antes atribuída ao INSS passou a ser da Secretaria da Receita Federal do Brasil. Essa mesma lei promoveu novas alterações na Consolidação das Leis do Trabalho, adaptando as disposições relativas à execução das contribuições previdenciárias na Justiça do Trabalho.

Feito o breve relato das disposições acerca da execução de contribuições previdenciárias pela Justiça do Trabalho, buscaremos, neste estudo, realizar exame acerca da constitucionalidade do art. 114, VIII, do Texto Supremo. Para tanto, partiremos de noções de Direito Constitucional, analisando os limites do Poder Reformador e, em seguida, dirigiremos nossa atenção aos princípios que devem ser observados quando da cobrança de tributos. De posse de tais dados, estaremos habilitados a tecer conclusões fundamentadas a respeito do assunto.

2 LIMITES DO PODER REFORMADOR E A POSSIBILIDADE DE EMENDAS CONSTITUCIONAIS INCONSTITUCIONAIS

Na esteira da lição de José Horácio Meirelles Teixeira[2], Jorge R. Vanossi[3] e Carlos Mário da Silva Velloso[4], entendemos que também na etapa de reforma da Constituição existe manifestação do Poder Constituinte, o qual consiste no poder de criar e distribuir as competências supremas do Estado. É o Poder Constituinte Originário, contudo, que organiza e outorga ao Poder de Reforma competência para efetuar modificações na Constituição da República. Em vista disso, o Poder de Revisão, também denominado Poder Constituinte Derivado, deve observância aos limites impostos pelo Constituinte Originário.

Considerando a existência de duas categorias de Poder Constituinte, quais sejam, originário e derivado, e sabendo-se que enquanto o Poder Constituinte Originário é juridicamente livre, ilimitado e invinculável, o Poder Constituinte Derivado apresenta-se limitado pelo constituinte originário, é necessário efetuarmos atenta análise acerca das limitações impostas ao Poder de Reforma.

A Carta Magna, por ser a Lei Fundamental do Estado, deve possuir certa estabilidade. Por outro lado, é imprescindível estar conjugada a esse atributo a possibilidade de evolução, para que possa adaptar-se à realidade social cambiante sem a necessidade de ser elaborada uma nova Constituição. É preciso, pois, conciliar a estabilidade com a possibilidade de modificação da Lei Maior, a fim de evitar tanto a instabilidade como a imutabilidade constitucional.

Com esse intuito, a Carta Magna autoriza a edição de emendas constitucionais, mas prescreve a imutabilidade de certo tipo de matéria por ela regida. Verifica-se tal fato em virtude de que há, em toda Constituição, princípios ou instituições de sentido permanente, por sua compatibilidade com a história ou o destino do Estado, ou do povo[5]. Nesse sentido, salienta José Horácio Meirelles Teixeira:

---

2 *Curso de direito constitucional*, passim.
3 Uma visão atualizada do Poder Constituinte, passim.
4 Reforma constitucional, cláusulas pétreas, especialmente a dos direitos fundamentais, e a reforma tributária, passim.
5 Josaphat Marinho, Reflexões sobre constituição e reforma constitucional, p. 404.

Essas proibições, esse condicionamento da atuação do poder reformador, pela própria Constituição, obedecem, sem dúvida, a fins nitidamente políticos, ou a certas concepções filosóficas da vida política e das finalidades do Estado, da liberdade, dos limites necessários da ação estatal, etc. e dependem, portanto, e em larga margem, da concreta apreciação desses valores, em cada conjuntura histórico-social, pelo órgão constituinte, responsável pela elaboração da Constituição. Essas vedações representam, assim, verdadeiros juízos de valor dos órgãos constituintes, quanto à excelência ou necessidade deste ou daquele tipo de organização política, desta ou daquela limitação concreta à atividade estatal, e daí o intuito de eternizá-los, colocando-os acima das reformas constitucionais[6].

A reforma constitucional, portanto, está condicionada por princípios fundamentais, isto é, aos valores considerados superiores pela Constituição da República, sendo vedada emenda que venha contra eles atentar.

Essas limitações materiais, consistentes em matérias imodificáveis por meio de reforma constitucional, visto que consideradas permanentes segundo o juízo de valor do Constituinte Originário, são também denominadas "cláusulas pétreas", encontrando-se inscritas no art. 60 da Carta Magna de 1988, o qual prescreve: "§ 4º Não será objeto de deliberação a proposta de emenda tendente a abolir: I – a forma federativa de Estado; II – o voto direto, secreto, universal e periódico; III – a separação de Poderes; IV – os direitos e garantias individuais"[7].

A Lei Maior, no dispositivo em questão, porém, não se limita a vedar a incisiva abolição da matéria ali relacionada. O § 4º do art. 60 da Carta Maior proíbe qualquer reforma que afete, ainda que de modo oblíquo, os preceitos que considera basilares do ordenamento constitucional.

Nem sempre é fácil detectar se uma reforma é ou não tendenciosa a abolir qualquer das disposições constitucionais cuja supressão é vedada. E a dificuldade é maior quando o objeto de análise refere-se a direitos e garantias

---

6 *Curso de direito constitucional*, p. 153.
7 Cuida registrar que além das limitações materiais explícitas, constantes do art. 60, § 4º da Constituição, há ainda limitações materiais implícitas. Estas, segundo Nelson de Sousa Sampaio, consistem na titularidade do órgão reformador, titularidade do poder constituinte, processo de emenda constitucional e nas próprias vedações materiais explícitas, que não poderão ser alteradas ou suprimidas em reforma constitucional (*O poder de reforma constitucional*, p. 102-105).

individuais, dada sua extensão e complexidade. O art. 5º da Carta Magna representa importante preceito relativo ao assunto, indicando uma série de direitos individuais. Esse dispositivo, todavia, possui caráter exemplificativo, não excluindo a existência de outros direitos individuais constitucionalmente protegidos, como enunciado expressamente em seu § 2º.

No que diz respeito aos direitos e garantias individuais tributários, observa-se, no capítulo destinado ao Sistema Tributário Nacional, a existência de um rol de direitos e garantias que constituem o chamado "Estatuto dos Contribuintes". Este, segundo Paulo de Barros Carvalho, consiste na "somatória, harmônica e organizada, dos mandamentos constitucionais sobre matéria tributária, que, positiva ou negativamente, estipulam direitos, obrigações e deveres do sujeito passivo, diante das pretensões do Estado (aqui utilizado na sua acepção mais ampla e abrangente – 'entidade tributante')"[8]. Tais mandamentos, por delimitarem o exercício das competências tributárias das pessoas políticas, vedando o desrespeito aos direitos do contribuinte à liberdade, igualdade, segurança e propriedade, resguardam direitos fundamentais.

Os direitos individuais assegurados constitucionalmente aos contribuintes, relacionados no art. 5º ou em outros dispositivos do Texto Supremo, configuram "cláusulas pétreas". Não podem ser revogados ou ter sua abrangência restringida por emenda constitucional, estando acobertados pela imutabilidade prescrita pelo art. 60, § 4º, IV, da Carta Magna. Qualquer emenda tendente a aboli-los ou a mitigar seus efeitos estará maculada por vício insanável, configurando "emenda constitucional inconstitucional"[9].

3 CONSIDERAÇÕES SOBRE OS PRINCÍPIOS CONSTITUCIONAIS TRIBUTÁRIOS, DIREITOS FUNDAMENTAIS DOS CONTRIBUINTES

Os princípios, tomados como normas jurídicas de forte conotação axiológica, podem ser encontrados em quaisquer espécies de textos integran-

---

8 Estatuto do contribuinte. Direitos, garantias individuais em matéria tributária e limitações constitucionais nas relações entre Fisco e contribuinte, p. 36.
9 Nesse sentido, o Supremo Tribunal Federal, no julgamento da ADIn 939-7/DF, da qual foi relator o Ministro Sydney Sanches, ao analisar a Emenda Constitucional n. 3/93 e a Lei Complementar n. 77/93, decidiu pela inconstitucionalidade de ambas nos pontos em que violaram "cláusulas pétreas" tributárias.

tes do sistema do direito positivo. Há princípios constitucionais, princípios legais e até mesmo princípios infralegais. Os mais importantes, porém, são os constitucionais, visto que hierarquicamente superiores aos demais, dirigindo a aplicação de todas as normas jurídicas, interferindo, inclusive, no exercício das competências constitucionalmente previstas.

No âmbito tributário, os princípios constitucionais assumem especial relevância, configurando preceitos a serem observados pelo legislador infraconstitucional no momento da criação das normas jurídicas tributárias. A Carta Fundamental traçou minuciosamente o campo e os limites da tributação, erigindo um feixe de princípios constitucionais com o fim de proteger os cidadãos de abusos do Estado na instituição e exigência de tributos.

Vale salientar a inexistência de valores constitucionalmente fixados que permitam que as necessidades do Governo sobreponham-se aos direitos e garantias dos cidadãos. O fato de ser preciso auferir receitas, por exemplo, não tem o condão de legitimar uma lei instituidora de tributo que viole princípio constitucional. Nem mesmo o princípio da supremacia do interesse público ao particular justificaria uma situação como essa, pois, conforme elucida Susy Gomes Hoffmann, o referido princípio "indica que a Administração Pública, buscando realizar os fins da sociedade, poderá, sem afrontar os direitos e garantias constitucionalmente assegurados aos cidadãos, usar de poderes e faculdades que lhes são próprios para impor aos cidadãos determinadas condutas, mesmo sem a sua anuência"[10]. Os poderes do Estado não se mostram ilimitados, devendo respeitar os valores considerados relevantes pelo Texto Maior, ou seja, os princípios constitucionais.

Alguns dos princípios previstos pela Constituição regem todo o ordenamento jurídico, sendo, consequentemente, aplicados ao campo tributário: são os *princípios constitucionais gerais*. Outros, porém, regem especificamente o desempenho da função impositiva de tributos pelas pessoas políticas: são os *princípios constitucionais tributários*[11]. Entre esses dois subdomínios, dirigiremos nosso estudo para o segundo, e, mais especificamente, para o *princípio do devido processo legal* e seus consectários, como os princípios da *ampla defesa* e do *contraditório*.

---

10 *Teoria da prova no direito tributário*, p. 128.
11 Paulo de Barros Carvalho, *Curso de direito tributário*, p. 161.

4. DIREITO AO DEVIDO PROCESSO LEGAL, AMPLA DEFESA E CONTRADITÓRIO

Aos litigantes, em processo judicial ou administrativo, e aos acusados em geral são assegurados o contraditório e ampla defesa, com os meios e recursos a ela inerentes – eis a redação do art. 5º, LV, da Constituição da República. Nota-se que ao processo administrativo tributário, entendido como etapa litigiosa do percurso de constituição da obrigação e das sanções tributárias, a Constituição de 1988 determinou a observância dos princípios inerentes ao devido processo legal, confirmando o caráter jurisdicional da composição da lide administrativa. Trata-se de preceito de observância necessária em todos os processos, inclusive nos administrativos tributários. Representa, segundo Manoel de Oliveira Franco Sobrinho, forma de conciliar o interesse público com o direito dos administrados: "...a segurança jurídica para os que dependem da Administração através do controle das formas que a lei determinar para que os atos governamentais se legitimem na legalidade"[12].

As garantias do devido processo legal consistem, segundo Agustín Gordillo[13], (a) no direito de ser ouvido e (b) no direito de oferecer e produzir provas. Efetuada a aplicação de norma tributária por autoridade pública, deve o destinatário do ato ser cientificado, possibilitando sua defesa. O direito de ser ouvido abrange, ainda, a oportunidade de manifestação sobre as informações, pareceres, decisões, perícias e documentos formulados ou apresentados pelo órgão exator, bem como a necessidade de apreciação de toda a matéria de defesa produzida pelo administrado. Dele decorre o direito à ampla instrução probatória, assegurando a utilização de todos os meios de prova pertinentes à lide administrativa, desde que licitamente produzidos. Nos exatos termos referidos pelo Texto Constitucional, trata-se do direito ao "contraditório e ampla defesa, com os meios e recursos a ela inerentes" (art. 5º, LV), os quais constituem condição necessária para a validade do ato e do processo administrativo instalado.

Ensina Ada Pellegrini Grinover[14] que a expressão *devido processo legal*

---

12 *A prova administrativa*, p. 40.
13 *La garantía de defensa como principio de eficacia en el procedimiento administrativo*, p. 16-24.
14 *O processo em sua unidade*, p. 60.

indica o conjunto de garantias processuais a serem asseguradas às partes, legitimando, assim, o próprio processo. Conquanto esse princípio, em um primeiro momento, tenha consistido na mera exigência de respeito à forma procedimental, seu conteúdo, na atualidade, é bem mais abrangente. Segundo Paulo Cesar Conrado[15], a cláusula *due process of law* apresenta-se bipartida: (a) um de seus aspectos, denominado *substantive due process* ou devido processo legal substantivo, encontra aplicação relativamente ao direito material, exigindo observância, pela lei, aos princípios constitucionais fundamentais; (b) o *procedural due process*, por seu turno, enfatiza o caráter procedimental do processo, implicando respeito à forma.

Desse princípio, expresso no art. 5º, LIV, da Constituição da República, decorrem, dentre outros, vedação a juízo ou tribunal de exceção, proibição de julgamento do processo por autoridade incompetente, garantia de que o particular não será privado de sua liberdade física ou de seus bens sem o correspondente processo judicial, princípios da ampla defesa e do contraditório, exigência de motivação das decisões e publicidade dos julgamentos.

O princípio da ampla defesa, enunciado no art. 5º, LV, do Texto Constitucional, consiste no "direito à adequada resistência às pretensões adversárias"[16]. O princípio do contraditório, também denominado princípio da audiência bilateral, consiste na prescrição de que ninguém pode ser condenado sem ser ouvido. Esse princípio diz respeito à *oportunidade* da defesa, significando, segundo Odete Medauar, "a faculdade de manifestar o próprio ponto de vista ou argumentos próprios, ante fatos, documentos ou pontos de vista apresentados por outrem"[17].

O contraditório é elemento ínsito à caracterização da processualidade, em que há necessária transmissão de informações e possibilidade de reação a elas. Está intimamente relacionado com o princípio da ampla defesa, por facultar à parte, quando da ciência de fatos a ela desfavoráveis, a apresentação de argumentos contrapostos.

Evidencia-se, assim, que o princípio do devido processo legal, previsto no art. 5º, LIV, da Constituição, implica a necessidade de propiciar aos litigantes a oportunidade de manifestação, insurgindo-se contra ato que considere indevido (art. 5º, LV, da Carta Maior). Trata-se de direito fundamental,

---

15 *Introdução à teoria geral do processo civil*, p. 73.
16 Antônio Carlos de Araújo Cintra, Ada Pellegrini Grinover e Cândido Rangel Dinamarco, *Teoria geral do processo*, p. 84.
17 *Direito administrativo moderno*, p. 199.

aplicável a todos os cidadãos, nessa classe incluindo-se os contribuintes.

Como registra Eduardo Bottallo[18], sendo a atividade de apuração do crédito tributário eminentemente infraconstitucional, deve ser exercida com observância aos procedimentos que resguardam os direitos do contribuinte. Por isso, sempre que emitido ato constitutivo do crédito tributário, assegura-se ao contribuinte o direito de contra ele insurgir-se, mediante impugnações e recursos, constituindo-se o título executivo fiscal somente depois de ultrapassadas essas fases.

5 A CONSTITUIÇÃO DO CRÉDITO TRIBUTÁRIO NO CICLO DE POSITIVAÇÃO DO DIREITO

Quando pensamos no fenômeno da percussão jurídico-tributária, vem-nos à mente a figura de um fato que, subsumindo-se à hipótese normativa tributária, implica o surgimento de vínculo obrigacional. É a fenomenologia da incidência.

Denominamos *positivação do direito* o processo mediante o qual o aplicador, partindo de normas jurídicas de hierarquia superior, produz novas regras, objetivando maior individualização e concretude. Os preceitos de mais elevada hierarquia e, portanto, ponto de partida para o clico de positivação, encontram-se na Constituição da República: são as competências tributárias. Com base nesse fundamento de validade, o legislador produz normas gerais e abstratas, instituidoras dos tributos: são as regras-matrizes de incidência tributária, descrevendo conotativamente, em sua hipótese, fato de possível ocorrência, e prescrevendo, no consequente, a instalação de relação jurídica, cujos traços relaciona. Avançando cada vez mais em direção à disciplina dos comportamentos intersubjetivos, o aplicador do direito veicula norma individual e concreta, relatando o evento ocorrido e, por conseguinte, constituindo o fato jurídico tributário e a correspondente obrigação.

A aplicação da norma geral e abstrata pode ser realizada pelo contribuinte ou por autoridade administrativa. Na primeira hipótese, tem-se o impropriamente denominado *lançamento por homologação*, em que o particular emite a norma individual e concreta, constituindo, ele próprio, sua obrigação

---

18 Algumas reflexões sobre o processo administrativo tributário e os direitos que lhe cabe assegurar, p. 51.

tributária, dispensando, portanto, abertura de processo administrativo para fins de legitimação da exigência[19]. Por outro lado, quando a obrigação tributária é constituída por ato administrativo, está-se diante do *lançamento tributário*, referido pelo art. 142 do CTN. Como ato unilateral que é, exige abertura de oportunidade para o contribuinte impugná-lo, oportunizando-se o contraditório e a ampla defesa, inerentes ao devido processo legal. Formalizada a resistência do administrado à pretensão fiscal, tem início o processo administrativo.

Convém registrar, neste ponto, que o Código Tributário Nacional, em nenhum momento, alude à possibilidade de o crédito tributário ser constituído por ato judicial. As Emendas Constitucionais n. 20/98 e n. 45/2004, porém, alteraram a redação do art. 114 do Texto Maior, prescrevendo ao juiz do trabalho a execução de ofício das contribuições previdenciárias decorrentes das sentenças que proferir. Com tal determinação, criou nova modalidade de lançamento: "lançamento por ato do Poder Judiciário"!

O rito procedimental prescrito pela Lei n. 10.035/2000 permite entrever a inexistência de ato administrativo formalizador da obrigação tributária, sendo tal atividade atribuída à Justiça do Trabalho, em relação às contribuições previdenciárias. Vejamos:

> (i) tratando-se de sentença líquida ou de homologação de acordo judicial, o julgador executará de ofício as contribuições que entender devidas;
>
> (ii) tendo sido firmado acordo judicial, a decisão homologatória indicará a natureza jurídica das parcelas que este abranger, devendo o sujeito ativo da obrigação tributária ser intimado para manifestar-se caso haja verbas indenizatórias (art. 832, §§ 3º e 4º, da CLT);
>
> (iii) sendo as verbas ilíquidas, o contribuinte e a autoridade administrativa deverão ser intimadas para apresentar os cálculos de liquidação da contribuição previdenciária incidente, podendo os cálculos ser feitos, também, pelos órgãos auxiliares da Justiça do Trabalho (art. 879 da CLT). Se os cálculos forem efetuados pelos órgãos auxiliares da Justiça do Trabalho, o juiz deve intimar o sujeito ativo para manifestar--se.

Em todas essas hipóteses, quem dá a palavra final, determinando o valor

---

19 Isso não impede pedido de revisão do ato produzido pelo contribuinte.

devido a título de contribuição previdenciária, é o juiz do trabalho. E é em relação a esse valor que se opera a execução de ofício.

Nota-se que a autoridade administrativa, representante do sujeito ativo da obrigação tributária, não efetua o lançamento tributário, mas, tão somente, manifesta-se a respeito dos valores que entende corretos. O ato constitutivo do crédito tributário, todavia, é reservado ao juiz do trabalho, que decidirá sobre os valores devidos a título de contribuição[20]. Tanto é assim que, conforme decisão do egrégio Tribunal Superior do Trabalho, não pode a autoridade administrativa (sujeito ativo da obrigação tributária) insurgir-se contra os termos do acordo firmado na Justiça do Trabalho, discordando das verbas consideradas indenizatórias e exigindo contribuição previdenciária em relação a elas[21].

Não há dúvidas de que com essas modificações constitucionais e legais passou-se a ter, no ordenamento, a constituição de créditos tributários pelo Poder Judiciário. Um exame apressado poderia levar à conclusão de que não haveria, nessa inovação, vício algum, já que inexiste óbice constitucional à criação de uma nova modalidade de lançamento ou de constituição de crédito tributário.

No entanto, a alteração na modalidade constitutiva de crédito tributário traz consequências relevantes, interferindo em direitos fundamentais do contribuinte. É que, sendo a constituição do crédito tributário feito de modo unilateral, por sujeito diverso do contribuinte, tem-se por imperativa a abertura de oportunidade para manifestação deste, assegurando-lhe o devido processo legal, com direito ao contraditório e à ampla defesa, como demonstrado por Eduardo Bottallo[22], em trabalhos pioneiros sobre o assunto. Trata-se de decorrência direta das disposições do art. 5º, LIV e LV, da Constituição.

Com o novo modelo instaurado pelas Emendas Constitucionais n. 20/98 e n. 45/2004, porém, não se tem a abertura do contraditório e da ampla defesa em relação ao contribuinte, em manifesta violação aos princípios do devido processo legal, da ampla defesa e do contraditório. Após constituído

---

20 Estevão Horvath, A competência da Justiça do Trabalho, atribuída por Emenda Constitucional, para executar de ofício Contribuições Previdenciárias decorrentes das decisões que proferir, p. 77.
21 Proc. TSR-AIRR-1.450/2004-030-15-40.6, rel. Min. Emmanoel Pereira, j. em 6-11-2007, *DJU* de 22-11-2007, p. 516.
22 Princípios gerais do processo administrativo tributário, p. 46 e s., e *Procedimento administrativo tributário, passim.*

o crédito tributário, mediante decisão do juiz do trabalho, este é encaminhado à execução, processada na própria Justiça do Trabalho, sem qualquer oportunidade de insurgência por parte do contribuinte.

6 CONCLUSÕES

As Emendas Constitucionais n. 20/98 e n. 45/2004, ao possibilitarem a execução de ofício das contribuições previdenciárias pela Justiça do Trabalho, violaram direitos fundamentais do contribuinte, representados pelos princípios do devido processo legal, da ampla defesa e do contraditório.

Esses direitos são assegurados não apenas em relação à esfera judicial, mas também no que pertine ao âmbito administrativo, conforme se depreende do art. 5º, LIV e LV, da Constituição. Por isso, a formação de título executivo de forma unilateral, para fins de exigência de crédito tributário, exige que se instale o devido processo legal, conferindo-se ao contribuinte o direito à ampla defesa e ao contraditório.

A execução de ofício das contribuições previdenciárias pela Justiça do Trabalho implica constituição do crédito tributário e sua imediata exigência judicial, sem que o contribuinte possa insurgir-se sobre o crédito constituído. Nem mesmo a autoridade administrativa pode efetuar o controle de legalidade desse crédito, já que o julgador o faz independentemente da anuência do Fisco.

Por todo o exposto, conclui-se que o inciso VIII do art. 114 da Constituição da República, tendo sido introduzido por Emenda Constitucional, padece de vício de constitucionalidade, por ofensa aos princípios do devido processo legal, da ampla defesa e do contraditório, os quais configuram direitos individuais dos contribuintes.

7 REFERÊNCIAS

BOTTALLO, Eduardo. *Procedimento administrativo tributário*, São Paulo: Revista dos Tribunais, 1997.

_____. Princípios gerais do processo administrativo tributário. *Revista de Direito Tributário*, São Paulo: Revista dos Tribunais, v. 1.

_____. Algumas reflexões sobre o processo administrativo tributário e os direitos que lhe cabe assegurar. In: ROCHA, Valdir de Oliveira. *Processo administrativo fiscal*, São Paulo: Dialética, 1998. v. 3.

CARVALHO, Paulo de Barros. *Curso de direito tributário*. 21. ed., São Paulo: Saraiva, 2009.

_____. Estatuto do contribuinte. Direitos, garantias individuais em matéria tributária e limitações constitucionais nas relações entre Fisco e contribuinte. *Vox Legis*, São Paulo, v. 41, 1978.

CINTRA, Antônio Carlos de Araújo; GRINOVER, Ada Pellegrini; DINAMARCO, Cândido Rangel. *Teoria geral do processo*. 20. ed., São Paulo: Malheiros, 2004.

CONRADO, Paulo Cesar. *Introdução à teoria geral do processo civil*. 2. ed., São Paulo: Max Limonad, 2003.

FRANCO SOBRINHO, Manoel de Oliveira. *A prova administrativa*. São Paulo: Saraiva, 1973.

GORDILLO, Agustín. La garantía de defesa como principio de eficacia en el procedimiento administrativo. *Revista de Direito Público*, n. 10, 1969.

GRINOVER. *O processo em sua unidade*. Rio de Janeiro: Forense, 1980.

HOFFMANN, Susy Gomes. *Teoria da prova no direito tributário*. Campinas: Copola, 1999.

HORVATH, Estevão. A competência da Justiça do Trabalho, atribuída por Emenda Constitucional, para executar de oficio Contribuições Previdenciárias decorrentes das decisões que proferir. In: ROCHA, Valdir de Oliveira (coord.). *Grandes questões atuais do direito tributário*. São Paulo: Dialética, 2002. v. 6.

MARINHO, Josaphat. Reflexões sobre constituição e reforma constitucional. In: MELLO, Celso Antonio Bandeira de (org.). *Estudos em homenagem a Geraldo Ataliba*. São Paulo: Malheiros, 1997. v. 2.

MEDAUAR, Odete. *Direito administrativo moderno*. 8. ed., São Paulo: Revista dos Tribunais, 2004.

SAMPAIO, Nelson de Sousa. *O poder de reforma constitucional*. 2. ed., Salvador: Imprensa Oficial, 1954.

TEIXEIRA, José Horácio Meirelles. *Curso de direito constitucional*. Org. Maria Garcia. Rio de Janeiro: Forense Universitária, 1991.

TOMÉ, Fabiana Del Padre. *A prova no direito tributário*. 2. ed., São Paulo: Noeses, 2008.

_____. *Contribuições para a seguridade social à luz da Constituição Federal*. Curitiba: Juruá, 2002.

VANOSSI, Jorge R. Uma visão atualizada do Poder Constituinte. *Revista de Direito Constitucional e Ciência Política*. Rio de Janeiro: Forense, 1983.

VELLOSO, Carlos Mário da Silva. Reforma constitucional, cláusulas pétreas, especialmente a dos direitos fundamentais, e a reforma tributária. In: MELLO, Celso Antonio Bandeira de (org.). *Estudos em homenagem a Geraldo Ataliba*. São Paulo: Malheiros, 1997. v. 2.

O PRINCÍPIO DA EFICIÊNCIA NO PROCESSO ADMINISTRATIVO TRIBUTÁRIO

GILBERTO FRIGO JUNIOR*

1 INTRODUÇÃO

A Administração Pública, por imperativo constitucional, submete-se à observância de princípios que, essencialmente, visam à preservação de direitos e garantias dos contribuintes.

Os princípios jurídicos são verdadeiros pressupostos de validade para todo o ordenamento jurídico vigente, interferindo de forma efetiva e concreta na criação e aplicação das leis.

Tem-se, pois, que toda e qualquer conduta da Fazenda, seja ela de mera fiscalização, seja na realização do ato administrativo de lançamento tributário, encontrará, necessariamente, os limites fixados pela ordem jurídica vigente.

É o que se extrai da simples leitura do art. 37, *caput,* da CF, que enuncia os princípios diretivos da Administração Pública, quais sejam, legalidade, impessoalidade, moralidade, publicidade e eficiência.

No campo tributário, além dos princípios dirigidos especificamente à Administração Pública, outros mais deverão ser observados, tudo em prestígio ao postulado da segurança jurídica.

Com efeito, o presente artigo busca demonstrar a aplicação do princípio da eficiência no processo administrativo tributário e seus reflexos na relação entre a administração fazendária e os contribuintes.

---

* Mestrando em Direito Tributário pela PUCSP. Professor Assistente do Curso de Especialização em Direito Tributário da Faculdade de Direito de São Bernardo do Campo. Advogado em São Paulo.

2 O PRINCÍPIO DA EFICIÊNCIA

Os princípios jurídicos formam a base de todo ordenamento jurídico, servindo como verdadeiro fundamento de validade para todas as normas nele inseridas.

Convém aqui invocarmos Roque Carrazza, que, com precisão, define:

> Princípio jurídico é um enunciado lógico, implícito ou explícito, que, por sua grande generalidade, ocupa posição de preeminência nos vastos quadrantes do Direito e, por isso mesmo, vincula, de modo inexorável, o entendimento e a aplicação das normas que com ele se conectam[1].

Com efeito, a aplicação de toda e qualquer regra deverá respeitar os princípios constantes na Carta Constitucional.

O Princípio da Eficiência, inserido na Constituição Federal de 1988 pela Emenda n. 19, de 4-6-1998, normatizou a questão da função de governo eficiente, assim entendida aquela voltada aos "deveres de boa administração"[2].

Trata-se de princípio cujo objetivo é condicionar a atuação da Administração Pública aos propósitos de presteza, perfeição e rendimento funcional.

Hely Lopes Meirelles esclarece que "esse dever de eficiência, bem lembrado por Carvalho Simas, corresponde ao 'dever de boa administração' da doutrina italiana, o que já se acha consagrado, entre nós, pela Reforma Administrativa Federal do Dec.-lei 200/67, quando submete toda atividade do Executivo ao controle de resultado (arts. 13 e 25, V), fortalece o sistema de mérito (art. 25, VII), sujeita a Administração indireta a supervisão ministerial quanto à eficiência administrativa (art. 26, III) e recomenda a demissão ou dispensa do servidor comprovadamente ineficiente ou desidioso (art. 100)"[3].

Como se vê, tal princípio visa garantir que todos os serviços da Administração Pública sejam prestados adequadamente, garantindo, assim, os direitos dos administrados.

---

1 *Curso de direito constitucional tributário.* 25. ed. São Paulo: Malheiros, 2009, p. 44-45.
2 GASPARINI, Diógenes. *Direito administrativo.* São Paulo: Saraiva, 2006, p. 21.
3 *Direito administrativo brasileiro.* São Paulo: Malheiros, 2003, p. 102.

Assim como um direito previsto em sede constitucional, o princípio evidencia um verdadeiro limite da atuação pela Administração, pois condiciona e estabelece critérios, mesmo que implicitamente, para a correta aplicação das normas jurídicas.

Maria Sylvia Zanella Di Pietro traz as seguintes considerações a respeito:

> Trata-se de ideia muito presente entre os objetivos da Reforma do Estado. No Plano Diretor da Reforma do Estado, elaborado em 1995, expressamente se afirma que "reformar o Estado significa melhorar não apenas a organização e o pessoal do Estado, mas também suas finanças e todo o seu sistema institucional-legal, de forma a permitir que o mesmo tenha uma relação harmoniosa e positiva com a sociedade civil. A reforma do Estado permitirá que seu núcleo estratégico tome decisões mais corretas e efetivas, e que seus serviços – tanto os exclusivos quanto os competitivos, que estarão apenas indiretamente subordinados na medida que se transformem em organizações públicas não estatais – operem muito eficientemente"[4].

Com efeito, o princípio da eficiência administrativa visa garantir o interesse público através de práticas que estejam de acordo com os propósitos de eficácia e praticabilidade das normas que condicionam a Administração Pública.

Para Alexandre de Moraes, "o princípio da eficiência é aquele que impõe à Administração Pública direta e indireta e seus agentes a persecução do bem comum, por meio do exercício de suas competências de forma imparcial, neutra, transparente, participativa, eficaz, sem burocracia, e sempre em busca da qualidade, primando pela adoção dos critérios legais e morais necessários para a melhor utilização possível dos recursos públicos, de maneira a evitar desperdícios e garantir maior rentabilidade social"[5].

Vale esclarecer que o escopo da eficiência relaciona-se de forma íntima com o próprio princípio da segurança jurídica, na medida em que todo e qualquer ato praticado pela Administração Pública deve ser praticado em consonância com os primados da legalidade material e formal, da isonomia e pelo caráter vinculado da atividade administrativa de cobrança do tributo.

---

4 *Direito administrativo.* 20. ed. São Paulo: Atlas, 2007, p. 75.
5 *Curso de direito constitucional.* São Paulo: Atlas, 2008, p. 326.

Além disso, em muitas situações poderá ser invocada a aplicação de métodos e procedimentos tendentes a tornar efetiva a aplicação das diretrizes constitucionais. É a chamada *"praticabilidade tributária"*[6].

Melhor dizendo, não basta que a Constituição diga que o princípio da eficiência deva ser observado sem que a Administração lance mão de atos normativos próprios para tornar os mandamentos exequíveis.

Infere-se daí que o princípio em questão (da eficiência) se relaciona de forma constante com outros princípios constitucionais, de modo a garantir o exercício de direitos e garantias fundamentais dos contribuintes.

3 O PROCESSO ADMINISTRATIVO TRIBUTÁRIO E SUAS GARANTIAS

Trata-se de importante etapa consistente em possibilitar ao contribuinte a discussão dos elementos que propiciaram a formalização do ato administrativo de constituição do crédito tributário.

Após o lançamento tributário, abre-se, então, a possibilidade para o contribuinte manifestar sua inconformidade perante os elementos, formais ou materiais, constantes no ato administrativo.

O fundamento de validade da chamada *função administrativa judicante* é extraído do preceito contido no art. 5º, LV, da CF, e sua existência corroborada pelos arts. 100, II, e 151, III, do CTN.

Eduardo Bottallo, com muita percuciência, faz as seguintes considerações a respeito:

> A organização de um contencioso para solucionar pendências tributárias é dever inafastável da Administração Pública. A adequada desincumbência deste encargo reclama a observância dos seguintes princípios: (a) o que assegura o direito de petição; (b) o que garante ao particular o direito de controlar a legalidade, em sentido amplo, dos atos administrativos (controle da juridicidade); (c) o que trata do devido processo legal em sua dimensão instrumental; e (d) da proporcionalidade.
>
> (...)

---

6 COSTA, Regina Helena. *Praticabilidade e justiça tributária*. São Paulo: Malheiros, 2007.

A "estrutura" do contencioso administrativo tributário deve assentar-se nos elementos constitutivos da cláusula do devido processo legal instrumental, os quais se expressam nas garantias do "contraditório e da ampla defesa, com os meios e recursos a ela inerentes" (art. 5º, LV, da CF)[7].

Dessa precisa visão, pode-se afirmar que a discussão administrativa do lançamento tributário é garantia constitucionalmente protegida, e deverá ser exercida mediante a observância dos relevantes preceitos que assegurem ao contribuinte o seu *direito de ser ouvido e o direito de oferecer e produzir provas*[8], tudo em prestígio à segurança jurídica das relações tributárias.

Nessa linha, pode-se concluir que com o ato de impugnação realizado pelo contribuinte dá início ao processo tributário administrativo, objetivando a resistência à pretensão fazendária.

Em outras palavras, a partir do ato administrativo de lançamento, abre-se, então, a oportunidade para o contribuinte, no âmbito da própria administração fazendária, discutir os critérios geradores da controvérsia tributária.

Importante salientar que o âmbito da controvérsia irá depender da espécie tributária em evidência, podendo ser ela perante a União, Estados, Distrito Federal e Municípios, conforme leis reguladoras próprias.

Como se vê, a importância do processo administrativo tributário se dá na medida em que o lançamento fiscal somente se tornará definitivo e, portanto, exigível, caso seus elementos constitutivos estejam de acordo com as normas e procedimentos erigidos pelo ordenamento jurídico vigente.

Somente assim, ou seja, após a verificação dos requisitos formadores da "dívida", é que ela passará a gozar da presunção de liquidez, certeza e exigibilidade. Presunção esta, diga-se, relativa, pois o ato administrativo estará sujeito a verificação também na esfera judicial.

Com efeito, processo administrativo fiscal é meio próprio onde se possibilita a revisão dos atos praticados pela administração fazendária, de aplicação da lei a determinados fatos realizados pelos contribuintes.

---

7 *Curso de processo administrativo tributário*. São Paulo: Malheiros, 2009.
8 Agustín Gordillo, *La garantía de defensa como principio de eficacia en el procedimiento administrativo*, *RDP* 10/21.

Isto porque a administração fazendária deve, por todos os modos, estar sujeita aos ditames legais elaborados pelo poder político competente, e estes aos desígnios determinados pela Letra Maior.

Pelo Princípio da Legalidade, a atuação da Administração Pública deve ficar restrita não só ao exame das normas infraconstitucionais, mas também daquelas de nível superior e que fundamentam todo o sistema. Isso é resultado do próprio Princípio Republicano.

Geraldo Ataliba, com exatidão, manifestou a importância do Princípio da Legalidade no direito tributário:

> (...) a lei é, no direito constitucional brasileiro, necessariamente genérica, isônoma, abstrata e irretroativa. Tal como prevista nos nossos sucessivos textos constitucionais, ela é "necessária", como qualificou Cirne Lima, com isso querendo significar que nenhuma outra manifestação estatal, judiciária ou administrativa pode suprir-lhe a ausência, seja nos casos constitucionalmente explícitos, em que se a requer, seja para criar obrigação, dever, encargo ou ônus para os súditos do Estado (Ruy Cirne Lima, *Princípios de Direito Administrativo*, 4ª ed., p. 37). A ela são submetidos não só os cidadãos e habitantes do território do Estado, mas também os governantes do próprio Estado.
>
> (...)
>
> Deveras, pelo princípio da legalidade afirma-se, de modo solene e categórico, que, sendo o povo o titular da coisa pública e sendo esta gerida, governada e disposta a seu (do povo) talante – na forma da Constituição e como deliberado por seus representantes, mediante solenes atos legais –, os administradores, gestores e responsáveis pelos valores, bens e interesses considerados públicos são meros "administradores", que, como tais, devem obedecer à vontade do dono, pondo-a em prática, na disposição, cura, zelo, desenvolvimento e demais atos de administração dos valores, bens e interesses considerados públicos (do povo)"[9].

Assim, pode-se concluir que a Administração Pública, ao realizar seus atos, deverá fazê-lo em consonância com as normas vigentes em nosso sistema, assim como em obediência aos princípios jurídicos, entre eles o da eficiência.

---

9 *República e Constituição*. São Paulo: Malheiros, 2007, p. 124-125.

4 O PRINCÍPIO DA EFICIÊNCIA NO PROCESSO ADMINISTRATIVO TRIBUTÁRIO

Dentre os princípios que informam o processo administrativo tributário, entre eles, o da primazia no atendimento do interesse público, da economicidade, da legalidade, da motivação, da razoabilidade, da proporcionalidade, da ampla defesa, do contraditório, da celeridade, da moralidade, da impessoalidade, da publicidade, o princípio da eficiência mostra-se de suma importância a fim de assegurar o bem comum diante dos interesses do Estado.

É que, como visto no item 2, *retro*, a eficiência administrativa deve ser considerada não apenas pelo viés da arrecadação, mas para toda e qualquer relação que tenha como sujeitos a Administração e o contribuinte.

No processo administrativo não é diferente. Desde a elaboração da lei reguladora até o processo propriamente dito, haverá de ser observada a eficiência como meio de resguardar o bem comum, assim entendido como aquele de interesse de todos.

A Administração eficiente pressupõe a observância das regras existentes no direito (sistema jurídico), para que, assim, esta atuação se dê o mais próximo possível dos objetivos da Justiça Social.

Só podemos falar, então, em Administração eficiente, quando, por exemplo, o processo administrativo venha a ter duração compatível e razoável com a questão que se está examinando.

Não adianta nada o contribuinte levar determinada questão para o âmbito administrativo se lá não lhe dão uma resposta dentro de um tempo plausível, sem que o objeto da lide venha a perecer ou não mais interessar o seu deslinde.

Do mesmo modo, a Administração deverá dar plena ciência de seus atos (decisões, acórdãos etc.) ao contribuinte. Não basta, como frequentemente tem acontecido, a simples publicação em diário oficial, sem a correspondente intimação pessoal: *a uma* porque a previsão de tal procedimento, na verdade, é meramente subsidiária, não suprindo nem dispensando a imperiosidade de notificação; *a duas* porque tal veículo de comunicação é, sabida e notoriamente, de circulação restrita aos próprios órgãos da administração.

Assim, a mera publicação retromencionada não supre e nem atende aos requisitos de eficácia, transparência e publicidade que devem revestir os atos administrativos, deixando, portanto, de atingir a finalidade a que se voltam, qual seja, dar conhecimento ao contribuinte do desfecho do processo de seu interesse, em flagrante violação a seu legítimo direito de defesa.

Vale, a propósito, invocar as lições de James Marins, para quem

> seja qual for o modo de sua realização, o ato de intimação deve conter todas as informações e os elementos que se afigurem indispensáveis para que seu destinatário esteja em condições de compreender sua finalidade e alcance, *além da comprovação física (documental) de seu recebimento*"[10] (grifou-se).

No mesmo sentido, o egrégio Supremo Tribunal Federal decidiu:

> *O maior vício que pode macular um processo, seja ele administrativo ou não, é o de ausência de conhecimento pela parte envolvida.* O exercício do lídimo direito de defesa pressupõe a ciência do procedimento em curso e esta, tanto quanto possível, há de ocorrer observada a pessoalidade. *A publicação de notícia de processo, para ciência inicial, equiparando-se à citação daqueles de natureza judicial, mediante publicação no* Diário Oficial, *mostra-se ficta e somente subsiste nas hipóteses em que a parte está em lugar incerto e não sabido.*[11] (grifou-se).

Fica evidenciado, portanto, que o Estado, na condução do processo administrativo, deve observar de forma criteriosa os preceitos existentes em nosso ordenamento jurídico, e, sempre que necessário, promover mecanismos aptos a assegurar a eficiência e a segurança jurídica nas relações com os contribuintes.

Com efeito, todas as formas de atuação do *jus puniendi* do Estado devem estar devidamente fundamentadas e amparadas em preceitos que garantam a observância dos direitos e garantias fundamentais dos contribuintes.

Esta exigência decorre do próprio princípio do devido processo legal, previsto no art. 5º, LV, da CF.

Merecem destaque, novamente, os estudos de Eduardo Bottallo sobre o tema, dos quais o excerto a seguir transcrito é bastante elucidativo:

> "4.1 A identidade principiológica emergente do art. 5º, LV, da CF autoriza e justifica o recurso a preceitos e institutos do processo judicial para atuarem como elementos integrativos da legislação regulado-

---

10 *Direito processual tributário brasileiro (administrativo e judicial).* São Paulo: Dialética, 2001.
11 RE 157.905-SP, in *Revista Dialética de Direito Tributário* 61/183-186.

ra do processo administrativo tributário, bem como para colmatar suas eventuais lacunas, tudo no sentido de assegurar o adequado atendimento às garantias do contraditório e ampla defesa, as quais nele devem fazer-se presentes.

4.2 O direito ao conhecimento, inafastável condição de validade do processo administrativo tributário, apresenta uma dimensão positiva e uma negativa: a primeira garante ao interessado o acesso a todos os elementos do processo; a segunda impede a utilização de dados ou informações que não figurem no processo, ou cujo conhecimento não haja sido expressamente possibilitado a quem o deva.

4.3 "Fundamentar" significa analisar extensivamente – ou seja, de modo "explícito, claro e congruente" – as alegações da parte interessada, rejeitadas fórmulas genéricas, que não apreciam com adequação os argumentos levados a debate.

(...)

4.7 Todos os meios de prova são admissíveis no processo administrativo tributário, observada apenas a exigência de licitude em sua obtenção (art. 5º, LVI, da CF).

4.8 No processo administrativo tributário a distribuição do ônus da prova obedece ao mesmo critério do processo judicial civil – ou seja, incumbe à Fazenda demonstrar os fatos constitutivos de seu direito ao crédito tributário, e ao contribuinte os fatos impeditivos, modificativos ou extintivos daquele direito.

(...)

4.10 A "prova documental" reveste-se de capital importância no processo administrativo tributário, a ponto de se mostrar, por vezes, como a única admissível para a demonstração de determinados fatos. Assim, não só o contribuinte tem o direito de produzi-la a qualquer tempo, antes de proferida a decisão, e mesmo depois dela, como não é dado ao julgador, em homenagem ao "princípio da verdade material", recusar sua apreciação.

(...)

4.13 A eventual ausência de previsão legal não impede a realização de "prova testemunhal" no processo administrativo tributário. Para ser reconhecido como prova, o depoimento de testemunhas só terá valor se realizado com observância das exigências do contraditório (dia e hora previamente designados, presença das partes ou seus representantes e perante a autoridade julgadora).

4.14 "Presunções e indícios", entre os quais se inclui a denominada "prova emprestada tributária", são meios probatórios indiretos e, assim, insuficientes para, isoladamente considerados, fundamentar a exigência de pagamento de tributos ou a imposição de penalidades"[12].

5 CONCLUSÃO

Pode-se afirmar, então, que o processo administrativo tributário deve ser conduzido de forma a garantir uma justa e equitativa relação entre a Administração e os contribuintes, visando a preservação de direitos e garantias, tudo em prestígio ao interesse público.

---

12 *Curso de processo administrativo tributário.* São Paulo: Malheiros, 2009.

PLANEJAMENTO TRIBUTÁRIO E A FIGURA DO ABUSO DE DIREITO

GUSTAVO DA SILVA AMARAL*

1 INTRODUÇÃO

Muito nos honrou o convite para participar de obra coletiva em homenagem ao Professor Botallo, mestre de todos nós, dos mais festejados autores de nosso Direito Tributário, detentor de primoroso potencial analítico, sempre refletido em suas preciosas lições, veiculadas através de pareceres, monografias, livros, conferências e, mais recentemente, de suas trovas, dotadas de percepção acurada e sagacidade ímpar.

E que não nos esqueçamos, perdidos em meio às inúmeras habilidades do homenageado, de suas Aulas de Direito. Assim mesmo, com letras maiúsculas, privilégio que poucos podem se orgulhar, exclusividade daqueles que dominam as sutilezas da cátedra em sua mais pura e tradicional feição: giz, lousa, alunos e professor! Basta isso e um par de horas, para que o mestre encante a todos e consiga, de modo incrivelmente simples e direto, transferir não apenas parte do seu conhecimento, mas uma contagiante sensação de que, apesar dos ruídos que impregnam o discurso jurídico, vale a pena estudar o Direito.

---

* Advogado. Professor conferencista nos cursos de Especialização em Direito Tributário do Instituto Brasileiro de Estudos Tributários – IBET (2003/atual). Coordenador dos cursos de Tributação do Setor Comercial e de Tributação do Setor de Serviços da Fundação Getulio Vargas, "GV*law*" (2007/atual). Professor dos cursos de Pós-Graduação da Fundação Getulio Vargas, "GV*law*" (2003/atual). Professor dos Cursos de Especialização em Direito Tributário (Pós-Graduação *lato sensu*) da Pontifícia Universidade Católica de São Paulo – PUCSP (2003/atual). Membro do Instituto de Pesquisas Tributárias.

Nutridos pelas lições desse mestre e, notadamente, pelo vigor de suas aulas, é que nos propomos a tratar do "planejamento tributário", tema bastante visitado pela doutrina e jurisprudência, muito controvertido e, mais ainda, contaminado por discursos axiológicos (ruídos), sempre tendentes a polarizar situações (estrita legalidade x solidariedade x justiça), partidarizando o debate e, consequentemente, classificando os atos dos contribuintes segundo "critérios obscuros" que, longe de servirem como norte a orientar a conduta dos administrados (segurança jurídica), contribuem para que nosso sistema tributário se torne ainda mais complexo e infenso às mais variadas ordens de contaminação externa (*ruídos* que geram *ruídos*).

Desde já podemos afirmar, com propósito metodológico, que se admitirmos que a elisão fiscal se dá como efeito de ato jurídico lícito, permitido pelo Direito, e a evasão como efeito do ato ilícito que visa reduzir ou afastar a eficácia jurídica decorrente da incidência da hipótese de incidência tributária, podemos concluir que o estudo do "planejamento tributário" reside em delimitar o campo da legalidade, ou seja, o limite do que perante o sistema jurídico se enxerga como ato lícito, o que implica delimitar, em contranota, o campo do ilícito.

A despeito do *abuso de direito* constar em nosso direito positivo desde o Código Civil de 1916 (art. 160, I), com a promulgação do novo Código essa figura voltou a atrair a atenção dos estudiosos do Direito Tributário, especialmente por conta dos enunciados trazidos pelos arts. 187 e 188[1] do referido diploma.

Entretanto, referidos dispositivos legais caracterizam-se, especialmente, pela alta carga de vaguidade de sua expressão, abrindo margem às mais variadas construções hermenêuticas, no mais das vezes erigidas às pressas para servir de subsídio à solução de casos concretos de difícil solução, portanto, dotadas de uma roupagem "pseudodoutrinária" ("doutrina *ad hoc*") que, uma vez contrapostas às luzes da reflexão, não contribuem para a construção de uma teoria que perfilhe seu conceito, deixando-nos órfãos de pressupostos de aplicação desse "instituto", *v.g.*: Que é "fim econômico" e "fim social"? O que vem a ser "propósito negocial"? Quais seus limites? Qual o *dano* que daria lugar a esse tipo de construção?

---

1 "Art. 187. Também comete ato ilícito o titular de um direito que, ao exercê-lo, excede manifestamente os limites impostos pelo seu fim econômico ou social, pela boa-fé ou pelos bons costumes. Art. 188. Não constituem atos ilícitos: I – os praticados em legítima defesa ou no exercício regular de um direito reconhecido (...)".

Exemplo do resultado desse "vácuo" teórico a respeito do "abuso de direito" podemos colher da própria doutrina quando indica o abuso de direito como causa da ilicitude dos atos praticados pelos contribuintes. Dentre os argumentos erigidos pela doutrina para dar lugar à figura do abuso de direito como meio de combate à elisão fiscal está o de que, com a entrada em vigor do novo Código Civil, "havendo abuso de direito no campo tributário, estará configurado um ato ilícito e, portanto, deixará de ser caso de elisão"[2].

Dentro do propósito deste breve artigo, que se destina a homenagear um dos mais notáveis e respeitados doutrinadores de nosso Direito Tributário, cuidaremos de tecer algumas críticas à pura e simples transposição da teoria do abuso do Direito, tal qual erigida ao longo de mais de século pela Doutrina do Direito Civil, ao campo do Direito Tributário, o que denominamos "construção por transferência", sem a necessária depuração das proposições descritivas construídas à vista de outros subsistemas, e sem que se atente a respeito das condições de sua aplicabilidade aos atos praticados pelos contribuintes para buscar a redução e/ou exoneração do ônus fiscal, visando identificar de que modo tal doutrina poderá contribuir para a construção de uma dogmática do Direito Tributário.

Algumas premissas deste breve estudo são de fundamental importância, razão pela qual as destacamos: a) elisão fiscal é atributo dos atos lícitos praticados pelo contribuinte, enquanto evasão o é dos ilícitos; b) a livre-iniciativa e a liberdade de contratação, direitos constitucionalmente garantidos, asseguram a possibilidade da prática de atos que provoquem o efeito elisivo; c) tais princípios não são absolutos, devendo ser sopesados com os demais postulados que a Constituição Federal evoca em nosso espírito, tais como: *universalidade da contribuição, prevalência do interesse público sobre o privado, capacidade contributiva* etc.; e d) as disposições a respeito do abuso de direito contidas no Código Civil são aplicáveis ao campo dos fatos jurídicos tributários.

Em que pese tais pontos de partida possam ser objeto das mais variadas objeções, propomos a assunção momentânea dessas "verdades estipulativas", as quais supomos necessárias para que nos aproximemos do tema sem o exagero na demarcação da perspectiva trabalhada, servindo de atalho para que possamos desde logo atingir o cerne de nosso assunto.

---

2 Marco Aurelio Greco. Constitucionalidade do parágrafo único do artigo 116 do CTN. In: *O planejamento tributário e a Lei Complementar 104.* Org. Valdir de Oliveira Rocha. São Paulo: Dialética, 2001, p. 196.

2 PRINCÍPIOS E REGRAS. ILÍCITOS *TÍPICOS* E *ATÍPICOS*

Por princípios a doutrina costuma designar os valores positivamente prestigiados pela Constituição Federal, os quais servem para nortear o processo de criação e interpretação do sistema. Trabalhando com esse sentido podemos identificar como princípios, também, as conhecidas "normas constitucionais programáticas"[3].

A par do efeito simbólico[4] inerente aos princípios constitucionais, costuma-se atribuir-lhes a função de orientar o processo de (re)produção do direito, irradiando seus efeitos por todo o ordenamento, conforme a sempre lembrada lição de Celso Antônio Bandeira de Mello, segundo a qual princípio é "verdadeiro alicerce" de um sistema jurídico[5].

Por regras, norma jurídica em sentido estrito, consideramos, seguindo o pensamento de Paulo de Barros Carvalho, as significações que a leitura dos enunciados prescritivos provocam em nosso espírito, já devidamente articuladas, ou seja, formuladas sob a estrutura lógica condicional em que uma hipótese, que descreve um fato de possível ocorrência, implica uma consequência, que prescreve uma relação jurídica entre dois sujeitos, cujo objeto é uma conduta deonticamente modalizada, ou seja, *obrigatória, permitida* ou *proibida*.

A unidade normativa acima definida, para que ganhe o *status* de "norma jurídica completa", exige seu acoplamento à outra regra de direito, que tem como hipótese o descumprimento da conduta imposta pela norma anterior e como consequência a sanção a essa conduta lesiva. Norma primária que prescreve a conduta (direito substantivo) e norma secundária que garante a sanção (direito adjetivo), formando ambas a unidade normativa estrutural bimembre a que alude Lourival Vilanova[6].

---

3 A presente enumeração não é exaustiva. Em instigante investigação semântica, Genaro R. Carrió aponta vários outras acepções para o vocábulo *princípios* (cf. *Notas sobre derecho y lenguage*. 4. ed. Buenos Aires: Abeledo-Perrot, 1998, p. 209 e s.).
4 Sobre o simbólico em relação aos princípios, cf. Marcelo Neves, *Constitucionalização simbólica*. São Paulo: Acadêmica, 1994, p. 104 e s.
5 *Curso de direito administrativo*. 9. ed. São Paulo: Malheiros, 1997, p. 573-574.
6 *Causalidade e relação no direito*. 4. ed. São Paulo: Revista dos Tribunais, 2000, p. 74.

Os conceitos acima coincidem com o que Robert Alexy[7] sublinha como ponto decisivo para a distinção entre regras e princípios. Segundo Alexy, trabalhando sob a influência do pensamento de Dworkin, a distinção entre regras e princípios reside, principalmente, na característica de que os princípios são normas que ordenam que se realize algo em maior medida possível, dentro das possibilidades fáticas e jurídicas. São, portanto, preceitos passíveis apenas de cumprimento em maior ou menor grau, uma vez que inexauríveis, segundo Miguel Reale[8]. Em contrapartida, as regras somente podem ser cumpridas ou descumpridas. Uma vez observada a situação posta pelo antecedente normativo, não resta outra alternativa senão cumprir a conduta prescrita em seu consequente.

Manuel Atienza e Juan Luiz Manero reconhecem a aplicabilidade da gradação na implementação dos princípios no que tange às normas programáticas. Ressaltam, porém, que quanto ao que denominam "princípios de mandato", seu cumprimento só pode ser integral, não sendo admissível variação gradativa na medida em que tais princípios possuem seu grau de indeterminação apenas nas condições de sua aplicação, mas, uma vez verificadas tais condições, o cumprimento ao princípio resta obrigatório em toda sua plenitude. Exemplo de princípio que não admite gradação em sua aplicação é o princípio da igualdade. Uma vez observada a ausência de justificação suficiente para a discriminação, não há como aplicá-lo de forma escalonada[9].

É com base nessa distinção entre regras e princípios que Atienza e Manero erigem o conceito de "ilícitos atípicos", figura que contempla, dentre outras, o *abuso de direito*. Afirmam os autores: "Si los ilícitos típicos son, pues, conductas contrarias a una *regla* (de mandato), los ilícitos atípicos serían las conductas contrarias a *principios* de mandato"[10].

Posto nesses termos, o paralelo, em que pese sujeito às mais variadas críticas, é fecundo e possibilita inegável avanço na evolução do conceito. Todavia, permanece aberta a difícil tarefa de identificar e classificar os princípios entre normas programáticas e/ou princípios de mandato. Sobre essa dificuldade, calha notar as palavras de Paolo Comanducci, para quem "la

---

7 Sobre a distinção regras/princípios, cf. Robert Alexy, Sistema jurídico, princípios jurídicos y razón práctica, *Doxa*, Cuadernos de Filosofia del Derecho, 1988, n. 5, p. 143-144.
8 *Introdução à filosofia*. 3. ed. São Paulo: Saraiva, 1994, p. 143 e s.
9 Sobre principios y reglas, *Doxa*, Cuadernos de Filosofia del Derecho, 1991, n. 10, p. 109 e s.
10 *Ilícitos atípicos*. Madrid: Trotta, 2000, p. 27.

diversidad en la tipología de las normas entre principios y reglas es una variable dependiente de las diversidades en interpretación y aplicación, en la argumentación y en la solución de los conflictos"[11].

3. ABUSO DE DIREITO – SEU SENTIDO SEMÂNTICO

Sob uma visão própria de teoria dos sistemas vislumbramos o direito vinculado, em suas operações (decisões), ao código binário *lícito/ilícito*. Em última análise, o Direito não faz outra coisa que não produzir decisões que rotulam as condutas humanas como *lícitas* ou *ilícitas*[12].

Pensar em *abuso de direito*, seja qual for o conceito de que nos utilizemos, conduz à ideia de atos vedados pelo Direito, danosos, os quais, portanto, pertencem à classe dos atos ilícitos. Sensível a essa constatação Alfredo Augusto Becker preconiza que "o sujeito ativo (titular do suposto direito em abuso) age contra a regra jurídica ou contra a eficácia jurídica e, consequentemente, age sem direito algum; seu ato é, pura e simplesmente, ilegal"[13].

O raciocínio de Becker, apoiado em obra de Planiol, que reduz o *abuso de direito* à mera ilegalidade, parece-nos inconteste se considerarmos o vocábulo "direito" em sua significação de direito subjetivo. Conforme narra J. M. Carvalho Santos[14], as tentativas de resposta à crítica de Planiol, inclusive aquelas formuladas por Josserand, ficaram aquém de solucionar a questão. Em rigor, na acepção de direito subjetivo o "direito" cessa onde inicia o "abuso". Seria um contrassenso imaginar um direito subjetivo de que se possa fazer uso ilícito.

Tais críticas, todavia, apesar de pertinentes, não podem emascarar o outro sentido possível do termo, segundo o qual através do exercício de um

---

11 Principios jurídicos e indeterminación del derecho, *Doxa*, Cuadernos de Filosofia del Derecho, v. 21, t. 2 (p. 89-104), p. 93. O autor traz larga referência bibliográfica a respeito das duas correntes de separação (forte/fraca) entre princípios e regras.

12 Sobre a clausura operacional do direito sob o uso do código binário, cf. Celso Fernandes Campilongo. *Política, sistema jurídico e decisão judicial*. São Paulo: Max Limonad, 2002, p. 75 e s.

13 *Teoria geral do direito tributário*. 3. ed. São Paulo: Lejus, 1998, p. 142.

14 *Código Civil brasileiro interpretado*. 6. ed. Rio de Janeiro: Freitas Bastos, 1956, v. 3, p. 8-9.

aparente direito subjetivo é possível cometer ato ilícito. Ademais, considerar que a figura do *abuso de direito* serve para qualificar como ilícitas determinadas condutas não significa que o conceito de *abuso de direito* seja dispensável, ainda que todo ato de abuso esteja no campo da ilegalidade. Vislumbramos nessa figura uma espécie dos atos ilícitos cuja diferença específica (que lhe aparta do gênero) se buscará demonstrar no decorrer deste artigo.

As dificuldades do tema *abuso de direito* são, há muito, discutidas pela dogmática do Direito Civil, particularmente influenciado pelo conceito da doutrina francesa, segundo a qual todo direito deve ter por limite a satisfação de um interesse *sério* e *legítimo*.

Plínio Barreto aponta como condições para caracterização do *abuso de direito* "a) a falta de moderação no exercício do direito e b) intencionalidade ou imprudência, má-fé ou temeridade, como causas determinantes dessa falta de moderação"[15], enquanto M. M. Serpa Lopes mantém sua tônica na simples menção ao uso irregular do direito, tal qual a orientação de Saleilles[16].

Orlando Gomes reconhece a absoluta insuficiência da doutrina a respeito do assunto e sentencia: "Apesar das dificuldades de sua caracterização e das vacilações a propósito da sua configuração como instituto, a verdade é que o exercício anormal de um direito pode criar para o prejudicado uma pretensão contra quem praticou o ato abusivo"[17].

J. M. Carvalho Santos, após compilar a opinião de grandes civilistas, aponta que "sobre a regra a fornecer ao juiz é que surgem maiores dificuldades, optando a maioria por uma fórmula geral, que entregue ao juiz decidir em cada caso particular se o homem observou uma regra de conduta regular"[18].

As dissonâncias conceituais a respeito do *abuso de direito* prosseguem no campo da doutrina do Direito Tributário. Ricardo Lobo Torres reserva a expressão para denotar o abuso na interpretação dos conceitos. São suas palavras: "A elisão, conseguintemente, se restringe ao abuso da possibilidade expressiva da letra da lei, do conceito de Direito Privado e, até mesmo, do conceito de Direito Administrativo"[19].

---

15 *Revista dos Tribunais*. São Paulo: Revista dos Tribunais, v. 79, p. 506.
16 *Curso de direito civil*. Rio de Janeiro: Freitas Bastos, 1953, v. 1, p. 379.
17 *Obrigações*. 2. ed. Rio de Janeiro: Forense, 1968, p. 44.
18 Op. cit., p. 351-352.
19 *Normas de interpretação e integração do direito tributário*. 3. ed. Rio de Janeiro: Forense, 1990, p. 217.

Marco Aurelio Greco considera abuso do direito os atos que sejam praticados com o fito exclusivo de não recolher tributos, ou recolhê-los em menor grau[20]. No mesmo sentido empregam Hermes Marcelo Huck e Fernanda Pereira Leite[21]. Dos autores que consideram inaplicável ao campo do Direito Tributário o conceito, podemos apontar Alfredo Augusto Becker[22] e Alberto Xavier[23].

Em que pese o esforço empreendido pela doutrina, ainda hoje não se conseguiu traçar de modo satisfatório os critérios de aplicação da figura do *abuso de direito*. A divergência entre os civilistas denota a complexidade que envolve o tema, muitas vezes invocado como razão de decidir em suas mais variadas vertentes. A ausência de critério normativo, reforçada pelas divergências doutrinárias, dá à figura do *abuso de direito* a nota de um "conceito" pouco operativo no plano dogmático, apenas invocado em situações de extrema necessidade.

Dois traços, entretanto, merecem ressalto, pois exsurgem dos conceitos elaborados pela boa doutrina: o primeiro diz respeito ao aspecto quantitativo. Não faz sentido falar de *abuso* para significar o mero uso reiterado de um direito. Ninguém *abusa* do direito de contratar por firmar 50 contratos em um único dia. Ao contrário do que proclamam alguns, a figura não guarda relação com o aspecto quantitativo do uso do direito. Por *usar* reiteradamente um direito não se incorre em *abuso*. A outra nota característica que merece referência é a de que só há *abuso de direito* onde houver *dano* dele decorrente. O efeito danoso é condição para que se possa falar em ato abusivo. Não há uso irregular de direito se não houver lesão ao direito alheio.

4 LEGALIDADE E *ABUSO DE DIREITO*

Parcela significativa da doutrina considera a figura do *abuso de direito* incompatível com o princípio da estrita legalidade. Boa parte das razões que

---

20 *Planejamento tributário*. São Paulo: Dialética, 2004, p. 185.
21 A elisão tributária internacional e a recente legislação brasileira. In: *Justiça tributária*. São Paulo: Max Limonad, 1998, p. 258.
22 *Teoria geral do direito tributário*. 3. ed. São Paulo: Lejus, 1998, p. 140 e s.
23 *Tipicidade da tributação, simulação e norma antielisiva*. São Paulo: Dialética, 2001, p. 111 e s.

levam a essa conclusão decorre dos conceitos atribuídos ao termo, todos suficientemente laicos e nebulosos, de modo a permitir que, sob sua rubrica, criem-se "exceções à legalidade" sem que existam critérios normativos a nortear a decisão, senão pela mera referência à figura do *abuso de direito*, em recurso típico do discurso jurídico formulado à luz do "senso comum teórico dos juristas" a que alude Luiz Alberto Warat[24].

Exemplo dessa discrepância hermenêutica pode ser colhido com facilidade se visitada a dogmática do Direito Civil, conforme referimos acima, ou mesmo a doutrina do Direito Tributário brasileiro que pretendeu atribuir o sentido de "norma geral antielisiva" ao parágrafo único do art. 116 do CTN, introduzido pela Lei Complementar n. 104/2001. A disparidade de conceitos atribuídos ao vocábulo *abuso de direito*, bem como a forma vaga com que o mesmo foi empregado por autores de inquestionável brilho, dão a perceber quão difícil é a tarefa de compatibilizar o conceito aos princípios da estrita legalidade e da segurança jurídica.

De fato, a figura do *abuso de direito* serve à dogmática jurídica como uma válvula de escape que "flexibiliza" a rigidez estrutural inerente às normas jurídicas. Propicia o controle das eventuais distorções que o uso irregular de um "direito" pode acarretar. Nas palavras de Pontes de Miranda, abusa do direito quem incorre em "contrariedade a direito pelo exercício dos direitos"[25], ou seja, quem se vale do "direito" para infringir o próprio direito. Um evidente paradoxo.

Em parêntese indispensável devemos sublinhar que, no contexto deste artigo, consideramos a "rigidez da estrutura normativa" apenas no caso das situações de aplicação do Direito onde já não mais pairam dúvidas a respeito da significação (vaguidade e ambiguidade) dos enunciados normativos que servem de base à construção das regras jurídicas. A dificuldade na construção da norma individual e concreta que dará solução ao caso submetido ao aplicador do Direito não poderá resvalar na identificação da significação dos termos jurídicos, tampouco na identificação do evento que dá lugar ao ato de aplicação. Para solução desses casos não se discute a figura do "abuso", mas apenas qual sentido do *direito* deve prevalecer, ou qual a versão linguística do *evento* deve ser considerada (transformada em fato jurídico), construída através da linguagem das provas.

---

24 *Introdução geral ao direito*. Porto Alegre: Fabris, v. I, p. 13 e s.
25 *Tratado de direito privado*. Campinas: Bookseller, 2000, t. 2, p. 339.

Se concebermos o *abuso de direito* no sentido de uso irregular de "direito", ilícito, podemos erigir certo paralelo entre seu papel e aquele desempenhado pelos princípios constitucionais. Ambos proporcionam ao sistema do direito o controle do seu processo de auto (re)produção decisória. Os princípios constitucionais com ênfase ao controle de produção das normas gerais e abstratas e o *abuso de direito* dirigido exclusivamente ao plano de produção de normas concretas, analisadas as circunstâncias fáticas que lhes dão lugar.

Para que possamos, todavia, seguir o exercício de aplicar a figura do *abuso de direito* de modo cordato aos princípios da legalidade e da segurança jurídica, devemos enunciar as condições de sua aplicação. Afirmar que o *abuso é ilícito* exige expor os critérios de aplicabilidade desse conceito, sem os quais uma eventual decisão que dele se utilize será fruto exclusivo do abismo subjetivo da autoridade que a exarar e, portanto, absolutamente incompatível com os mencionados cânones constitucionais.

Para que se prossiga com o exercício de avaliar a compatibilidade do conceito de *abuso de direito* na seara tributária, de modo a permitir que a autoridade lançadora exerça maior controle sobre o efeito dos atos praticados pelo contribuinte, é necessário expor, com o máximo de precisão, os critérios de aplicação da figura do *abuso de direito*. Cumprido esse mister, poderemos concluir que a mesma, desde que efetivamente positivada, ao invés de contrariar o princípio da legalidade, servirá de ferramenta de controle *em concreto* desta, na medida em que potencializará sua seletividade (já não basta possuir o "direito", *prima facie*, é necessário fazer *uso regular* dele) com a exata qualificação dos fatos, atribuindo-lhes adequada eficácia jurídica, ponto clímax de qualquer sistema normativo.

Para isso, a pergunta que importa responder é a seguinte: Que condições tornam *abusiva* determinada conduta?

5 ABUSO DE DIREITO – UM OLHAR ANALÍTICO

Com o propósito de erigir o conceito de *abuso de direito*, Manuel Atineza e Juan Ruiz Manero propõem, após acurada dissertação sobre o tema, a seguinte definição de *abuso de direito*:

La acción A realizada por um sujeto S en las circunstancias X es abusiva si y solo si:

1) Existe una regla regulativa que permite a S realizar A en las circunstancias X. Esta regla es un elemento del haz de posiciones normativas en que se encuentra S como titular de un cierto derecho subjetivo.

2) Como consecuencia de A, otro u otros sujetos sufren un daño, D, y no existe una regla regulativa que prohíba causar D.

3) D, sin embargo, aparece como un daño injustificado porque se da alguna de las siguientes circunstancias:

3.1) Que, al realizar A, S no perseguía otra finalidad discernible más que causar D o que S realizó A sin ningún fin serio y legítimo discernible.

3.2) Que D es un danõ excesivo o anormal.

4) El caráter injustificado del daño determina que la acción A quede fuera del alcance de los principios que justifican la regla permisiva a que se alude en 1) y que surja una nueva regla que estabelece que en las circunstancias X' [X más alguna circunstancia que suponga una forma de realización de 3.1) o 3.2)] la ación A está prohibida[26].

Ainda que o conceito proposto tenha um significativo grau de vagueza, uma vez que utiliza termos que denotam alta carga axiológica (*v.g.*: fim sério e legítimo; dano excessivo), a clareza e precisão do raciocínio instigam ao teste[27], ao que apenas a doutrina de boa cepa é capaz de se submeter.

6 REGRA PERMISSIVA DE CONDUTA

A primeira condição, de que exista "una regla regulativa que permite a S realizar A en las circunstancias X" deve ser entendida como uma análise *a priori*, identificável apenas em certa etapa do percurso de interpretação, ou seja, no plano da busca da significação dos enunciados, concebido por Paulo de Barros Carvalho como "S2", ou seja, o plano onde nos deparamos com a "substância significativa que se pode adjudicar à base material que lhe dá

---

26 Os autores esclarecem que utilizam a expressão "princípios" tanto na acepção de valores quanto de normas programáticas (diretrizes), cf. *Ilícitos atípicos*, cit., p. 56-57.

27 Segundo Karl R. Popper, um enunciado só adquire *status* científico se for passível de refutação (apud Alda Judith Alves-Mazzotti e Fernando Gewandsznajder, *O método nas ciências naturais e sociais*: pesquisa quantitativa e qualitativa. 2. ed. São Paulo: Pioneira, 1999, p. 18).

sustentação física"[28]. Daí a ressalva posta pelos autores supracitados ao tratar de "un cierto derecho subjetivo", mas não direito subjetivo em seu sentido usual.

Assim contextualizada a questão, esvai-se a razão de ser da crítica de Planiol à ideia de um "direito" que pode ser objeto de abuso. Ainda dentro do percurso gerador de sentido, essa etapa, embora aponte a provável existência de um "direito" em razão do que revela o significado de um determinado enunciado, ainda não se concluiu definitivamente sobre sua existência dentro do sistema, para o que se exige novas incursões reflexivas aos mais altos escalões do ordenamento.

Colhamos como exemplo uma situação simples, porém suficientemente controvertida: "PJ", cujos sócios são S' e S", em idênticas proporções, resolve vender um bem integrante do seu ativo permanente cujo valor contábil, após depreciação, é de $5.000,00. Antes de efetuar a venda os sócios resolvem verificar o impacto fiscal da operação e concluem que o custo da operação, com base no valor de mercado do bem ($6.000,00), é da ordem de $340,00, já que sobre o ganho de capital incidirão os seguintes tributos: 15% de IRPJ; 10% de adicional do IRPJ e 9% da CSL. Como alternativa preferem, uma vez que o ativo está destinado à venda, efetuar a redução do capital da "PJ" para transferi-lo às pessoas dos sócios por seu valor contábil ($5.000,00) na proporção das suas respectivas participações societárias, uma vez que quando da realização do ativo os sócios sofrerão tributação de ganho de capital na ordem de 15%, estimado em $150,00.

Percorrida a legislação do imposto sobre a renda verificamos a inexistência de regra jurídica que proíba a redução do capital pelo valor contábil do bem. Tampouco sua venda posterior pelos sócios adquirentes. Isso nos autoriza concluir, ao menos neste instante, que essa conduta é permitida pelo Direito e que realizá-la está dentro do feixe de *un cierto derecho subjetivo* da "PJ".

7 A CONSEQUÊNCIA DA AÇÃO

Seguindo o percurso traçado por Atienza e Manero, devemos identificar "como consecuencia de A, otro u otros sujetos sufren un daño, D".

---

28 *Curso de direito tributário*. 13. ed. São Paulo: Saraiva, 2000, p. 117.

A presença do "dano" é inerente à figura de qualquer *ilícito*. Não se daria de modo diverso com o *abuso de direito*. Se o direito tutela *bens jurídicos*, qualquer conduta que lesione tais bens implicará ilícito, ainda que involuntário. A existência do *dano* é ponto central do conceito. *A contrariedade a direito compõe-se com o exercício danoso; a prova de regularidade excluí-la-á*[29].

Voltando ao nosso exemplo, um argumento que se pode lançar é o de que os $190,00 deixaram de ir para os cofres públicos, razão pela qual o sujeito ativo (União Federal) que, em função da implementação da redução de capital seguida de venda, deixou de perceber tal quantia e, portanto, suportou um dano.

Desde aqui para adiante começamos a identificar pontos do conceito que nos parecem de difícil, quiçá impossível, aplicação ao Direito Tributário.

Em apertada síntese podemos definir *dano* como resultado negativo, indesejado pelo ordenamento, que deriva de uma conduta ilícita, tal qual delineada no início deste artigo.

Aqui teremos de atinar para o fato de que, para concebermos o dano em razão do descumprimento da conduta de levar o montante do tributo aos cofres públicos, deveremos reconhecer que de algum modo se incorreu na hipótese da regra matriz de incidência tributária, uma vez que apenas nesse caso surge a obrigação de pagar o tributo.

Seria o caso, por exemplo, de o Fisco provar, no exemplo acima, que a pessoa que efetivamente vendeu o imóvel a terceiro foi a jurídica, tendo esta entabulado o negócio com terceiro em nome próprio e usado da pessoa dos seus sócios apenas como recurso para escapar da carga fiscal que lhe seria impingida. Entretanto, se a discussão caminhar no sentido de saber se o evento subsume-se, ou não, à hipótese normativa, de nada nos prestará o conceito de *abuso de direito*, já que não colheremos seus frutos.

Assim, como é sabido pela Ciência do Direito Tributário e enunciado pelo art. 114 do CTN, "fato gerador da obrigação principal é a situação definida em lei como necessária e suficiente à sua ocorrência", basta à autoridade lançadora demonstrar a pertinência da subsunção entre o evento e a norma, afastando os artifícios engendrados pelos contribuintes para escamotear sua incidência. Vale lembrar que para o lançamento, tendente a verificar os efeitos tributários dos atos praticados, a autoridade administrativa não está presa às definições do direito privado (art. 109), possuindo competência para *desconsiderar* quaisquer *atos ou negócios jurídicos praticados com a finalidade*

---

29 Pontes de Miranda. Op.cit., p. 339.

de dissimular a ocorrência do fato gerador (parágrafo único do art. 116).

Ademais, quando se fala em "mascaramento da ocorrência do fato gerador" está se relacionando *abuso de direito* à figura da *simulação* e, portanto, a um ilícito típico devidamente caracterizado pelo Código Civil, e encampado pelo Código Tributário Nacional como suficiente para autorizar a desconsideração do ato dissimulado para atingir o ato simulado que lhe subjaz.

Calha notar que Marco Aurélio Greco, autor que sustenta a aplicabilidade da teoria do *abuso de direito* para afastar os atos praticados pelos contribuintes com o único propósito de reduzir a carga fiscal, reconhece que esta só tem sua aplicabilidade se, e somente se, o contribuinte houver praticado o fato gerador[30], hipótese em que "o Fisco a eles pode se opor, desqualificando-os fiscalmente para requalificá-los segundo a descrição normativo-tributária pertinente à situação que foi encoberta pelo desnaturamento da função objetiva do ato. Ou seja, se o objetivo predominante for a redução da carga tributária, ter-se-á um uso abusivo do direito"[31].

Do que se observou parece claro que para dar lugar ao *dano* antes tem-se de incorrer na figura típica da hipótese da regra matriz de incidência e, nessa medida, já não importa mais se o dano verificado é excessivo ou anormal, ou se a ação realizada possuía um fim sério e discernível. Todas essas especulações passam a ter caráter contingente em relação à obrigação tributária que surge como eficácia jurídica da mera ocorrência do fato jurídico tributário, necessário e *suficiente* para dar lugar à tributação.

8 FUNÇÃO DO *ABUSO DE DIREITO* NO ORDENAMENTO

Estamos convencidos de que a figura do *abuso de direito* cumpre papel de controle no uso dos direitos, de modo que seu exercício se dê unicamente de forma regular. Sublinhamos, com a precisão ímpar da linguagem ponteana, que "não é contrário a direito todo exercício de direito que lese; se o exercício foi regular, não se poderia tirar ao direito o poder ser exercido porque lesaria outro: seria preferir um direito a outro"[32].

---

30 Constitucionalidade do parágrafo único do artigo 116 do CTN, cit., p. 195. Nossos destaques.
31 *Planejamento tributário*, cit., p. 188-189.
32 Pontes de Miranda. Op. cit., p. 339.

A definição de uso regular do direito, ainda que bastante aquém de trazer respostas satisfatórias, aponta para o norte da reparação dos atos lesivos. Busca-se, com o instituto, frear ações lesivas de cunho duradouro (*v.g.*: vizinho perturbador) e resolvê-las pela via própria das perdas e danos inerente à responsabilidade civil, tal qual capitulado no Código Civil.

O transpasse desse instituto para o campo do Direito Tributário busca, todavia, atribuir-lhe o efeito de um controle sobre a eficácia jurídica das ações abusivas, de controle da sua oponibilidade ao Fisco, absolutamente desnecessário para as chamadas relações jurídicas regidas pela estrita legalidade.

A tensão entre situações tipo/situações de contorno existirá sempre. Se precisão do tipo é exigência da legalidade estrita, restará sempre o vão conceitual para que se furte a incidir na obrigação. O problema aqui é de infrainclusão normativa.

Diz-se infraincludente a norma (ou conjunto delas) que contempla menos situações do que as contempladas por princípios constitucionais. Sua contranota, a sobreinclusão, implica que as regras de direito abarquem mais casos do que os contemplados pelos princípos que lhes dão suporte de validade. Ou seja, uma certa inadequação entre regras e princípios dão margem ao emprego corretivo da figura, dentre outras, do *abuso de direito*.

Tanto no primeiro quanto no segundo caso surgem situações recalcitrantes que, em que pese possam vir a ser objeto de decisão através do *abuso de direito*, não demandam esse esforço por parte da administração fiscal que, por trabalhar orientada diretamente pelas regras (legalidade), não precisa qualificar um fato como *abuso de direito* (tarefa extremamente árdua) para que possa lançar mão das suas prerrogativas.

As ponderações pertinentes a respeito da eficácia do princípio da capacidade contributiva, da solidariedade social etc. não possuem o condão de invalidar ou alterar o sentido das regras que, ao par de não esgotar o campo abrangido pelo princípio (serem infraincludentes), permanecem sendo uma boa razão para que não se realizem novos atos de compensação entre princípios constitucionais (valores). A existência das normas jurídicas constitui bom motivo para não se regressar às ponderações entre princípios.

9 CONCLUSÕES

Ao cabo deste breve artigo podemos propor como conclusão a assertiva de que, uma vez que a obrigação tributária tem sua gênese, necessariamente, na ocorrência do fato jurídico tributário, basta essa ocorrência, vertida em linguagem competente, para dar lugar à obrigação tributária.

Assim, todos os atos praticados pelos contribuintes e tendentes a emascarar a ocorrência do fato jurídico tributário, sejam eles praticados em abuso de direito ou não, serão inoponíveis ao Fisco e, portanto, passíveis de desconsideração pela autoridade fiscal.

Portanto, o conceito de "abuso de direito", consoante erigido até o presente momento pela dogmática, a despeito de não contribuir para o controle de legalidade dos atos de planejamento tributário, agrega complexidade desnecessária à apreensão do fenômeno jurídico praticado pelo contribuinte.

SEGURANÇA JURÍDICA NO FORNECIMENTO DE INFORMAÇÕES TRIBUTÁRIAS: O CASO DO DOMICÍLIO TRIBUTÁRIO E DAS NOTIFICAÇÕES AO SUJEITO PASSIVO

HELENO TAVEIRA TORRES*

1 SUJEITO ATIVO E A EXIGÊNCIA DO CUMPRIMENTO DE DEVERES TRIBUTÁRIOS MEDIANTE NOTIFICAÇÃO DE LANÇAMENTOS OU INTIMAÇÃO EM PROCEDIMENTOS FISCAIS

Não se pode deixar de recordar que a capacidade tributária ativa tem origem e é o reflexo dos poderes revelados pela competência tributária. Ou, como diz Roque Carrazza, exercida a competência, os contribuintes quedam-se num "*estado genérico de sujeição*, consistente na impossibilidade de se subtraírem à sua esfera de influência"[1].

Da *competência tributária*, de ordem constitucional, deriva a *sujeição ativa* ou competência administrativa tributária, atribuída por lei à pessoa competente ou terceiro, para o exercício do direito ao crédito tributário. A legalidade domina a designação do sujeito ativo, mesmo quando este coincide com a pessoa competente.

---

* Professor e Livre-Docente de Direito Tributário da Faculdade de Direito da Universidade de São Paulo – USP. Membro do Comitê Executivo da International Fiscal Association – IFA, da Direção Executiva do Instituto Latinoamericano de Derecho Tributario – ILADT, do Conselho Superior de Assuntos Jurídicos e Legislativos – CONJUR-FIESP e do Conselho Superior de Direito da FECOMERCIO. Diretor da ABDF e da ABRADT. Advogado.
1 *Curso de direito constitucional tributário*. 16. ed., São Paulo: Malheiros, 2001, p. 420.

O *sujeito ativo* integra a *relação jurídica tributária* entre ele e o sujeito passivo ao aperfeiçoamento do vínculo jurídico definidor da obrigação tributária. A recordar Albert Hensel[2], é do fato jurídico tributário que decorrem as relações jurídicas entre pessoas: o titular do crédito (credor tributário) e o obrigado à prestação (devedor tributário). Neste passo, o *fato jurídico tributário* mantém íntima relação com o *sujeito ativo* da obrigação, por conferir a este o principal requisito (motivo) para formalização da exigibilidade e cobrança do crédito tributário dele decorrente, no prazo decadencial próprio.

É o sujeito ativo da obrigação o responsável pelo lançamento e cobrança do crédito tributário. Por isso, para lançar o crédito, o sujeito ativo deverá atentar para todos os elementos típicos previstos na lei tributária, visando a constituir a relação jurídica tributária.

Cumpre, assim, ao sujeito ativo, observar estritamente o conteúdo das leis, para os fins de formalização do crédito tributário e procedimentos de arrecadação, tanto no que concerne ao seu agir (Direito Tributário formal ou Administrativo, à preferência de Hensel) quanto no que concerne à *tipicidade*, ou seja, à aplicação vinculada da legalidade.

O sujeito ativo da obrigação tributária tem como função, ao verificar-se a ocorrência do fato jurídico tributário, realizar os atos de concretização da norma tributária, mediante formalização do crédito tributário (lançamento ou auto de infração), e usar de todos os procedimentos postos à disposição, como designado em lei, para exigir do sujeito passivo o cumprimento da prestação tributária.

Todo esse esforço de amarração de conceitos e funções presta-se à efetividade dos princípios de segurança e certeza do direito quanto ao exercício do poder impositivo, que não atua desprovido de controle.

Deveras, tal previsibilidade da ação estatal somente poderá ser atendida se houver exata determinação das normas aplicáveis, manutenção da igualdade no tratamento empregado por parte das autoridades competentes, nos respectivos atos de aplicação do direito (atos administrativos) e respeito à confiança gerada.

Todos têm o direito de conhecer, prévia e adequadamente, a regulação normativa da ação-tipo[3], gozar da garantia de cumprimento das leis de modo

---

2 *Derecho tributario*. Madrid: Marcial Pons, 2005, p. 153.
3 Como assinala César García Novoa, "a la pretensión de definitividad de la norma hay que unir la pretensión de estabilidad de la misma, expresión formal de la confianza del ciuda-

imparcial, impessoal e não discriminatório, no processo de positivação do direito e, além disso, em louvor ao princípio de moralidade administrativa, manter-se em um permanente estado de confiança em relação às condutas do Estado, fundadas sempre em boa-fé e na execução coerente dos seus atos.

Dentre as garantias outorgadas aos contribuintes para oferecer previsibilidade e segurança jurídica, encontram-se ainda aquelas de ordem processual, consagradas no art. 5º da Constituição, como o devido processo, direito ao contraditório ou ampla defesa, e que concorrem em favor da necessária proteção do contribuinte no plano das formalidades. Essa é uma garantia fundamental, pois quanto mais estiver disciplinado o exercício do poder, menor o espaço para o arbítrio[4] (*princípio da interdição da arbitrariedade*), ao reduzir o campo de indeterminação dos conceitos (*lex* certa, *stricta* e completa) e formas do direito.

Por essas razões, como consectário das funções do *sujeito ativo*, os agentes da Administração encontram-se obrigados e vinculados ao exercício do ato de aplicação dos tributos, sob pena de responsabilidade funcional (art. 142, parágrafo único, do CTN). Os agentes do sujeito ativo, portanto, executam o dever funcional de formalização, exigência e cobrança do crédito tributário porventura surgido, como expressão do direito subjetivo que decorre do próprio poder de tributar, nos termos de estrita legalidade, dando cumprimento, assim, ao princípio de *tipicidade tributária*, pelo lançamento tributário.

Desse modo, ao mesmo tempo que assim procede, ao constituir a obrigação tributária, coloca-se, o sujeito ativo, como parte integrante do próprio liame obrigacional, na posição de credor, com o direito subjetivo creditício para exigir do devedor o cumprimento da obrigação tributária.

Eis como o lançamento tributário, ato típico da capacidade tributária ativa, confirma o exercício concreto da competência tributária, o que só pode ocorrer a partir do fato jurídico tributário, mediante atividade das autoridades do sujeito ativo da obrigação tributária.

---

dano en el Derecho, lo que debe servir para reprobar los cambios normativos excesivos e injustificados.Y finalmente, la plenitud de la norma. La regulación normativa ha de expresarse de tal manera que la definición de los supuestos de hecho comprenda un ámbito de la realidad normada lo más amplio posible, de forma que se aminoren las lagunas" (*El principio de seguridad jurídica en materia tributaria*. Madrid: Marcial Pons, 2000, p. 77).

4 Nas palavras de Riccardo Guastini, "la garanzia dei diritti è massima quando la legge, nel conferire un potere, pone ad esso non solo limiti, ma anche vincoli sostanziali, predeterminando il contenuto dei suoi atti (ossia conferisce un potere vincolato)" (Legalità (principio di). *Digesto delle discipline pubblicistiche*. Torino: UTET, 1987, v. IX, p. 89).

O exercício do direito subjetivo de crédito do sujeito ativo, concretizado mediante ato de lançamento tributário de ofício, dependerá também de outro ato que lhe é complementar, o ato administrativo de *notificação*, e que se presta a conferir eficácia ao lançamento (a), comunicar o conteúdo deste (b) e servir à definição de vários efeitos, como início do cômputo do prazo de prescrição, para impugnação, contagem dos dias de juros de mora (c).

Antes de falar da notificação, porém, cumpre destacar, mesmo que brevemente, algumas considerações sobre a obrigação acessória de eleição do domicílio e de prestar informações sobre a localização do sujeito passivo no âmbito territorial da pessoa competente.

2 AS OBRIGAÇÕES ACESSÓRIAS DE ELEIÇÃO DO DOMICÍLIO E DE PRESTAR INFORMAÇÕES SOBRE O DOMICÍLIO

A obrigatoriedade do cumprimento dos deveres formais impõe-se como exigência de controle sobre os sujeitos passivos e para prova da ocorrência dos fatos jurídicos tributários que formarão as obrigações principais.

A qualificação da obrigação tributária como "acessória" não decorre propriamente da relação que esta mantenha com as obrigações principais. Guardada sua autonomia em relação aos atos de aplicação dos tributos aos quais correspondam, são assim consideradas por não terem conteúdo patrimonial e servirem às funções de "arrecadação" e de "fiscalização" dos tributos, em recíproca cooperação.

Conforme o § 2º do art. 113 do CTN, *obrigação acessória* tem por objeto prestações, positivas ou negativas, no interesse da *arrecadação* ou da *fiscalização* dos tributos. São, portanto, deveres formais atribuídos ao sujeito passivo tributário ou mesmo a terceiros para controle e comprovação dos atos praticados e das situações jurídicas nas quais se encontram, quanto à exigibilidade ou à fiscalização dos tributos.

Em favor da arrecadação ou da fiscalização tributária, o sujeito passivo encontra-se obrigado a eleger um domicílio (a) e prestar informações sobre o seu domicílio eleito ou real em todas as declarações que oferece ao Fisco (b).

Assim, quando da declaração formal de eleição do domicílio ou quando da sua modificação ou mudança, deve o sujeito passivo oferecer todas as informações necessárias à sua localização no espaço. Que não se confunda, pois, o dever de eleger um domicílio, seguido de imediata declaração, ou mesmo a indicação do novo domicílio, no caso de mudança, com os casos de sucessivas e contínuas informações relativas ao domicílio. São dados diversos, mesmo que se possam complementar.

Informações são prestadas regularmente ao Fisco, mormente em tempos de comunicação telemática intensa. Neste plano, a Administração recebe informações adicionais do sujeito passivo, que se vê obrigado a fornecer, no lançamento por homologação dos tributos ou outras fontes, a cada declaração, mês a mês, numa sequência conhecida e de fácil acesso.

Na atualidade, portanto, descabe dizer de dificuldades de localização de dados sobre o domicílio do sujeito passivo por simples ausência de retificação após alguma mudança de endereço, sem que antes tenha-se por esgotada toda uma exaustiva pesquisa sobre o domicílio eleito ou declarado. As fontes telemáticas são continuamente abastecidas com dados dessa natureza e por isso mesmo não se justifica qualquer resistência a proceder de modo diverso.

No lançamento por homologação, a cada ato de declaração vê-se a Administração com elementos informativos atualizados sobre o contribuinte e, salvo omissão, o Fisco não pode alegar algum desconhecimento sobre o domicílio, tanto menos imputar ao contribuinte efeitos gravosos por não ter sido atendido em esforços de notificação a endereços errôneos.

Por isso, quando não atendida a formalização de mudança de domicílio, a postura da Administração não pode ser aquela de, na primeira dificuldade que tenha com a identificação do endereço, ao invés de proceder a uma pesquisa em outras bases, preferir a via dirigida a destinatários ocultos ou sem paradeiro, como a editalícia, além de agravar regimes de arbitramento, sanções aplicadas e outros consectários, em prejuízo dos direitos dos contribuintes e da boa ordem de formação que os atos administrativos de lançamentos tributários reclamam.

2.1 Domicílio tributário - considerações gerais

O domicílio é o elemento da relação tributária que permite vincular os sujeitos ativo e passivo a partir da localização deste último em um dado ponto do território do sujeito ativo, para os fins de imputar-lhe obrigações e deveres tributários ou comunicações dos seus atos de gestão dos tributos. Ou, como diz Amparo Navarro Faure, "el domicilio es un dato no patrimonial, que permite localizar al sujeto pasivo y a través de él controlar la correcta aplicación de los tributos"[5].

O "domicílio" do sujeito passivo é uma garantia importante tanto para o sujeito passivo quanto para a Administração[6]. Para o sujeito passivo, é forma de proteção contra qualquer agir da Administração alheio ao compromisso de comunicação tempestiva. E é relevante para a Administração quando esta necessita promover algum procedimento de fiscalização, expedir atos de lançamento tributário de ofício ou promover a execução fiscal dos débitos que não foram pagos. Naquele caso, usa-se comumente de "intimação"; no segundo, de "notificação"; e, no terceiro, de "citação", como modalidades de atos de comunicação.

O Código Tributário Nacional assim regula o domicílio das pessoas jurídicas, a saber:

> Art. 127. Na falta de eleição, pelo contribuinte ou responsável, de domicílio tributário, na forma da legislação aplicável, considera-se como tal:
> (...)
> II - quanto às pessoas jurídicas de direito privado ou às firmas individuais, o lugar da sua sede, ou, em relação aos atos ou fatos que derem origem à obrigação, o de cada estabelecimento;
> § 1º Quando não couber a aplicação das regras fixadas em qualquer dos incisos deste artigo, considerar-se-á como domicílio tributário do contribuinte ou responsável o lugar da situação dos bens ou da ocorrência dos atos ou fatos que deram origem à obrigação.
> § 2º A autoridade administrativa pode recusar o domicílio eleito, quando impossibilite ou dificulte a arrecadação ou a fiscalização do tributo, aplicando-se então a regra do parágrafo anterior".

Basicamente, a definição normativa de domicílio tributário envolve as seguintes possibilidades:

a) eleição pelo sujeito passivo (art. 127, *caput*, do CTN);

b) imputação por elementos positivos de localização do domicílio real do sujeito passivo (inciso II do art. 127);

c) definição do domicílio por presunção (§ 1º do art. 127);

d) soluções objetivas de conflitos de domicílios (§ 2º do art. 127).

---

5 *El domicilio tributario.* Madrid: Marcial Pons, 1994, p. 150.
6 Cf. GARCIA NOVOA, César. *Las notificaciones tributarias.* Madrid: Aranzadi, 2001, p. 49.

A regra geral sobre determinação do domicílio é sua eleição pelo sujeito passivo, desde que esta seja adequada e não cause dificuldades adicionais à sua localização.

Na ausência da eleição ou quando esta seja inadequada, o legislador supre essa necessidade por critérios positivos de localização do domicílio. E na busca de determinação do domicílio real usa-se de critérios como "residência efetiva" ou habitualidade", como forma de exprimir e objetivar uma vontade de permanência em um dado lugar.

Como é possível que ocorram eventuais conflitos entre domicílio eleito e aqueles admitidos por lei, em geral, os sistemas contam com regras de solução de conflitos na matéria, bem como de facilitação.

Por fim, na impossibilidade de localização do sujeito passivo, deve-se suportar o emprego de presunções, como meio de suprir as exigências de identificação necessária do domicílio, mas sempre com os cuidados necessários à proteção dos direitos do sujeito passivo.

Quando a Administração exige a formalização de um *domicílio eleito* esse ato tem uma eficácia fundamental que é aquela de vincular a comunicação da Administração a este endereço informado. A superação do domicílio eleito poderá ocorrer quando tentativas de localização individual forem insuficientes ou improdutivas; mas nesse caso deverá entrar em cena o *domicílio real*; e este, por sua vez, somente poderá ser abandonado quando esgotados os esforços de localização do sujeito passivo, no que caberá a passagem ao meio editalício.

A notificação é inerente à vinculação territorial do exercício de competência. É que o lugar da prática da notificação deve ser o domicílio do sujeito passivo, eleito ou real. Domicílio para os efeitos de notificações há de ser sempre aquele "eleito" pelo contribuinte. E somente na ausência deste pode o Fisco acionar o domicílio efetivo, mas este só poderá ser desprezado quando demonstrados infrutíferos os meios de contato.

Diante disso, somente quanto esgotadas as tentativas de localização pelo domicílio eleito (a) passa-se ao domicílio real ou efetivo (b) e, quando estes não puderem ser localizados ou resultar infrutífero o esforço de localização do contribuinte, excepcionalmente, poderá o Fisco lançar mão da notificação por edital (c), em caráter de plena subsidiariedade[7].

---

7 Cf. GARCIA NOVOA, César. Op. cit., p. 46. Veja-se ainda: BECERRA GUIBERT, I. *Las notificaciones tributarias*. Pamplona: Aranzadi, 1982.

2.2 Diferenciação necessária entre residência e domicílio tributários

Mesmo que no direito privado prevaleça razoável simetria entre domicílio e residência[8], o domicílio tributário não se confunde com a qualificação jurídica de *residência* atribuída a um dado sujeito. Residência tributária serve a determinar o regime tributário a este aplicável[9], quando atendidos requisitos de vinculação subjetiva com o ordenamento. Uma vez admitido como "residente", ou mesmo quando na condição de "não residente", a indicação do "domicílio" de um ou de outro será sempre necessária. Mas como o domicílio pode ser determinado pela "residência" habitual, daí surgirem dúvidas a respeito da diferenciação entre ambos. Neste caso, sim, a semântica de "residência" pode ter equivalência com a noção de domicílio real.

A residência funciona como critério de conexão pessoal, para determinar quais os sujeitos vinculados à materialidade da hipótese de incidência dos tributos. O critério de conexão pessoal serve à atribuição do regime jurídico ao sujeito (residente), com reflexos sobre a formação do objeto da relação jurídica tributária, isto é, sobre a quantificação da base de cálculo, determinação da alíquota e outros elementos relevantes.

---

8   No direito brasileiro, o Código Tributário Nacional trata do *domicílio fiscal* no art. 127 como aquele de *eleição* por parte do contribuinte. Mas, na falta dessa eleição ou na recusa pelo Fisco, pelo domicílio eleito dificultar a arrecadação ou fiscalização, será: a) para as *pessoas físicas*, a residência habitual ou centro de suas atividades (este, quando incerta ou desconhecida a residência); b) para as *pessoas jurídicas de direito privado*, o lugar da sede ou de cada um dos estabelecimentos, em relação aos atos ou fatos originários que derem origem à obrigação; e para as *pessoas jurídicas de direito público*, qualquer das repartições presentes no território tributante. E quando não for possível aplicar nenhuma das regras acima, considerar-se-á como domicílio tributário do contribuinte ou responsável o *lugar da situação dos bens* ou da *ocorrência dos atos ou fatos* que deram origem à obrigação.

9   Cf. MARINO, Giuseppe. *La residenza nel diritto tributario*. Padova: CEDAM, 1999, 368 p.; MAISTO, Guglielmo. La residenza fiscale delle persone fisiche emigrate in Stati o territori aventi regime tributario privilegiato. *Dir. prat. trib.*, Padova: CEDAM, 1999, v. IV, p. 51-64; ADONNINO, Pietro. La residenza quale strumento di attribuzione della soggettività passiva tributaria in relazione a diversi ordinamenti giuridici. *Estudios en memoria de Ramón Valdés Costa*. Montevideo: Fundación de Cultura Universitaria, 10/1999, v. II, p. 636-54; NAVARRO FAURE, Amparo. *El domicilio tributario*. Madrid: Marcial Pons, 1994, 211 p.; CASÁS, José Osvaldo; GUTMAN, Marcos; NAVEIRA, Gustavo J. Residencia y domicilio. Aspectos de derecho común y tributario en el derecho argentino. *Revista Latinoamericana de derecho tributario*. Madrid: Marcial Pons, 1996, p. 131-179.

Domicílio tem por finalidade fixar o local no qual se produz o cumprimento da legislação tributária e que se presta ao contato entre o Fisco e os sujeitos passivos. Tem, portanto, no domicílio, uma função meramente formal, de localização do sujeito passivo no território, e não material, como no caso da *residência*, esta relevante inclusive para a formação do fato jurídico tributário, base de cálculo e qualificação do sujeito passivo. Diante disso, pode-se dizer que *residência* tem fundamento em base material e exprime o vínculo existente entre a pessoa e o critério espacial das normas; enquanto *domicílio* tem natureza formal e consiste apenas na localização territorial do sujeito, seja qual for o seu regime ou condição jurídica deste.

Vê-se, assim, que a distinção entre residência[10] e domicílio para o Direito Tributário não é desprovida de sentido, quando se trata de imputação de regime fiscal (a) ou na modalidade de localização de sujeitos passivos no espaço territorial da entidade tributante (b).

2.3 Domicílio e jurisdição dos órgãos de fiscalização tributária

Além da residência, o instituto do domicílio não se confunde com qualquer espécie de disposição administrativa que vincule o sujeito à jurisdição dos órgãos administrativos.

Fala-se aqui do exercício de atividade de fiscalização ou de controle, que se rege unicamente sob a égide de normas de direito administrativo, em nítido exercício de jurisdição, nos limites da eficácia das leis no espaço e da competência do sujeito ativo da obrigação tributária.

A competência territorial das Delegacias ou órgãos de Secretarias de Fazenda é inconteste, não se restringe pelo domicílio do sujeito passivo e nada impede que sua jurisdição seja exercida em todo o território da pessoa competente.

Por isso, os sujeitos passivos podem ser mantidos adstritos à competência de determinada Delegacia da Receita Federal mesmo quando tenham declarado um novo domicílio, para as atividades de controle ou de fiscalização já iniciadas, numa espécie de "prevenção" da competência administrativa,

---

10 O conceito de residência utilizado no sistema tributário é diferente daquele presente no Código Civil, em praticamente todos os países. Um estudo interessante sobre este aspecto, mesmo se tomando por base o sistema italiano, apenas, encontra-se em: MELIS, Giuseppe. *La nozione di residenza fiscale delle persone fisiche nell'ordinamento tributário italiano,* Roma: LUISS/Quasar, 1994, CERADI, n. 2, p. 112.

sem qualquer interferência com os regimes de apuração e identificação do domicílio ou de localização do sujeito passivo.

Exatamente nestes termos é que o Decreto n. 70.235, de 6-3-1972, prescreve, nos §§ 2º e 3º do art. 9º, que a *notificação de lançamento* será válida mesmo quando formalizada "por servidor competente de jurisdição diversa da do domicílio tributário do sujeito passivo" e que esta formalização "previne a jurisdição e prorroga a competência da autoridade que dela primeiro conhecer". Neste caso, desde que essas regras sirvam exclusivamente aos efeitos funcionais, não haverá qualquer restrição oponível; mas caso esta "prevenção" seja utilizada para imputar domicílio a contribuinte ou mantê-lo vinculado a endereço anterior ou equivalente, serão ineficazes.

Essa conclusão, portanto, não justifica raciocínio, de todo errôneo, que suponha alguma manutenção do antigo domicílio fiscal vinculado à jurisdição do órgão cuja competência é preservada, para todos os atos de comunicação que esta pretenda efetuar, em prejuízo do novo domicílio ou, tampouco, que isso sirva de apanágio para afastar o dever que a autoridade tem de esforçar-se na correta determinação do domicílio do sujeito passivo.

As manifestações do Conselho de Contribuintes coincidem no entendimento de que a mudança de domicílio fiscal depois de efetuado o lançamento e antes de apreciada a impugnação torna-se irrelevante para alterar a competência da autoridade administrativa, que continua sendo a mesma jurisdição onde o processo foi iniciado[11].

Do mesmo modo, o domicílio não pode ser imputado em função do lugar onde sejam localizadas as provas do fato jurídico tributário. Isso não supre a exigência de identificação do lugar de localização territorial do contribuinte para os fins de notificação ou de intimações. O domicílio fiscal servirá para determinar o local para o início das atividades de fiscalização, mas não se presta a restringir a atividade de perquirição de provas ou a estas vincular-se.

3 NOTIFICAÇÕES E INTIMAÇÕES NO DIREITO TRIBUTÁRIO: NATUREZA, GARANTIAS E EFEITOS

O domicílio é para onde devem ser encaminhadas as notificações, intimações e citações ao sujeito passivo, de modo a vinculá-lo ao cumprimento

---

11 Cf. NEDER, Marcos Vinicius; LÓPEZ, Maria Teresa Martínez. *Processo administrativo fiscal federal comentado.* 2. ed., São Paulo: Dialética, 2004, p. 246.

de obrigações tributárias, sejam estas principais ou acessórias, bem como a integrá-lo como parte de processos administrativos ou judiciais.

Como nos dias atuais os tributos sujeitam-se habitualmente ao regime de lançamento por homologação, os problemas concernentes ao "domicílio" não são frequentes ou restam esmaecidos. Isso, entretanto, não é suficiente para admitir redução da sua importância ou prejuízo às garantias que sua preservação contempla, especialmente à luz das regras constitucionais.

O lançamento, ato administrativo que é, tem como "motivo" a ocorrência do fato previsto na hipótese das normas gerais e abstratas que veiculam os critérios de ocorrência do fato (subsunção) e do efeito de implicação para os fins de constituição da relação jurídica típica, de conteúdo patrimonial, qualificada como "obrigação tributária".

As modalidades de lançamento adotadas pelo Código Tributário Nacional, distintas entre si apenas quanto ao procedimento, são as seguintes: a) lançamento de ofício; b) lançamento por declaração; e c) lançamento por homologação.

Como sabido, no lançamento por homologação, o sujeito passivo está obrigado a uma atividade complexa e que envolve, basicamente, dois atos, o de pagamento antecipado do tributo devido e a declaração relativa à apuração do tributo devido. Assim, a cada declaração, o sujeito passivo oferece à Administração, dentre outras, informações sobre o "domicílio", em função da espontaneidade do procedimento.

Tratando-se de lançamento de ofício, o dever de notificar é inafastável, como medida de integração do sujeito passivo à relação tributária patrimonial, e cujo ato administrativo tem como finalidades, basicamente, as seguintes:

a) atribuir eficácia ao ato administrativo de lançamento;

b) dar conhecimento do conteúdo do ato administrativo ao destinatário, para que este o possa cumprir;

c) servir para o cômputo de prazos, como os de impugnação, recurso, prescrição, efeitos da mora etc.

Como espécie de "forma", conjunto de solenidades com que a lei cerca a exteriorização do ato administrativo, estabelecendo o vínculo aparente entre a manifestação da vontade e o objeto, como bem observa Seabra Fagundes[12], a notificação é um dado de exteriorização do ato de cobrança do

---

12 *O controle dos atos administrativos pelo Poder Judiciário*. 3. ed., Rio de Janeiro: Forense, 1957, p. 92.

crédito tributário e que permite aperfeiçoar o vínculo formal entre os sujeitos da relação tributária.

A data do seu recebimento determina o início da contagem do prazo para o pagamento voluntário do débito, para apresentação de impugnações, apuração de juros de mora, prazos de prescrição ou para adotar alguma medida de suspensão da exigibilidade do crédito, todos de fundamental relevância para a situação patrimonial ou de defesa do sujeito passivo.

Diante disso, a pessoalidade da notificação gravita em ordem sobranceira e não se pode afastar por preferência a notificações gerais, como aquela por edital, sem que se comprove, previamente, a insuficiência de todos os recursos adotados, como medida de preservação do crédito público.

3.1 Notificação como requisito de eficácia do lançamento tributário

Toda a atividade da Administração Pública depende de atos válidos para que qualquer agir ou conduta adotada tenha efeitos na esfera jurídica do particular. Nesse sentido, a fonte do ato administrativo deve atender a uma série de exigências para que possam ser válidas suas determinações.

A ação sobre a esfera jurídica dos particulares depende da validade de um ato de decisão administrativa, cuja atividade deve sempre atender aos critérios de validade formal (*processo* adequado e *autoridade competente* para criar a norma) e material (princípio da *compatibilidade vertical com o conteúdo das normas de fundamentação – competências*).

O princípio da *vinculatividade* administrativa, ou, como prefere Alberto Xavier, o princípio de preeminência[13], exige submissão de todos os atos administrativos ao império da vontade legislativa (ex.: art. 37 da CF), afinal, a vontade da administração não é inovadora. Na Constituição e nas leis é que se encontram as regras-origem de determinação da vontade da Administração.

Na Constituição e nas leis estão todas as referências dos órgãos produtores de normas jurídicas e respectivas competências materiais, de um tal modo que qualquer regra jurídica produzida mantenha sempre compatibilidade formal e material com aquelas que determinem seu conteúdo ou os regimes formais de sua produção, como procedimentos e outros (publicidade, forma etc.).

---

13 *Os princípios da legalidade e da tipicidade da tributação.* São Paulo: Revista dos Tribunais, 1978, p. 14.

Quando a lei exige forma *ad substantiam actus,* surge o problema de estabelecer um racional equilíbrio entre tal "substância" e a "forma" usada[14]. Justifica-se, assim, por dar relevo e existência aos atos jurídicos, e mais não lhe cabe do que estabelecer a *objetivação da vontade* do órgão emissor. *Vontade objetivada* é a vontade que se pode provar, que é demonstrável segundo os meios de provas admitidos pelo Direito. A segurança do tráfico jurídico exige isto. Da estrutura à função do ato jurídico, a forma cumpre importante papel.

Não são, as normas sobre formas, regras excepcionais[15]. Normas sobre formas dispõem especialmente sobre o reconhecimento de validade de outras normas, dirigem-se à conduta das fontes qualificadas de produção de normas, estabelecendo como estas devem agir na construção de outras normas jurídicas.

O Direito procura, desse modo, assegurar um ambiente de certeza para as relações juridicamente qualificadas e encontra nas formas dos atos jurídicos um importante mecanismo para comprovação da *verdade*.

No tráfico jurídico, são inúmeros os casos em que as leis exigem "formas" com efeito de *validade*, como se vê na qualificação dos *sujeitos* de direito, no *procedimento* a ser adotado e *publicidade* dos atos; bem como "formas" com efeito de qualificação da *substância* do ato, entabulada pela *função jurídica* do ato (*título executivo* etc.), ou pelo seu objeto (notificação); ou ainda "formas" com efeito de certificação, de prova (atos escritos, transcrições etc.). Em todas estas, a formalidade exigida como critério de validade cumpre também valor probatório; do mesmo modo que formalidades quanto à substância podem cumprir função certificativa, como no caso do *aviso de recebimento*.

---

14 Cf. CIAN, Giorgio. *Forma solenne e interpretazione del negozio.* Padova: CEDAM, 1969, 215 p.; CORREIA, A. Ferrer. *Erro e interpretação na teoria do negócio jurídico.* Coimbra: Almedina, 1985, 315 p.; PERLINGIERI, Pietro. *Forma dei negozi e formalismo degli interpreti.* Napoli: ESI, 1987, 163 p.; GIORGIANNI, Michele. Forma degli atti (dir. priv.). *Enciclopedia del diritto.* Milano: Giuffrè, s/d, v. XXVII, p. 988-1007; ORMANNI, Angelo. Forma del negozio giuridico. *Enciclopedia del diritto.* Milano: Giuffrè, s/d, v. XXVII, p. 555-567; GALLARDO Rueda, Arturo. Forma. *Nueva Enciclopedia Jurídica.* Barcelona: Ed. Francisco Seix, 1960, t. X, p. 17-22; TARELLO, Giovanni. Formalismo. *Novissimo Digesto Italiano,* 3. ed. Torino: UTET, 1957, v. VII, p. 571-580; DI GIOVANNI, Francesco. *Il tipo e la forma.* Padova: CEDAM, 1982, 132 p.; NEMMO, Daniela. *Dichiarazione contrattuale e comunicazione linguistica.* Padova: CEDAM, 1990, p. 156.
15 Cf. PERLINGIERI, Pietro. *Forma dei negozi e formalismo degli interpreti.* Napoli: ESI, 1987, p. 42.

Em vista disso, a estrutura de qualquer norma tributária carrega variações quanto ao uso das *formas*, pois os "fatos", os "sujeitos" e o "objeto" (leia-se base de cálculo), que são os aspectos mais relevantes para a constituição e aperfeiçoamento da relação tributária, dependem, muitas vezes, de formas ou de formalidades criadas pelo próprio Direito Tributário. Assim, essas exigências de formas, para os fins de aplicação de suas normas, poderão variar de tributo por tributo[16], por campo material ou por procedimentos, mas hão de ser invariavelmente observadas, logo, nunca desprezadas.

Por isso, como formas que permitem a formalização do vínculo jurídico entre os sujeitos ativo e passivo, dentre outras medidas a serem atendidas pelas autoridades administrativas, estão aquelas da necessária publicidade dos seus atos (a), da exclusividade de imputação pessoal de qualquer obrigação tributária – destinatário da exação (b), da eficiência administrativa, no sentido de atendimento vinculado à lei e obediência aos direitos fundamentais (c) e do cumprimento de um devido procedimento administrativo necessário para qualquer afetação patrimonial dos particulares (d). Eis aqui a síntese do regime de segurança jurídica que norteia a exigência de "notificação" dos atos administrativos de exigibilidade dos tributos.

A notificação da exigibilidade de tributos, pela sua relativa autonomia em face do ato de lançamento (ato comunicado), é requisito essencial que vincula e define o momento de finalização do agir administrativo de apuração do *quantum debeatur* do tributo, não se admitindo alterações, salvo quando justificada a revisão do lançamento (a), que se presta a conferir publicidade ao ato administrativo de lançamento – princípio da publicidade dos atos administrativos (b), que marca a oportunidade para apresentação de defesa ou impugnação – decorrência do princípio do contraditório e do devido processo legal (c) e que tem como um dos seus efeitos vincular os prazos de decadência e prescrição, ao marcar o *dies a quo* para contagem desses prazos (d).

A *eficácia* é o que se poderia chamar de *condição de realizabilidade do conteúdo da norma* e visa a atingir a conduta do destinatário com o que se encontra estatuído na *hipótese de incidência*[17] (descritor da norma). A *validade*, diversamente, é pressuposto para o ato eficaz, pois só há eficácia de ato váli-

---

16 Cf. FAVEIRO, Vítor António Duarte. *A forma jurídica dos factos tributários*. Lisboa: Ministério das Finanças, 1963, p. 158.
17 Cf. FERRAZ JR., Tércio Sampaio. *Introdução ao estudo do direito*: técnica, decisão, dominação. São Paulo: Atlas, 1990, p. 179-182.

do. À parte discussões aturadas sobre o conteúdo de cada um destes, o que importa é saber se a notificação é ato que integra o lançamento ou se são atos autônomos e, como tais, o de lançamento depende da validade e eficácia do ato de notificação unicamente para ter eficácia.

Diante disso, já se vê o motivo pelo qual a notificação é elemento fundamental para determinar a eficácia do lançamento tributário[18]. Ou, como prefere José Souto Maior Borges, "a notificação ou aviso do lançamento não é o lançamento", para concluir mais adiante que a notificação é "tão só um requisito de eficácia do próprio ato de lançamento"[19].

Ora, dizer que a notificação é inconfundível com o lançamento não significa o mesmo que negar sua interferência sobre o lançamento que dá ciência, a exigir do administrado uma conduta específica. E por isso Souto Maior Borges aduz, com a proficiência de sempre, que "lançamento válido pode ser ineficaz dada a subsequência de notificação inválida, ou seja, a notificação anulável ou nula"[20]. Realmente, a carência de notificação impede o lançamento de surtir seus efeitos, ainda que válido na substância e na forma. E como a "exigibilidade" é um dos efeitos do lançamento, ao lado da certeza e liquidez do crédito, esta fica prejudicada, enquanto não se operar a notificação.

3.2 Notificação como medida de comunicação, determinação da exigibilidade do lançamento e garantias dos contribuintes

Os atos administrativos de comunicação são típicos atos instrumentais em relação ao ato principal (ato comunicado) que se deve dar publicidade (individual ou geral). Não subsiste isoladamente, por ser sempre dependente de um outro que se lhe empresta funcionalidade ou conteúdo, a depender da modalidade e forma de apresentação.

---

18 RUIZ GARCIA, José Ramón. *La liquidación en el ordenamiento tributario*. Madrid: Civitas, 1987, p. 142.
19 *Lançamento tributário*, 2. ed. São Paulo: Malheiros, 1999, p. 186. Seguindo na mesma opinião, veja-se: CARVALHO, Paulo de Barros. *Curso de direito tributário*, 15. ed. São Paulo: Saraiva, 2003, p. 399; XAVIER, Alberto. *Do lançamento*: teoria geral do ato, do procedimento e do processo tributário. Rio de Janeiro: Forense, 1997, p. 287; BARRETO, Aires Fernandino. Lançamento *ex officio* – notificação, *Revista de Direito Tributário*, São Paulo: Revista dos Tribunais, 1988, n. 45, p. 188-195.
20 Op. cit., p. 187.

Esta relação de dependência pode justificar a invalidade ou a ineficácia do ato administrativo, igualmente a depender das suas implicações sobre a esfera jurídica do sujeito destinatário da comunicação. Sua finalidade será sempre a de *comunicar* outro ato.

Esta comunicação poderá ser ancilar ou elemento essencial e condição de existência do ato, a depender das suas repercussões e das afetações ao bem jurídico protegido (no caso do lançamento tributário, o direito de propriedade do particular). Veja-se o caso das citações, intimações e notificações.

Comunicação processual, como diz Cândido Dinamarco, é a "transmissão de informações sobre os atos do processo às pessoas sobre cujas esferas de direito atuarão os efeitos deste, eventualmente acompanhadas do comando a ter uma conduta positiva ou uma abstenção"[21]. Trata-se de instrumento essencial ao contraditório, gravado que está pelo binômio ciência-reação.

Não se pode confundir "intimação" com "notificação". Notificação é ato de efeitos para o futuro; enquanto intimação reporta-se ao passado, não se confundem. Igualmente, as repercussões sobre o tratamento jurídico não são equivalentes. Comum é apenas o fato de serem atos típicos de comunicação. Diga-se o mesmo quanto à citação, que é ato de comunicação, mas tem finalidade específica no âmbito do processo judicial.

As *citações* têm como propósito integrar o sujeito passivo ao processo judicial de execução, bem como para pagar ou oferecer bens à penhora. Ou, como bem o disse Oswaldo Aranha Bandeira de Mello, a *citação*, no direito administrativo, é a ciência a terceiro para comparecer perante a Administração Pública, no prazo cominado, para defender-se, sob pena de revelia[22]. No processo civil, como diz o eminente processualista Cândido Dinamarco[23], *citação* é o ato mediante o qual se transmite ao demandado a ciência da propositura da demanda, tornando-o parte no processo. Só com a citação tem-se parte no processo. Indispensável para a validade do processo, à falta dela todo o processo estará viciado.

No caso das *intimações*, quando o contribuinte é chamado a prestar informações, fornecer dados relativos a certa fiscalização ou cumprir algum ato do processo ou do procedimento tributário, está em jogo o cumprimento dos princípios do devido processo legal, do contraditório ou da ampla defesa, mas

---

21 *Instituições de direito processual civil.* 5. ed. São Paulo: Malheiros, v. II, p. 508.
22 *Princípios gerais de direito administrativo.* Rio de Janeiro: Forense, 1969, p. 523.
23 *Instituições de direito processual civil.* 5. ed. São Paulo: Malheiros, v. II, p. 509.

nada impede que o contribuinte possa optar pelo silêncio. Conforme o próprio Código de Processo Civil, no seu art. 234, "*intimação* é o ato pelo qual se dá ciência a alguém dos atos e termos do processo, para que faça ou deixe de fazer alguma coisa". Não é diversa a situação no processo administrativo. E a ausência de dados ou na presença de vício eventualmente verificado, estes poderão ser sanados se não prejudicar o processo ou não for determinante para alguma modificação da situação jurídica do sujeito passivo.

Fundamental é não confundir o regime das "notificações" com este das "intimações", cujos requisitos e procedimentos não são equivalentes, pela própria função que desempenham no ordenamento tributário.

Com relação às *notificações*, estas são garantias do sujeito passivo ao conhecimento prévio da obrigação que se lhe pretende imputar a Administração. É reflexo de proteções de direitos fundamentais diante do poder de tributar. Daí por que nenhum ato impositivo de lançamento poderá ter eficácia antes que o contribuinte seja validamente notificado.

Está bem evidenciado no Código Tributário Nacional o interesse em distinguir o ato de lançamento daquele de sua publicidade, que é a *notificação*, apesar da íntima conexão entre ambos, como ato de comunicação e ato comunicado. São institutos distintos, porque enquanto um é ato administrativo de comunicação o outro é de exigência de tributos devidos, com finalidade, motivo e conteúdo diversos.

Como bem assinala Souto Maior Borges, "a notificação de lançamento não é, pois, um ato que esteja unido ao próprio lançamento; e mesmo quando o está, mais do que o último ato do procedimento de lançamento, é o primeiro ato do procedimento de cobrança do crédito tributário"[24]. Assim, nada impede que o lançamento seja válido, apesar da invalidez do ato de notificação. E, por isso mesmo, o ato de notificação é relativamente autônomo, na medida que se presta como ato instrumental de aperfeiçoamento da eficácia do ato comunicado, de lançamento tributário.

A comunicação do ato de lançamento é uma formalidade expressa da Administração[25], mas é também condição constitucional para o exercício de direitos fundamentais, como o direito ao contraditório, à publicidade, o não confisco e a proteção do direito de propriedade. Diante de preceitos jurídicos

---

24 Op. cit., p. 188.
25 CARVALHO, A. A. Contreiras de. *Processo administrativo tributário*. São Paulo: Resenha Tributária, 1974, p. 120.

tão relevantes, o ato irregularmente notificado, na cobrança de tributos, não pode prosperar.

O conhecimento dado ao particular dos atos de imposição tributária é requisito fundamental do estado de direito e um nítido reflexo do princípio de segurança jurídica. Antes da comunicação dos atos de cobrança de tributos não há como formular impugnações ou vir protegidos outros direitos fundamentais.

A notificação defeituosa somente poderia ser mantida nos casos em que não se vissem afetadas na sua integralidade ou finalidade, que não é outra senão dar a conhecer ao destinatário o conhecimento necessário sobre um determinado ato, para cumpri-lo ou não cumpri-lo. Uma garantia para a administração e o contribuinte, para que sejam alcançados os efeitos relativos à decadência e prescrição, direito de defesa ou liquidação dos débitos.

Basta pensar que da ausência de publicidade decorreria a exigibilidade dos atos administrativos de cobrança dos tributos. Daí ser uma típica garantia individual contra o agir administrativo de cobrança de lançamento tributário que não se viu notificado[26] corretamente.

Como observou Oswaldo Aranha Bandeira de Mello[27], a exigibilidade ou imperatividade do ato administrativo consiste na qualidade inerente ao ato administrativo de atuar de modo executivo, ou melhor, de obrigar terceiro a se comportar de conformidade com o por ele disposto, a se sujeitar aos seus ditames. Diversamente, a autoexecutoriedade é a execução coativa, por ato próprio da Administração Pública, sem intervenção do Poder Judiciário. Exigibilidade e autoexecutoriedade não se confundem. Ambas justificam-se pelo princípio de presunção de legitimidade, mas só pode haver cobrança de tributo por ato exigível e este efeito somente é adquirido quando do lançamento regularmente notificado. Assim, o lançamento tributário torna-se exigível com a "notificação", mesmo que não adquira autoexecutoriedade. Por outro lado, o afastamento da notificação equivaleria exatamente à possi-

---

26 Desde antes do Código Tributário Nacional, o Supremo Tribunal Federal já assim o entendia, veja-se: "MANDADO DE SEGURANÇA. CADUCIDADE. SUA NÃO OCORRÊNCIA. *Os tributos só se tornam exigíveis depois de insertos nas respectivas leis de meios, e mediante lançamento e notificação do contribuinte*. Tais lançamentos por outro lado se renovam periodicamente. E toda vez que isso acontece é facultado ao contribuinte impugná-los como ilegais por via de mandado de segurança" (MS 3.872, Pleno, Min. Henrique Dávila, j. em 31-5-1957).
27 Op. cit., p. 542.

bilidade de atribuir eficácia a um ato de cobrança sem que dele o sujeito passivo tivesse algum conhecimento.

Diante disso, a regra é a comunicação pessoal do lançamento tributário, na forma de um verdadeiro compromisso constitucional de proteção dos direitos individuais envolvidos com a exigibilidade do tributo, o que só tem cabimento no lançamento de ofício, haja vista o procedimento do lançamento por homologação acolher a exigibilidade presumida por lei[28].

3.3 A notificação na forma de comunicação pessoal – o caso da mudança de endereço

O procedimento de notificação perfaz-se numa sequência ordenada de atos administrativos dirigidos ao êxito de operar a comunicação do ato que se pretende vir comunicado ao destinatário do conteúdo deste. A confirmação do ato de comunicação pode vir com a assinatura pessoal do sujeito passivo, com o aviso de recebimento, no caso de carta, telegrama, além de outros.

A notificação, na feliz expressão de Oswaldo Aranha Bandeira de Mello[29], é a ciência a terceiro de que, em prazo cominado, deve praticar determinado ato ou ter certo comportamento, sob pena de resultar inadimplente em obrigação que lhe cabe. Em matéria tributária, usa-se para dizer da comunicação do lançamento tributário, para que este considere-se regular e possa surtir os efeitos típicos, especialmente aquele da exigibilidade do crédito tributário.

As notificações podem ser individuais ou gerais. No primeiro caso, estão as modalidades mediante as quais estabelece-se uma relação direta entre o órgão comunicante e o particular, para que este possa efetuar o pagamento

---

28 "TRIBUTO. AUTOLANÇAMENTO. EXIGIBILIDADE. O instituto do autolançamento do tributo, a revelar, em última análise, a confissão do contribuinte, dispensa a notificação para ter-se a exigibilidade" (AgI-AgRg 539.891-RS, STF, 1ª Turma, Min. Marco Aurélio, j. em 22-5-2007). Precedentes: RREE 107.741-7/SP, rel. Min. Francisco Rezek, com acórdão publicado no *DJ* de 4-4-1986; 102.059-8/SP, rel. Min. Sydney Sanches, com acórdão publicado no *DJ* de 1º-3-1985; 93.039-6/SP, rel. Min. Djaci Falcão, com acórdão publicado no *DJ* de 12-4-1982; 93.036-1/SP, rel. Min. Rafael Mayer, com acórdão publicado no *DJ* de 17-10-1980; 87.229/SP, rel. Min. Cordeiro Guerra, com acórdão publicado no *DJ* de 31-3-1978.
29 Op. cit., p. 523.

ou interpor alguma impugnação. Esta é a forma ordinária de comunicação de atos de lançamento tributário, da qual se exige que se faça prova da sua recepção material e formal.

A publicação de edital, diversamente, não atende a este efeito de comunicação individualizada, ao ser produto do procedimento que oferece informação generalizada a destinatários difusos. É o meio adequado para notificar contribuintes sem paradeiro, mas sempre quando justificada sua excepcionalidade e comprovado o desconhecimento do domicílio. Trata-se de modalidade subsidiária em relação à notificação individual.

A citação por edital, como meio supletivo, guarda sua constitucionalidade na possibilidade de prestar-se como meio de efetividade dos direitos da Fazenda Pública, após o comprovado esgotamento de todas as vias disponíveis, como meio de assegurar a possibilidade de recepção pelo destinatário, quando aquela do procedimento de notificação pessoal tenha se mostrado impossível ou de evidente insuficiência.

Quando o destinatário da notificação não é encontrado por mudança de endereço e não tenha comunicado o endereço novo, de nenhum modo isso pode justificar, simplesmente, autorização para que a Administração possa dirigir o ato de notificação mediante o procedimento geral, pela via editalícia.

A Administração pode usar de múltiplos meios para obter as informações e para notificar o contribuinte, desde que suficientes para que se possa recolher sua efetiva recepção, a data e a identidade do sujeito receptor. Atendidos estes requisitos, o ato aperfeiçoa-se na integralidade.

No caso das cartas, o "aviso de recebimento" é o elemento essencial para confirmar que o ato de comunicação operou seus efeitos. É, também este, o aviso de recebimento, um ato de comunicação que aperfeiçoa a notificação e, ao mesmo tempo, presta-se como elemento de prova para a Administração e para o Contribuinte. O "aviso de recebimento", portanto, dispõe-se como requisito probatório essencial e que perfaz a correta prática da notificação, e que deve vir acompanhado de data da recepção (a), identificação de quem recebe (b) e conteúdo designado no ato de comunicação como sendo o "ato comunicado" (c).

Que o aviso seja um importante instrumento de prova, isto é indiscutível, mas não é o único e tampouco é bastante em si. A ausência dos seus requisitos pode ser suprida por outros elementos, mas estes devem ser suficientes a demonstrar o atingimento do propósito notificador da carta. O que se deve preservar é a possibilidade de se acertar que a mensagem possa ter chegado efetivamente ao receptor.

Problema de grande relevância consiste na mudança de endereço. A notificação somente será válida quando o lançamento for dirigido pessoalmente ao destinatário do ato comunicado (contribuinte ou responsável tributário), que é a pessoa a quem se vê dirigida a comunicação. Assim, se o domicílio eleito não puder ser identificado, o domicílio real é a sede por excelência para toda e qualquer comunicação em matéria tributária.

Como dissemos acima, nos dias atuais, diante da grande quantidade de informações fiscais às quais o contribuinte vê-se obrigado, considera-se que, de forma praticamente absoluta, elimina-se a plausibilidade de a Administração alegar desconhecimento do endereço original[30].

A notificação, por outro lado, pode ser feita a pessoa diversa do efetivo destinatário. Neste caso, seria preciso ficar demonstrado que o sujeito receptor da notificação preservaria a efetividade da notificação, por manter relação imediata e direta com o real destinatário[31].

Não se pode admitir como válida toda e qualquer comunicação dirigida ao endereço anterior ou a qualquer endereço do sujeito passivo, sem comprovação da efetividade do ato de comunicação. Primeiro, porque a Administração deverá sempre recorrer ao domicílio real, quando o eleito não for suficiente. Segundo, porque certamente o contribuinte, a cada mês, nas sucessivas declarações que se obriga a apresentar ao Fisco, certamente declarou novo endereço, o que é feito de forma expressa. Diante disso, por ter a Administração ampla possibilidade de conhecer esta informação, disponível em vias telemáticas de qualquer unidade da SRFB, em todo o País, em tempo real, é que não se pode admitir a passagem à via editalícia antes do esgotamento das possibilidades de localização efetiva do domicílio do sujeito passivo.

3.4 Atos de comunicação geral - o edital. Limites do seu cabimento

Como visto, nada impede que atos administrativos comunicados a sujeitos passivos tributários possam ser entregues a pessoas diversas dos destinatários (a) e igualmente em locais diferentes (b), no domicílio real do sujeito passivo ou em outro, bastando que se assegure o efetivo recebimento

---

30 GARCIA NOVOA, César. *Las notificaciones tributarias*. Madrid: Aranzadi, 2001, p. 49.
31 Idem, ibidem, p. 69.

pessoal do sujeito passivo. Porém, no caso de evidente impossibilidade ou de infrutíferas ações, deve o Fisco recorrer aos expedientes gerais, como é o caso da notificação por edital.

Mudanças de domicílio desprovidas de imediata comunicação ao Fisco, dificuldades de acesso ao local indicado ou ausência de pessoas a quem possam ser entregues as notificações podem justificar o recurso ao edital.

É medida subsidiária de *ultima ratio*, a ser usada somente quando impossível ou infrutífera a tentativa de notificação individualizada. Uma subsidiariedade que significa esgotar todos os meios disponíveis, com provas que demonstrem efetiva certeza sobre tal esgotamento.

A notificação por edital gera o efeito de uma notificação tácita e sua fundamentação encontra-se na afirmação do direito ao tributo e na tutela dos créditos públicos, quando vencidos todos os meios que se baseiam na prevalência dos direitos fundamentais do contribuinte e desde que atendidos aos requisitos legais exigidos para o procedimento de notificação por edital.

4 CONSIDERAÇÕES FINAIS

Como visto, quando a Administração exige a formalização de um *domicílio eleito* esse ato tem uma eficácia fundamental, que é aquela de vincular a comunicação da Administração a este endereço informado. A superação do domicílio eleito poderá ocorrer quando tentativas de localização individual forem insuficientes ou improdutivas; mas, nesse caso, deverá entrar em cena o *domicílio real*; e este, por sua vez, somente poderá ser abandonado quando esgotados os esforços de localização do sujeito passivo, no que caberá a passagem ao meio editalício.

Por conseguinte, somente quanto esgotadas as tentativas de localização pelo domicílio eleito (a) passa-se ao domicílio real ou efetivo (b) e, quando este não puder ser localizado ou resultar infrutífero o esforço de localização do contribuinte, excepcionalmente, poderá o Fisco lançar mão da notificação por edital (c), em caráter de subsidiariedade.

Mudanças de domicílio, dificuldades de acesso ao local indicado ou ausência de pessoas a quem possam ser entregues as notificações podem justificar o recurso ao edital. Esta, porém, é via excepcional e subsidiária que somente pode ser admitida quando esgotados todos os meios e tenham-se demonstrado infrutíferas as tentativas realizadas.

Tratando-se de lançamento de ofício, o dever de notificar é inafastável, como medida de integração do sujeito passivo à relação tributária patrimonial, e cujo ato administrativo tem como finalidades, basicamente, as seguintes:

a) atribuir eficácia ao ato administrativo de lançamento, especialmente o efeito de exigibilidade;

b) dar conhecimento do conteúdo do ato administrativo ao destinatário, para que este o possa cumprir ou impugnar no exercício do direito ao devido processo legal;

c) servir ao cômputo de prazos, como os de impugnação, recurso, prescrição, efeitos da mora etc.

Desse modo, como o auto de infração é um típico lançamento tributário, sua eficácia depende necessariamente da efetiva notificação ao sujeito passivo, para que aquele possa gozar do efeito de exigibilidade e vincular, desse modo, as condutas das partes na relação jurídico-tributária.

NÃO INCIDÊNCIA DE ICMS SOBRE A DEMANDA CONTRATADA DE POTÊNCIA: ASPECTOS CONSTITUCIONAIS

IGOR MAULLER SANTIAGO*

1 INTRODUÇÃO

Por suas qualidades como jurista, professor, advogado e amigo, o Professor Eduardo Botallo é, sem dúvida, merecedor deste *liber amicorum*, a que nos associamos com imensa alegria.

O tema de nosso estudo é a exigência de ICMS sobre a demanda contratada de potência elétrica, recentemente sumulado pelo STJ em favor dos Fiscos estaduais (*Súmula 391. O ICMS incide sobre a tarifa de energia elétrica correspondente à demanda de potência efetivamente utilizada*), mas que pende de julgamento definitivo no STF, reconhecida que foi a sua repercussão geral nos autos do Recurso Extraordinário 593.824/SC, a ser relatado pelo Ministro Ricardo Lewandowski.

2 OS CONCEITOS DE ENERGIA E DE POTÊNCIA (DEMANDA). NÃO INCIDÊNCIA DO ICMS SOBRE A DEMANDA RESERVADA DE POTÊNCIA

2.1 A jurisprudência tradicional do STJ sobre a matéria

Numa primeira fase do debate, definiu-se erroneamente a demanda contratada como uma quantidade de energia que os grandes consumidores

---

* Mestre e Doutor em Direito Tributário pela UFMG. Ex-Professor de Direito Tributário da UFMG. Membro do Conselho de Redação da *Revue Française de Finances Publiques*. Advogado.

– que se sujeitam à tarifa binomial de energia elétrica, composta de energia consumida e de demanda contratada – adquiriam antecipadamente, e que poderiam ou não vir a utilizar, a depender de suas necessidades.

Diante de tal enquadramento (equivocado, repita-se), consolidou-se a orientação do STJ no sentido de que tal parcela da tarifa binomial não deve ser onerada pelo ICMS.

O fundamento central desse entendimento foi a noção juridicamente correta (mas inaplicável à espécie) de que o mero contrato de compra e venda não basta para transferir a propriedade do bem a que se refere, o que só ocorre com a tradição. Por isso, é esta – e não aquele – que define a ocorrência do fato gerador do ICMS.

Nessa linha foram proferidos pelo menos quinze acórdãos unânimes e um único por maioria, além de algumas dezenas de decisões monocráticas. Importa notar que, apesar do erro da premissa depois corrigido, o STJ nesta primeira fase afirmou inúmeras vezes que o imposto estadual deveria incidir **apenas** sobre a energia deveras consumida, como se nota do aresto a seguir:

> TRIBUTÁRIO. RECURSO ESPECIAL. ICMS. ENERGIA ELÉTRICA. DEMANDA RESERVADA OU CONTRATADA. APLICAÇÃO AO FATO GERADOR. IMPOSSIBILIDADE. BASE DE CÁLCULO DO ICMS. VALOR CORRESPONDENTE À ENERGIA EFETIVAMENTE UTILIZADA/CONSUMIDA. PRECEDENTES.
>
> (...)
>
> 2. Consoante entendimento desta Corte Superior, não se admite, para efeito de cálculo de ICMS sobre transmissão de energia elétrica, o critério de Demanda Reservada ou Contratada – apura-se o ICMS sobre o *quantum* contratado ou disponibilizado, independentemente do efetivo consumo –, *uma vez que esse tributo somente deve incidir sobre o valor correspondente à energia efetivamente consumida.*
>
> 3. O valor da operação, que é a base de cálculo lógica e típica no ICMS, como era no regime de ICM, terá de consistir, na hipótese de energia elétrica, no valor da operação de que decorrer a entrega do produto ao consumidor (Gilberto Ulhôa Canto).
>
> 4. *O ICMS deve incidir sobre o valor da energia elétrica efetivamente consumida, isto é, a que for entregue ao consumidor, a que tenha saído da linha de transmissão e entrado no estabelecimento da empresa.*

5. A garantia de potência e de demanda, no caso de energia elétrica, não é fato gerador do ICMS. Este só incide quando, concretamente, a energia for fornecida e utilizada, tomando-se por base de cálculo o valor pago em decorrência do consumo apurado.

6. Precedentes: (...)

7. Recurso provido[1].

Antes de alertarem para a impropriedade conceitual em que incorria a jurisprudência então consolidada do STJ (e mantendo, pois, que a demanda contratada equivaleria a uma quantidade de energia posta à disposição dos grandes consumidores), os Estados tentaram combatê-la ao argumento de que o fato gerador do ICMS seria a mera disponibilização da energia para o adquirente no entroncamento entre a rede pública e o respectivo ponto de entrega, independentemente do efetivo consumo.

Se assim fosse, no limite, todos os consumidores deveriam pagar por toda a energia lançada no sistema ao longo do mês, pois ninguém pode garantir que, entre a geração e o consumo por um certo adquirente, esta não tenha passado pela porta de todos os demais.

Preciso, no particular, o voto do Ministro José Delgado nos EDcl no REsp 222.810/MG:

> O fato gerador do imposto, por conseguinte, consolida-se no exato momento em que a energia sai da fornecedora, circula e entra no estabelecimento do consumidor. Com razão, portanto, a fundamentação de fls. 665/667:
>
> "(...) Mesmo porque se se reputasse ocorrida a saída antes da energia transpor os pontos de entrega, tal saída ocorreria sem discriminação de qualquer usuário, pois a corrente flui pelas linhas de transmissão sem destinatário específico. Assim, até mesmo por óbice lógico, impede-se que se eleja momento anterior à entrega da energia ao consumidor, como marco temporal hábil a reputar como ocorrido o fato gerador.
>
> (...) Assim como são nítidos *in casu* dois valores correspondentes a duas situações fáticas distintas (numa fornecimento de energia, noutra, garantia de potência), e uma destas situações não chega a configurar o fato gerador do ICMS, somente caberá falar da incidência do imposto sobre o valor da operação de que resultou a entrega da energia – e não daquela que resultou mera garantia de potência"[2].

---

1 STJ, 1ª Turma, REsp 914.518/MG, rel. Min. José Delgado, *DJ* de 10-5-2007.
2 *DJ* de 15-5-2000.

2.2 A correta conceituação de demanda contratada. Descabimento, de toda forma, da incidência do ICMS

Com apoio na legislação regulatória do setor elétrico, e em especial na Resolução n. 456/2000 da ANEEL, as Fazendas Estaduais trouxeram o tema novamente à baila, demonstrando que demanda contratada de potência não é uma reserva de quantidade de energia, e sim a remuneração da infraestrutura necessária à sua transmissão/distribuição.

Com efeito, energia consumida é a quantidade de energia elétrica, expressa em kWh, absorvida por um consumidor a cada mês. Por seu turno, a potência, expressa em kW é a relação dessa quantidade de energia por unidade de tempo.

Assim, *v.g.*, uma indústria que tenha apenas uma máquina ligada 24 horas por dia tem **consumo** idêntico a outra que tenha 48 máquinas ligadas somente meia hora por dia. A **demanda de potência**, entretanto, será diversa, visto que a mesma quantidade de energia terá de ser transportada em período muito mais curto.

À primeira basta uma infraestrutura de transmissão modesta, ao passo que a alimentação da segunda exige cabos de bitola mais larga, transformadores mais resistentes etc., de sorte a evitar o colapso do sistema.

Demanda de potência, em suma, diz respeito à capacidade de transmissão de uma certa quantidade de energia em um determinado período de tempo, empuxo que se fará necessário caso todos os equipamentos de um certo consumidor sejam ligados ao mesmo tempo.

Não guarda, permita-se insistir, relação direta com a quantidade de energia que será consumida ao fim do mês, eis que o tempo de utilização simultânea dos equipamentos pode ser longo ou curto. Concerne tão somente à resistência do sistema à passagem, de uma só vez, de um grande "pacote" de energia – portanto, à infraestrutura de transmissão da energia.

Para os pequenos consumidores (residenciais etc.), a demanda de potência é reduzida, de sorte que não há necessidade de contratação à parte de uma infraestrutura de transmissão especial. O custo da transmissão vem diluído no preço da energia, dando lugar à chamada tarifa monômia de energia elétrica (composta de uma só parcela).

Já para os grandes consumidores, a potência necessária pode chegar a níveis elevadíssimos e, ademais, muito díspares de um para outro. É justo, pois, que cada um suporte o custo da infraestrutura cuja instalação exige, o que dá lugar à tarifa binômia de energia, composta de duas rubricas independentes: a energia consumida e a demanda contratada.

Sendo certo que o dimensionamento da rede de distribuição tem de ser feito *ex ante*, e que cada grande consumidor tem condições de prever os seus picos de potência (momentos em que terá todos ou quase todos os seus equipamentos ligados ao mesmo tempo), impõe-se a cada um deles prevenir a distribuidora quanto às suas necessidades (de potência, e não de quantidade de energia), comprometendo-se desde logo a contribuir proporcionalmente para a manutenção e a ampliação da infraestrutura de distribuição.

Esse compromisso e a remuneração respectiva constituem a demanda reservada de energia elétrica.

Ninguém discute – e o STJ já o afirmou – que tais investimentos devem ter o seu custo trasladado para o usuário do sistema elétrico, sob pena de insolvência das empresas que o exploram. Donde a legitimidade da demanda reservada como parcela da tarifa binomial de energia.

Reconhecê-lo não acarreta, porém, a conclusão imediata de que ela deva submeter-se ao ICMS, o que só será exato se corresponder à remuneração de operação de circulação de mercadoria ou de prestação de serviço de transporte interestadual ou intermunicipal ou de comunicação, pois estes são os únicos núcleos possíveis do fato gerador do imposto, segundo a Constituição.

De serviço de transporte ou de comunicação claramente não se trata[3].

---

3 Que a energia elétrica não é passível de transporte, reconhecem-no os próprios Estados, como se nota das seguintes passagens da Decisão Normativa CAT n. 4/2004, do Fisco paulista:

"17. Sem voltarmos às considerações sobre 'mercadoria', sabemos que são transportáveis os bens móveis, os valores e as pessoas, pois esses têm uma posição macroscopicamente definida no espaço, num determinado momento. À mudança de posição no espaço corresponde movimentação; à movimentação através de meios diversos – ou seja, pelo porte--através-de (trans = através) – corresponde o transporte.

(...)

23. (...) Se um distribuidor de energia, ou um consumidor livre, contrata a compra de energia elétrica de um determinado gerador, então, pelas características do Sistema Elétrico Brasileiro, não se pode dizer que aquele gerador é quem vai realmente gerar a energia e quanto será transportado por qual determinada linha de transmissão. É o Operador Nacional do Sistema quem determina o que vai fisicamente ocorrer e quem vai assegurar ao comprador a energia contratada.

Nem de contraprestação por operação de circulação de mercadoria, já que a energia consumida é cobrada em separado (pela outra parcela da tarifa binomial), e que a infraestrutura custeada pela demanda reservada pertence e continuará para sempre a pertencer à concessionária, não havendo falar-se em alienação tributável.

Tampouco há falar em serviço de qualquer natureza não incluído na lista do ISS (CF, art. 155, § 2º, IX, *b*), porquanto se trata de simples direito de utilização da infraestrutura de transmissão/distribuição de energia elétrica, não havendo – da parte da concessionária – qualquer atividade consistente num *facere* que pudesse justificar a qualificação como serviço. Sobre a valia do conceito civil de *serviço* para a delimitação da competência tributária dos Municípios já se pronunciou o STF no RE 116.121/SP⁴.

A tese dos Estados é a de que a demanda reservada se incluiria no valor da operação de fornecimento da energia (base de cálculo do ICMS), visto que este não se faz sem recurso aos equipamentos por aquela custeados.

A conclusão, obtida por meio de raciocínio econômico, não tem as consequências jurídicas, nomeadamente tributárias, que se lhe deseja atribuir.

A uma, porque formas diversas de contratar uma mesma utilidade econômica podem atrair regimes tributários diferentes, uns mais e outros menos favoráveis a um certo Fisco. Pense-se, *v.g.*, no fornecimento de refeições por hotéis. Se estas estiverem incluídas nas diárias, sujeita-se o seu valor ao ISS, a

---

(...)

32. O que se percebe imediatamente do que foi exposto acima é que energia elétrica não é estocada e não tem um lugar fixo no espaço. É transmitida, mas não é transportada, no sentido comum da palavra. Energia química é estocada na gasolina, numa pilha, etc. Seu lugar é macroscopicamente determinável. Mas não a energia elétrica. Esta somente é fornecida, tanto na geração como na transmissão, na distribuição e a comercialização. Seu fornecimento, seja pela geradora, pela transmissora, pela distribuidora ou pela comercializadora, corresponde a um fato gerador do ICMS, pela saída da mercadoria. Nunca pelo transporte. As características do Sistema Elétrico Brasileiro reforçam esse entendimento."

4 "**Tributo. Figurino constitucional.** A supremacia da Carta Federal é conducente a glosar-se a cobrança de tributo discrepante daqueles nela previstos. **Imposto sobre Serviços. Contrato de locação.** A terminologia constitucional do Imposto sobre Serviços revela o objeto da tributação. Conflita com a Lei Maior dispositivo que imponha o tributo considerado contrato de locação de bem móvel. Em Direito, os institutos, as expressões e os vocábulos têm sentido próprio, descabendo confundir a locação de serviços com a de móveis, práticas diversas regidas pelo Código Civil, cujas definições são de observância inafastável – artigo 110 do Código Tributário Nacional" (rel. para o acórdão Min. Marco Aurélio, *DJ* de 25-5-2001, p. 17).

teor do item 9.01 da lista anexa à Lei Complementar n. 116/2003[5]. Do contrário, sujeita-se ao ICMS, na forma do art. 2º, I, da Lei Complementar n. 87/96[6].

A duas, porque a forma de remuneração das concessionárias de energia elétrica pelos grandes consumidores não é opcional (como no caso acima, relativa à cobrança das refeições fornecidas por hotéis), mas atende à legislação regulatória, que **determina** que a energia consumida e a demanda reservada sejam cobradas em separado. Assim, sequer de planejamento tributário se pode falar.

Na verdade, a inclusão pelos Estados da demanda contratada na base de cálculo do ICMS – considerando como preço da energia aquilo que o legislador competente cuidou de tratar em separado – constitui usurpação da competência privativa da União para legislar sobre energia elétrica (CF, art. 22, IV).

A analogia por vezes apresentada pelos Estados entre a demanda reservada e a largura de uma estrada (ou o pedágio cobrado pelo seu uso) é instrutiva, pois a demanda nada mais remunera do que a infraestrutura pela qual a energia vai trafegar.

O pedágio a ser pago equivale à demanda contratada (custo da infraestrutura e de sua manutenção). O preço das mercadorias transportadas pelas estradas sujeitas ao pedágio – a mais larga e a mais estreita – corresponde ao valor da energia consumida (custo dos bens que circulam pela infraestrutura).

A pergunta, então, deve ser: existindo regra expressa impondo o pagamento em separado do pedágio pelo adquirente das mercadorias, o fato de estas passarem por uma via ou pela outra deve impactar no seu preço e, pois, no imposto sobre ele incidente?

A resposta a esta indagação – que parece ser claramente negativa – deve ser estendida ao caso em estudo.

Se a legislação não ordenasse a segregação dos valores, é certo que o

---

5 "9. Serviços relativos a hospedagem, turismo, viagens e congêneres.
   9.01. Hospedagem de qualquer natureza em hotéis, *apart-service* condominiais, *flat*, apart-hotéis, hotéis-residência, *residence-service*, *suite service*, hotelaria marítima, motéis, pensões e congêneres; ocupação por temporada com fornecimento de serviço (*o valor da alimentação e gorjeta, quando incluído no preço da diária, fica sujeito ao Imposto Sobre Serviços*)."
6 "Art. 2º O imposto incide sobre:
   I – operações relativas à circulação de mercadorias, *inclusive o fornecimento de alimentação e bebidas em bares, restaurantes e estabelecimentos similares*."

custo do pedágio ou da demanda reservada repercutiria no preço final do bem ou da energia, base de cálculo do ICMS.

Como – pelo menos no caso da energia fornecida a grandes consumidores – tal discriminação decorre de norma federal expressa (a Resolução n. 456/2000 da ANEEL), tem-se que os gastos com infraestrutura não têm qualquer influência na base de cálculo do ICMS, a qual, como é cediço, deve medir uma operação que promova a mudança de titularidade de mercadoria, correspondendo ao valor do negócio jurídico de que resulta a transferência.

Tolere-se a insistência: se é a própria legislação que determina a separação entre o preço de venda da mercadoria e a remuneração da estrutura necessária à sua entrega, não é lícito ao intérprete concluir que o tributo incide sobre esta última, pois não há nenhuma *operação* (circulação física ou jurídica) em relação a ela.

Prova adicional de que a demanda reservada não tem qualquer relação com a venda da energia é que ela continua devida mesmo quando o consumidor não adquire qualquer quantidade desta, seja por ter dado férias coletivas aos seus empregados, seja mesmo por ter sofrido corte no fornecimento.

De fato, segundo o art. 49, I, da Resolução ANEEL n. 456/2000, o valor a ser faturado a título de demanda de potência corresponde ao maior valor entre a demanda contratada e a demanda medida – caso esta última seja igual a zero, prevalecerá a primeira.

Impossível, portanto, sequer falar em acessório, visto que não há acessório que subsista à falta do principal.

O que se tem é total independência, cada parte da tarifa binômia correspondendo a uma utilidade econômica, só uma das quais é passível de incidência do ICMS, por não constituir a outra contrapartida à entrega de mercadoria ou preço de serviço de transporte ou de comunicação. Nesse sentido, a jurisprudência do Tribunal de Justiça de São Paulo:

> *Imposto. Circulação de Mercadorias e Serviços. Insurgência contra decisão que indeferiu pedido de liminar, em mandado de segurança impetrado contra a imposição do pagamento do ICMS incidente sobre energia elétrica ainda não consumida (disponibilizada como "demanda energética contratada").*
>
> Circunstância em que é possível se afirmar que a demanda contratada é um componente da tarifa que remunera as concessionárias pelos investimentos realizados, pois quanto maior for a demanda delineada pelos próprios consumidores do Grupo "A", maiores serão os investimentos que as concessionárias terão de realizar para dimensionar o

sistema elétrico com linhas de transmissão, de forma que essa remuneração não se presta, a princípio, a servir como base do cálculo para o ICMS, que pressupõe a circulação de mercadorias, ou seja, sua passagem de uma pessoa para outra, acarretando a mudança de titular.

Recurso provido[7].

Visto que as duas parcelas da tarifa binomial (energia consumida e demanda reservada) remuneram coisas distintas, descabida a invocação dos precedentes jurisprudenciais relativos aos encargos financeiros incluídos no preço da mercadoria pelo vendedor que financia as suas próprias vendas – ADI n. 84/MG, entre outros, os quais partem da premissa de ser *único o negócio jurídico*, isto é, **de ter um só objeto**.

Situação similar à da demanda reservada acontece com a tarifa de assinatura mensal de telefones fixos ou móveis, desde que não inclua qualquer franquia de minutos[8].

Deveras, como reconhecido pelo STJ no REsp 911.802/RS, *a cobrança mensal da tarifa de assinatura telefônica (...) tem por base o fato de o serviço de telefonia ser disponibilizado ao consumidor assinante. A sua exigência é uma retribuição pelos gastos com a manutenção do serviço, para que possa ser usado quando dele necessitar o usuário. É remuneração para que seja eficiente, isto é, contínuo e com condições técnicas para bem funcionar*"[9].

E as duas Turmas de Direito Público do STJ confirmaram há pouco que a assinatura básica que não franqueia serviços de comunicação não se sujeita ao ICMS[10], e isso independentemente de a infraestrutura que ela remunera ser utilizada ou não.

O mesmo raciocínio deve ser empregado para a demanda reservada de potência.

Tampouco impressiona o argumento fundado na isonomia entre os grandes e os pequenos consumidores de energia, de que a tarifa paga por estes contém de forma diluída (não discriminada em separado) a demanda

---

7   8ª Câmara de Direito Público, Ag. 711.736-5/6, rel. Des. Paulo Dimas Mascaretti, j. em 24-10-2007, voto n. 7.807.
8   O que é possível para as autorizatárias de serviços de telefonia fixa e para todas as empresas de telefonia móvel, que têm liberdade tarifária e não se sujeitam – como as concessionárias de telefonia fixa – à obrigação de incluir 100 pulsos no valor da assinatura.
9   Do voto do Min. José Delgado, fls. 12.
10 1ª Turma, REsp 754.393/DF, rel. para o acórdão Min. Teori Zavascki, *DJe* de 16-2-2009; 2ª Turma, EDcl no REsp 1.022.557/RS, rel. Min. Castro Meira, *DJe* de 12-2-2009.

reservada, submetendo-se (e, portanto, submetendo-a) ao ICMS que os grandes não querem suportar.

Com efeito, o custo da energia integra o preço das mercadorias fabricadas pelos grandes consumidores, que sofrerão a incidência do ICMS quando de sua saída.

Se o ICMS atingiu apenas a energia efetivamente consumida, os créditos do fabricante limitar-se-ão a esta parte da tarifa binomial, de sorte que o tributo ao fim alcançará, indiretamente, o valor da demanda reservada. Ao cabo, portanto, todos pagam.

2.3 A posição que prevaleceu no STJ: incidência do ICMS sobre a demanda medida. As diversas ofensas à Constituição em que incorre

A jurisprudência do STJ foi modificada – apesar da manifestação em contrário constante do próprio acórdão – no REsp 960.476/SC[11], submetido à sistemática dos recursos repetitivos (CPC, art. 543-C), em que tivemos a honra de proferir sustentação oral.

Em seu voto, distanciou-se o relator para o acórdão das teses dos contribuintes e dos Estados. De fato, nem afirmou que a demanda de potência é impassível de incidência do ICMS, como querem os primeiros, nem concordou com a incidência do imposto sobre a sua simples contratação, como querem os segundos. Adotando solução média – mas tecnicamente insustentável, conforme se demonstrará – deu pela tributabilidade da potência efetivamente utilizada. Eis o seu raciocínio:

> Entretanto, isso não significa dizer que o ICMS jamais pode incidir sobre a tarifa correspondente à demanda de potência elétrica. Tal conclusão não está autorizada pela jurisprudência do Tribunal. *O que a jurisprudência afirma é que nas operações de energia elétrica o fato gerador do ICMS não é a simples contratação da energia, mas sim o seu efetivo consumo. Por isso se afirma que, relativamente à demanda de potência, a sua simples contratação não constitui fato gerador do imposto. Não se nega, todavia, que a potência elétrica efetivamente utilizada seja fenômeno incompatível ou*

---

11 1ª Seção, rel. para o acórdão Min. Teori Zavascki, *DJe* de 13-5-2009.

estranho ao referido fato gerador. Pelo contrário, as mesmas premissas teóricas que orientam a jurisprudência do STJ sobre o contrato de demanda levam à conclusão (retirada no mínimo a contrario sensu) de que a potência elétrica, quando efetivamente utilizada, é parte integrante da operação de energia elétrica e, como tal, compõe sim o seu fato gerador.

(...)

Ora, por tudo o que se viu, o modo de cálculo que leva em consideração o valor da demanda simplesmente contratada pode ser legítimo para efeito de fixação da tarifa do serviço público de energia. Todavia, para efeito de base de cálculo de ICMS, que supõe sempre o efetivo consumo, a fixação do valor da tarifa de energia deve levar em conta a demanda de potência efetivamente utilizada, como tal considerada a demanda medida no correspondente período de faturamento, segundo os métodos de medição a que se refere o art. 2º, XII, da Resolução ANEEL 456/2000, independentemente de ser ela menor, igual ou maior que a demanda contratada (grifo nosso).

Comecemos pelo fim. É fato que a potência utilizada – relação entre a quantidade de energia consumida e o tempo do respectivo consumo – é medida por aparelhos próprios. Tal medição atende a fins regulatórios: saber se a potência exigida pelo consumidor é compatível com aquela por ele informada, com base na qual toda a rede elétrica é dimensionada. O intuito, parece claro, é evitar o colapso do sistema de distribuição de energia pela superação da capacidade (bitola) de subestações, transformadores e cabos, que poderiam mesmo incendiar-se em caso de excesso de fluxo.

O que importa notar é que a medição da demanda utilizada não tem relação com a determinação da quantidade de energia consumida ou com a fixação do valor da unidade de consumo de energia (kWh).

Impõe-se nessa altura uma observação sobre o sentido do termo *utilizada*, quando associada à potência energética (demanda reservada ou demanda *utilizada*). A energia é coisa móvel que circula e pode ser consumida. A potência é a relação dessa circulação de energia por unidade de tempo. Não circula e – conquanto seja mensurável, como a temperatura ambiente e a pressão arterial – não é passível de consumo, tanto assim que nunca se ouviu falar em *furto de demanda*.

A energia consumida é medida de forma cumulativa, **somando-se** o consumo aferido em cada um dos registros periódicos de medição. A demanda de potência é medida de forma alternativa, **comparando-se** (e não se somando) a potência aferida em cada um dos registros periódicos de medição.

Em um dia, há 96 medições de demanda de potência (uma a cada 15 minutos: Resolução ANEEL n. 456/2000, art. 2º, XII). Em 30 dias, são 2.880 medições. O maior valor apurado em todas essas aferições constitui a demanda de potência **medida** (= **utilizada**, mas nunca **consumida**) do período.

Na parte destacada do voto do relator, acima transcrito, encontra-se – com todo o respeito – a origem do equívoco em que incorreu S. Exa., visto que começa tratando de quantidade de energia (*o fato gerador do ICMS não é a simples contratação de energia, mas o seu efetivo consumo*), para em seguida concluir – como se se tratasse da mesma coisa – que, *por isso* a contratação da demanda de potência não é fato gerador do imposto, **mas que a sua efetiva utilização o é**.

Ora, quantidade de energia e potência são grandezas distintas. Uma refere-se ao total consumido em determinado período; a outra, ao ritmo em que tal consumo se deu.

Para a primeira, pode-se falar em ICMS. Para a segunda (*reserva de potência*), que diz respeito apenas à capacidade do condutor, não há falar em imposto, quer se trate de **demanda contratada**, quer se trate de ***demanda efetivamente utilizada*** (expressão que tem o sentido de **medida**, mas não de **consumida**, como se vem de explicar).

A solução adotada pelo STJ – e depois vazada na Súmula n. 391 – suscita um problema adicional: como já se disse, o art. 49, I, da Resolução ANEEL n. 456/2000 define a demanda faturável contra o consumidor como **o maior valor** entre a demanda contratada e a medida.

Dessa maneira, toda vez que a demanda medida for menor do que a contratada, o valor a ser cobrado do consumidor será o deste último, não se discriminando na fatura um valor diverso (presumivelmente menor) que corresponderia à porção efetivamente utilizada.

Assim, ou a distinção feita pelo acórdão recorrido é inútil, pois se pagará ICMS sempre sobre a demanda contratada, e não sobre a medida, exceto quando esta for maior do que aquela, ou o Judiciário – determinando a realização de uma regra de três entre a demanda contratada, o respectivo valor e a demanda medida, para chegar-se ao preço estimado desta última (base de cálculo do ICMS, segundo o acórdão atacado) – terá agido como legislador positivo, em manifesta ofensa à separação dos Poderes.

Vale ressaltar por fim, e apenas para que não subsista qualquer dúvida, ante o caráter eminentemente técnico da discussão, que a parcela da tarifa binomial correspondente à energia consumida não contempla, como já se chegou a afirmar, a remuneração da demanda **medida** ou **utilizada**.

Nesse sentido, o insuspeito testemunho do ex-Procurador-Geral da Fazenda do Estado de Minas Gerais, Dr. José Benedito Miranda:

> Neste contexto, para que se evite a indesejada promiscuidade conceitual, o termo consumo deve estar associado à energia, compondo a expressão consumo de energia elétrica. Já a expressão potência elétrica não se desvincula do termo demanda ou da expressão demanda de potência elétrica. Por decorrência, como o consumo de energia elétrica e a demanda de potência elétrica representam duas grandezas físicas distintas, *quando então se decide que o ICMS incide apenas sobre a energia consumida e não sobre a demanda contratada, não se estará admitindo a incidência do ICMS também sobre a demanda de potência utilizada.*
>
> (...)
>
> Como componente distinto que é, *o valor da energia elétrica consumida não inclui a parcela de demanda de potência contratada que tenha sido efetivamente utilizada, eis que tanto o consumo de energia como a demanda utilizada são objeto de medições distintas, realizadas por equipamentos próprios,* razão pela qual, ao contrário do que às vezes se afirma (EDcl no REsp 1.076.191, AgRg no REsp 1.070.255 e EDcl no REsp 1.020.945, entre outros), no valor do consumo da energia elétrica não se acha incluído o valor da demanda contratada, parcelas distintas que são do valor da fatura emitida pela concessionária[12].

3 CONCLUSÕES

Diante do exposto, renovando as nossas homenagens ao eminente professor e amigo Eduardo Bottallo, concluímos que o ICMS não pode incidir sobre a demanda de potência elétrica, seja a contratada ou a medida, visto que isso representaria ofensa direta aos arts. 155, II (por não se tratar de pagamento pela circulação de mercadoria), 155, § 2º, IX, *b* (por não se tratar de serviço não contemplado na competência municipal, visto que a demanda de potência sequer representa um serviço), 22, IV (por haver legislação da pessoa competente – a União – determinando a segregação dos valores re-

---

12 *Demanda contratada e incidência do ICMS. Uma falsa questão jurídica?* Disponível em: <http://www.jurid.com.br/new/jengine.exe/cpag?p=jornaldetalhedoutrina&ID=62269>.

lativos à energia consumida e à demanda contratada), e 60, § 4º, III, da Constituição (separação dos poderes, caso se entenda que o Judiciário deve ordenar a apuração de base de cálculo não prevista em qualquer texto normativo, de forma a viabilizar a incidência do ICMS sobre a demanda medida, sempre que esta for inferior à contratada).

A PRESCRIÇÃO INTERCORRENTE NO PROCESSO ADMINISTRATIVO TRIBUTÁRIO

JOSÉ ANTONIO BALIEIRO LIMA[*]

O presente texto foi escrito para integrar um livro que representa uma justa homenagem a uma grande pessoa, advogado e jurista, intensamente dedicado ao desenvolvimento do Direito Constitucional e do Direito Tributário, e a quem não posso deixar de registrar minha admiração e profunda gratidão.

No âmbito dessa singela homenagem, o tema foi escolhido por representar valores muito caros ao Professor Doutor Eduardo Domingos Bottallo, sempre empenhado em ensinar a importância da luta pela plena observância dos desígnios constitucionais, qual seja, a busca do princípio da segurança jurídica no processo administrativo tributário.

A intenção é, mediante a análise dos dispositivos constitucionais e legais que tratam das mais variadas formas de perda de direitos *no* e *em razão do* tempo (preclusão, perempção, prescrição e decadência), demonstrar a procedência da "prescrição intercorrente" no processo administrativo, ainda que eventualmente sob outra denominação.

Dessa forma, a Segurança Jurídica, valor alçado à condição de sobreprincípio constitucional, restará prestigiada por meio dessa figura que, à falta de um dispositivo expresso (no âmbito do processo administrativo), foi construída a partir de outros comandos previstos em nosso ordenamento jurídico.

---

[*] Especialista em Direito Tributário pela PUCSP. Professor Assistente da Faculdade de Direito de São Bernardo do Campo. Juiz, representante dos contribuintes, do TIT/SP. Advogado.

1 A REALIZAÇÃO DA JUSTIÇA PELA SEGURANÇA JURÍDICA

A tão almejada JUSTIÇA, como bem ressalta o Professor Paulo de Barros Carvalho em muitas de suas palestras, é algo que nos parece impossível de ser atingido se considerada em seu sentido mais amplo. Indaga o eminente jurista: Em uma lide, o que é justiça? Afinal, o autor propõe a ação em nome da justiça; em nome também da justiça vem a contestação do réu; e não é em homenagem a outro princípio que advém a sentença proferida pelo juiz.

Nesse sentido, quer nos parecer que a justiça, entendida em seu sentido mais estrito (e, portanto, possível), é "personificada" na realização da segurança jurídica. Sim, porque nada se pode exigir do ordenamento jurídico (cipoal de normas que regulam as relações na sociedade) além de que confira estabilidade nas relações entre aqueles que a ele estão submetidos (estado e particulares). Essa é, portanto, a forma por excelência de realização da justiça: a garantia da segurança jurídica.

Ora, é a partir da segurança jurídica que poderemos falar em certeza do direito, no sentido de previsibilidade conferida ao administrado; também se faz necessária a estabilização das relações jurídicas para que possamos, de forma efetiva, definir os lindes das liberdades, direito fundamental garantido aos particulares; é na busca da segurança jurídica que falamos de isonomia.

A doutrina trata o referido princípio de maneira solene, classificando-o com um verdadeiro sobreprincípio. Os dispositivos constitucionais, tributários ou não, que têm por finalidade a busca de sua realização, também são vários: a legalidade, a anterioridade, a irretroatividade, o acesso irrestrito ao Poder Judiciário, apenas para citar alguns.

Para dar contornos finais ao conceito e à importância do Princípio da Segurança Jurídica, socorremo-nos das lições de Paulo de Barros Carvalho:

> Mas, ao lado da certeza, em qualquer das duas dimensões de significado, outros valores constitucionais, explícitos e implícitos, operam para concretizar o sobrevalor da *segurança jurídica*. Diremos que em um dado sistema existe este sobreprincípio, pairando sobre a relação entre Fisco e contribuinte, sempre que nos depararmos com um feixe de estimativas, integradas para garantir o desempenho da atividade jurídico-tributária pelo Estado-administração. Convencionou-se que tais valores são, basicamente, a igualdade, a legalidade e a legalidade estrita, a universalidade

da jurisdição, a vedação do emprego do tributo com efeitos confiscatórios, a irretroatividade e a anterioridade, ao lado do princípio que consagra o direito à ampla defesa e ao devido processo legal.

Qualquer violação a essas diretrizes supremas compromete, irremediavelmente, a realização do princípio implícito da certeza, como previsibilidade, e, ainda, o grande postulado, também inexpresso, da segurança jurídica[1].

As palavras do insigne Professor Titular da USP e da PUCSP afastam qualquer dúvida que se possa ter sobre a relevância do mencionado primado, demonstrando, ainda, a forma como para sua realização convergem outros princípios constitucionais de indiscutível magnitude.

2 O PRINCÍPIO DA SEGURANÇA JURÍDICA E O TEMPO

O Princípio da Segurança Jurídica e o tempo são indissociáveis. A própria Constituição Federal contém dispositivos que abonam de maneira expressa tal assertiva: o inciso XXXVI do art. 5º prevê que a lei não atingirá o ato jurídico perfeito, a coisa julgada e o direito adquirido; o inciso XL determina que a lei penal só retroagirá para beneficiar o réu (no mesmo sentido podemos apontar o art. 106 do CTN). São exemplos que demonstram a impossibilidade de situações consolidadas em conformidade com o ordenamento, num dado momento, virem a ser atingidas por leis futuras. É a irretroatividade da lei gerando segurança aos administrados.

Por outro viés, também relacionando tempo e Segurança Jurídica, temos institutos como a decadência, a prescrição, a preclusão e a perempção.

Por meio dessas figuras, prevalece o brocardo segundo o qual "o direito não socorre aos que dormem", ou seja, o direito estabelece prazos para que atos sejam praticados ou procedimentos sejam concluídos, findos os quais, diante da inércia daquele que tinha o dever-poder de praticá-los, não mais poderão produzir efeitos. A sua realização tardia implica a impossibilidade de conferir-lhes efeitos jurídicos.

---

1 *Direito tributário: linguagem e método*. São Paulo: Noeses, 2008, p. 264.

No âmbito da Lei Maior, podemos, exemplificativamente, mencionar o art. 5º, inciso LXXVIII, introduzido pela EC n. 45/2004, que garante a todos, nos âmbitos judicial e administrativo, a razoável duração do processo e os meios que garantam a celeridade de sua tramitação; na legislação ordinária, encontramos o art. 24 da Lei n. 11.457/2007, que confere o prazo de 360 dias, a contar do protocolo, para que sejam proferidas decisões administrativas em petições, defesas e recursos administrativos dos contribuintes, o art. 40 da Lei n. 6.830/80, que prevê a possibilidade de decretação da prescrição intercorrente; o Código de Processo Civil, em seu Título V, Capítulos II e III, que dispõe exaustivamente sobre o tempo dos atos processuais, além de outros.

Resumindo essas noções, Eurico Marcos Diniz de Santi ensina que

> a segurança jurídica garante a consolidação do passado impondo ao Legislativo, que produz as leis, o limite da irretroatividade da lei; ao Executivo, que produz atos administrativos, o limite da decadência e ao Judiciário, que produz sentenças e acórdãos, o limite da prescrição[2].

Como podemos perceber, o próprio direito positivo estabelece mecanismos que visam garantir a estabilidade de relações consolidadas e evitar a perenização de situações indefinidas.

3 O PROCESSO ADMINISTRATIVO

3.1 Processo ou procedimento

Eis uma questão polêmica, que merece ser tratada, ainda que brevemente: no âmbito administrativo, estamos diante de um processo ou de um procedimento?

Segundo as judiciosas lições do Professor Eduardo Bottallo, às quais aderimos integralmente, não merecem guarida as manifestações que propugnam a designação de procedimento ao fenômeno verificado no âmbito administrativo, tendo em vista a ausência da finalidade de solução de litígios.

---

2 Lançamento, decadência e prescrição no direito tributário. In: *Curso de iniciação em direito tributário*. São Paulo: Dialética, 2004, p. 80.

Ora, a despeito do fato de os procedimentos preparatórios ao ato administrativo inaugural serem praticados apenas pela autoridade administrativa, é inegável que, a partir do momento em que efetuado, instaura-se verdadeiro contencioso, em que as partes litigam com ampla liberdade de alegações (em tese, na medida em que as recentes inovações introduzidas nas diversas legislações que tratam do tema vedam, expressamente, a apreciação de matéria constitucional, a não ser em situações específicas) e de produção de provas, à semelhança do que ocorre no processo judicial, tendo direito a decisões fundamentadas, que permitam a sua refutação no mais amplo sentido do termo.

Com efeito, o processo administrativo tem suas decisões máximas proferidas por órgão que, não obstante integrar a administração, tem atuação absolutamente neutra na solução das controvérsias submetidas ao seu crivo.

A afirmação de que, pelo "controle da legalidade", busca-se apenas e tão somente o aperfeiçoamento do ato administrativo praticado e a verificação de sua correção, não tendo por objetivo a definição do direito das partes, é uma meia-verdade.

Não se pode perder de vista que toda a atividade estatal (inclusive a do lançamento tributário) e o controle de sua legalidade estão submetidos ao princípio constitucional da legalidade (com o perdão da redundância), um dos pilares da Constituição Federal, inscrito em seu art. 5º, II, dentro do extenso rol dos **Direitos e Garantias individuais**, juntamente com a já mencionada previsão do direito aos processos administrativo e judicial, informados pelo contraditório, pela ampla defesa e todos os meios e recursos a ela inerentes!

Ora, considerando-se que o processo é meio, instrumento para a consecução da "justiça", aqui tomada no sentido preconizado no curso deste artigo, ou seja, da segurança jurídica; considerando-se que a observância da legalidade é direito e garantia dos indivíduos, com vistas à sua segurança jurídica; e, por fim, considerando-se que os atos praticados nesse contencioso administrativo visam o controle da legalidade dos atos da administração, não há como chegar a outra conclusão senão a de que estamos diante de algo que tem por fim garantir o direito das partes e, portanto, de um verdadeiro processo.

Para dar contornos finais a essa discussão, vejamos os ensinamentos do Professor Eduardo Bottallo:

> A Constituição de 1988, visando a fazer do contencioso administrativo um efetivo instrumento de realização do direito material contro-

vertido, deu-lhe a necessária aptidão para estruturar-se em termos capazes de solucionar litígios em sua área de atuação.

(...)

Não se pode afirmar, por outro lado, que o emprego da expressão "processo administrativo" no art. 5º, LV, da CF tenha sido meramente acidental. A Constituição revela clara compreensão das diferenças entre "procedimento" e "processo" quando, *e.g.*, no art. 41, § 1º, os emprega em contextos perfeitamente diferenciáveis: "processo" no art. 41, § 1º, II; "procedimento" no art. 41, § 1º, III.

Odete Medauar corrobora esta visão:

"Assim, o processo administrativo caracteriza-se pela atuação dos interessados, em contraditório, seja perante a própria Administração, seja ante outro sujeito (administrado em geral, licitante, contribuinte, por exemplo), todos, neste caso, confrontando seus direitos ante a Administração.

A Constituição Federal de 1988 consagrou o termo 'processo' para significar a processualidade administrativa. Por isso, encontra-se este termo no inciso LV do art. 5º: 'aos litigantes, em processo judicial ou administrativo, e aos acusados em geral são assegurados o contraditório e ampla defesa, com os meios e recursos a ela inerentes'. Em outros dispositivos a Constituição usa o termo 'processo' para atuações no âmbito administrativo: no inciso XXI do art. 37 – processo de licitação – e no § 1º do art. 41 – processo disciplinar"[3].

Concluindo, entendemos ter fundamentado solidamente nossa posição no sentido de haver um efetivo processo administrativo, tendo as transcrições *supra* acrescentado outro argumento às nossas ponderações (o emprego em diferentes acepções, pela CF/88, das expressões processo e procedimento).

3.2 O processo administrativo na Constituição Federal de 1988

A Constituição Federal de 1988 conferiu ao processo administrativo papel de altíssima relevância, dotando-o de instrumentos aptos a torná-lo um eficaz meio de proteção dos direitos fundamentais dos administrados, em que pese a desconfiança de muitos e os maus-tratos a que vem sendo submetido

---

3 *Curso de processo administrativo tributário*. 2. ed. São Paulo: Malheiros, 2009, p. 64-65.

pelo legislador ordinário dos entes tributantes (no caso do processo administrativo tributário).

Com relação à sua importância, o Professor Eduardo Domingos Bottallo, defensor e estudioso do processo administrativo, ensina que

> a Constituição de 1988 encurtou extraordinariamente a distância entre o processo judicial e o administrativo, dotando este último de atributos que lhe permitem compartilhar com o primeiro – e de forma bastante eficaz – a missão de tornar mais acessível o caminho em direção a uma ordem jurídica justa[4].

Com efeito, o comando inserto no art. 5º, LV, da CF demonstra de forma cabal e irrefutável a importância conferida ao processo administrativo. Não é sem razão que o preceito em comento dispõe conjuntamente a respeito tanto do processo administrativo como do processo judicial, este, historicamente, é a forma por excelência de proteção individual e coletiva dos administrados.

Ademais, no que pertine à extensão e força dessa proteção, o texto constitucional expressamente confere aos administrados, em ambos os processos, o direito à "ampla defesa com todos os meios e recursos a ela inerentes", afastando, portanto, qualquer tentativa de mitigar a utilização da via administrativa.

É, pois, o processo administrativo, com seu contraditório e ampla defesa, importante instrumento instituído para a garantia do democrático exercício do poder.

Leia-se a lição da Ministra Carmen Lúcia Antunes Rocha:

> É, pois, para a realização dos princípios democráticos legitimadores do exercício do poder que se põe o processo administrativo como instrumento de ação do agente público, gerando-se em sua base jurídica o conjunto elementar de subprincípios que dão ao cidadão a segurança de aplicação eficiente do Direito justo[5].

---

4 Notas sobre a aplicação do princípio da duração razoável ao processo administrativo tributário. In: *Grandes questões atuais do direito tributário*. São Paulo: Dialética, 2008, v. 12, p. 51.
5 Apud BOTTALLO, Eduardo Domingos. Notas sobre a aplicação do princípio da duração razoável ao processo administrativo tributário, cit.

Nesse sentido, vale também transcrever os dizeres de Paulo Celso B. Bonilha, ao afirmar que a Constituição Federal contempla "o resgate e a redescoberta do processo administrativo como espécie do fenômeno processual e, por isso mesmo, suscetível de necessária contemplação e tratamento à luz da Teoria Geral do Processo"[6].

3.3 Processo administrativo tributário

Feitas as digressões acerca do processo administrativo, insta agora adentrar ao campo mais específico de nossas considerações neste artigo: o processo administrativo tributário.

O processo administrativo tributário propriamente dito tem como marco inicial, ao nosso sentir, o ato administrativo de lançamento tributário.

Nessa linha, alguns pontos merecem esclarecimento.

3.3.1 Lançamento tributário - ato ou procedimento

O lançamento tributário, forma clássica de constituição do crédito tributário, segundo a previsão do art. 142 do CTN, é um procedimento através do qual são apurados e determinados, pela autoridade administrativa, os elementos daquele (fato imponível, sujeitos da obrigação, base de cálculo e alíquota).

Em que pese a aparente clareza dessa figura, a partir dos termos utilizados pelo Código Tributário Nacional, muito se tem discutido sobre o conceito estabelecido.

A doutrina que se debruça sobre o tema do lançamento tributário há muito se ocupa da sua natureza, procurando definir se a dicção utilizada pelo Código Tributário Nacional está em perfeita consonância com o que efetivamente ocorre no mundo fenomênico.

Isto porque, a muitos (inclusive a nós), afirmar que o lançamento tributário tem natureza procedimental não parece ser a mais perfeita exegese.

Não obstante ser inegável a existência de uma série de atos investigativos no sentido de se apurar e determinar a ocorrência do evento hipotetica-

---

6 Apud BOTTALLO, Eduardo Domingos. *Curso de processo administrativo tributário*, cit., p. 64.

mente descrito no antecedente da regra-matriz de incidência, bem como definir os elementos integrantes da relação jurídica nascida a partir do fato jurídico tributário, entendemos que estes são preparatórios do ato administrativo de lançamento propriamente dito.

É a partir desse ato "final", consistente na aplicação do direito pela autoridade administrativa competente, promovendo a subsunção do fato à norma geral e abstrata instituidora do tributo, que se consubstancia efetivamente o lançamento tributário.

Mais uma vez nos socorremos das lições de Eurico de Santi, em sua definição de lançamento:

> Lançamento tributário é o ato-norma administrativo que apresenta estrutura hipotético-condicional. Este associa à ocorrência do fato jurídico tributário (hipótese) uma relação jurídica intranormativa (consequência) que tem por termos o sujeito ativo e o sujeito passivo, e por objeto a obrigação deste em prestar a conduta de pagar quantia determinada pelo produto matemático da base de cálculo pela alíquota[7].

Outra não é a posição esposada por Marcos Vinicius Neder e Maria Tereza Martinez Lopez:

> Os atos anteriores ao lançamento referem-se à investigação fiscal propriamente dita, constituindo-se medidas preparatórias tendentes a definir a pretensão da Fazenda. Há simples procedimento que tão somente conduz à constituição do crédito tributário. A partir daí instaura-se verdadeiro processo informado por seus princípios (desdobramento do *due process of law*)[8].

As transcrições acima confirmam nossas assertivas acerca do fato de ser o lançamento tributário um ato administrativo e não um procedimento, em que pese a dicção do Código Tributário Nacional e as respeitáveis posições em contrário.

Assim, retenha-se a ideia de que o lançamento tributário é um ato administrativo e, portanto, reveste-se de todas as suas características intrínsecas e extrínsecas.

---

7 *Lançamento tributário*. São Paulo: Max Limonad, 1996, p. 133.
8 Apud BOTTALLO, Eduardo Domingos. Notas sobre a aplicação do princípio da duração razoável ao processo administrativo tributário, cit., p. 53.

4 A CONSTITUIÇÃO DEFINITIVA DO CRÉDITO TRIBUTÁRIO

Revela-se de suma importância, nos lindes deste texto, a identificação do exato momento em que se considera definitivamente constituído o crédito tributário.

Nos termos anteriormente propugnados, os prazos decadencial e prescricional têm relação direta com tal definição, na medida em que não há mais que se falar em prazo decadencial a partir do momento em que ocorre a constituição do crédito tributário, seja por meio do lançamento ou de outra forma prevista em lei; por outro lado, conforme dispõe o art. 174 do CTN, a contagem do prazo prescricional tem como marco inicial a constituição definitiva do crédito tributário.

A constituição do crédito tributário por parte da Administração, conforme determinação legal, é feita pelo lançamento (art. 142 do CTN).

Portanto, não evoca maior questionamento a afirmação de que, efetuado o lançamento pela autoridade competente, constituído está o crédito tributário.

Por outro lado, o mesmo não acontece ao nos depararmos com escritos que defendem estar definitivamente constituído o crédito tributário somente após o lançamento tributário devidamente notificado ao contribuinte.

Com efeito, e guardando o máximo respeito aos que advogam tese diversa, a simples adjetivação da expressão "constituição do crédito tributário" pelo termo "definitiva" não nos parece suficiente para sustentar entendimento que fala em provisoriedade da constituição até que se esgotem os meios e recursos no âmbito administrativo.

Uma vez presentes no lançamento todos os elementos internos e externos que legitimam os atos administrativos, tornando-os válidos, entendemos que não há que se falar em provisoriedade. É ato administrativo que constitui definitivamente a relação jurídica tributária e, por consequência, o crédito tributário integrante desta.

Busquemos novamente os doutos subsídios de nosso homenageado:

> Como expusemos no Capítulo II, *retro*, a nosso ver a função do processo administrativo não é constituir, formalizar ou tornar "definitivo" o lançamento. No momento em que a relação processual administrativa se instaura, o lançamento já está concluído. A partir dessa instau-

ração, passa a correr o controle da juridicidade (ou legalidade *lato sensu*) deste ato[9].

Assim, firmamos nova conclusão que deve ser guardada, pois terá impacto direto nas ideias desenvolvidas adiante: o ato de lançamento constitui definitivamente o crédito tributário, sendo irrelevante, para este desiderato, o desenvolvimento do processo administrativo que ele desencadeia.

5 O DEVER DE IMPULSO DO PROCESSO NO ÂMBITO ADMINISTRATIVO

Esclarecemos as palavras de James Marins:

> c. Princípio da oficialidade. Entende-se por princípio da oficialidade a obrigação cometida à autoridade administrativa em promover a impulsão oficial ao procedimento e ao processo administrativo, mesmo nos casos em que tenha sido iniciado pelo contribuinte. Diferentemente do regime processual civil, o prosseguimento do procedimento ou do processo administrativo independe da promoção ou do requerimento pelo contribuinte das providências atinentes ao processo, pois no âmbito administrativo não vigora o princípio dispositivo que atribui às partes o ônus processual concernente à continuidade do feito[10].

Fica claro, diante da lição acima, que seja no processo judicial, seja no processo administrativo, a alguém é dada a função de promover seu andamento, dar impulso a seus atos, sob pena de o processo quedar paralisado indefinidamente, sem nenhuma justificativa, o que contraria diretamente o princípio da segurança jurídica.

Nesse sentido, também resta claro que no âmbito do processo administrativo tal missão é dada à Administração Pública, em obediência ao chamado princípio da oficialidade.

---

9 *Curso de processo administrativo tributário*. 2. ed. São Paulo: Malheiros, 2009, p. 161 (nota de rodapé).
10 *Direito processual tributário brasileiro (administrativo e judicial)*. São Paulo: Dialética, 2001, p. 175.

6 O PROCESSO E O TEMPO

Na teoria do processo, seja judicial ou administrativo, o tempo é figura central. Para comprovar tal assertiva, basta compulsar, no âmbito judicial, como adrede afirmado, o Código de Processo Civil, que no Capítulo III do Título V disciplina minuciosamente a matéria; na seara administrativa, na ausência natural de uma codificação, as leis de cada uma das esferas de poder disciplinam os prazos a que estão submetidas as partes envolvidas nas relações processuais de sua competência.

A chamada Teoria dos Prazos, que concebe a natureza e a classificação dos prazos processuais, está presente em todas as obras doutrinárias dedicadas ao processo.

Na mesma linha as palavras do ilustre Marco Aurélio Greco, que assim leciona:

> É o que procuraremos demonstrar, acentuando que a postulação de uma interpretação no sentido da inexistência de prazo para conclusão do procedimento administrativo traz em si três consequências inaceitáveis, quais sejam:
>
> a) neutralização de toda sistemática de prazos, pois estes pouco significariam, especialmente o de prescrição, se o processo administrativo pudesse demorar quinze ou vinte anos, ou mesmo indefinidamente;
>
> b) deixar a critério do credor (o Fisco) a definição do momento em que tem início o prazo prescricional que correria contra ele próprio; e
>
> c) perenização das pendências, pois o contribuinte a rigor não saberia durante quanto tempo ainda poder-lhe-ia ser exigido um tributo relativamente a um fato gerador ocorrido no passado, o que atinge o princípio da segurança das relações jurídicas[11].

---

11 Perempção no lançamento tributário. In: *Princípios tributários no direito brasileiro e comparado – estudos em homenagem a Gilberto de Ulhôa Canto*. Coord. Agostinho Toffoli Tavolaro, Brandão Machado e Ives Gandra da Silva Martins. Rio de Janeiro: Forense, 1988, p. 504-505.

No âmbito deste artigo, revela-se de suma importância a assertiva de que ao processo administrativo aplica-se a Teoria Geral do Processo, na medida em que, conforme já afirmamos, fazem parte desta as limitações temporais para a prática de atos e conclusão de procedimentos (ou processos) – teoria dos prazos.

6.1 A celeridade processual no âmbito administrativo

A aplicação da teoria dos prazos no processo, tanto judicial quanto administrativo, e do correlato princípio da celeridade processual, tem matriz constitucional, conforme se depreende do disposto no inciso LXXVIII do art. 5º da CF, que dispõe:

> Art. 5º (...)
> LXXVIII – a todos, no âmbito judicial e administrativo, são assegurados a razoável duração do processo e os meios que garantam a celeridade de sua tramitação.

Em obediência à determinação constitucional, o art. 24 da Lei n. 11.457/2007 dispõe:

> Art. 24. É obrigatório que seja proferida decisão administrativa no prazo máximo de 360 (trezentos e sessenta) dias a contar do protocolo de petições, defesas ou recursos administrativos do contribuinte.

Como podemos perceber, em sede de prescrições legislativas é incontestável que não se admite a perpetuação do processo administrativo como forma de dar efetividade ao sobreprincípio da Segurança Jurídica por meio da estabilização das relações jurídicas.

Entretanto, em que pese a existência dos referidos comandos constitucionais e infraconstitucionais, a solução do problema está longe de ser pacífica.

Com efeito, observamos a previsão normativa que positiva as ideias ora defendidas, introduzindo-as em nosso ordenamento jurídico de forma válida, o que não garante a elas, entretanto, aquilo que Paulo de Barros Carvalho chama de eficácia social[12].

---

12 Op. cit., p. 412.

Se, por um lado, é certo que o processo administrativo deve ter a duração que a Carta Magna denomina de razoável (no sentido de garantir a Segurança Jurídica) para cumprir suas finalidades (já mencionadas anteriormente), parece-nos igualmente correto indagar: Qual é o prazo razoável? Qual o seu marco inicial? Qual o seu termo?

Ora, tendo em vista a matriz constitucional da celeridade processual, arrolada entre os direitos e garantias individuais, não é dado à administração "controlar", ao seu talante, a duração do processo administrativo.

Destarte, outra indagação além das acima formuladas tem cabimento: A eventual ausência de respostas aos questionamentos acima impede a aplicação do comando constitucional? Queremos crer que não.

E iniciamos a fundamentação de nossa afirmação pelo disposto no § 1º do art. 5º da CF, nos seguintes termos:

> § 1º As normas definidoras dos direitos e garantias fundamentais têm aplicação imediata.

Com efeito, a simples previsão, ainda que no plano constitucional, da imediata aplicabilidade das normas em comento não lhes confere a pretendida efetividade no sentido de garantir a razoável duração do processo.

Todavia, o nosso sistema nos fornece alguns elementos que, conjugados, permitem-nos construir uma base para que tal desiderato seja atingido.

E, para bem ilustrar esse quadro, permitimo-nos, mais uma vez, trazer à colação o ensinamento do Professor Eduardo Bottallo, que sobre o tema assim se manifesta:

> E mesmo que se leve em conta que a razoável duração dos processos não pode decorrer exclusivamente da existência de comando normativo neste sentido, um conteúdo mínimo de eficácia haverá de ser nele reconhecido, até porque "a uma norma fundamental tem de ser atribuído o sentido que mais eficácia lhe dê" (Jorge Miranda).
>
> E, a este propósito, vale apontar a expressiva utilidade potencial ou eficácia mínima revelada pelo art. 5º, LXXVIII, eis que dele resultam, de imediato, importantes consequências, entre as quais a de servir de parâmetro para a promoção de magistrados, a de embasar reclamações ao Conselho Nacional de Justiça contra a morosidade de juízes ou tribunais e, ainda, a de responsabilizar o Estado pela lentidão danosa na tramitação de processos judiciais ou administrativos[13].

---

13 Notas sobre a aplicação do princípio da duração razoável ao processo administrativo tri-

6.2 A prescrição intercorrente no processo administrativo

Começamos esta parte final de nosso artigo firmando a noção de que a estabilidade das relações jurídicas, no sentido de prestigiar o sobreprincípio da Segurança Jurídica (fazendo, portanto, justiça), deve ser perseguida também no âmbito do processo administrativo, utilizando-se, para tanto, das ferramentas notadamente criadas para o processo judicial a fim de evitar a perpetuação das situações conflituosas, ou seja, as mencionadas preclusão, perempção e prescrição.

É de se notar que deixamos de arrolar, nas hipóteses acima, a decadência. Isto porque, sendo a decadência a perda do direito de lançar e o lançamento o marco inicial do processo administrativo, leva-nos a concluir que a existência de um implica a necessária inexistência do outro.

Assim, não basta a definição, ainda que por meio de lei, de prazos para que os atos sejam praticados ou os processos sejam encerrados.

Vejamos a lição de Arruda Alvim:

> A ideia de ônus consiste em que a parte deve, no processo, praticar determinados atos em seu próprio benefício: consequentemente, se ficar inerte, possivelmente esse comportamento acarretará consequência danosa para ela[14].

A ideia acima propugnada, em que pese ter sido formulada na seara do processo judicial, é inteiramente aplicável ao processo administrativo, ou seja, cabe a alguém o ônus de impulsionar o processo e a sua inércia produz consequências que lhe são danosas.

No processo administrativo, como anteriormente acentuado, tal dever é atribuído à administração, que além de praticar os atos necessários ao bom andamento do processo, também é responsável por evitar sua paralisação imotivada.

Assim, constatada a inércia da pessoa incumbida de zelar pelo andamento regular do processo, a ela deverá ser imputada uma penalidade, no caso a perda do direito ao próprio processo.

Nesse sentido, tendo em mira a segurança jurídica, a teoria geral dos

---

butário, cit., p. 59.
14 *Manual de direito processual civil*: parte geral. São Paulo: Revista dos Tribunais, 1990, p. 296.

prazos, a celeridade processual, o dever de impulso pela administração, é nossa incumbência verificar a possibilidade de construir, a partir dos dispositivos existentes em nosso ordenamento, a norma jurídica que impute consequências punitivas à Administração Pública pela sua inércia na condução do processo administrativo.

É o momento, portanto, de respondermos às indagações acima formuladas: Qual é o prazo razoável? Qual o seu marco inicial? Qual o seu termo final? Qual a sua natureza?

Em uma interpretação sistemática, podemos obter uma indicação de que o lapso temporal admissível é de cinco anos.

Vejamos a lição de Diógenes Gasparini a respeito do tema:

> A prescrição administrativa consuma-se com o escoamento do prazo legal e, na falta desse, cremos que o prazo deve ser o mesmo instituído pelo art. 1º do Decreto federal nº 20.910/1932, para prescrição de qualquer ação contra a Fazenda Pública, isto é, de cinco anos, já que a regra é a prescritibilidade (RDA 135/78). Essa também é a inteligência de Hely Lopes Meirelles (...). Embora longo este prazo para a prescrição administrativa, é melhor que se admitir, sem falta de menção legal, a imprescritibilidade[15].

No mesmo sentido é a lição de Marcos Rogério Lyrio Pimenta, que, ao se debruçar sobre o tema, chegou à seguinte conclusão:

> De fato, o direito positivo não prescreve um prazo para que a autoridade decida o processo administrativo tributário, ou seja, não existe previsão expressa de prescrição intercorrente. Todavia, o Código Tributário Nacional, em seu art. 108, I, prevê o uso da analogia para a aplicação da legislação tributária, na ausência de disposição expressa.
>
> Assim sendo, pensamos que neste caso podemos aplicar o art. 174 do Código Tributário Nacional combinado com o art. 5º do Decreto nº 20.910/32[16].

Note-se que a menção ao art. 174 do CTN, na mesma linha dos pensamentos acima colacionados, também é feita pelo Professor Eduardo Bottallo em nota de rodapé[17].

---

15 Apud BOTTALLO, Eduardo Domingos. *Curso de processo administrativo tributário*, cit., p. 161.
16 A prescrição intercorrente no processo administrativo. In: *Revista Dialética de Direito Tributário*, n. 71, São Paulo: Dialética, 2001, p. 122.
17 *Curso de processo administrativo tributário*, cit., p. 161.

Por outro lado, resta também definir o marco inicial de contagem do prazo a que aludimos. Nesse sentido, quer nos parecer que tal se dá a partir do momento em que se configura a inércia, ou melhor, o abandono do processo por aquele que tem o dever de impulsioná-lo.

Vale dizer que nesse aspecto divergimos de parte da doutrina que concebe prazo de cinco anos para a conclusão do processo administrativo, ou seja, entre seu termo inicial e seu termo final não pode decorrer período superior a cinco anos.

Deixemos consignado que o prazo acima não deve ser observado de forma absoluta, ou seja, a prescrição intercorrente tem lugar nos casos em que a demora na finalização do processo é injustificada, atribuível à inércia, ao manifesto desinteresse da autoridade responsável pelo seu bom andamento.

Caso contrário, à semelhança do que ocorre no processo judicial, no qual a prescrição intercorrente está expressamente prevista, se a demora na solução do litígio for atribuível a situações que fogem ao controle da Administração Pública, não deve ser declarada a sua ocorrência.

Ora, a sistemática proposta para o processo administrativo segue a mesma linha que a vigente para o processo judicial, ou seja, o prazo caracterizador da prescrição intercorrente no processo administrativo é contado de forma análoga ao daquele previsto para o processo judicial.

Finalmente, temos o problema atinente à natureza do prazo ora chamado de prescrição intercorrente.

É uma questão aparentemente tormentosa, que tem levado considerável parte da doutrina a afastar a possibilidade de aplicação das ideias aqui propugnadas (e, portanto, do próprio dispositivo constitucional), sob a alegação de que não há que se falar em prescrição antes de iniciado o prazo para propositura, pela Fazenda, da ação judicial.

O fundamento legal comumente utilizado para reforçar tal posicionamento é o disposto no art. 151, III, do CTN, que prevê a suspensão da exigibilidade do crédito tributário a partir do protocolo da impugnação do contribuinte, combinado com o art. 174 do mesmo *Codex*, que determina o exaurimento da fase administrativa como termo *a quo* do prazo prescricional.

Por esse caminho envereda Eurico de Santi, ao afirmar:

> Consideramos que não pode haver prescrição intercorrente no processo administrativo porque, quando há impugnação ou recurso administrativo durante o prazo para o pagamento do tributo, suspen-

de-se a exigibilidade do crédito, o que simplesmente impede a fixação do início do prazo prescricional[18].

Com todo o acatamento, não é nosso entendimento.

Ainda que concordemos com a noção de prescrição defendida por tais doutrinadores (e que encontra respaldo em decisões judiciais e administrativas), não podemos perder de vista que estamos a tratar de figuras distintas (e com *nomen juris* distintos).

A prescrição de que ora cuidamos é a intercorrente, verificada no decorrer do processo, e não aquela relacionada com a exigibilidade do crédito tributário. Explicamos.

A prescrição intercorrente atinge o direito de a Fazenda dar curso ao processo administrativo como medida punitiva à inobservância de seu dever de dar impulso àquele, ocorrendo, portanto, no interior do processo, como já afirmado.

Ao contrário, a prescrição que guarda relação direta com a exigibilidade do crédito é posterior à conclusão do processo administrativo. Exterior, portanto, a este.

Para finalizar e corroborar nosso entendimento, utilizamo-nos mais uma vez das lições do Professor Eduardo Bottallo:

> Portanto, a conduta capaz de evitar a ocorrência da prescrição intercorrente expressa-se *não* no exercício do direito de mover ação contra o contribuinte (que efetivamente fica suspenso), e *sim* no dever, que cabe à Administração, de impulsionar (dar andamento) o processo administrativo, missão em nada afetada, prejudicada ou comprometida pela suspensão da exigibilidade do crédito tributário[19].

Desse modo, parece-nos bastante defensável a utilização da terminologia mais usual, qual seja, prescrição intercorrente, para a designação do fenômeno que procuramos descrever neste artigo.

Seja como for, ou também qual o nome que se venha atribuir, já que na doutrina há discordâncias sobre isso, o que nos parece à margem de dúvidas é a impossibilidade de perenização das relações jurídicas tributárias,

---

18 *Decadência e prescrição no direito tributário*. São Paulo: Max Limonad, 2000, p. 239.
19 *Curso de processo administrativo tributário*, cit., p. 162.

no âmbito do processo administrativo, por absoluta desídia da Administração na sua condução, em razão do primado constitucional da Segurança Jurídica.

Assim, a figura da prescrição intercorrente, construída sob os auspícios, entre outros, do princípio da segurança jurídica e da prescrição constitucional inserta no art. 5º, LXXVIII (duração razoável do processo), e com elementos colhidos de outros dispositivos expressos em nosso ordenamento, na falta de menção específica, vem para dar efetividade aos seus mencionados fundamentos, fazendo com que saiam do plano geral e abstrato e ganhem a concretude necessária para que não caiam em desuso.

7 REFERÊNCIAS

ALVIM, Arruda. *Manual de direito processual civil*: parte geral. São Paulo: Revista dos Tribunais, 1990. v. 1.

BARROS CARVALHO, Paulo de. *Direito tributário*: linguagem e método. São Paulo: Noeses, 2008.

BITTAR, Djalma. Prescrição intercorrente em processo administrativo de consolidação do crédito tributário. *Revista Dialética de Direito Tributário*, n. 72, São Paulo: Dialética, 2001.

BOTTALLO, Eduardo Domingos. *Curso de processo administrativo tributário*, 2. ed. São Paulo: Malheiros Editores, 2009.

_____. Notas sobre a aplicação do princípio da duração razoável ao processo administrativo tributário. In: *Grandes questões atuais do direito tributário*. São Paulo: Dialética, 2008. v. 12.

_____. Súmulas obrigatórias do primeiro Conselho de Contribuintes e Direitos dos Administrados: In: *Grandes questões atuais do direito tributário*. São Paulo: Dialética, 2006. v. 10.

GRECO, Marco Aurélio. Perempção no lançamento tributário. In: *Princípios tributários no direito brasileiro e comparado – estudos em homenagem a Gilberto de Ulhôa Canto*. Coord.: Agostinho Toffoli Tavolaro, Brandão Machado e Ives Gandra da Silva Martins, Rio de Janeiro: Forense, 1988.

MARINS, James. *Direito processual tributário brasileiro (administrativo e judicial)*. São Paulo: Dialética, 2001.

PIMENTA, Marcos Rogério Lyrio. A prescrição intercorrente no processo administrativo. *Revista Dialética de Direito Tributário*, n. 71, São Paulo: Dialética, 2001.

SANTI, Eurico Marcos Diniz de. *Decadência e prescrição no direito tributário*. São Paulo: Max Limonad, 2000.

_____. Lançamento, decadência e prescrição no direito tributário. In: *Curso de iniciação em direito tributário*. São Paulo: Dialética, 2004.

_____. *Lançamento tributário*. São Paulo: Max Limonad, 1996.

PROCESSO ADMINISTRATIVO TRIBUTÁRIO – DIREITO À AMPLA DEFESA

JOSÉ EDUARDO SOARES DE MELO[*]

Bottallo: paradigma de jurista – advogado arguto – professor notável – amigo do coração – homem de bem - exemplo de lição de vida.

1 PRINCÍPIOS DA AMPLA DEFESA E DO CONTRADITÓRIO – FUNDAMENTOS DA SEGURANÇA JURÍDICA

A Constituição Federal de 1988 determina que "aos litigantes em processo judicial ou administrativo, e aos acusados em geral, são assegurados o *contraditório* e *ampla defesa*, com os meios e recursos a ela inerentes" (art. 5º, LV).

Esses princípios encontram-se inseridos na legislação federal (Lei n. 9.784, de 29-1-1999, art. 2º) e na paulista (Lei n. 10.941, de 26-10-2001, art. 2º; e Lei Complementar n. 939, de 3-4-2003 – Código de Direitos, Garantias e Obrigações).

Os preceitos não representam meros vocábulos gramaticais, nem simples referências de texto normativo, significando posturas que devem ser rigorosamente observadas por todos os operadores do Direito (magistrados, Fisco, administração privada, estudantes etc.) e perseguidas até suas últimas consequências.

---

[*] Doutor e Livre-Docente em Direito. Professor Associado e Coordenador do Curso de Pós--Graduação em Processo Tributário da PUCSP. *Visiting Scholar* da Universidade da Califórnia (Berkeley). Consultor Tributário.

O crédito tributário representa o direito que o Poder Público tem de perceber valores dos particulares para atender às necessidades da coletividade; mas, também, constitui intromissão no patrimônio das pessoas privadas, em razão do que somente pode ser exigido, se e quando observar os ditames legais, e esteja devidamente justificado e comprovado. Daí a razão pela qual os contribuintes e seus patronos podem, e devem, exercer sua defesa em plena sintonia com a amplitude conferida pela Constituição.

A *segurança jurídica* também estará caracterizada pela consideração de elementos fundamentais do ordenamento jurídico, como os cânones da Federação, República, isonomia, irretroatividade das normas, prescrição, ato jurídico perfeito, direito adquirido, coisa julgada, controle judicial etc.

A consagração dos direitos e obrigações das pessoas de direito público e dos particulares confere certeza ao Direito, em face da fixação de normas precisas e determinadas, significando a existência de um autêntico Estado Jurídico, com a eliminação de arbítrios e privilégios.

É nítida a configuração da *segurança jurídica* em matéria tributária mediante a fixação de demais princípios constitucionais concernentes à legalidade, anterioridade, igualdade, capacidade contributiva, tipicidade, vedação de confisco, liberdade de tráfego, proporcionalidade, razoabilidade etc.

A *certeza tributária* somente estará concretizada se os órgãos julgadores decidirem, com independência e rapidez, as controvérsias fiscais decorrentes da aplicação da legislação ordinária.

O desrespeito à segurança jurídica ocorre no caso de a legislação ordinária estabelecer ônus tributários em manifesto desrespeito às diretrizes jurisprudenciais, que, "além de influenciar, muitas vezes de forma decisiva, a produção legislativa, a ação administrativa e o horizonte decisional dos particulares, também pode propiciar outras consequências vinculadas à segurança jurídica:

- a) para as partes, na medida em que possibilita uma certa previsibilidade quanto à solução final do caso, operando assim como fator de segurança e de tratamento judicial isonômico;
- b) para o *Judiciário*, porque a jurisprudência sumulada agiliza as decisões, alivia a sobrecarga acarretada pelas demandas repetitivas e assim poupa precioso tempo, que poderá ser empregado no exame de casos mais complexos e singulares;
- c) para o próprio Direito, em termos de sua eficácia prática e credibilidade social, porque o *tratar igualmente as situações análogas* é algo ima-

nente a esse ramo do conhecimento humano, certo que o *sentimento do justo* integra a essência do Direito desde suas origens: *jus est ars boni et aequo*"[1].

A segurança jurídica deve ser considerada no processo fiscal, impondo-se o respeito ao direito à defesa, à ampla produção de provas, às decisões imparciais e à interposição de recursos em quaisquer entraves.

2 LANÇAMENTO E IMPUGNAÇÃO

O Auto de Infração deverá conter: (I) a identificação da repartição fiscal competente e o registro do dia, hora e local da lavratura; (II) a identificação do autuado; (III) a descrição do fato gerador da obrigação correspondente e das circunstâncias em que ocorreu; (IV) a determinação da matéria tributável e o cálculo do montante do tributo devido e da penalidade cabível; (V) a indicação dos dispositivos normativos infringidos e dos relativos às penalidades cabíveis; (VI) a indicação do prazo para cumprimento da exigência fiscal ou para apresentação da defesa; (VII) o nome legível e a assinatura do Agente Fiscal de Rendas.

A identificação da repartição fiscal, e o local da lavratura, tem por objetivo estabelecer a competência administrativa para realizar o lançamento, e centralizar o recebimento da defesa e recursos do autuado, promovendo a formação do respectivo processo administrativo.

A indicação da data da lavratura do Auto de Infração é importante para fixar o momento em que se considera a exclusão da espontaneidade do contribuinte (para fins de autodenúncia, formulação de consulta etc.).

A identificação do autuado qualifica o sujeito passivo da obrigação contida no auto de infração, que poderá ser restrita ao estabelecimento da pessoa jurídica (no caso de exigências referentes ao IPI, ICMS, ISS). Nessa situação, apenas interessam os documentos e elementos fiscais pertinentes ao mencio-

---

1 Rodolfo Camargo Mancuso, "Divergência Jurisprudencial e súmula vinculante", p. 47, Clémerson Merlin Clève, *Crédito-Prêmio de IPI – Estudos e Pareceres*, Minha Editora e Manole, p. 147, 2005.

nado estabelecimento, especialmente para fins de consideração do princípio constitucional da não cumulatividade.

A *descrição do fato gerador relativo à situação infracional, e das circunstâncias respectivas*, tem por objetivo informar aqueles elementos integrantes da obrigação tributária. Indicará a espécie de irregularidade (falta de recolhimento do imposto, crédito indevido, receitas omitidas etc.).

A *determinação da matéria tributável e o cálculo do montante do tributo* consistem na fixação do elemento econômico considerado em face da infração tributária (volume de vendas sonegadas, valores excluídos da base de cálculo etc.), com a aplicação da alíquota devida, resultando na quantificação do tributo devido.

A *penalidade aplicável* representa a tipificação penal do ilícito cometido, mediante o enquadramento da situação infracional descrita à situação legal específica.

A *disposição legal infringida* atende o princípio da legalidade uma vez que a descrição do fato gerador deve enquadrar-se rigorosamente à previsão normativa. Ao realizar o lançamento, a autoridade administrativa tem a obrigação de aplicar a legislação válida e eficaz no momento em que ocorreu o fato gerador tributário.

Além de reiterar sua natureza declaratória, o lançamento deve manter plena subsunção (adequação) dos fatos geradores à respectiva legislação, pois não haveria nenhum sentido aplicar a norma tributária vigente na data do lançamento, relativamente a fato (tributário) ocorrido em momento anterior, quando poderia viger distinta legislação.

A *indicação do prazo para cumprimento da exigência ou para a apresentação da defesa* tem o condão de determinar o cumprimento das determinações previstas no lançamento; ou a notificação para que o autuado exerça facultativamente o seu direito de ampla defesa.

A *assinatura da autoridade competente* formaliza o lançamento, irradiando os decorrentes efeitos pertinentes à cobrança do crédito tributário que também abrange o tributo, as multas e os juros incidentes na forma prevista legalmente. Prescinde de assinatura a notificação de lançamento emitida por processo eletrônico.

O auto de infração deve ser instruído com documentos, demonstrativos e demais elementos materiais comprobatórios da infração, independentemente de sua expressa previsão legal.

Para que possa exercer o amplo direito de defesa, o autuado deve estar na posse dos referidos elementos que embasam o lançamento, a fim de proceder ao seu exame, análise, e cotejá-los com os demais elementos referentes às suas atividades, como o patrimônio etc. Não basta a simples referência de que tais documentos se encontram anexados ao processo, e que podem ser manuseados na repartição fiscal.

No caso de documentos pertencentes ao próprio autuado, também não colhe a alegação de que estes já seriam de seu conhecimento. *O amplo direito de defesa e o princípio do contraditório (máximas constitucionais) impõem a obrigação de entregar ao autuado todos os elementos que embasam a cobrança do tributo.*

A violação aos elementos do auto de infração constitui causa de nulidade do lançamento, prejudicando os requisitos de liquidez e certeza.

O auto de infração incorreto somente poderá ser corrigido (acerto de lançamento) enquanto não ocorrido o prazo decadencial, uma vez que ficara prejudicado o anterior auto de infração. O órgão de julgamento só poderia ter competência para decidir a lide, mantendo o auto de infração (total ou parcial) ou decretando sua insubsistência, com o consequente arquivamento do processo. Sua natural competência é para julgar (solucionar o conflito entre o Fisco e o autuado), e nunca para efetuar correções ou determinar as respectivas providências, porquanto constituem medidas de execução administrativa.

Não podem ser confundidas as funções administrativa (lavratura do auto de infração) e executiva (diligências e providências pertinentes à retificação do auto de infração), com a função de julgamento (decisão da legitimidade do lançamento). Estranha-se a competência para julgar e, ao mesmo tempo, para determinar a correção do auto de infração.

A amplitude do direito de defesa consiste em direito atribuído ao autuado para impugnar todas as matérias contidas no auto de infração, concernentes aos elementos seguintes:

a) *aspecto formal*: poderá arguir a suspensão da exigência tributária em razão de encontrar-se sob consulta formal; questionar a competência do Poder Público; a impertinência dos dispositivos normativos dados como infringidos, em face da sua inadequação com os fatos geradores; a incorreta aplicação de multa; a menção incorreta aos dados cadastrais; a decadência por transcurso do lapso de tempo; a falta de assinatura do fiscal de rendas etc.;

b) *aspecto material*: poderá impugnar o enquadramento como sujeito passivo da obrigação; a exigência tributária em casos de desoneração tributária (imunidade, isenção), ou na inocorrência do fato gerador; a inclusão na base de cálculo de elementos estranhos ao negócio jurídico; a aplicação incorreta de alíquotas; o pagamento do montante tributário; a inadequada consideração de juros; a ausência de documentos fundamentando a acusação fazendária; e a acusação louvada em presunções, indícios e ficções e/ou decorrentes de precários levantamentos; o desrespeito às diretrizes fazendárias e/ou à sedimentada jurisprudência.

3 PROVAS - AMPLA PRODUÇÃO

3.1 Aspectos genéricos

Inexiste uniformidade de tratamento da matéria probatória na legislação reguladora do processo administrativo, uma vez que não menciona todos os meios de prova que podem ser utilizados, em razão do que o Fisco e o autuado procedem à juntada dos documentos e elementos que reputem necessários para justificar suas alegações.

Entretanto, o Código de Processo Civil (art. 332) – aplicado subsidiariamente ao processo fiscal – preceitua que "todos os meios legais, bem como os moralmente legítimos, ainda que não especificados neste Código, são hábeis para provar a verdade dos fatos, em que se funda a ação ou a defesa", defluindo *o princípio da liberdade probatória face o postulado da ampla defesa*.

Também estabelece (CPC, art. 334) que não dependem de provas os fatos (I) notórios; (II) afirmados por uma parte e confessados pela parte contrária; (III) admitidos, no processo, como incontroversos; e (IV) em cujo favor milita presunção legal de existência ou de veracidade.

O Código Civil (art. 212) dispõe que o fato jurídico pode ser provado mediante confissão, documento, testemunha, presunção e perícia.

No processo fiscal são acostados aos autos notas fiscais, duplicatas, balanços, anotações particulares, e declarações de terceiros, até mesmo consubstanciados em levantamentos (específicos, contábeis, de produção etc.).

Os litigantes sempre deveriam proceder à juntada de tais elementos na oportunidade adequada – auto de infração e defesa –, evitando-se a balbúrdia processual (provas oferecidas desordenadamente durante o trâmite processual). Todavia, os elementos probatórios também são oferecidos no decorrer do processo, até mesmo por ocasião do julgamento na segunda instância, com assentimento dos julgadores, evidenciando o princípio do informalismo e a busca da verdade material.

São inadmissíveis as provas obtidas por meios ilícitos (CF, art. 5º, LVI, e Lei n. 9.784/99, art. 30), como é caso do grampo telefônico não autorizado e da inviolabilidade domiciliar.

3.2 Momento da apresentação

Em princípio, a prova documental será apresentada na autuação e na impugnação, precluindo o direito de fazê-lo em outro momento processual, a menos que (a) fique demonstrada a impossibilidade de sua apresentação oportuna por motivo de força maior; (b) refira-se a fato ou a direito superveniente; e (c) destine-se a contrapor fatos ou razões posteriormente trazidas aos autos.

A juntada de documentos após a impugnação deverá ser promovida mediante petição em que se demonstre, com fundamentos, a ocorrência de uma das condições previstas anteriormente. Caso já tenha sido proferida decisão, os documentos apresentados permanecerão nos autos para, se for interposto recurso, serem apreciados pela autoridade julgadora de segunda instância.

Todavia, se de um lado evita-se a balbúrdia processual (provas apresentadas desordenadamente ao longo do trâmite processual, obrigando à concessão de vista as partes – princípio do contraditório); de outro, são privilegiados os princípios do informalismo, e da verdade material, que sempre permitem o oferecimento de provas e a coleta de documentos, durante o curso do processo, para que o crédito tributário somente possa ser constituído quando revestido de segurança e liquidez.

3.3 Ônus da prova

A quem compete provar a existência ou a negativa das infrações: Fisco ou contribuinte?

O Código de Processo Civil determina: Art. 333. O ônus da prova incumbe:

I – ao autor, quanto ao fato constitutivo do seu direito;

II – ao réu, quanto à existência de fato impeditivo, modificativo ou extintivo do direito do autor.

Parágrafo único. É nula a convenção que distribui de maneira diversa o ônus da prova quando:

I – recair sobre direito indisponível da parte;

II – tornar excessivamente difícil a uma parte o exercício do direito.

Entende-se que o encargo probatório deve ser considerado de forma equitativa para as partes litigantes. Pondera-se que a presunção de legitimidade dos atos administrativos – aplicável ao lançamento tributário – não significa a concessão de liberdade total ao fiscal, uma vez que tem a obrigação de provar (documentalmente) a veracidade da infração cometida, porque a exigência tributária tem que estar positivada, a fim de não constranger o patrimônio dos particulares sem que haja segurança (liquidez e certeza) do crédito tributário.

Portanto, não se podem exigir IPI e ICMS em razão de o Fisco declarar inidônea nota fiscal pelo simples fato de haver diferença entre a data de sua emissão e a data da saída das mercadorias do estabelecimento comercial, presumindo a reutilização do documento para demais negócios mercantis.

A "perícia" sempre deveria ser aceita relativamente à situação tributária, embasada em elementos e documentos de natureza contábil e técnica, porque tanto o Fisco quanto o autuado nem sempre são dotados do indispensável conhecimento científico. A análise das contas que compõem o balanço patrimonial demanda o conhecimento específico dos critérios e princípios contábeis. Do mesmo modo, implica conhecimento técnico de uma realidade operacional a classificação de um bem como produto industrializado (em oposição ao produto artesanal), para efeito de incidência tributária.

Os laudos ou pareceres do Laboratório Nacional de Análises, do Instituto Nacional de Tecnologia, de Universidades e de outros órgãos congêneres também podem ser adotados nos aspectos técnicos de sua competência, salvo se comprovada a improcedência desses laudos ou pareceres.

Na legislação processual que não preveja regramento específico, os órgãos fazendários devem aceitar a apresentação de pareceres técnicos, elaborados por auditores independentes etc., atestando procedimentos pautados por contribuintes, pois se torna praticamente inviável o exame minucioso, detido e circunstanciado de milhares de notas fiscais pertinentes aos conhecimentos específicos.

Tratando-se de exigências tributárias contidas em auto de infração formado por diversos volumes, é conveniente que o autuado obtenha *laudo* específico, não só para examinar a adequação da correção da metodologia utilizada, mas também para apresentar o seu resultado (por meio de gráficos e planilhas elucidativas), facilitando sua compreensão pelos julgadores.

O "parecer jurídico" constitui instrumento importante para embasar a postura adotada pelas partes litigantes, em razão da credibilidade do *expert* em face da sua notória especialidade, rigor científico e reconhecimento nos meios acadêmicos e judiciais.

A imparcialidade deve nortear a opinião dos jurisconsultos, tendo como objetivo precípuo o exame dos pontos fundamentais da matéria jurídica, segundo uma visão universal e científica, possibilitando ao julgador adotar os elementos adequados e pertinentes para proferir a decisão administrativa.

Aplicando-se ao processo administrativo subsidiariamente as diretrizes do Código de Processo Civil, é viável a obtenção do "depoimento pessoal" do contribuinte para se obter a precisa elucidação dos fatos, e até mesmo a comparação com demais elementos, no caso da existência de declarações contraditórias.

Para os autos fazendários podem ser trazidas as declarações prestadas no juízo cível e criminal ou em inquérito policial instaurado para a apuração de ilícitos criminais atinentes aos fatos tributários. Não se trata de prova emprestada, mas de elementos pertinentes à apuração do mesmo ilícito fiscal.

No processo administrativo não se procede ao "depoimento de testemunhas" que assistiram à prática de ilícitos fiscais, ou que tiveram ciência de documentos que mantinham adequação com as referidas infrações. No entanto, podem ocorrer situações fáticas que tornam imprescindíveis provas testemunhais, como é o caso dos transportadores, depositários, funcionários de empresas etc. Mesmo que inexista previsão no processo fiscal de audiência, em que sejam ouvidas testemunhas, poderão ser trazidas aos autos as respectivas declarações escritas.

As "diligências" poderão ser requeridas pelo autuado ou promovidas pelo Fisco de modo unilateral, ou mediante conversão do julgamento em diligência, para saneamento ou para esclarecimento de matéria de fato contida em processo, sempre em busca da verdade material, da segurança e certeza relativamente à proposta de lançamento.

4 MATÉRIA CONSTITUCIONAL

Podem as autoridades fazendárias e os tribunais administrativos afastar exigências tributárias sob o argumento de que contrariam preceitos constitucionais? A Administração Pública tem competência para declarar a inconstitucionalidade de lei em que se fundamenta a cobrança do tributo?

O postulado da legalidade direciona-se no sentido de que todos os órgãos julgadores devem decidir as questões submetidas à sua apreciação de conformidade com os superiores princípios jurídicos, examinando se existe efetiva subsunção dos fatos apurados no processo ao ordenamento jurídico (vigente, válido e eficaz).

Esta postura não significa que os julgadores não possam decidir de acordo com a convicção e a interpretação que entenderem mais adequadas, em razão dos preceitos jurídicos aplicáveis, das provas, dos fatos e dos argumentos carreados aos autos. Os julgadores não devem ser considerados frios aplicadores da legislação tributária, pois é lógico, e natural, que se valham de conhecimentos hauridos pela experiência para adotar os critérios mais apropriados em cada caso.

As decisões devem revestir-se de legitimidade, atendendo aos requisitos intrínsecos e extrínsecos, indispensáveis à validade do ato jurídico. Os julgadores devem examinar todo o ordenamento jurídico aplicável às contendas que são submetidas à apreciação, principalmente sua adequação às balizas constitucionais.

Não podem ficar vinculados e adstritos a determinados campos legislativos, nem obedecer cegamente às orientações internas dos órgãos fazendários que integram, no caso de estas estarem eivadas de inconstitucionalidades, pois é importante distinguir a condição funcional do julgador. Consoante apontado anteriormente, há que se destacar o exercício da função administrativa ativa da função judicante.

Reconhece-se a competência das autoridades administrativas julgadoras não para declarar (porque se trata de competência exclusiva do STF), mas para poder deixar de aplicar, no caso concreto, norma legal inconstitucional ou recusar a aplicação de ato normativo infralegal quando considerá-lo ilegal.

A Lei federal n. 11.941, de 27-5-2009, dispôs o seguinte:

Art. 26-A. No âmbito do processo administrativo fiscal, fica vedado aos órgãos de julgamento afastar a aplicação ou deixar de observar tratado, acordo internacional, lei ou decreto, sob fundamento de inconstitucionalidade.

(...)

§ 6º O disposto no *caput* não se aplica aos casos de tratado, acordo internacional, lei ou ato normativo:

I – que já tenha sido declarado inconstitucional por decisão plenária definitiva do Supremo Tribunal Federal;

II – que fundamente crédito tributário objeto de:

a) dispensa legal de constituição ou de ato declaratório do Procurador-Geral da Fazenda Nacional, na forma dos arts. 18 e 19 da Lei n. 10.522, de 19 de junho de 2002;

b) súmula da Advocacia Geral da União, na forma do art. 43 da Lei Complementar n. 73, de 10 de fevereiro de 1993; ou

c) pareceres do Advogado Geral da União aprovados pelo Presidente da República, na forma do art. 40 da Lei Complementar n. 73, de 1993.

No *âmbito estadual* (Lei n. 13.457/2009, art. 54), está disposto que o Tribunal de Impostos e Taxas (TIT) tem independência quanto à sua função judicante, cabendo-lhe o julgamento em segunda instância administrativa.

O zelo pela intangibilidade do regime não é, por certo, privilégio do Judiciário, uma vez que todos os Poderes da República são guardas da Constituição[2], tendo o STF reiteradamente reconhecido ao Executivo o direito de deixar de cumprir leis que entenda inconstitucionais[3].

O TIT deve nortear suas decisões pela trilha da independência, captando todo o ordenamento jurídico, com total autonomia para julgar, partindo sempre das diretrizes constitucionais, uma vez que a legislação ordinária deve retirar seu fundamento de validade da Constituição Federal. O julgamento decorre da interpretação e aplicação das normas aos fatos, dentro de um contexto sistemático, não sendo admissível sustentar o apego às regras de inferior hierarquia (regulamentos, portarias, respostas dos órgãos de consultoria etc.).

---

2   *RTJ* 37/60.
3   *RTJ* 2/386, 12/49, 33/330 e 36/382.

Seria mesmo inviável decidir qualquer caso de ICMS com base em mera regulação ordinária, uma vez que este imposto tem sua estrutura assentada na Constituição, ao tratar da materialidade, sujeitos ativo e passivo, base de cálculo, não cumulatividade, seletividade, imunidade etc.

Registro situações em que o julgador deve desprezar a legislação ordinária (Lei paulista n. 6.374/89, ou Decreto n. 45.490/2000, que instituiu o Regulamento do ICMS do Estado de São Paulo), por violar o texto constitucional consoante sedimentada jurisprudência, a saber:

a) Transferência de mercadorias entre estabelecimentos do mesmo contribuinte. O art. 2º da lei ordinária dispõe sobre o fato gerador, mas a CF somente cogita de incidência em negócios mercantis, o que não se verifica em meras circulações internas de mercadorias (Súmula n. 166 do STJ).

b) Juros. O art. 37, § 1º, do RICMS dispõe que estes acréscimos são incluídos na base de cálculo do imposto, mas o STJ firmou o entendimento de que nas operações com cartão de crédito, os encargos relativos ao financiamento não são considerados no cálculo do ICMS (Súmula n. 237 do STJ).

Entretanto, a Lei estadual n. 13.457/2009 passou a dispor o seguinte:

Art. 28. No julgamento é vedado afastar a aplicação de lei sob a alegação de inconstitucionalidade, ressalvadas as hipóteses em que a inconstitucionalidade tenha sido proclamada:
I – em ação direta de inconstitucionalidade;
II – por decisão definitiva do Supremo Tribunal Federal, em via incidental, desde que o Senado Federal tenha suspendido a execução do ato normativo.

5 COEXISTÊNCIA DOS PROCESSOS ADMINISTRATIVO E JUDICIAL

O questionamento de exigências tributárias, nos âmbitos administrativo e judicial, pode ocorrer de modo prévio, simultâneo ou sucessivo, com diferenciadas consequências, como a seguir descrito:

5.1 Processo administrativo anterior ao processo judicial

É o caso do lançamento do tributo (inclusive Auto de Infração), em que o autuado pode apresentar defesa, ficando suspensa a exigibilidade do crédito respectivo (art. 151, III, do CTN), acarretando a proibição da Fazenda de promover quaisquer medidas judiciais objetivando a sua cobrança. Enquanto não for promovida decisão administrativa final, mantendo a cobrança do valor tributário, não há que se cogitar de direito à ação por parte do Fisco.

Durante a lide administrativa, o autuado poderá socorrer-se das vias judiciais, mediante a impetração de *mandado de segurança* com o escopo de obter a decretação de ilegitimidade do lançamento. O juiz poderá conceder "medida liminar", no caso de entender relevante o seu fundamento (*fumus boni juris*), e do ato impugnado puder resultar a ineficácia da medida, caso seja deferida (*periculum in mora*). O despacho judicial susta (provisoriamente) os efeitos do ato fazendário (art. 151, IV, do CTN).

Poderá ajuizar *ação anulatória* tendo por finalidade anular atos administrativos relativos à exigência tributária, abrangendo os lançamentos, as decisões administrativas (singulares e colegiadas), a inscrição da dívida e a cobrança decorrente de declaração do sujeito passivo (ou de ofício).

O conteúdo da ação é desconstituir o ato administrativo pertinente ao débito tributário, sendo descabida no caso de não ter havido nenhum procedimento fazendário, razão pela qual não seria apropriado anular os atos praticados pelo próprio contribuinte.

Os processos (administrativo e judicial) devem ter pleno, integral e regular andamento, porque, embora a decisão judicial venha a ter a natureza de coisa julgada, irradiando seus efeitos na esfera administrativa, a decisão administrativa se torna indispensável para que seja caracterizada e especificada a dívida ativa, com a natureza de título executivo (líquido e certo), hábil para possibilitar o ajuizamento do executivo fiscal.

5.2 Processo judicial anterior ao processo administrativo

O contribuinte poderá promover medidas judiciais antes que o Fisco efetue o lançamento do tributo (processo regular ou pertinente a Auto de Infração com imposição de penalidades), na forma seguinte:

a) *Mandado de Segurança (preventivo)*, no caso de ter justo receio que seja cometida a ilegalidade ou o abuso do poder, relativamente a fatos e atos particulares que devam sofrer questionamento tributário.

É o caso do contribuinte que formula Consulta à Fazenda dando o seu entendimento quanto à aplicação de dispositivo isencional incidente sobre negócios de seu interesse e obtém resposta desfavorável. Assim, é patente a ameaça de sofrer sanção fiscal e concreta agressão ao seu patrimônio, mediante lavratura de Auto de Infração e posterior cobrança judicial.

Enquadra-se nessa situação a edição de lei que implique novos gravames tributários, que passarão a onerar os fatos a serem realizados pelos contribuintes, positivando-se o cabimento do Mandado de Segurança preventivo.

Embora não caiba Mandado de Segurança contra a lei em tese (Súmula n. 266 do STF), tem pertinência o *mandamus* contra lei tributária capaz de produzir efeitos concretos na esfera patrimonial dos contribuintes.

Argutamente, o STF firmou a diretriz seguinte:

> Se o decreto consubstancia ato administrativo, assim, de efeitos concretos, cabe contra ele o mandado de segurança. Todavia, se o decreto tem efeito normativo, genérico, por isso mesmo sem operatividade imediata, necessitando, para a sua individualização, da expedição de ato administrativo, então, contra ele, não cabe mandado de segurança, já que, admiti-lo, seria admitir a segurança contra a lei em tese, o que é repelido pela doutrina e jurisprudência (Súmula 266)[4].

Mesmo sendo concedida a liminar, poderá ser constituído o crédito (lançamento exclusivo do tributo, vedada a imposição de multa de ofício), destinado a prevenir a decadência.

No entanto, o direito ao lançamento aplica-se, exclusivamente, aos casos em que a suspensão da exigibilidade do débito tenha ocorrido antes do início de qualquer procedimento de ofício a ele relativo. A interposição da ação judicial favorecida com a medida liminar interrompe a incidência da multa de mora, desde a concessão da medida judicial até trinta dias após a data da publicação da decisão judicial que considerar devido o tributo.

---

4 Pleno: *RTJ* 133/1126. No mesmo sentido: *RTJ* 158/72.

O STJ pontifica que, emitida a ordem judicial suspensiva, não é lícito à Administração Tributária proceder a qualquer atividade que afronte o comando judicial, sob pena de cometimento do delito de desobediência, consagrado no art. 330 do CP.

b) *Ação Declaratória* de inexistência de relação jurídica relativamente à possível exigência tributária, acompanhada (ou não) de depósito dos valores tributários, de modo a suspender a exigibilidade do crédito tributário.

c) *Ação de Consignação em Pagamento* de competência do sujeito passivo, ou terceiro interessado, tendo por objeto o depósito do respectivo valor tributário, com o intuito de liquidação do débito, em situações específicas:

I – recusa de recebimento, ou subordinação deste ao pagamento de outro tributo, ou penalidade, ou ao cumprimento de obrigação acessória. É o caso do prestador de serviço que não consegue recolher o ISS (calculado à alíquota de 2% – dois por cento – sobre o preço do serviço, porque a Prefeitura exige a aplicação de alíquota diversa de 3% – três por cento –, instituída em decreto;

II – subordinação do recebimento ao cumprimento de exigências administrativas sem fundamento legal. Por exemplo, cuida-se de negativa ao recebimento do Imposto de Renda pelo fato do contribuinte não haver comunicado sua situação bancária (protegida por sigilo de dados);

III – exigência, por mais de uma pessoa jurídica de direito público, de tributo idêntico, sobre um mesmo fato gerador. É o caso de dois Municípios exigirem o IPTU relativo a um mesmo imóvel; o Estado e Município cobrarem ICMS e ISS referentes a um único negócio jurídico (fornecimento de argamassa); ou, ainda, a União e o Município lançarem IPI e ISS relativos à venda de etiquetas adesivas a bens do contribuinte.

Entretanto, as posturas fazendárias direcionam-se em sentido diverso, a saber:

Federal: a propositura de medida judicial, antes ou posteriormente à autuação, com o mesmo objeto, acarreta a renúncia ou desistência de eventual recurso (Ato Declaratório Normativo n. 3, de 14-2-1996, e Portaria MF n. 258, de 24-8-2001, art. 26). Se no processo judicial o sujeito passivo questiona a mesma exigibilidade contida no Auto de Infração, não será proferida decisão administrativa, sendo o processo remetido para a inscrição na Dívida Ativa.

Estadual (SP): não impede a lavratura do auto de infração a propositura pelo autuado de ação judicial por qualquer modalidade processual, com o mesmo objeto, ainda que haja ocorrência de depósito ou garantia (Decreto n. 54.486/2009, art. 59). A propositura de ação judicial importa renúncia ao direito de litigar no processo administrativo tributário e desistência do litígio pelo autuado, devendo os autos ser encaminhados diretamente à Procuradoria-Geral do Estado na fase processual em que se encontrarem. Estando o crédito tributário com a exigibilidade suspensa, nos termos do art. 151, II, da Lei federal n. 5.172, de 25-10-1966, a autuação será lavrada para prevenir os efeitos da decadência, porém sem a incidência de penalidades.

Municipal (SP): a propositura, pelo sujeito passivo, de qualquer ação ou medida judicial relativa aos fatos ou atos administrativos de exigência do crédito tributário importa renúncia ao poder de recorrer na esfera administrativa e desistência do recurso acaso interposto (art. 35 da Lei n. 14.107/2005).

6 VISTA DO PROCESSO

Normalmente, a legislação processual administrativa não permite a retirada dos autos da repartição pelos contribuintes. Somente aos advogados é conferido o consagrado direito de retirar os autos dos cartórios (art. 7º, XV, da Lei federal n. 8.906/94, "Estatuto da Ordem dos Advogados do Brasil").

Desprovido de fundamento o argumento de que a retirada dos autos implicaria a entrega dos documentos acusatórios, correndo-se o risco de extravio, com as naturais consequências danosas. Para obviar essa justificativa, seria imprescindível a entrega de cópias de todos os documentos sem a imputação de custos para a parte.

A falta de entrega do processo significa cerceamento do direito de defesa, uma vez que no recinto da repartição nem sempre existe plena condição do amplo exame dos processos (muito volumosos), da troca de ideias entre os representantes do autuado, da elaboração de cálculos, da comparação com os demais documentos, não só pela limitação ao horário, mas também pelo fato de se tratar de recinto público com a convivência de terceiros, prejudicando o caráter sigiloso.

Diversas dificuldades são encontradas para se obter a vista do processo, em razão da sua remessa ao órgão de julgamento para a repartição fiscal de origem, seu manuseio etc., o que demanda lapso de tempo. Nessa situação, deve ser resguardada a integralidade do prazo processual (por exemplo, de 30 dias), contado da data em que o processo tiver condição de ser entregue ao procurador, e não singelamente, a partir da publicação oficial.

7 DECISÕES FUNDAMENTADAS

No julgamento deve ser examinada a legitimidade do lançamento tributário (relação de pertinência lógica entre os elementos contidos no Auto de Infração e a situação fática concreta atribuível ao sujeito passivo) e o seu embasamento jurídico (observância aos preceitos constitucionais e legais). Também devem ser analisados os argumentos oferecidos pelo autuado e todo o conjunto probatório.

O julgador deve decidir todas as questões preliminares (decadência, observância aos princípios da ampla defesa e do contraditório etc.) e de mérito (realização do fato gerador, adequação da base de cálculo e alíquota, tipificação legal das infrações e penalidades etc.).

Aplica-se subsidiariamente o Código de Processo Civil (art. 458), que determina serem requisitos essenciais da sentença: os fundamentos, em que o juiz analisará as questões de fato e de direito, acarretando os efeitos seguintes: (a) manutenção integral dos itens do Auto de Infração; (b) improcedência das acusações fazendárias; e (c) nulidade do lançamento com determinação de retificação.

A Constituição Federal estabelece que "as decisões administrativas dos tribunais serão motivadas e em sessão pública" (art. 93, X, na redação da EC n. 45, de 8-12-2004), aplicando-se integralmente ao processo administrativo. Assim, não podem ser aceitos julgamentos lacônicos, omissões, em que se utilize o chavão seguinte: "Analisadas as alegações do contribuinte, a manifestação do Fisco e examinados os dispositivos regulamentares, julgo procedente o auto de infração".

A motivação indicará as razões que justifiquem a edição do ato, especialmente a regra de competência, os fundamentos de fato e de direito e a finalidade objetivada, embora possa consistir na remissão a pareceres ou manifestações neles proferidas.

8 DUPLICIDADE DE INSTÂNCIA

Considerando que a Constituição Federal (art. 5º, LV) outorga aos litigantes, em processo judicial ou administrativo, o direito à *ampla defesa* com os recursos a ela inerentes, pressupõe-se a existência de instância recursal para que as decisões singulares (normalmente mantendo as cobranças tributárias) sejam revistas em caráter devolutivo e suspensivo.

Tendo em vista que os julgadores singulares usualmente homologam as exigências contidas em lançamento, é necessária a previsão de recursos para que os órgãos de segunda instância administrativa (normalmente de composição paritária) possam reexaminar toda a matéria posta na lide.

Os recursos administrativos devem ser julgados com plena independência e imparcialidade no âmbito federal (Conselho Administrativo de Recursos Fiscais e Câmara Superior de Recursos Fiscais), no âmbito estadual paulista (Tribunal de Impostos e Taxas da Secretaria da Fazenda, e Delegados Tributários de Julgamento da Secretaria da Fazenda) e no âmbito municipal (Conselho Municipal de Tributos da Secretaria de Finanças de São Paulo).

Não pode haver nenhuma espécie de exigência de garantia de instância – depósito ou arrolamento de bens e direitos de valor –, porque implica cerceamento do amplo direito de defesa. Evidente que a plena defesa somente estará assegurada se o contribuinte puder interpor recursos sem qualquer embaraço, limitação, ônus ou qualquer espécie de constrição.

O arrolamento representa o conhecimento da existência dos bens do presumível devedor, para facilitar o futuro bloqueio patrimonial (penhora) no caso de inscrição da dívida. O fato de ocorrer o registro dos bens nos órgãos competentes dificultará a transação com terceiros, porque, tendo estes ciência de possível execução fiscal, não desejarão correr riscos em realizar a sua aquisição com o proprietário (possível devedor tributário).

9. RECURSOS

9.1 Juízo de admissibilidade

No âmbito estadual (SP), a decisão sobre o cabimento do recurso ordinário pertence ao Delegado Tributário de Julgamento, enquanto a do recurso especial compete ao Presidente do Tribunal de Impostos e Taxas. Criticável essa imposição, uma vez que uma única autoridade, de modo unilateral, decide se os apelos das partes serão apreciados e julgados pelos tribunais administrativos. De certa forma impedem a participação dos órgãos de composição paritária, o que prejudica a efetiva distribuição da justiça, cerceando o amplo direito de defesa.

9.2 Recurso especial

Tem como pressuposto a existência de dissídio entre a interpretação da legislação adotada pelo acórdão recorrido e a adotada em outro acórdão não reformado, proferido por qualquer das Câmaras do TIT. A demonstração precisa da divergência, a ser feita pelo recorrente, dar-se-á pelo cotejo analítico dos acórdãos confrontados, transcrevendo os respectivos trechos em que se identifique objetivamente a divergência jurisprudencial, mencionando as circunstâncias que assemelhem os casos.

O recorrente (contribuinte) terá dificuldade para apurar e demonstrar a divergência entre a decisão recorrida e os julgados proferidos em sentido diverso sobre a mesma matéria jurídica, pelo fato de serem escassas as publicações (Ementários e Boletins do TIT, publicações episódicas). A circunstância de o *Diário Oficial do Estado* publicar todas as decisões do TIT, por si só, não permite conhecer a matéria julgada porque, muitas vezes, apenas constam a qualificação das partes e o resultado do julgamento, sem qualquer menção adicional que tenha o condão de orientar os contribuintes.

Em contrapartida, a Fazenda goza de privilégio pelo fato de ter acesso a todos os arquivos administrativos e conhecimento da íntegra dos julgamentos do TIT, de toda a jurisprudência e de decisões paradigmáticas, o que, sem dúvida, polemiza a situação isonômica do recurso.

Este impasse deveria ser solucionado para que não se positivasse o cerceamento do direito de defesa. Nesse sentido, impõe-se a elaboração de ementas de todos os julgados, com publicação na imprensa oficial. Além de permitir amplo conhecimento da jurisprudência por toda a coletividade, conferindo transparência no exercício da atividade judicante, os litigantes poderão utilizar amplamente o recurso especial, atendendo ao princípio do devido processo legal e à finalidade de promoção da justiça tributária.

9.3 Sustentação oral

Constitui prerrogativa dos litigantes (contribuinte e Fisco) para a apresentação de defesa oral das razões (ou contrarrazões) de recurso, perante os órgãos da segunda instância administrativa.

Não se trata de obrigação, mas de faculdade que pode ser exercida pelas partes, com o objetivo de demonstrar o seu direito (de modo direto) a todos os julgadores presentes à sessão. Na oportunidade, poderão apresentar memorial (resumindo as questões tratadas no processo) e pareceres jurídicos, dando apoio à sua sustentação, bem como responder às indagações que forem formuladas.

Conquanto não seja indispensável, é conveniente que a defesa oral seja realizada por advogado, em razão de serem apreciadas matérias jurídicas, mas este profissional poderá ser acompanhado por assessores (contador, engenheiro ou o titular do autuado), que poderão prestar esclarecimentos de natureza técnica, comercial, contratual etc.

Como normalmente as sessões julgam diversos processos, que são constituídos por inúmeros volumes, inexiste a condição de cada um dos julgadores examiná-los minuciosamente. Assim, a defesa oral constitui uma adequada oportunidade para chamar a atenção direta dos mesmos julgadores para aspectos específicos (de natureza jurídica, documental, técnica, operacional etc.).

Mesmo que o relator do processo exare seu voto logo após a sustentação oral, causando a impressão que já tinha posição firmada antes da manifestação verbal do interessado, os demais julgadores poderão acolher os argumentos do interessado. Pode também o relator, à vista da defesa oral, até mesmo retirá-lo de pauta e modificar o seu voto.

É natural que se o julgamento não for realizado em sessão próxima à da sustentação oral realizada (no mês seguinte, por exemplo), os argumentos do interessado poderão cair no esquecimento, daí a razão pela qual a juntada de memorial tem o condão de registrar nos autos os argumentos oferecidos na ocasião.

Se, por ocasião do julgamento do processo, houver mudança significativa da composição da câmara julgadora, terá que ser promovida a renovação da defesa oral, pelo fato de que os novos julgadores não têm conhecimento das razões oferecidas na ocasião.

No "âmbito estadual", o interessado poderá fazer sustentação oral perante o TIT, por cinco minutos, desde que haja protestado, por escrito, no prazo previsto para interposição de recurso ou para apresentação de contrarrazões, devendo ater-se à matéria de natureza própria do recurso.

Havendo protesto por sustentação oral, é direito do contribuinte tomar ciência da inclusão em pauta do processo com, no mínimo, cinco dias de antecedência da data da realização de sua sustentação oral. A pauta de julgamento deverá ser divulgada no sítio da Secretaria da Fazenda na rede mundial de computadores, observando-se o prazo estabelecido no parágrafo anterior, devendo a parte que protestou pela sustentação oral comparecer à sessão de julgamento independentemente de intimação. O requerimento de adiamento da sustentação oral será apreciado por decisão escrita e fundamentada do Presidente da Câmara.

Será indeferido o adiamento da sustentação oral quando o contribuinte estiver representado nos autos por mais de um procurador.

A fixação de um prazo máximo de cinco minutos para proferir a sustentação oral positiva cerceamento do direito de defesa, em razão de violar o princípio da ampla defesa uma vez que, normalmente, o escasso período de tempo é totalmente insuficiente para que o litigante (autuado ou representação fiscal) possa esclarecer os elementos processuais básicos (autuação, argumentos de defesa, documentação etc.).

No caso de o auto de infração conter inúmeros itens, torna-se impossível a análise (mesmo que sucinta e objetiva) de cada um dos pontos (fáticos e jurídicos) de interesse. Por exemplo, num processo que compreenda dez itens, o recorrente – relativamente a cada situação infracional – terá que utilizar trinta segundos para esclarecer (e procurar convencer) os julgadores.

Embora inexista um preciso parâmetro constitucional para a fixação de tempo para a realização de sustentação oral, os regimentos internos dos tribunais (administrativos e judiciais) têm estabelecido o período de quinze minutos, prorrogáveis, atendendo aos princípios da razoabilidade e da proporcionalidade, a saber:

a) Estatuto da Ordem dos Advogados do Brasil (Lei federal n. 8.906, de 4-7-1994, art. 7º, IX).

b) Regimento do Conselho Administrativo de Recursos Fiscais (CARF) do Ministério da Fazenda (aprovado pela Portaria MF n. 256, de 22-6-2009, art. 58, II e III), que também concede prorrogação do tempo por mais quinze minutos.

c) Regimento Interno do Conselho Municipal de Tributos de São Paulo (Portaria SF n. 91/2006, art. 63, § 2º).

d) Regimento Interno do Supremo Tribunal Federal (art. 132).

e) Regimento Interno do Superior Tribunal de Justiça (arts. 15, § 1º, e 16).

f) Regimento Interno do Tribunal Regional Federal da 3ª Região (art. 143, § 2º).

g) Regimento Interno do Tribunal de Justiça de São Paulo (arts. 467 e 468).

O objetivo da redução do prazo de **quinze** para **cinco** minutos deve ter tido por escopo possibilitar uma maior rapidez das sessões de julgamento, em obediência ao requisito da celeridade (art. 2º do atual Regimento Interno – Portaria CAT n. 141, de 22-7-2009).

Entretanto, o enxugamento do referido prazo, certamente, obrigará os relatores a ler integralmente seus relatórios (que, até então, eram dispensados pela parte), implicando ainda solicitação de maiores esclarecimentos pelos juízes, o que demandará maior período de tempo para a conclusão do julgado.

REDIRECIONAMENTO DA EXECUÇÃO FISCAL: POSSIBILIDADE E LIMITES MATERIAIS E PROCESSUAIS

MARIA RITA FERRAGUT[*]

1 INTRODUÇÃO

O patrimônio dos sócios e dos acionistas não se comunica com o patrimônio de suas respectivas sociedades. Não fosse assim, a atividade empresarial estaria fadada à estagnação, já que poucos se proporiam a comprometer parcela maior do que o patrimônio investido no negócio.

Mas nem por isso a separação patrimonial é absoluta. Tanto o Código Civil quanto os arts. 134, 135 e 137 do CTN regulamentam a responsabilidade dos sócios no caso de liquidação de sociedade de pessoas, e dos administradores nas sociedades em geral. A finalidade dessas normas é zelar para que esses sujeitos cumpram, com a devida responsabilidade, as obrigações e os deveres previstos no ordenamento jurídico e nos atos constitutivos de cada sociedade.

O que deve ser levado em consideração, portanto, é que a responsabilidade pessoal dos sócios, acionistas e administradores – terceiros em relação à prática do fato jurídico, mas não à obrigação tributária – é exceção à regra da separação patrimonial, e só pode ser adotada em casos excepcionais, consistentes na prática de atos culposos ou dolosos devidamente tipificados.

---

[*] Mestre e Doutora em Direito Tributário pela PUCSP, Professora do IBET, da PUCSP e da FIA/USP e sócia do escritório Miguel Neto Advogados Associados.

No que diz respeito ao redirecionamento no processo de execução fiscal, entendemos que tal fato é possível e encontra fundamento de validade na lei e na Constituição, desde que a presença do dolo, por parte do administrador, seja devidamente demonstrada.
É o que passaremos a expor.

2 SUJEIÇÃO PASSIVA NA EXECUÇÃO FISCAL

Sujeição passiva é a aptidão da pessoa para figurar no polo passivo de uma relação. Requer capacidade processual, condição das pessoas que se encontram no exercício de seus direitos.

A sujeição passiva diz respeito à relação processual, e não necessariamente requer a presença da legitimidade, pois, uma vez proposta a ação, a parte autora adquire legitimidade processual para responder por todos os atos processuais, obrigações, faculdades e direitos oriundos do processo, independentemente da perspectiva material.

E a parte ré também adquire todos esses direitos e obrigações, adicionado ao de opor resistência ao pleito do autor, a partir da citação (art. 213 do CPC).

Na execução pode ocorrer ser citado sujeito que não tenha legitimidade, mas que, diante da citação, torne-se competente para embargar a execução fiscal. Em contrapartida, se a pessoa materialmente legitimada para responder pela dívida não for citada na ação, não terá legitimidade processual para se manifestar como parte, a menos até ingressar na relação processual.

Para se posicionar no polo ativo da execução fiscal, a lei exige que o autor seja titular de título executivo, como tal figurado nos arts. 566, I, e 583 a 586 do CPC, sendo a certidão de dívida ativa – CDA, conforme inciso VI do art. 585 também do CPC, uma das espécies de título executivo extrajudicial.

Esses conceitos não se alteram na execução fiscal, espécie de ação que tem por pressuposto a existência de um título executivo extrajudicial.

Nos termos do art. 586 do CPC, os requisitos do título executivo são liquidez, certeza e exigibilidade. O título é líquido quando a importância da prestação é determinada; certo, quando não há controvérsia sobre a existência da dívida; e exigível, quando o seu pagamento não depende de termo ou condição, nem está sujeito a outras limitações.

Na execução fiscal o título executivo é extrajudicial. Isso significa que o Estado encontra-se habilitado a executar o pretenso devedor sem prévio processo de conhecimento. O título representa, por força de lei (art. 204 do CTN), forma de declaração de certeza da relação jurídica estabelecida entre credor e devedor, constituindo para o credor direito subjetivo à execução forçada (direito de ação).

O art. 204 acima referido prescreve: "a dívida regularmente inscrita goza da presunção de certeza e liquidez e tem o efeito de prova preconstituída". E o seu parágrafo único estabelece: "A presunção a que se refere este artigo é relativa e pode ser elidida por prova inequívoca, a cargo do sujeito passivo ou do terceiro a que aproveite".

Diante disso, poderia ser entendido que a inscrição do débito em dívida ativa conferiria ao Fisco o direito de não mais necessitar produzir provas acerca da ocorrência fática do evento descrito no fato que originou a obrigação tributária, provas essas que passariam a competir exclusivamente ao executado. Tal interpretação, no entanto, não pode prevalecer.

Entendemos que as presunções de certeza e liquidez da dívida ativa regularmente inscrita não se sobrepõem às presunções pertinentes a qualquer outro ato jurídico, em especial a presunção de legalidade, que prescreve que todo ato permanece no sistema como válido somente até ser desconstituído por um outro. Nesse sentido, as presunções de certeza e liquidez cessam no momento em que o ato for judicialmente questionado, oportunidade em que o Fisco deverá fazer prova de que o fato descrito no antecedente da regra jurídica individual e concreta é verdadeiro, devendo o contribuinte, por outro lado, defender-se dessa imputação.

Mediante impugnação judicial pelo executado, passa a existir o livre convencimento motivado do juiz, instrumento que o sistema criou visando fazer prevalecer a justiça e a segurança jurídica, e que não confere ao magistrado o direito de dispensar a Fazenda de produzir provas, e nem o obriga a reconhecer como verdadeira a impugnação. Tudo dependerá de seu livre convencimento motivado.

Assim, com o objetivo de anular o débito e desconstituir o título executivo, o executado poderá opor embargos à execução fiscal; propor ação anulatória de débito fiscal ou ainda oferecer exceção de pré-executividade, respeitadas as características, prazos e pressupostos de cada uma dessas alternativas.

Feitas essas considerações, passemos à análise do art. 568 do CPC, que prevê os cinco possíveis sujeitos passivos da execução fiscal. Vejamos:

> Art. 568. São sujeitos passivos na execução:
> I – o devedor[1], reconhecido como tal no título executivo;
> II – o espólio, os herdeiros ou os sucessores do devedor;
> III – o novo devedor, que assumiu, com o consentimento do credor, a obrigação resultante do título executivo;
> IV – o fiador judicial;
> V – o responsável tributário, assim definido na legislação própria.

O devedor (inciso I) é o sujeito passivo reconhecido no título executivo como responsável pelo pagamento da dívida, independentemente de ser, materialmente, a pessoa física ou jurídica devedora. Essa é a única hipótese em que o enunciado requer expressamente a indicação do nome do sujeito passivo no título executivo.

Se a execução for de título extrajudicial, terá legitimidade passiva aquele que figurar no título como devedor, como, por exemplo, o contribuinte que deixa de pagar os tributos devidos. Se for por título judicial, será o vencido no processo de conhecimento (réu; autor quando decai o seu pedido e é condenado aos efeitos da sucumbência; denunciado etc.).

Já o espólio[2], os herdeiros[3] e os sucessores do devedor (inciso II) não precisam constar, de acordo com o artigo ora analisado, do título. Exige-se apenas o reconhecimento de que o falecido seja devedor, para que eles se

---

1   O CPC, contrariamente ao art. 8º da LEF, preferiu denominar o executado "devedor" e o exequente "credor", confundindo assim um conceito de direito substantivo com um de direito processual, pois nem todo credor é exequente, e vice-versa; e nem todo devedor é executado, e vice-versa.

2   Designa-se por espólio o patrimônio deixado pelo falecido, enquanto não ultimada a partilha entre os sucessores. Nosso ordenamento jurídico permite a atuação do espólio em juízo, em que pese não lhe ser reconhecido o caráter de pessoa jurídica. É representado, normalmente, pelo inventariante e, excepcionalmente, pela totalidade dos herdeiros.

3   Após a partilha do espólio, desfaz-se a massa da herança indivisa e cada herdeiro ou sucessor será legitimado à execução quando for contemplado na sucessão do *de cujus* com o título executivo. Entende-se por herdeiro quem sucede ao autor da herança, a título universal, ou seja, recebendo toda a massa patrimonial do *de cujus*, ou uma quota ideal dela, de modo a compreender todas as relações econômicas deixadas, tanto ativas como passivas.

tornem legitimados à execução. Restará, somente, a necessidade de observar o procedimento de habilitação previsto nos arts. 1.055 a 1.062 do CPC.

Tem-se no inciso II hipótese de sucessão processual, em virtude da mudança subjetiva havida na relação jurídica que ensejou o processo. Nesse caso, a anuência da parte contrária está dispensada, e o sucessor age processualmente em nome próprio acerca de direito que lhe fora transmitido pelo sucedido.

O processo, finalmente, é transmitido ao sucessor no estado em que se encontra, afastando-se a possibilidade de discussão de questões preclusas, sem que os princípios constitucionais da ampla defesa e do contraditório sejam com isso violados. O sucessor não poderá aditar a inicial, requerer provas etc., se esses atos processuais já se consumaram. Nesse mesmo sentido, a posição da jurisprudência[4].

O novo devedor que houver assumido a dívida (inciso III) é a terceira previsão. Poderá ser executado quando, mediante consentimento do credor, assumir a obrigação de pagar o débito em nome do devedor anterior. A concordância do credor legitima esse terceiro a responder pelo débito, sem necessidade de inclusão de seu nome no título executivo.

O fiador judicial (inciso IV), por sua vez, é aquele que presta fiança judicial, uma das modalidades de caução fidejussória[5]. Considera-se fiador judicial aquele que presta, no curso de um processo, garantia pessoal para o cumprimento da obrigação de uma das partes, conforme disposto nos arts. 826 e seguintes do CPC. Será legitimado a responder pelo débito assim que concretizada a fiança, independentemente de seu nome constar no título executivo.

Por fim, temos o responsável tributário (inciso V), hipótese também

---

4 "SUCESSÃO PROCESSUAL. Os adquirentes ou cessionários de bens litigiosos, ao ingressarem na relação processual, como substitutos (sucessores) ou como intervenientes, assumem a mesma posição do alienante ou cedente (sucedido), em caráter de continuidade, submetendo-se aos efeitos dos atos praticados por esse no curso da causa (art. 42, § 3º, do CPC)" (Ementa de acórdão exarado pelo STJ no REsp 13.240-0, 4ª Turma, rel. Min. Sálvio de Figueiredo, *DJU* de 30-11-1992).

5 A caução, considerada meio jurídico de garantir o cumprimento de determinada obrigação, pode ser real ou fidejussória. Real é representada pela hipoteca, penhor etc., e fidejussória se for garantia pessoal representada pela fiança e pelo aval. A fiança, por sua vez, pode ser convencional ou judicial, conforme se origine de contrato ou de ato processual.

prevista no art. 4º da Lei n. 6.830/80 (Lei de Execuções Fiscais – LEF), e que será analisada detalhadamente a seguir.

3 EXECUÇÃO FISCAL: O ADMINISTRADOR COMO SUJEITO PASSIVO E A NECESSIDADE DA INCLUSÃO DE SEU NOME NA CERTIDÃO DE DÍVIDA ATIVA, PARA AS HIPÓTESES DE RESPONSABILIDADE PESSOAL FUNDADAS NO ART. 135 DO CTN

Não temos dúvidas de que, respeitadas as condições legais, o administrador pode ser material e processualmente responsabilizado pela dívida fiscal. Material, se for provada sua autoria na conduta praticada com dolo, segundo um dos tipos previstos no art. 135 do CTN (que não trata do redirecionamento da execução fiscal, segundo nosso entendimento). Processualmente, na medida em que o responsável poderá ser sujeito passivo de uma execução fiscal, conforme prevê o art. 568, IV, do CPC, bem como o art. 4º da LEF (Lei n. 6.830/80).

O que não se admite, por outro lado, é que exclusivamente pelo fato de ser sócio, acionista ou administrador de sociedade de responsabilidade limitada, a pessoa torne-se responsável pelo débito, sem qualquer prova de autoria da prática do ato ilícito. A alegação de que o administrador agiu de acordo com os arts. 135 ou 137 do CTN há de ser devidamente provada, não podendo restringir-se à mera alegação.

Mas o que nos interessa, neste momento, é a sujeição passiva e o correto desenvolvimento da execução, ou seja, a aptidão do sócio de figurar validamente no polo passivo de um processo de execução fiscal, mediante redirecionamento. Interessa-nos, também, determinar se o nome do administrador deverá obrigatoriamente constar do título executivo extrajudicial que embasa a execução, para que o processo não seja, ao final, anulado.

Com base no disposto no art. 202 do CTN[6], bem como no § 5º do art. 2º da LEF[7], entendemos que *o administrador não poderá ser incluído na execução*

---

6 "Art. 202. O termo de inscrição da dívida ativa, autenticado pela autoridade competente, indicará obrigatoriamente: I – o nome do devedor e, sendo caso, o dos corresponsáveis, bem como, sempre que possível, o domicílio ou a residência de um e de outros."

7 "§ 5º O Termo de Inscrição de Dívida Ativa deverá conter: I – o nome do devedor, dos corresponsáveis e, sempre que conhecido, o domicílio ou residência de um ou de outros."

fiscal se seu nome não constar da certidão de dívida ativa, pois um dos requisitos da CDA é a indicação precisa do devedor e dos corresponsáveis, sob pena, nos termos do art. 203 do CTN[8], de nulidade da inscrição e da ação de cobrança dela decorrente.

A jurisprudência majoritária, inclusive do STF[9], é pacífica no sentido de que *não é* necessária a indicação do nome do responsável na CDA para que este responda pessoalmente pelo débito. Na maioria dos casos, as decisões fundamentam-se no fato de que uma interpretação correta somente poderia nos levar à seguinte conclusão: se o inciso I do art. 568 do CPC prescreve a necessidade de menção do devedor na CDA e se a legislação silencia quanto às demais hipóteses, logo não se faz necessária a prévia inscrição para os incisos II a V. A legislação processual sobrepor-se-ia, nesse caso, ao Código Tributário Nacional, que trata precipuamente de direito material.

Data venia, esse posicionamento leva em consideração tão somente a questão da sujeição passiva (capacidade de estar em juízo), sem analisar os demais dispositivos legais pertinentes à matéria. Embora a sujeição passiva seja fundamental para a formação válida da relação jurídica processual, ela é insuficiente para solucionar o problema da legalidade da submissão do responsável tributário aos efeitos da coisa julgada, sempre que seu nome não constar da CDA (seja a originária, seja a substituta).

Entendemos que a legitimidade material passiva do administrador tem natureza jurídica diversa de sua condição de sujeito passivo na execução fiscal. A primeira requer, quando a responsabilidade não for por lei ilimitada em função da espécie de sociedade da qual o administrador é sócio, algum procedimento investigatório por parte do Fisco, a fim de apurar a autoria (ou indícios da autoria) do ato doloso caracterizado segundo um dos tipos previstos nos arts. 135 e 137 do CTN.

Já a sujeição passiva pressupõe apenas a citação do administrador para

---

8 "Art. 203. A omissão de quaisquer dos requisitos previstos no artigo anterior ou o erro a eles relativo são causas de nulidade da inscrição e do processo de cobrança dela decorrente, mas a nulidade poderá ser sanada até a decisão de primeira instância, mediante substituição da certidão nula, devolvido ao sujeito passivo, acusado ou interessado, o prazo para defesa, que somente poderá versar sobre a parte modificada."
9 "A execução fiscal pode incidir contra o devedor ou contra o responsável tributário, não sendo necessário que conste o nome deste na certidão de dívida ativa" (RE 95.028-1, *DJU* de 25-8-1981, p. 9480).

integrar a relação processual. Será ele, assim, parte passiva na execução fiscal ainda que ilegitimamente chamado para responder pela dívida. Legítimo processualmente, em que pese legítimo ou ilegítimo materialmente.

Tal entendimento não implica abandonar a premissa de que a legitimidade e a sujeição passiva devam coincidir, pois é recomendável que as posições de autor e de réu no processo sejam correlatas à relação jurídica de direito material a ser decidida pelo juiz. No entanto, o reconhecimento da condição de parte é alcançado sem que, necessariamente, reconheça-se a legitimidade material. Isso tanto é verdade que a falta dessa condição da ação só se constata se e quando o sujeito, tido por ilegítimo, figurar na relação jurídica processual.

Vale lembrar, além disso, que as alegações das partes só se comprovarão no decorrer no processo, com a submissão dos fatos à refutação e à apresentação de provas, a fim de que as alegações "inverídicas factualmente" não sejam recebidas pelo direito como verdadeiras. Se apenas durante o curso do processo é que o ordenamento jurídico permite a produção de provas constitutivas de direitos, é necessário reconhecer-se a capacidade processual para que as partes possam pleitear o que consideram legítimo, bem como possam apresentar defesa em contraposição a um interesse antagônico.

A circunstância de alguma das partes ser excluída da lide – o que é previsto em nosso sistema – reforça a ideia de que a legitimidade material e a sujeição passiva deveriam corresponder, mas não necessariamente o fazem.

Nosso entendimento não implica, além disso, concluir que o Código Tributário Nacional trata somente da legitimidade, ao passo que o Código de Processo Civil e a Lei de Execuções Fiscais disciplinam apenas regras acerca de capacidade passiva, e por isso seria um erro utilizar a legislação processual para fundamentar a inconstitucionalidade da exigência do tributo em nome do responsável, quando seu nome não constar da CDA.

Realmente a legislação processual não é fundamento de validade da tipificação das condutas constantes dos arts. 135 e 137 do CTN, e não se presta a refutar o mérito da responsabilidade pessoal do sócio. Mas nem por isso o nome do responsável não necessita constar da CDA para que o processo de execução desenvolva-se validamente, e ao final obrigue o sócio a se sujeitar aos efeitos da coisa julgada. É a forma que a legislação prevê para a fruição de direitos e para a sujeição dos indivíduos às obrigações previstas em lei.

Diante do exposto, sintetizamos nossos argumentos da seguinte forma:

a) a certidão de dívida ativa é título executivo extrajudicial e, como tal, constituiu-se em condição ao exercício de ação, servindo para autorizá-la, para definir o fim a ser alcançado no processo executivo e para fixar seus limites;

b) embora a maior parte dos dispositivos do Código Tributário Nacional trate de direito material, o art. 202 disciplina os requisitos da certidão da dívida ativa, matéria, sem dúvida alguma, de cunho processual. Também o § 5º do art. 2º da LEF estabelece quais os dados que deverão constar da CDA, dentre eles a indicação do devedor e dos corresponsáveis;

c) o Código Tributário Nacional e a Lei de Execuções Fiscais disciplinam os requisitos obrigatórios da certidão, ao passo que o art. 568 do CPC elenca os sujeitos que poderão figurar no polo passivo da execução;

d) a sujeição passiva é adquirida no momento da citação[10], e independe da legitimidade material;

e) os requisitos da CDA e a sujeição passiva são matérias diversas, mas nem por isso a opção do intérprete pelo Código de Processo Civil bastaria para resolver a questão objeto de nossa reflexão. Se a interpretação sistemática requer a análise de todos os enunciados que compõem o direito positivo para os fins de solucionar o conflito existente; se o Código de Processo Civil indica quem poderá ser sujeito passivo na execução; e se o Código Tributário Nacional e a Lei de Execuções Fiscais prescrevem a necessidade da correta indicação na CDA dos devedores e responsáveis, conclui-se que, com base no Código de Processo Civil, o responsável poderá ser sujeito passivo independentemente de seu nome constar da CDA, mas, para que o responsável submeta-se de forma legal aos efeitos da coisa julgada, deverão ser obedecidos os requisitos do Código Tributário Nacional e da Lei de Execuções Fiscais;

f) a indicação do responsável na CDA não significa que ele seja definitivamente devedor, conclusão a que só será possível chegar ao final do processo. Nesse sentido, somente por meio dos embargos à execução fiscal é que a ilegitimidade material ou a inexistência da própria dívida poderão ser provadas. Portanto, há direito de ação sem direito material, que só será con-

---

10 Não é admissível, no sistema constitucional brasileiro, a constrição de bens do responsável, se este não for citado para a execução (em que pese isso poder ocorrer – daí a necessidade dos embargos de terceiros). A citação é ato pelo qual se chama a juízo o réu ou o interessado a fim de se defender (art. 213 do CPC). Sem ela, o administrador estará arbitrariamente sendo envolvido na lide. Nesse sentido, AgI 95.01.04380-0-BA, 3ª Turma do TRF da 1ª Região, rel. Des. Cândido Ribeiro, *DJU* de 27-11-1998.

firmado no curso do processo – ou seja, quando já se reconheceu a legitimidade processual; e

g) o art. 203 do CTN, que também trata de direito processual, impõe a nulidade da inscrição e do processo de cobrança se qualquer dos requisitos do art. 202 – no caso, a indicação do devedor e dos corresponsáveis – não estiver presente, e a certidão não for substituída até decisão de primeira instância (neste caso, devolvendo-se ao executado o prazo para defesa da parte modificada).

Assim, o responsável tributário é sujeito passivo a partir da citação, independentemente de seu nome constar na certidão de dívida ativa. Entretanto, para que o processo desenvolva-se validamente, e não seja no futuro anulado, a CDA deverá obrigatoriamente indicar o nome do administrador (desde a distribuição da execução e desde quando da sua substituição por outra que indique o nome do responsável).

A inobservância desse procedimento implica reconhecer a ilegalidade de todo o processo – por violação ao art. 202 do CTN e ao art. 2º, § 5º, da LEF, bem como sua inconstitucionalidade em face da violação ao devido processo legal.

4 REDIRECIONAMENTO NA EXECUÇÃO FISCAL E A INCLUSÃO DO ADMINISTRADOR NA LIDE APÓS A OPOSIÇÃO DOS EMBARGOS À EXECUÇÃO FISCAL: LIMITES PARA A PRESERVAÇÃO DA CONSTITUCIONALIDADE E DA LEGALIDADE DESSE PROCEDIMENTO

Os princípios constitucionais da ampla defesa e do contraditório restariam descumpridos se o sócio ingressasse na lide após diversos atos processuais já terem sido praticados, tornando-se preclusas, para ele, a apresentação da defesa e a produção de provas que buscassem anular a dívida objeto da execução. Some-se a isso o fato de, sobre a dívida agora devida pelo administrador, recaírem todas as alegações até aquele momento feitas pela pessoa jurídica.

Segundo o art. 5º, LIV, da Constituição, ninguém será privado de seus bens sem o devido processo legal. Isso significa que a condenação só será válida se o processo que a antecede obedecer às garantias materiais e processuais previstas na legislação processual e fiscal.

O princípio da ampla defesa pode ser desmembrado na anterioridade da defesa em relação ao ato decisório, no direito de interpor recurso administrativo como decorrência do direito de petição, no direito de solicitar a produção de provas e de vê-las realizadas e consideradas, no direito ao contraditório, com a notificação do início do processo, da cientificação dos fatos e fundamentos legais que o motivam, das medidas ou atos referentes à produção das provas e da juntada de documentos, do acesso aos elementos do expediente (vista, cópia ou certidão) e não ser processado mediante provas obtidas mediante meios ilícitos[11].

Já o contraditório é o princípio que confere ao sujeito contra quem a acusação está sendo feita o direito de ser intimado para se defender da imputação, já que, caso não prove a improcedência do débito ou da prática do fato ilícito que gerou sua responsabilidade pessoal, terá que cumprir com todas as consequências decorrentes da decisão judicial que o declarar devedor. Confere ao sujeito, também, o direito de ter sua defesa efetivamente analisada pelo julgador, mediante manifestação expressa acerca dos pontos questionados.

Diante do exposto, pergunta-se:

A inclusão do sócio na lide, após o início do processo judicial, fere o devido processo legal, a ampla defesa e o contraditório, quando essa inclusão se der em momento posterior à oposição dos embargos à execução fiscal, e os atos processuais já praticados encontrarem-se para ele preclusos?

E a constitucionalidade da substituição do executado condiciona-se apenas à comprovação da autoria da prática do ato ilícito, independentemente do estágio processual em que o processo de execução se encontre?

As respostas são negativas. A inclusão do sócio é admitida por nosso ordenamento, mas encontra limites nos três princípios constitucionais acima referidos (devido processo legal, ampla defesa e contraditório) e no art. 203 do CTN.

A inclusão será constitucional e legal sempre que houver *reabertura de prazo para a defesa*, assegurando-se ao sócio a produção de todas as provas admitidas, a impugnação dos fatos, a alegação de outros que desconstituam a presunção de certeza e liquidez que goza a dívida inscrita, a sua não responsabilidade pela dissolução irregular etc.

---

11 Cf. Odete Medauar, *A processualidade no direito administrativo*, p. 101.

O que há de ser sempre observado, portanto, é que o sócio não poderá ingressar no processo no estado em que ele se encontra, sem que lhe seja garantida a prática de todos os atos processuais, pois, aí, a execução fiscal padecerá de inconstitucionalidade e ilegalidade.

5 FUNDAMENTO DE VALIDADE DO REDIRECIONAMENTO NA EXECUÇÃO FISCAL

O *caput* do art. 135 contempla a responsabilidade dos sujeitos mencionados nos incisos I a III, pelos créditos correspondentes a obrigações tributárias *resultantes* dos atos ilícitos lá previstos (excesso de poder, infração de lei etc.). Portanto, há responsabilidade quando a infração *resulta* na obrigação tributária.

Uma interpretação mais apressada poderia levar-nos a defender a incompatibilidade do *caput* do referido enunciado com o art. 3º do CTN, tendo em vista que o primeiro, a princípio, contempla a possibilidade de a obrigação tributária surgir de atos ilícitos, ao passo que o segundo estabelece que o tributo é sempre decorrente de atos lícitos.

A incompatibilidade é apenas aparente. Na realidade, a infração não diz respeito ao fato jurídico tributário, que é sempre lícito, *mas à decisão de sua prática*, contrária aos objetivos sociais contemplados no contrato social ou no estatuto, à competência pessoal para a tomada de decisões, e, ainda, aos limites fixados em lei. Some-se a isso a necessidade de dolo.

Exemplificando, prestar serviços é ato lícito e típico para fins da obrigação de pagar ISS, não obstante a prestação de serviços por sociedade exclusivamente comercial seja ato não autorizado pelo contrato social e, portanto, ilícito para os fins *daquela* sociedade.

É com base nesse raciocínio que entendemos que muitas das decisões judiciais existentes, e grande parte da doutrina, equivocadamente tipificam a dissolução irregular da sociedade como infração prevista no art. 135 do CTN.

Para nós, a dissolução irregular opera-se em momento posterior à efetivação do evento tributário, e por isso não há como o ilícito implicar a obrigação. Mas isso não significa que inexista fundamento de validade no Código Tributário Nacional para justificar o redirecionamento, pois o art. 137 autoriza plenamente tal procedimento.

Esclareça-se, finalmente, que a dissolução irregular ocorre apenas quando a sociedade *propositadamente* deixa de funcionar em seu domicílio fiscal, sem comunicação aos órgãos competentes, comercial e tributário. Não basta, portanto, que o Fisco deixe de localizar sociedade que já realizou todas as comunicações legais, em que pesem tais atos não tenham ainda sido por ele, Fisco, processados.

6 IMPOSSIBILIDADE DO REDIRECIONAMENTO DA EXECUÇÃO FISCAL QUANDO A PESSOA JURÍDICA NÃO TIVER BENS SUFICIENTES PARA A QUITAÇÃO DA DÍVIDA

A inexistência de bens suficientes para a quitação do débito é muitas vezes considerada, pela Fazenda Pública, fato suficiente para o redirecionamento da execução fiscal em face do sócio, execução essa originalmente promovida contra a pessoa jurídica[12]. Normalmente, esse procedimento não é realizado com base em qualquer ato investigatório prévio, de apuração da causa de insuficiência de bens.

O redirecionamento, nos termos ora colocados, é completamente ilegal. A Fazenda deveria, primeiro, investigar o motivo pelo qual não existem bens suficientes para, *somente se detectado o desfazimento fraudulento, decorrente de decisão imputável ao sócio*, redirecionar a execução. Faz-se mister, portanto, provar que, por decisão do administrador, os bens foram transferidos da sociedade, com o intuito de evitar que a dívida fosse com eles quitada.

Por fim, como nesse caso não estamos tratando de dissolução irregular dolosa da sociedade, e sim de insuficiência de bens de sociedade devidamente localizada, a única consequência jurídica prevista e autorizada em nosso ordenamento é a da suspensão da execução fiscal, conforme o disposto no art. 40 da LEF[13].

---

12 Parte da jurisprudência também tem o mesmo entendimento: "Ajuizada execução fiscal contra sociedade por cotas de responsabilidade limitada, e não localizados bens desta suficientes para o adimplemento da obrigação, pode o processo ser redirecionado contra o sócio-gerente, hipótese em que este deve ser preliminarmente citado em nome próprio para se defender da responsabilidade imputada, cuja causa o credor deve traduzir em petição clara e precisa" (STJ, 2ª Turma, REsp 7.397-MT, rel. Min. Ari Pargendler, j. em 4-9-1995, v.u.).

13 "Art. 40. O juiz suspenderá o curso da execução, enquanto não for localizado o devedor

7 DA IMPRESCINDIBILIDADE DO DOLO

Diante de todo o exposto, a existência de uma infração é condição necessária ao desencadeamento da responsabilidade do administrador, mas não suficiente. Para que identifiquemos o fato típico e antijurídico previsto no art. 137 (ou mesmo do art. 135, como entendem alguns, mas que afastamos, conforme acima explicado), a conduta do agente deve ser necessariamente dolosa.

O elemento subjetivo, aqui, significa que a responsabilidade nasce somente se o administrador agir intencionalmente, com o *animus* de praticar a conduta típica, mesmo sabendo que o ordenamento jurídico proíbe tal comportamento.

Por outro lado, não consideramos que a culpa seja elemento suficiente para a caracterização do tipo. A conclusão que não acatamos só poderia ser construída a partir do entendimento de que, como a norma não dispõe expressamente sobre a necessidade do dolo, a culpa já seria suficiente para ensejar a responsabilidade do administrador, entendimento esse fundado, ademais, na supremacia do interesse público.

Nada mais equivocado. A separação das personalidades e a necessidade de gerir sociedades economicamente estáveis e instáveis, somadas ao direito constitucional à propriedade e ao princípio da não utilização do tributo com efeitos confiscatórios, vedam que um administrador seja responsável por ato não doloso. A intenção de fraudar, de agir de má-fé e de prejudicar terceiros é fundamental.

É a partir desse prisma que a responsabilidade prevista no art. 135 deve ser interpretada. Caso contrário, a intervenção no patrimônio particular e na liberdade do administrador será injurídica e totalmente incompatível com as garantias que a Constituição defere a todos, a título de direitos fundamentais.

Assim, para que reconheçamos a recepção do art. 135 pela ordem constitucional de 1988, é indispensável a aplicação de seu preceito em fiel harmonia com a necessidade da presença da conduta dolosa, de modo que a

---

ou encontrados bens sobre os quais possa recair a penhora, e, nesses casos, não correrá prazo de prescrição."

responsabilidade pessoal não atinja senão aqueles que cometeram dolosamente o ilícito típico.

Por fim, a prática dolosa impõe o reconhecimento de que o administrador tinha opção entre praticar ou não a infração. Se a opção de evitá-la inexistia, a pessoa não poderá ser considerada responsável, pois lhe faltava o *animus*, em que pese o resultado de seu ato. A única exceção é se o administrador provocou intencionalmente a impossibilidade da opção, a fim de, em última análise, beneficiar-se do ilícito e, ao mesmo tempo, afastar a sua responsabilidade pessoal.

8 A IMPORTÂNCIA DAS PROVAS PARA O RECONHECIMENTO DA RESPONSABILIDADE PESSOAL DO ADMINISTRADOR

A prática da conduta dolosa pelo administrador é pressuposto para a imputação de sua responsabilidade. Por isso, a prova da infração parece-nos fundamental para legitimar a cobrança.

A prova manifesta-se sempre por meio da linguagem. Se é assim, e se admitirmos como verdadeira a premissa de que a linguagem é um objeto cultural, criada pelo homem e, por isso, necessariamente impregnada de valor, não poderíamos deixar de reconhecer a influência dos valores na teoria das provas.

As regras de experiência são instrumentos de que o conhecimento humano dispõe para a valoração das coisas, atos e sujeitos. O valor está no ser, e não nos objetos, razão pela qual a valoração das provas varia muito de acordo com a experiência do intérprete, que constrói a significação do fato segundo suas referências. Isso explica a razão pela qual, para um mesmo fato, possa existir mais de um juízo válido, sem que isso afete a validade da prova.

O sistema de valoração de provas adotado pelo nosso sistema é o do *livre convencimento motivado*, não admitindo arbitrariedade na produção da prova e na sua apreciação. Pressupõe, também, razoabilidade entre o conteúdo das provas e a conclusão obtida a partir delas.

O Fisco tem de provar, primeiramente, a autoria da infração, a partir da premissa de que o infrator não é apenas aquele que praticou materialmente o fato, mas também os que com ele colaboraram (partícipes) e os que determinaram a execução da conduta (mandantes).

Assim, não basta indicar o nome de todos os sócios constantes do contrato social, imperioso que se *individualize* o autor da dissolução irregular, demonstrando ao menos qual o sócio geria a sociedade, e decidia pela prática dos negócios empresariais tipificados como fatos jurídicos tributários (ou que, de alguma forma, pudessem resultar em obrigações tributárias).

Deverá demonstrar, ademais, que nenhuma outra pessoa possuía os mesmos poderes. Se a responsabilidade for compartilhada, a fiscalização deverá indicar quem foi o agente, e apenas na hipótese de essa demonstração não ser possível é que todas as pessoas autorizadas a gerir a sociedade deverão ser solidariamente envolvidas, apurando-se posteriormente a autoria.

Toda essa linguagem é fundamental, pois a responsabilidade pessoal não pode ultrapassar a pessoa do infrator. Insistimos no raciocínio que vimos desenvolvendo: a pessoa física não pode ser responsabilizada simplesmente porque é sócia ou administradora, deverá ser plenamente comprovada sua autoria na prática do ato que lhe está sendo imputado, ou ao menos sua decisão pela prática do ato.

Deverá, também, provar que o ilícito foi praticado com dolo e o agente, se o quisesse, poderia ter agido de forma diversa.

9 A UTILIZAÇÃO DAS PROVAS DIRETAS E DAS PRESUNÇÕES LEGAIS PARA A CARACTERIZAÇÃO DA RESPONSABILIDADE DE TERCEIROS

Admite-se, para a comprovação da prática do fato doloso, tanto as provas diretas como as indiretas.

Quando tratamos de presunções, referimo-nos à prova indiciária, espécie de prova indireta que visa demonstrar, a partir da comprovação da ocorrência de fatos secundários, indiciários, a existência ou a inexistência do fato principal. Para que ela exista, faz-se necessária a presença de indícios, a combinação deles, a realização de inferências indiciárias e, finalmente, a conclusão dessas inferências.

Indício é todo vestígio, indicação, sinal, circunstância e fato conhecido apto a nos levar, por meio do raciocínio indutivo, ao conhecimento de outro fato, não conhecido diretamente. É, segundo Pontes de Miranda, "o fato ou parte do fato certo, que se liga a outro fato que se tem de provar, ou a fato que, provado, dá ao indício valor relevante na convicção do juiz, como homem"[14].

É a comprovação indireta que distingue a presunção dos demais meios de prova, e não o conhecimento ou não do evento. Com isso, não se trata de considerar que a prova direta veicula um fato conhecido, ao passo que a presunção veicula um fato meramente presumido. Conhecido o fato sempre é, pois detém referência objetiva de tempo e de espaço; conhecido juridicamente, também, é o evento nele descrito. Por outro lado, da perspectiva fática, o evento, em que pese ser provável, é sempre presumido.

Com base nessas premissas, entendemos que as presunções nada "presumem" juridicamente, mas prescrevem o reconhecimento jurídico de um fato provado de forma indireta. Faticamente, tanto elas quanto as provas diretas (perícias, documentos, depoimentos pessoais etc.) apenas "presumem".

Só a manifestação do evento é atingida pelo direito e, portanto, o real não há como ser alcançado de forma objetiva: independentemente de a prova ser direta ou indireta, o fato que se quer provar será ao máximo juridicamente certo e fenomenicamente provável. É a realidade impondo limites ao conhecimento jurídico.

E a utilização das presunções, seria inconstitucional para os fins de estabelecer a responsabilidade pessoal do sócio, no redirecionamento da execução fiscal?

Tratando-se de responsabilidade de terceiros, a regra que contém uma presunção legal relativa será constitucional e legal se (a) o ilícito for tipificado segundo os termos do art. 137 do CTN, (b) inexistirem provas em sentido contrário e (c) todas as condições para admissibilidade das presunções tiverem sido cumpridas (observância dos princípios da segurança jurídica, legalidade, tipicidade, igualdade, razoabilidade, e ampla defesa, bem como a subsidiariedade na aplicação da regra e que os indícios da prática do ilícito sejam graves, precisos e concordantes).

---

14 *Comentários ao Código de Processo Civil*, p. 421.

10 DA JURISPRUDÊNCIA

A maior parte da jurisprudência do STJ caminha no sentido de que, constatada a dissolução irregular, a execução fiscal pode ser redirecionada para os sócios da sociedade executada. Vejamos a ementa abaixo:

> EXECUÇÃO FISCAL. REDIRECIONAMENTO. SÓCIOS. DISSOLUÇÃO IRREGULAR.
> A Turma, ao continuar o julgamento, entendeu, por maioria, que, na hipótese, é possível presumir a dissolução irregular da sociedade e, em consequência, redirecionar a execução fiscal para seus sócios, visto que certificado por oficial de justiça que ela não mais existe no endereço indicado (art. 127 do CTN). No Direito Comercial, há que se valorizar a aparência externa da sociedade, e a mera suposição de que estaria a funcionar em outro endereço, sem que o tivesse comunicado à Junta Comercial, não pode obstar o crédito da Fazenda[15].

Já o STF decidiu:

> (...) não evidenciados pela Fazenda exequente os requisitos da responsabilidade tributária dos sócios, não é possível fazer que a execução prossiga contra eles, embora não encontrada a sociedade[16].

11 FATOS A SEREM ANALISADOS PARA A DEFESA DO ADMINISTRADOR

Por fim, partindo da premissa acima construída de que, em situações excepcionais, o redirecionamento na execução fiscal pode ocorrer, o administrador terá que provar, para afastá-la, que não ocorreu a dissolução irregular, ou que, se ocorrida, não foi por decisão ou concordância sua. A questão, portanto, é probatória.

---

15 REsp 800.039-PR, rel. originário Min. Peçanha Martins, rel. para o acórdão Min. Eliana Calmon, j. em 25-4-2006.
16 RE 97.612, de 21-9-1982, rel. Min. Soares Muñoz.

Não é porque a sociedade simplesmente desapareceu, que determinado sócio obrigatoriamente participou do ilícito, em especial em sociedades em que as funções de cada um são claramente divididas e exercidas. Não se deve ignorar as experiências universalmente aceitas, os conhecimentos gerais e aquilo que o senso comum indica, pois tais elementos muitas vezes justificam a confiança que um sócio deposita em outro, ainda que, ao menos em grandes estruturas empresariais, tal fato possa ser inconcebível.

Ademais, se determinado sócio agiu de boa-fé, e foi outro quem dissolveu irregularmente a sociedade, somente este último poderá ser pessoalmente responsabilizado.

O cuidado que se deve ter, portanto, é o de investigar minuciosamente os fatos que envolvem a dissolução, a fim de não se desprezar a possibilidade de terem sido praticados atos premeditados, visando a, justamente, afastar a responsabilidade de um dos sócios, para atribuí-la a outro que não dispõe de bens suficientes para quitar o débito, no caso de condenação.

BREVES PONDERAÇÕES CONSTITUCIONAIS ACERCA DAS ATIVIDADES ECONÔMICAS

NÉLIDA CRISTINA DOS SANTOS*

Homenagem ao Professor Eduardo Domingos Bottallo que vivencia, produz, vibra e ensina o melhor do Direito, deixando clara sua inteligência, brilhantismo, convicção, ética e lisura em todas as suas lições.

O fenômeno tributário possui um viés econômico-financeiro e nesse sentido interagem as regulações que tornam eficiente o funcionamento do mercado[1] e da Economia, que, pelos traços filosóficos de Nicolla Abagnano,

---

* Doutora, Mestre e Especialista em Direito Tributário. Professora Titular da Disciplina Direito Tributário na Faculdade de Direito de São Bernardo do Campo e Coordenadora do Curso de Pós em Direito Tributário, na mesma Instituição. Advogada.
1 Eros Grau ensina: "O Mercado é uma instituição jurídica. De modo mais preciso: os mercados são instituições jurídicas". O significado do termo instituições pode ser compreendido como **organizações** ou mecanismos sociais que controlam o funcionamento da **sociedade** e dos indivíduos. Exemplos: instituições **políticas** incluem os **órgãos** e os **partidos políticos**; instituições **educacionais** são as **escolas, universidades**. Alguns esclarecimentos são necessários. Ainda segundo as lições de Avelãs Nunes (*Noção e objeto da economia política*, p. 63), citado pelo supramencionado professor: "É possível observar o mercado como uma: *(i) instituição social*, um produto da história, uma criação histórica da humanidade (correspondente a determinadas circunstâncias econômicas, sociais, políticas e ideológicas) que veio servir (e serve) os interesses de uns/mas não os interesses de todos; *(ii) instituição política* destinada a regular e manter determinadas estruturas de poder que asseguram a prevalência dos interesses de certos grupos sobre os interesses de outros grupos sociais" (Eros Roberto Grau, *A ordem econômica na Constituição Federal de 1988*, 10. ed. São Paulo: Malheiros, p. 30). O economista Delfim Netto aborda o tema em interessante ensaio, da seguinte forma: "O mercado não foi inventado, o homem descobriu o mercado. Cada vez que se deixou o sujeito mais ou menos livre, que o Estado permitiu que cada um encontrasse o seu caminho, que tentasse procurar esse caminho com alguma liberdade, apareceu o mercado. O mercado é um instrumento quase natural, é um instrumento alocativo importante. Dos três valores – o da igualdade, da liberdade e da justiça –,

pode ser conceituada como "a ordem ou regularidade de uma totalidade qualquer, seja esta uma casa, uma cidade, um Estado ou o mundo"[2].

As regulações de mercado e também as econômicas são o instrumental adequado para viabilizar a convivência social compenetrada em suas práticas econômicas, de forma a cumprir a meta principal, que é a aquisição de capital para a conquista do patrimônio.

Ao Estado cabe fornecer a direção para que os particulares também possam participar do cumprimento das metas constitucionais voltadas à justiça social, busca do desenvolvimento e o afastamento das desigualdades. Atuam todos com as limitações necessárias para que os interesses, por vezes antagônicos, se equilibrem.

Eduardo Domingos Bottallo, de forma brilhante, ensina: "O extraordinário valor axiológico dos princípios, aliado ao destacado sentido de ampla generalidade, justificam que sejam reconhecidos como os mais fortes e expressivos pontos de referência para a interpretação do sistema jurídico"[3]. Verdadeiros mandamentos fundamentais ao bom funcionar do sistema jurídico.

O Supremo Tribunal Federal tem seguido esse raciocínio em seus julgados de forma categórica: "A livre iniciativa é expressão de liberdade titulada não apenas pela empresa, mas também pelo trabalho. Por isso a Constituição, ao contemplá-la, cogita também da 'iniciativa do Estado'; não a privilegia, portanto, como bem pertinente à empresa"[4].

---

o mercado permite realizar, de alguma forma, uma certa eficiência com liberdade, mas o mercado é incapaz de atender ao valor da igualdade (...) o mercado de vez em quando funciona mal. A ideia de que o mercado funciona bem em qualquer circunstância é obviamente falsa. As hipóteses de funcionamento de mercado são de um mercado perfeito. O que acontece é que, com todos os defeitos, o mercado é o melhor mecanismo que o homem encontrou para fazer uma alocação razoável dos recursos escassos de que dispõe. Todas as outras alternativas se mostraram ineficientes" (*Conversas com economistas brasileiros*. Biderman, Ciro; Cozac, Luis Felipe e José Márcio Rego, São Paulo: Ed. 34, 1996).

2 *Dicionário de filosofia*. São Paulo: Martins Fontes, 1999, p. 298.
3 *Lições de direito público*. 2. ed. São Paulo: Dialética, p. 18.
4 "Ação direta de inconstitucionalidade. Lei n. 7.844/92 do Estado de São Paulo. Meia entrada assegurada aos estudantes regularmente matriculados em estabelecimentos de ensino. Ingresso em casas de diversão, esporte, cultura e lazer. Competência concorrente entre a União, Estados-membros e o Distrito Federal para legislar sobre direito econômico. Constitucionalidade. Livre-iniciativa e ordem econômica. Mercado. Intervenção do Estado na economia. Arts. 1º, 3º, 170, 205, 208, 215 e 217, § 3º, da Constituição do Brasil" (ADIn 1.950-3/SP, rel. Min. Eros Grau, Plenário em 3-11-2005).

Nesse sentido, tanto o Estado deve fiscalizar os atos ou comportamentos dos agentes econômicos[5] – particulares ou empresas –, enquanto competidores entre si e em alguma área de preferência, quanto regrar os reflexos em que tal agir projeta no plano do acúmulo de riquezas dos contribuintes.

Imperioso ressaltar que há o consentimento do contribuinte[6] quanto à tributação, apesar de certo inconformismo na assunção da elevada carga tributária e o uso ineficiente do dinheiro público arrecadado[7].

O primado da livre-iniciativa está relacionado com a prática de atividade econômica. Nas lições de Juarez Freitas, o primado da "livre-iniciativa como um dos fundamentos da ordem econômica, definindo-a como direito fundamental de produção de bens e serviços por conta e risco"[8].

Miguel Reale pondera ser a livre-iniciativa senão "a projeção da liberdade individual no plano da produção, circulação e distribuição das riquezas, assegurando não apenas a livre escolha das profissões e das atividades econô-

---

5 Segundo o *site* da Secretaria de Acompanhamento Econômico (SEAE) vinculada ao Ministério da Fazenda, **agente econômico** é qualquer pessoa física ou jurídica (empresa privada ou pública, com fins lucrativos ou não, indústria, comércio, profissional liberal etc.) que participa, independentemente, como sujeito ativo na atividade econômica. Disponível em: <http://www.seae.fazenda.gov.br/central_documentos/glossarios>. Acesso em: 27 fev. 2007.

6 Ensina Estevão Horvath acerca do tema: "Com efeito, é evidente que a tributação é uma forma de apropriação da propriedade do contribuinte. Por isso mesmo, num Estado de Direito, depende ela do *consentimento* dos cidadãos, para que possa existir. Nesse 'consentimento' ou 'autorização' para tributar repousa o princípio da legalidade e têm origem os próprios Parlamentos, como conhecemos hoje em dia. Não basta, porém, que um determinado tributo seja consentido, mediante a sua aprovação pelo Legislativo. Necessário que o poder de representação outorgado pelo povo ao legislador ordinário seja exercido dentro dos limites que o legislador constituinte originário impôs, ao inaugurar o novo Estado" (*O princípio do não confisco em direito tributário*. São Paulo: Dialética, 2002, p. 43).

7 Interessante estudo aponta ser conhecido pelo contribuinte o papel relevante da tributação, especificamente no campo do imposto sobre a renda para fins de 'desenvolvimento do país', mas todos são unânimes em apontar dois argumentos: "(a) a 'classe média' é sacrificada, não somente em virtude da tabela de tributação, mas porque, ao contrário dos 'ricos', não dispõe de meios para fugir da cobrança; (b) 'não há retorno' para o imposto pago na forma de serviços públicos eficientes de educação, saúde e segurança, o que leva à contratação de serviços privados; enquanto isso se sucedem os escândalos envolvendo desperdício e desvio de recursos públicos" (Ciméa Bevilacqua, Imposto de Renda e contribuintes de camadas médias: notas sobre a sonegação. *Cadernos de Campo*, revista dos Alunos de Pós-Graduação em Antropologia da Universidade de São Paulo. Ano 08. 1997/8).

8 Prefácio da obra *Princípios constitucionais da ordem econômica*, de Lafayete Josué Petter. São Paulo: Revista dos Tribunais, 2005, p. 8.

micas, mas também a autônoma eleição dos processos ou meios julgados mais adequados à consecução dos fins visados"[9].

Note-se que a atividade econômica apresenta-se como um ponto de interseção entre os objetos regulados pelo direito tributário[10] e direito econômico[11], na medida em que o primeiro alcança-a onerando seu exercente, também denominado contribuinte, por meio do tributo, no que diz respeito ao segundo, submete o praticante às regras limitadoras e restritivas necessárias para que a competitividade seja mantida.

Nesse aspecto, alguns ditames constitucionais componentes da ordem econômica, de forma interdisciplinar, interagem com os regramentos tributários. Os ditames atrelados à ordem econômica contidos em nossa Carta Magna não podem ser interpretados isoladamente, destacados da unidade posta pelo conteúdo constitucional.

O Ministro Moreira Alves, em sua relatoria na Ação Direta de Inconstitucionalidade n. 1.950-3/SP, afirma ser destacada a presença do poder do Estado, via legislatura, para regular a política de bens e serviços. Por sua vez, o também Ministro Eros Grau corrobora o argumento, ponderando ser o Estado detentor do dever de regular para assim dar concreção às normas--objetivo veiculadas pelos arts. 3º e 170 da CF[12].

Cabe destacar a livre concorrência, um dos ditames da ordem econômica, como uma manifestação da liberdade de iniciativa, acompanhada da garantia constitucional de que a lei tenderá a reprimir o abuso do poder

---

9 E ressalta ainda o autor: "Liberdade de fins e de meios informa o princípio de livre-iniciativa, conferindo-lhe um valor primordial, como resulta da interpretação conjugada dos citados arts. 1º e 170" (*Aplicações da Constituição de 1988*, Rio de Janeiro: Forense, 1990, p. 14).
10 Paulo de Barros Carvalho preleciona: "O Direito Tributário Positivo é o ramo didaticamente autônomo do direito, integrado pelo conjunto das proposições jurídico--normativas que correspondam, direta ou indiretamente, à instituição, arrecadação e fiscalização de tributos" (*Curso de direito tributário*. 18. ed. São Paulo: Saraiva, p. 15).
11 Geraldo de Camargo Vidigal ensina: "Em sentido amplo e abrangendo as três disciplinas acopladas – Direito do Planejamento, Direito Administrativo Econômico e o Direito de Organização dos Mercados –, conceituamos Direito Econômico como o conjunto das instituições e preceitos jurídicos que ordenam já a direção das atividades econômicas pelo Estado, já a intervenção estatal na economia, já o relacionamento entre os agentes dos mercados, quando se marca por um clima de dominação" (*Objeto do direito econômico*. São Paulo, 1976, p. 47 – Tese de Cátedra do Professor à Cadeira de Direito Econômico da USP/SP).
12 STF, ADIn 1.950-3/SP, rel. Min. Eros Grau, Plenário em 3-11-2005.

econômico que vise à dominação de mercados, à eliminação de concorrência e ao aumento arbitrário dos lucros, conforme disposição do art. 173, § 4º, da CF.

Trata-se de um princípio geral para o fomento da sociedade que permite aos seus agentes econômicos o desenvolvimento de ações próprias para o incremento do mercado, tanto na busca quanto na disputa frequente pela clientela, impulsionando a competitividade das empresas, forçando-as ao constante aprimoramento dos métodos tecnológicos, diminuição de custos, enfim *na permanente busca de condições mais favoráveis ao consumidor*[13].

A doutrina de Misabel Derzi e Sacha Calmon Navarro Coelho já apontava, em meados da década de 1990, estudo específico do Caso da Usina de Açúcar no Brasil, apresentando uma afronta ao princípio da seletividade e também da livre concorrência, pois o IPI, cuja alíquota pode ser alterada por decreto do Presidente da República, conforme expressa previsão do art. 153, § 1º, da CF, deve ser utilizado como mecanismo voltado ao interesse dos consumidores, visto ser o açúcar um produto essencial.

Neste aumento de alíquota diferenciado entre região Sudeste, em percentual maior, em face do Nordeste, cuja fixação foi menor, o decreto primou por afronta ao princípio da uniformidade geográfica, visto ser este um imposto federal e também afronta ao pacto federativo, pois alguns Estados foram prejudicados em face de outros. Segundo os autores, o princípio da seletividade do IPI volta-se aos interesses dos consumidores e nunca dos produtores[14].

Eduardo Domingos Bottallo, em reflexão sobre o princípio da seletividade em face do IPI, alerta: "Estando, o princípio da seletividade, voltado para a tutela dos interesses dos consumidores finais, e não dos produtores industriais, não se justifica, sob o ponto de vista constitucional, sua utilização como meio de prevenir desequilíbrios da concorrência"[15].

O ditame previsto no art. 170, IX, do Texto Constitucional, estabelece sua direção voltada para "o tratamento favorecido para as empresas de pequeno porte constituídas sob as leis brasileiras e que tenham sua sede e adminis-

---

13 Conforme ponderações no artigo O trespasse: a alienação do estabelecimento empresarial e a cláusula de não restabelecimento, de Maria Antonieta Lynch de Moraes, *Revista Intelligentia Jurídica*, Ano II, n. 18, maio/2002.
14 *Direito tributário atual. Pareceres*, Rio de Janeiro, Forense, 1999, p. 363.
15 *IPI – princípios e estrutura*. São Paulo: Dialética, 2009, p. 66.

tração no país" e destaca a preocupação do constituinte em fundamentar a *reivindicação de políticas públicas para empresas de pequeno porte*[16].

Em regra, tal prescrição volta-se para o fomento ao desenvolvimento pela simplificação da burocracia, tanto em âmbito tributário quanto em seara administrativa.

Vale ressaltar que o teor do art. 179 do Texto Maior[17] estende às microempresas tal tratamento estimulador[18]. Com efeito, resta saber se a menção inclusiva desta modalidade empresarial deve beneficiar-se das influências isoladas deste artigo supramencionado, ou se as diretrizes do art. 170, do mesmo *index,* também a elas caberiam.

Em âmbito tributário, a *Lei do Simples Nacional* trouxe estruturação e regulação para este segmento de mercado composto por células empresariais diferenciadas, ou seja, a micro e a pequena empresa, bem como o microempreendedor individual[19]. Setor esse importante no aspecto social, pois entre-

---

16 Lafayete Josué Petter, *Princípios constitucionais da ordem econômica*, São Paulo: Revista dos Tribunais, 2005, p. 263.
17 "Art. 179. A União, os Estados, o Distrito Federal e os Municípios dispensarão às microempresas e às empresas de pequeno porte, assim definidas em lei, tratamento jurídico diferenciado, visando a incentivá-las pela simplificação de suas obrigações administrativas, tributárias, previdenciárias e creditícias, ou pela eliminação ou redução destas por meio de lei."
18 Lafayete Josué Petter raciocina: "Refira-se, por pertinente, que o art. 179 da Constituição Federal, que trata do mesmo assunto, é mais detalhista. Consignou o preceito que todos os entes da Federação dispensarão às microempresas e empresas de pequeno porte tratamento jurídico diferenciado (As micro e pequenas empresas são tratadas nos seguintes diplomas normativos: Lei 9.841, de 5-10-1999, chamada Estatuto da Microempresa e da Empresa de Pequeno Porte, que foi regulamentada pelo Decreto 3.474, de 19-5-2000. O SEBRAE – Serviço Brasileiro de Apoio às Micro e Pequenas Empresas –, serviço social autônomo, que funciona com recursos da iniciativa privada (0,3% sobre a folha de pagamentos das empresas), é regulado pela Lei 8.029/1990.) Importante lembrar que o SIMPLES é regulado pela Lei Complementar 123/2006" (*Princípios constitucionais da ordem econômica*, São Paulo: Revista dos Tribunais, 2005, p. 263, nota 269).
19 Aprovada Resolução sobre o **Microempreendedor Individual – MEI**. Em reunião de 27 de abril de 2009, o Comitê Gestor aprovou a Resolução CGSN n. 58, que dispõe sobre o **Microempreendedor Individual – MEI**, no âmbito do Simples Nacional, produzindo efeitos a partir de 1º de julho de 2009. A figura do MEI foi criada pelos arts. 18-A, 18-B e 18-C da Lei Complementar n. 128, de 19-12-2008 (Lei do SIMPLES), *representa uma grande oportunidade para que o empresário individual venha a se formalizar, pagando pequenos valores fixos mensais, passando a exercer sua cidadania e tendo direito a benefícios previdenciários.* A título de curiosidade, segue o *site* instrutivo sobre o assunto: <http://www.portaldoempreendedor.gov.br>.

gue à informalidade e também relevante para fins fiscais em função de sua potencial condição contributiva[20].

Por esse prisma e seguindo tal raciocínio extensivo, Lafayete Josué Petter enfatiza: "A *ratio legis* indica que o tratamento favorecido de que fala o último parágrafo do art. 170 abrange as situações em que o agente econômico é tido como de pequenas dimensões, parâmetro delegado à legislação ordinária"[21].

A *supremacia constitucional* trazida pela Carta Magna impregna todo o sistema jurídico e também deixa em evidência alguns primados mais vocacionados para certas temáticas, mais que outras. O Texto Constitucional não deixa dúvidas quanto ao fato de a concorrência ser, entre nós, um meio, um instrumento para o alcance de outro bem maior, de assegurar a todos existência digna, conforme os ditames da justiça social. Assim, as práticas de concentração de mercado não devem ser vistas como algo prejudicial ao Estado e à sociedade, já que submetidos aos principais instrumentos antitrustes[22].

Por este aspecto, uma determinada prática concentracionista poderá ser autorizada se trouxer benefícios ao mercado. E as benesses serão aferidas ao se verificar o expressivo desenvolvimento daquele setor ou segmento econômico e, também, verificando se as operações empresariais estão de acordo com os princípios constitucionais aplicados à ordem econômica, se melhorias

---

20 Conforme informações do *site* https://www.receita.fazenda.gov.br, o Simples Federal, aprovado pela Lei n. 9.317, de 5-12-1996, foi extinto em 1º de julho de 2007, conforme disposto no art. 89 da Lei Complementar n. 123, de 14-12-2006, a qual instituiu o novo regime para as microempresas e empresas de pequeno porte denominado "Simples Nacional". A Lei Complementar n. 123/2006 assim determina em seu art. 1º: "Esta Lei Complementar estabelece normas gerais relativas ao tratamento diferenciado e favorecido a ser dispensado às microempresas e empresas de pequeno porte no âmbito dos Poderes da União, dos Estados, do Distrito Federal e dos Municípios, especialmente no que se refere: I - à apuração e recolhimento dos impostos e contribuições da União, dos Estados, do Distrito Federal e dos Municípios, mediante regime único de arrecadação, inclusive obrigações acessórias; II - ao cumprimento de obrigações trabalhistas e previdenciárias, inclusive obrigações acessórias; III - ao acesso a crédito e ao mercado, inclusive quanto à preferência nas aquisições de bens e serviços pelos Poderes Públicos, à tecnologia, ao associativismo e às regras de inclusão".
21 *Princípios constitucionais da ordem econômica*. São Paulo: Revista dos Tribunais, 2005, p. 263.
22 A Lei federal n. 8.884/94 prevê as infrações configuradas pelas práticas abusivas e também a estrutura e funcionamento do órgão fiscalizador, o Conselho Administrativo de Defesa Econômica, conhecido como CADE.

forem apresentadas ao consumidor, ao meio ambiente, ao desenvolvimento tecnológico do país, se houver geração de empregos, entre outros reflexos positivos evidenciados pela operação.

A normatização da defesa da concorrência, devido a sua instrumentalidade, é uma forma de programar políticas públicas, especialmente às econômicas, entendidas como meios de que dispõe o Estado para influir de maneira sistemática sobre a economia. Em conjugação com as regras tributárias, o Estado poderá conquistar padrões satisfatórios de desenvolvimento econômico em total acatamento aos fundamentos da República Federativa do Brasil.

Em suma, o núcleo tributável atividade econômica, além de ser alcançado pela tributação, é também a atuação particular mais expressiva no campo social e econômico. As previsões constitucionais da livre-iniciativa, bem como da livre concorrência, calibradas pela tributação permitem alguns importantes impactos, dentre eles, que o lucro ocorra, mas não de maneira desmedida; que a atividade seja praticada e aferida na sua potencialidade arrecadatória, permitindo que haja assim um esvaziamento da informalidade e uma inserção das novas células empresariais trazidas nas estruturas dos micro e pequenos empreendimentos.

REFERÊNCIAS

ABAGNANO, Nicolla. *Dicionário de filosofia*, São Paulo: Martins Fontes, 1999.

BEVILACQUA, Ciméa. Imposto de Renda e contribuintes de camadas médias: notas sobre a sonegação. *Cadernos de Campo*, Revista dos Alunos de Pós-Graduação em Antropologia da Universidade de São Paulo. Ano 08. 1997/8.

BOTTALLO, Eduardo Domingos. *Lições de direito público*. 2. ed. São Paulo: Dialética.

_____. *IPI – princípios e estrutura*. São Paulo: Dialética, 2009.

CARVALHO, Paulo de Barros. *Curso de direito tributário*. 18. ed. São Paulo: Saraiva.

DELFIM NETO, Antônio. *Conversas com economistas brasileiros*. Biderman, Ciro; Cozac, Luis Felipe e José Márcio Rego. São Paulo: Ed. 34.

DERZI, Misabel; NAVARRO COELHO, Sacha Calmon. *Direito tributário atual. Pareceres*. Rio de Janeiro: Forense, 1999.

GRAU, Eros Roberto. *A ordem econômica na Constituição Federal de 1988*. 10. ed. São Paulo: Malheiros.

HORVATH, Estevão. *O princípio do não confisco em direito tributário*. São Paulo: Dialética, 2002.

MORAES, Maria Antonieta Lynch. O trespasse: a alienação do estabelecimento empresarial e a cláusula de não restabelecimento. *Revista Intelligentia Jurídica*, Ano II n. 18, maio/2002.

PETTER, Lafayete Josué. *Princípios constitucionais da ordem econômica*. São Paulo: Revista dos Tribunais, 2005.

REALE, Miguel. *Aplicações da Constituição de 1988*. Rio de Janeiro: Forense, 1990.

VIDIGAL, Geraldo de Camargo. *Objeto do direito econômico*. São Paulo, 1976. Tese de Cátedra à Cadeira de Direito Econômico da USP.

O DIREITO AO CRÉDITO NAS AQUISIÇÕES DE BENS DE USO E CONSUMO E A NÃO CUMULATIVIDADE DO ICMS – IMPOSTO ESTADUAL SOBRE OPERAÇÕES RELATIVAS À CIRCULAÇÃO DE MERCADORIAS E PRESTAÇÃO DE SERVIÇOS

OSVALDO SANTOS DE CARVALHO[*]

1 INTRODUÇÃO

O presente trabalho tem como objeto o estudo do direito ao crédito de ICMS – imposto sobre operações de circulação de mercadorias e sobre prestação de serviços de transporte interestadual e intermunicipal e de comunicação – nas aquisições de bens de uso e consumo.

A Constituição Federal prevê a fruição da não cumulatividade do ICMS, determinando a compensação do que for devido em cada operação ou prestação com o montante cobrado nas anteriores.

---

[*] Mestre e Doutorando em Direito Tributário pela PUCSP. Professor da Faculdade de Direito de Presidente Prudente – Associação Educacional Toledo, da Escola Fazendária do Estado de São Paulo-FAZESP, dos cursos de especialização da COGEAE/PUC e GV/*law*, IBET e Faculdade de Direito de São Bernardo do Campo. Coordenador Adjunto da Administração Tributária-CAT-SEFAZ/SP. Juiz do Tribunal de Impostos e Taxas–TIT.

O ICMS não cumulativo surgiu em 1988, sucedendo o ICM – Imposto sobre Circulação de Mercadorias, instituído pelo sistema tributário brasileiro em 1965, que inaugurou a não cumulatividade para essa espécie tributária. Até então, tínhamos a existência de um imposto semelhante incidente sobre vendas mercantis, porém cumulativo, denominado IVC – Imposto sobre Vendas e Consignações.

O ICM original teve como inspiração o IVA – Imposto sobre Valor Agregado europeu, porém o modelo brasileiro não "copiou" alguns fundamentos importantes daquele modelo, como a imposição sobre base ampla (incluindo a prestação de serviços generalizada), aplicação por ente unitário (entre nós tal imposto é de competência dos Estados e do Distrito Federal), dedução financeira em vez de apenas física etc.

Por esses e outros motivos, temos um imposto de competência estadual e distrital eivado de restrições à plena fruição da não cumulatividade, comprometendo, sobremodo, a neutralidade tributária, também valor perseguido pelo nosso ordenamento jurídico, que objetiva a diminuição dos efeitos da tributação sobre a decisão dos agentes econômicos, evitando distorções e consequentes ineficiências na atividade econômica.

O aproveitamento de créditos assegurado constitucionalmente por meio da não cumulatividade do IPI e do ICMS, este último objeto do presente trabalho no tocante aos bens de uso e consumo, é concebido como um primado que objetiva garantir um modelo produtivo, alicerçado na liberdade de iniciativa, em benefício de toda a coletividade.

A não cumulatividade do ICMS é uma das formas de assegurar a neutralidade da tributação, que inspira a concepção de referido imposto de competência estadual.

É do conhecimento daqueles que militam no campo do direito, e mais especificamente do direito tributário, a vastidão e extensão das discussões de natureza dogmático-jurídica e de outros campos do saber científico que permeiam o tema da não cumulatividade do ICMS, uma das colunas de sustentação que caracteriza referido imposto.

Dentro de uma concepção dogmático-jurídica que rege o presente trabalho, numa perspectiva analítico-descritiva, discorreremos sobre a não cumulatividade do ICMS, abordando a restrição ao crédito do ICMS nas operações de aquisição de bens de uso e consumo.

2 O ICMS - IMPOSTO SOBRE OPERAÇÕES DE CIRCULAÇÃO DE MERCADORIAS E SOBRE PRESTAÇÃO DE SERVIÇOS DE TRANSPORTE INTERESTADUAL E INTERMUNICIPAL E DE COMUNICAÇÃO

O ICMS, imposto de competência estadual e distrital, teve sua instituição prevista no art. 155, II, da CF/1988[1], ampliando o campo de incidência do antigo ICM para tributar, além das operações relativas à circulação de mercadorias — agora incluídos minerais, combustíveis e energia elétrica —, os serviços de transporte intermunicipal e interestadual e, ainda, os serviços de comunicação:

> Art. 155. Compete aos Estados e ao Distrito Federal instituir impostos sobre:
>
> (...)
>
> II – operações relativas à circulação de mercadorias e sobre prestações de serviços de transporte interestadual e intermunicipal e de comunicação, ainda que as operações e as prestações se iniciem no exterior.

A Constituição Federal cuida de disciplinar rigidamente, e quase à exaustão, o perfil da tributação, e, bem assim, de estipular a competência legislativa tributária sem margem para qualquer derivação do leito previamente por ela traçado, de sorte que qualquer estudo jurídico-tributário que pretenda ser dotado de rigor metodológico deve seguir os comandos norteadores insculpidos na Constituição.

É a Constituição o vetor da tributação, em que deve ser haurido o fundamento de todas as normas, de sorte que o legislador de cada pessoa política dentro do sistema federativo, ao tributar, por um lado, deve partir do vértice constitucional, elaborando normas gerais e abstratas, trilhando o caminho previamente demarcado pelo Texto Maior, desde as próprias Emendas Constitucionais até as normas de menor envergadura (portarias, decretos etc.), posto que nenhum ato infraconstitucional pode subsistir se afrontar os ditames máximos inscritos na Constituição.

---

1 PINTO, Antonio Luiz de Toledo; WINDT, Márcia Cristina Vaz dos Santos; CÉSPEDES, Livia. *Constituição da República Federativa do Brasil*. 4. ed. atual. e ampl. São Paulo: Saraiva, 2008, p. 96.

Por outro lado, ao hermeneuta do direito não é oferecido outro caminho, qual seja, a exegese deve ser construída sob o pálio da Constituição. Vale dizer, qualquer norma sob estudo deverá ser cotejada com a moldura constitucional.

Se a interpretação couber na moldura constitucional, estar-se-á diante de uma norma válida, e, ao contrário, se não se enquadrar na moldura será inconstitucional e, portanto, não será considerada norma válida, seja ela uma mera Portaria ou Decreto, ou até mesmo Lei Complementar, ou mesmo uma Emenda à Constituição, que poderá padecer do mesmo vício, a inconstitucionalidade, desde que, é claro, seja afastado do sistema jurídico pelas regras previstas no próprio sistema.

O "imposto sobre operações relativas à circulação de mercadorias e sobre prestações de serviços de transporte interestadual e intermunicipal e de comunicação – ICMS" é o mais minuciosamente tratado no texto constitucional.

Quanto a esse imposto, o constituinte foi extremamente detalhista. Esse tratamento detalhado decorre da necessidade de lhe dar uma feição mais completa e tratamento uniforme pelos Estados e Distrito Federal, dado o seu alcance nacional.

O desenho constitucional rígido, que demarca o perfeito contorno do ato de tributar, vale dizer, de criar *in abstrato* o tributo e discipliná-lo juridicamente, tolhe, sobremodo, a liberdade do legislador complementar e ordinário, que deverá dar vazão ao comando constitucional, reproduzindo-o, agora, num grau de concreção maior, todavia, não ultrapassando as divisas perfeitamente delineadas pela Carta Maior.

Sabemos que o ICMS reclama a edição de Lei Complementar para discipliná-lo. A Lei Complementar n. 87/96 é, hoje, o texto básico que regra o ICMS, com seus méritos e deméritos, porém de observância obrigatória pelos entes federados.

3 A NÃO CUMULATIVIDADE DO ICMS

A Reforma Tributária de 1965 almejou afastar a cumulatividade dos impostos do campo de atuação do ICMS (e também do IPI), e mais recentemente das contribuições do PIS e COFINS, em algumas situações.

Mas o que são tributos cumulativos?

Segundo Antônio Houaiss, cumulativo é um "adjetivo que designa aquilo que se cumula ou que procede ou se constrói por acumulação"[2].

Em síntese, é exatamente aquilo que a Reforma Tributária de 1965 pretendeu alterar.

Afastou a cumulatividade do até então IVC, de sorte que os impostos sobre o consumo, entre eles o ICMS, respeitassem a neutralidade tributária, permitindo que as decisões dos agentes econômicos não fossem distorcidas por uma tributação que onerasse todas as fases do ciclo econômico até o consumo, sem o aproveitamento dos tributos pagos em cada etapa.

Para que ocorra a cumulatividade é necessário adotar-se como premissa a existência de uma cadeia de operações, ou seja, que o imposto seja plurifásico, incidindo sobre os múltiplos estágios que compõem o ciclo produtivo até o consumo final.

Por outro giro, a cumulatividade de incidências tributárias ocorrerá apenas e tão somente se houver a possibilidade de um gravame posterior, esta sim adjetivada de cumulativa, em relação à possibilidade de uma incidência anterior, a qual, isoladamente, não poderá jamais ser dotada de cumulatividade.

Quando falamos em ICMS é de lembrar que sua hipótese de incidência tributária tem como fato imponível operações com mercadorias e não sobre a mercadoria propriamente dita e com isso não há de se falar de acumulação do imposto sobre um mesmo bem. Vejamos a reflexão de Cléber Giardino a respeito:

> Como é, então, possível afirmar-se que o imposto sobre uma operação se cumule com o imposto sobre outra operação?
>
> Quando se diz – e, lamentavelmente, isto foi muito dito, a partir de 1967, no Brasil – que o princípio da não cumulatividade visa elidir uma chamada "incidência em cascata", pressupõe, quem assim afirma, que o imposto não incide sobre operações, mas que incide sobre mercadorias. Porque é evidente, que só se pode cumular imposto, nessa matéria, na medida em que se tenha incidência sobre uma mesma mercadoria, numa determinada operação anterior, e numa operação subsequente. Apenas, na medida em que se tome o ICM, não como

---

2 *Dicionário Houaiss da língua portuguesa*. 1. reimpressão com alterações. Rio de Janeiro: Objetiva, 2004, p. 889.

um imposto sobre operações, porém como um imposto sobre mercadorias, é que nós poderemos falar numa chamada não cumulatividade estabelecida como mecanismo elidente de "incidência em cascata".

Confesso aos senhores a minha perplexidade! Não sei como se possa conciliar a afirmação de que o ICM incide sobre operações com a afirmação de que a não cumulatividade é algo que se dispõe a evitar "incidências em cascata". Isso pressupõe reincidência sobre a mesma mercadoria. E esse fato inexiste no ICM, mesmo porque o tributo não incide sobre mercadorias, mas sobre operações, absolutamente autônomas e independentes uma das outras[3].

Vejamos, pois, que a Constituição de 1988, tomando o cuidado de delinear rigidamente o tributo, reza em seu art. 155, § 2º, I sobre o ICMS:

> Art. 155. (...)
> § 2º O imposto previsto no inciso II atenderá ao seguinte:
> I – será não cumulativo, compensando-se o que for devido em cada operação relativa à circulação de mercadorias ou prestação de serviços com o montante cobrado nas anteriores pelo mesmo ou outro Estado ou pelo Distrito Federal.

A Lei Complementar n. 87/96, em seu art. 19, cuidou apenas de reproduzir o texto constitucional.

Quanto à "não cumulatividade", assentamos que a mesma não se reveste de natureza tributária e não é elemento essencial à integração da hipótese de incidência do ICMS, operando-se em momento posterior à configuração do débito tributário.

A base imponível não se confunde com um dos aspectos da hipótese de incidência, eis que a compensação dos débitos com os créditos é elemento estranho à quantificação do imposto.

Paulo de Barros Carvalho assim se manifestou quando apresentou sua tese de livre-docência, no início dos anos 80:

> O comando constitucional da não cumulatividade, no arcabouço do plano normativo do ICM, está jungido tão somente ao método de consideração do valor periódico de cada recolhimento. Nada tem que

---

[3] Manifestação em mesa de debate sobre a tese Não cumulatividade e não cumulação do ICM. Tese de autoria de Ernesto José Pereira dos Reis. *Revista de Direito Tributário*, n. 22-23. São Paulo: Revista dos Tribunais, 1982, p. 189.

ver com a base de cálculo, que se congrega à alíquota para determinar o signo patrimonial, correlativo à incidência tributária, em cada operação [o texto se refere ao antigo ICM, posto que foi concebido antes de 1988, quando foi sucedido pelo ICMS][4].

Mais tarde, o mesmo autor em outros escritos, optou por denominar de princípio a exigência constitucional da não cumulatividade, nada obstante não detectar valor na estrutura da norma jurídica:

> O princípio da não cumulatividade dista de ser um valor. É um "limite objetivo", mas se volta, mediatamente, à realização de certos valores, como o da justiça da tributação, o de respeito à capacidade contributiva do administrado, o da uniformidade na distribuição da carga tributária[5].

Mais recentemente, deixou bem patenteada a importância que outorga ao instituto jurídico-tributário da não cumulatividade:

> Como princípio constitucional, a não cumulatividade configura mandamento estrutural básico do sistema tributário, que orienta a atividade do legislador ordinário ao instituir a regra-matriz de incidência dos tributos a ele sujeitos, como é o caso do ICMS.
>
> (...) não podendo ter seu alcance diminuído, modificado ou anulado, quer pela legislação complementar, quer pela ordinária e, muito menos, por atos infralegais.
>
> (...) A não cumulatividade dista de ser mera recomendação do legislador constituinte, para fins de orientação das entidades tributante. É diretriz básica, sem observância da qual se quebra a homogeneidade do imposto, rompendo o programa nacional que a Constituição estipulou[6].

José Eduardo Soares de Melo e Luiz Francisco Lippo identificam a natureza principiológica da não cumulatividade, assim apregoando:

---

4 *A regra matriz do ICM*. Tese de livre-docência apresentada na Faculdade de Direito da PUCSP. São Paulo, 1981, p. 370.
5 Isenções tributárias no IPI, em face do princípio da não cumulatividade, *Revista Dialética de Direito Tributário*, n. 33, 1988, p. 156.
6 Guerra fiscal e o princípio da não cumulatividade do ICMS, *Revista de Direito Tributário*, n. 95, São Paulo: Revista dos Tribunais, 2006, p. 10-11.

A não cumulatividade tributária, de fato, é um princípio jurídico constitucional. É um comando normativo repleto de valores extraídos dos anseios da sociedade constituído e permeado de forte conteúdo axiológico. Foi a partir da vontade do povo brasileiro que o legislador constituinte encontrou os argumentos necessários para disciplinar a instituição de tributos cuja característica essencial para a apuração do *quantum debeatur* deve ser o confronto matemático entre a soma dos montantes do imposto registrado em cada relação correspondente às operações comerciais realizadas com os produtos e mercadorias e serviços do estabelecimento do contribuinte, e a soma dos montantes do imposto registrado em cada relação correspondente às mercadorias, produtos e serviços adquiridos pelo mesmo contribuinte, em dado período. Ou seja, esse princípio constitucional deve necessariamente ser observado à luz do Direito, não resta dúvida. Assim, tratando-se basicamente de uma operação matemática, como se verá adiante, haveremos de encontrar no interior da Constituição Federal o seu conteúdo jurídico[7].

Eduardo Domingos Bottallo em sua obra sobre os fundamentos do IPI e inspirado em lição de Paulo Celso Bergstrom Bonilha, falando sobre o direito à compensação do imposto, também faz alusão ao caráter principiológico da não cumulatividade:

> Tais informações revelam, com suficiência, o método sobre o qual se apoia, operacionalmente, o princípio da não cumulatividade: ele abrange o universo das operações praticadas pelos contribuintes, exprimindo, deste modo, os aspectos de continuidade e globalidade da incidência do imposto[8].

Christine Mendonça traz interessante ponderação acerca de muitos autores erigirem o enunciado constitucional da não cumulatividade à categoria de princípio. Cita doutrina de Onofre Alves Batista Júnior e Paulo Rocardo Souza Cruz, para os quais "ao contrário do que se tornou moda no Brasil, o simples fato de estar presente na Constituição não atribui um dispositivo o caráter de 'princípio constitucional'"[9].

---

7 *A não cumulatividade tributária (ICMS, IPI, ISS, PIS e COFINS)*. 2. ed. São Paulo: Dialética, 2004, p. 101.
8 *Fundamentos do IPI*. São Paulo: Revista dos Tribunais, 2002, p. 45.
9 *A regra constitucional da não cumulatividade e os bens do ativo permanente. ICMS: Reflexões sobre a Lei Complementar n. 102/2000*. Belo Horizonte: Mandamentos, 2001, p. 145-150.

Observa-se, assim, que esses autores sobrelevam a regra constitucional ao patamar de princípio, em razão da sua finalidade dentro do ordenamento jurídico e não em razão da carga axiológica detectada na própria estrutura da norma[10].

Reiteramos nossa posição de que a não cumulatividade configura uma técnica de apuração do valor devido do ICMS apurado por meio da compensação do imposto, já que não é elemento essencial à integração da hipótese de incidência do ICMS propriamente dita, operando-se em momento posterior à configuração do débito tributário.

4 RESTRIÇÕES DE DIREITO AO CRÉDITO DE ICMS IMPOSTAS PELAS LEGISLAÇÕES ESTADUAIS E DISTRITAL NAS AQUISIÇÕES DE BENS DE USO E CONSUMO

Não é nenhuma novidade para aqueles que militam no campo do direito tributário que o ICMS, tributo nitidamente plurifásico, é gravado com substancial cumulatividade, visto que as legislações infraconstitucionais dos Estados e do Distrito Federal, que detêm a competência tributária para dispor sobre ele, estabelecem uma série de restrições à plena fruição da não cumulatividade, vale dizer, estipulam limites à compensação dos créditos de ICMS aos contribuintes a eles jurisdicionados.

Entre as restrições mais visíveis temos a que prevê a concessão de crédito apenas físico às empresas, limitando-se apenas aos insumos incorporados ao produto final ou se consumidos integralmente no processo produtivo, em oposição ao crédito financeiro, o que mitiga consideravelmente o instituto da não cumulatividade.

Não há como negar que essas restrições podem gerar grandes resíduos cumulativos, o que distorce o fim desejado pelo constituinte, ou seja, um tributo que nasceu para onerar apenas o consumo final, jamais a produção e o comércio, é transformado em ônus para a produção, comprometendo, inclusive, as exportações que, junto com o preço do produto, podem levar

---

10 MENDONÇA, Christine. *A não cumulatividade do ICMS*. São Paulo: Quartier Latin, 2005, p. 97.

consigo o preço de eventual resíduo cumulativo de um tributo que não foi compensado adequadamente.

Os entes federados assim legislam com fundamento na Lei Complementar do ICMS n. 87/96, já que a Constituição outorgou ao legislador complementar a disciplina da compensação do imposto que aqui se trata (art. 155, XII, c).

Vários autores postulam a plena eficácia ou a "autoaplicabilidade" da não cumulatividade do ICMS, não dependendo, portanto, de outras normas infraconstitucionais. Entre eles, citamos Geraldo Ataliba e Cléber Giardino[11] e Roque Antonio Carrazza[12].

Para essa parte da doutrina, a norma da não cumulatividade do ICMS poderá ser aplicada diretamente pela autoridade administrativa ou pelo contribuinte, caso o legislador infraconstitucional deixe de regulamentá-la e mais, quando a regulamente, não poderá estabelecer nenhum limite à sua plena fruição.

Outros autores, porém, assim não entendem. Não veem a possibilidade de aplicação diretamente, extraindo do texto constitucional a possibilidade do direito ao crédito do imposto. Citamos entre os que assim entendem Paulo de Barros Carvalho[13] e Christine Mendonça[14].

Christine Mendonça diz mais especificamente que

> o art. 155, § 2º, I, da CF, encerra uma norma de produção normativa, ao lado de outras regras prescritas na Constituição Federal que delimitam a competência tributária dos Estados e do Distrito Federal. Trata-se de um dispositivo direcionado às pessoas políticas dos Estados e do Distrito Federal para que, no exercício de suas competências, instituam mecanismos que impeçam a cumulatividade desse tributo[15].

O ICMS reclama, portanto, a edição de lei complementar em sua cadeia de positivação para disciplinar o mecanismo de compensação dele.

---

11 ICM – Abatimento constitucional e princípio da não cumulatividade, *Revista de Direito Tributário*, n. 29-30. São Paulo: Revista dos Tribunais, 1984, p. 123.
12 *ICMS*. 6. ed. São Paulo: Malheiros, 2000, p. 204-205.
13 *Regra matriz do ICM*, cit., p. 374-375.
14 Op. cit., p. 71-72.
15 Idem, p. 71.

Editada a lei complementar, os Estados e o Distrito Federal estão aptos a instituírem as normas do ICMS no âmbito de sua jurisdição, mercê da competência haurida na Constituição Federal, balizados, contudo, pela necessidade de se submeterem aos Convênios celebrados entre si, caso desejem conceder isenções ou incentivos fiscais.

Vale dizer, se quiserem ofertar tratamento tributário diferenciado mais concessivo do que a forma estabelecida na Lei Complementar n. 87/96, deverão postulá-lo por meio da celebração de Convênios a serem aprovados no CONFAZ, consoante dispõe o art. 155, § 2º, XII, g, da CF.

Consigne-se que a Constituição Federal não estabelece um regime de apuração dos débitos e créditos do ICMS. Referido regime será prescrito pelo legislador estadual e distrital.

Aqui aportados, retomemos a discussão sobre o aproveitamento físico ou financeiro do crédito do ICMS.

José Eduardo Soares de Melo e Luiz Francisco Lippo[16] e Sacha Calmon Navarro Coêlho[17] estão entre os que defendem o direito dos contribuintes ao crédito financeiro do imposto, ou seja, toda entrada de mercadorias e prestação de serviços tributados pelo ICMS relativas à atividade comercial do contribuinte dão direito ao crédito, independentemente de sua destinação física ulterior.

Para os partidários dessa tese da destinação financeira, nem tudo o que entra precisa sair para que o contribuinte tenha direito ao crédito do imposto e, portanto, todos os valores pagos a título de ICMS dão respaldo ao crédito respectivo.

E mais, o rol das exceções ao direito de se creditar do ICMS, previsto no art. 155, § 2º, II, da CF, é exaustivo, ou seja, somente haverá restrição de direito ao crédito quando a operação subsequente for isenta ou não incidente.

Ainda nesses casos, o constituinte deu liberdade ao legislador infraconstitucional para outorgar o direito ao crédito.

De outra banda, há o posicionamento contrário, ou seja, somente outorga direito ao crédito quando as mercadorias ou serviços tiverem destinados a saírem do estabelecimento, seja por revenda, seja como insumo que integre

---

16 Op. cit., p. 129.
17 *Curso de direito tributário brasileiro*. 6. ed. Rio de Janeiro: Forense, 2000, p. 479.

fisicamente ao produto. É o comumente conhecido crédito físico do imposto. São partidários dessa tese, entre outros, Hugo de Brito Machado[18] e Christine Mendonça[19].

Os Estados e o Distrito Federal têm se pautado pelo critério físico.

Caso não seja concedido benefício para que referidas entradas não sejam creditadas (os entes federados permitem o direito ao crédito de tais entradas em quarenta e oito parcelas mensais, conforme art. 20, § 5º, I, da LC n. 87/96), não estariam ofendendo o primado da não cumulatividade, em razão de que tais bens não são destinados à revenda ou utilizados como insumo na atividade produtiva.

Entendemos aqui que, até que não haja disposição em contrário firmada em lei complementar, aos Estados e ao Distrito Federal é vedado conceder tratamento diverso.

Não devem, pois, ofertar direito ao crédito do imposto pelo critério financeiro.

A lei complementar a que se refere a Constituição optou pelo critério físico, não abrindo ensejo aos entes federados em disporem em sentido diverso.

O nosso modelo de tributação do consumo é diferente do seu similar europeu, mais precisamente do francês, que inspirou inicialmente a criação do ICM e seu sucedâneo, o ICMS.

O similar europeu é muito mais amplo quanto à base de tributação, incorporando a prestação de serviços, sem as peias do federalismo, já que é um imposto unitário, e menos cumulativo e neutro, na medida em que permite o crédito financeiro.

Vejamos a informação trazida por Mizabel Abreu Machado Derzi nesse sentido acerca do IVA ou TVA europeu:

> Como se sabe, o imposto sobre o consumo dos europeus – IVA ou TVA – é um tributo plurifásico, de pagamentos fracionados, não cumulativo e neutro. Comparado ao nosso ICMS e ao nosso IPI, é muito mais amplo, porque incide igualmente sobre as prestações de serviços, que hoje compõem o campo de incidência municipal brasileiro. Portanto, esse largo âmbito de incidência do imposto chamado

---

18 *O ICMS e a LC 102*. São Paulo: Dialética, 2000, p. 93-99.
19 Op. cit., p. 132.

TVA permite uma não cumulatividade mais efetiva, pois se compensa também o imposto incidente na utilização de serviços com o imposto devido pela saída de mercadorias de modo geral, quando elas incorporam no preço o valor de tais serviços.

A técnica de compensação dos créditos gerados pelo imposto pago na compra de insumos, de bens do ativo fixo, de uso e de consumo, além de serviços recebidos, está voltada aos interesses da indústria e do comércio, porque propicia a capitalização do setor produtivo da economia (...)[20].

Retomando o eixo deste estudo, no tocante às aquisições de bens e prestação de serviços destinados ao uso e consumo, lembramos que o legislador complementar autorizou o creditamento do ICMS, tal como previsto no art. 20 da LC n. 87/96, todavia projetou sua eficácia temporal inicialmente para 1º de janeiro de 1998, conforme o disposto no art. 33 da mesma lei.

Ocorre que depois disso, sucessivamente, foram editadas novas Leis Complementares, prorrogando o marco inicial da plena fruição de tais créditos, a saber: a LC n. 92/97 prorrogou para 1º de janeiro de 2000; a LC n. 99/99, para 1º de janeiro de 2003; a LC n. 114/2002, para 1º de janeiro de 2007; e, finalmente, a LC n. 122/2006 prorrogou o prazo para apropriação imediata dos créditos para 1º de janeiro de 2011.

Reitere-se aqui o posicionamento anteriormente citado de que, não havendo qualquer edição legislativa em contrário, os contribuintes somente terão direito, a partir de 2011, ao imediato creditamento do imposto nas aquisições de bens destinados ao uso e consumo, já que impera o tratamento tributário pelos entes federados de que se as aquisições destinadas ao uso e consumo não saem fisicamente do estabelecimento nem são integrados ao processo produtivo que tenha saída tributada e, com isso, não têm o direito ao crédito do ICMS.

Entendem, sobremodo, que tal concessão prevista em lei complementar com as sucessivas prorrogações de seu termo inicial de fruição é um benefício fiscal e assim deve ser observado.

Incidentalmente queremos aqui nos manifestar no sentido de que, se esse assunto não for tratado em eventual Reforma Tributária até então, ou seja, até 1º de janeiro de 2020, fatalmente haverá nova prorrogação de prazo

---

20 Primeira aproximação da Lei Complementar 87/96 sob o ângulo do princípio da não cumulatividade. In: *O ICMS e a LC 87/96*. São Paulo: Dialética, 1996, p. 106.

para o início de sua vigência, já que representa significativa influência na atividade financeira dos entes federados, que se movimentarão, mais uma vez, no sentido dessa prorrogação.

Trata-se, portanto, de uma feliz iniciativa do legislador infraconstitucional, porém fadado a ser lançado às calendas gregas[21].

Quando falamos em eventual reforma tributária lembramos que, quando se retoma qualquer discussão nesse sentido, tal assunto sempre vem à baila.

Todavia, os Estados e o Distrito Federal invocam a ocorrência de desencaixe financeiro e postulam compensação por parte da União para concordar com determinados itens dos projetos de reforma tributária, entre eles a previsão de crédito imediato para itens de uso e consumo e de ativo permanente.

Em se tratando de um trabalho eminentemente dogmático-jurídico, pode-se lançar a objeção de que tais argumentos são eminentemente econômicos e, portanto, fora do alcance do sistema do direito. É verdade. Todavia, temos que o sistema econômico oferece informações ao sistema jurídico que as processa com os instrumentos próprios do sistema jurídico, vale dizer, com a edição legislativa, constituindo a partir daí, sim, objeto de sua investigação.

É aquilo que também alguns autores chamam de fase prejurídica na dinâmica tributária. No dizer de Zelmo Denari, a "fase prejurídica constitui o que Perez de Ayala designa como fundamento metapositivo do tributo. É a fase pré-natal da tributação"[22].

Sobre o creditamento do ICMS nas aquisições de bens destinados ao uso e consumo, aponta Argos Campos Ribeiro Simões que, no que toca ao critério físico, seus postulantes têm três motivos para fazê-lo:

> i) inexistência de motivo jurídico para a restrição aludida, em face de que o rol proibitivo de crédito do inciso II, do § 2º, do art. 155 da Carta Magna contempla apenas os casos atingidos por circula-

---

21 Os gregos não tinham calendas e por isso o dia "jamais chegaria", daí o nascimento da conhecida expressão, aplicada aqui com o significado de que temos o calendário, mas os Estados e o Distrito Federal não admitem perda sem compensação, daí que se não houver acordo entre essas pessoas políticas jamais será superada essa condição resolutiva temporal, posto que está fadada a sucessivas prorrogações, como tantos outros exemplos semelhantes que conhecemos na seara tributária.

22 *Curso de direito tributário*. 8. ed. São Paulo: Atlas, 2002, p. 136.

ção com isenção ou não incidência, o que não ocorreria com mercadorias adquiridas para uso e consumo;

ii) na aquisição de mercadorias destinadas ao uso e consumo do adquirente haveria a cobrança de ICMS integrando o custo de sua aquisição; e

iii) o termo *disciplinar* inserto no art. 155, § 2º, XII, *c*, da CF/88 não permitiria uma inovação ampliativa por parte do veículo normativo complementar, que teria restringido mais do que a Carta Maior lhe prescrevera[23].

Repise-se, todavia, que o ordenamento jurídico brasileiro adota a sistemática do critério físico, vinculando a entrada de mercadoria ou de prestação de serviço à sua saída, ou seja, somente haverá direito ao crédito quando referida mercadoria ou prestação de serviço que ingressou for destinada à saída, seja para revenda ou como insumo de produção. Dito de outro modo, se não for destinada à operação de saída tributada não haverá o direito ao crédito do ICMS.

Reassentamos que o modelo adotado pelo nosso legislador pátrio mitiga a meta de dotar o sistema produtivo de neutralidade tributária; todavia, é assim que a matéria é tratada até a superveniência de edição legislativa que contemple a plena fruição da não cumulatividade do ICMS para as aquisições de mercadorias destinadas ao uso e consumo.

5 SÍNTESE CONCLUSIVA

A importância econômico-financeira do ICMS em relação ao financiamento das atividades estatais, e por consequência sua importância política, é notória.

Respondendo por cerca de um quarto dos valores arrecadados a título de tributos no Brasil, e partilhado pelos Municípios – muitos dos quais de-

---

[23] *O princípio da não cumulatividade no ICMS e suas restrições*. IV Congresso Nacional de Estudos Tributários, São Paulo, 2007; Paulo de Barros Carvalho, *Direito tributário, linguagem e método*. São Paulo: Noeses, 2007, p. 99.

pendem mais dele do que dos tributos de sua própria competência – o ICMS é o tributo mais minuciosamente tratado no texto constitucional.

Com o intuito de tornar neutra sua incidência, engenhosamente foi definida a técnica de apuração do valor devido do ICMS por meio da compensação do imposto cobrado na operação anterior: a chamada "não cumulatividade", instituto contemplado por nosso texto constitucional.

A técnica da não cumulatividade do ICMS é produto de um longo processo histórico (desde a reforma de 1965), proveniente de uma aplicação pragmática sedimentada na jurisprudência e doutrina brasileira nestes últimos quarenta e poucos anos.

A PEC n. 233/2008 (proposta de Reforma Tributária em tramitação no Congresso Nacional) propõe uma sutil mudança no comando constitucional, introduzindo o art. 155-A, § 1º, I, com a seguinte dicção: "será não cumulativo, nos termos da lei complementar".

Notamos, pois, que pela mera confrontação do texto atual e o *de lege ferenda*, a nova forma de enunciado proposta tenciona esvaziar completamente seu conteúdo constitucional, relegando à norma infraconstitucional sua disciplina.

A mudança pretendida pela Reforma Tributária em tramitação no Congresso Nacional pode trazer retrocesso e esvaziamento na definição do instituto até então vigente e submeterá a matéria aos congressistas de plantão, ainda que sob o *quorum* qualificado exigido para decisão que verse sobre lei complementar.

Desse modo, teremos uma interessante discussão que seguramente será levada ao crivo do Supremo Tribunal Federal, guardião maior do texto constitucional.

O que fica claro atualmente é que o ICMS, tributo nitidamente plurifásico, acaba por ser gravado com substancial cumulatividade.

Legislações infraconstitucionais dos Estados e do Distrito Federal, que detêm a competência tributária para dispor sobre ele, estabelecem uma série de restrições à plena fruição da não cumulatividade, vale dizer, estipulam limites à compensação dos créditos de ICMS aos contribuintes a eles jurisdicionados.

É o que se observa em relação às aquisições de bens e prestação de serviços destinados ao uso e consumo.

Apesar de haver autorização da legislação complementar para o creditamento do ICMS nesses casos, sucessivamente foram editadas novas leis complementares, prorrogando o marco inicial da plena fruição de tais créditos, numa afronta à expectativa do administrado em relação à Administração.

Sobretudo, trata-se de um modelo que mitiga a meta de dotar o sistema produtivo de neutralidade tributária.

Assim, um tributo que nasceu para onerar apenas o consumo final, jamais a produção e o comércio, é transformado em ônus para a produção, comprometendo, inclusive, as exportações, as quais, juntamente com o preço do produto, podem levar consigo o preço de eventual resíduo cumulativo de um tributo que não foi compensado adequadamente.

Há que se ter em conta que é finalidade precípua do tributo não cumulativo a neutralidade tributária, a qual, desonerando a produção, representa importante ferramenta para o desenvolvimento econômico, um dos fundamentos na busca de uma sociedade mais justa e igualitária.

6 REFERÊNCIAS

ATALIBA, Geraldo; GIARDINO, Cleber. ICM – abatimento constitucional e princípio da não cumulatividade. *Revista de Direito Tributário*, n. 29-30. São Paulo: Revista dos Tribunais, 1984.

BATISTA JÚNIOR, Onofre Alves; CRUZ, Paulo Ricardo Souza. A regra constitucional da não cumulatividade e os bens do ativo permanente. *ICMS: reflexões sobre a Lei Complementar n. 102/2000*. Belo Horizonte: Mandamentos, 2001.

BOTTALLO, Eduardo Domingos. *Fundamentos do IPI*. São Paulo: Revista dos Tribunais, 2002.

CARRAZZA, Roque Antonio. *ICMS*. 9. ed. São Paulo: Malheiros, 2003.

CARVALHO, Paulo de Barros. *A regra matriz do ICM*. Tese de livre-docência. São Paulo, 1981.

_____. *Direito tributário, linguagem e método*. São Paulo: Noeses, 2007.

_____. Guerra fiscal e o princípio da não cumulatividade do ICMS. *Revista de Direito Tributário*, n. 95. São Paulo: Malheiros, 2006.

COÊLHO, Sacha Calmon Navarro. *Curso de direito tributário brasileiro*. 6. ed. Rio de Janeiro: Forense, 2000.

DENARI, Zelmo. *Curso de direito tributário*. 8. ed. São Paulo: Atlas, 2002.

DERZI, Mizabel Abreu Machado. Primeira aproximação da Lei Complementar 87/96 sob o ângulo do princípio da não cumulatividade. In: *O ICMS e a LC 87/96*. São Paulo: Dialética, 1996.

GIARDINO, Cléber. *Manifestação em mesa de debate sobre a tese Não cumulatividade e não cumulação do ICM*. Tese de autoria de Ernesto José Pereira dos Reis. Revista de Direito Tributário, n. 22-23. São Paulo: Revista dos Tribunais, 1982.

HOUAISS, Antônio. *Dicionário Houaiss da língua portuguesa*. 1. reimpressão com alterações. Rio de Janeiro: Objetiva, 2004.

MACHADO, Hugo de Brito. *O ICMS e a LC 102*. São Paulo: Dialética, 2000.

MELO, José Eduardo Soares de; LIPPO, Luiz Francisco. *A não cumulatividade tributária (ICMS, IPI, ISS, PIS e COFINS)*. 2. ed. São Paulo: Dialética, 2004.

MENDONÇA, Christine. *A não cumulatividade do ICMS*. São Paulo: Quartier Latin, 2005.

PINTO, Antonio Luiz de Toledo; WINDT, Márcia Cristina Vaz dos Santos; CÉSPEDES, Livia. *Constituição da República Federativa do Brasil*. 4. ed. atual. e ampl., São Paulo: Saraiva, 2008.

SIMÕES, Argos Campos Ribeiro. *O princípio da não cumulatividade no ICMS e suas restrições*. IV Congresso Nacional de Estudos Tributários, São Paulo, 2007.

CONCEITOS CONSTITUCIONAIS E COMPETÊNCIA TRIBUTÁRIA

PAULO AYRES BARRETO*

Inúmeros são os atributos de Eduardo Domingos Bottallo. Poderia falar do jurista de escol, do autor de livros primorosos, do parecerista requisitadíssimo, do advogado combativo e vitorioso, do conferencista que encanta auditórios, do trovador premiado. Caberia discorrer sobre o ser humano de tantos predicados e de grande coração. No entanto, centrarei foco, nesta singela homenagem, no professor, que, há oito lustros, dedica-se, de corpo e alma, a seus alunos. Dentre eles, orgulhosamente, me incluo. Dedico ao meu mestre, com muito carinho, o breve escrito que segue.

1 COMPETÊNCIA TRIBUTÁRIA: TIPOS OU CONCEITOS?

A Constituição Federal de 1988 repartiu, minudentemente, a competência tributária impositiva. Como leciona Eduardo Domingos Bottallo,

> encontram-se, pois, no corpo da Constituição, os preceitos maiores que tratam da competência tributária e de seu exercício, ou seja, da maneira pela qual as pessoas políticas deverão instruir as fontes de receita tributária que, nela, lhes são reservadas[1].

Muito se discute, em matéria tributária, se, ao repartir a competência tributária, o legislador constituinte fixou conceitos ou limitou-se a enumerar tipos.

---

* Doutor pela PUCSP. Livre-docente pela USP. Professor Associado da Universidade de São Paulo.
1 *Fundamentos do IPI*. São Paulo: Revista dos Tribunais, 2002, p. 31.

A controvérsia entre tipo e conceito é ínsita a qualquer ramo didaticamente autônomo do Direito. A opção exercida assume foros mais relevantes em algumas áreas, como a penal e a tributária. Para adotar postura teórica em relação à utilização de tipos ou conceitos na repartição das competências tributárias pelo constituinte de 1988, é forçoso estabelecer a distinção entre ambos.

Em clássica obra sobre o tema, Misabel Derzi aparta, com clareza, tipo e conceito:

> De um lado, encontramos o tipo como ordem rica de notas referenciais ao objeto, porém renunciáveis, que se articulam em uma estrutura aberta à realidade, flexível, gradual, cujo sentido decorre dessa totalidade. Nele, os objetos não se subsumem mas se ordenam, segundo método comparativo que gradua as formas mistas ou transitivas.
>
> De outro lado, observamos os conceitos fechados que se caracterizam por denotar o objeto através de notas irrenunciáveis, fixas e rígidas, determinantes de uma forma de pensar seccionadora da realidade, para a qual é básica a relação de exclusão ou ... ou. Através dessa relação, calcada na regra de identidade, empreendem-se classificações com separação rigorosa entre espécies[2].

Desnecessário enfatizar a importância do tema e suas variações em relação às possibilidades para o exercício da competência tributária. Uma visão tipológica dos signos constitucionais permitirá uma maior liberdade de atuação do legislador infraconstitucional e, consequentemente, um potencial aumento nos conflitos de competência.

Percorrendo a doutrina e a jurisprudência relativas ao tema dos tipos e conceitos constitucionais, podemos identificar, ao menos, quatro entendimentos distintos, a saber: (a) as significações dos vocábulos constantes do Texto Constitucional são atribuídas integralmente pelo legislador infraconstitucional; (b) há um importante nível de imprecisão ou vaguidade nas referências sígnicas constitucionais, de modo a permitir um espaço significativo para a participação do legislador na construção de sentido desses conceitos; (c) a Constituição Federal de 1988 teria feito uso de tipos para discriminar as competências impositivas, cabendo à lei complementar formular o conceito dos impostos nela referidos; (d) os conceitos constitucionais devem ser construídos por intermédio de processo interpretativo eminentemente cons-

---

2 *Direito tributário, direito penal e tipo*. São Paulo: Revista dos Tribunais, 1988, p. 84.

titucional, devendo o legislador infraconstitucional reconhecer tais conceitos como balizas ou limites a sua atuação.

Na linha do primeiro entendimento acima referido, identificamos em obra de Aliomar Baleeiro, com supedâneo nas lições de Rubens Gomes de Sousa, a seguinte manifestação: "O conceito de renda é fixado livremente pelo legislador segundo considerações pragmáticas, em função da capacidade contributiva e da comodidade técnica de arrecadação"[3]. Conquanto essa assertiva tivesse sido efetuada para demonstrar que o Direito não depende da Economia Política para estabelecer a cogência de suas regras e, por assim ser, seu efeito retórico devesse ser mitigado, foi ela enfaticamente mencionada em decisão do Supremo Tribunal Federal, em voto da lavra do então Ministro Nelson Jobim. Discutia-se a dedutibilidade de despesa de correção monetária de balanço, decorrente de uma diferença de índices aplicáveis. Entendeu o Ministro Jobim que "o conceito de renda, para efeitos tributários, é o legal"[4].

Em uma variação desse primeiro entendimento, com certo abrandamento, situam-se aqueles que propugnam ser a imprecisão e a vaguidade traços característicos dos vocábulos constantes do texto constitucional, abrindo ensanchas para um importante espaço de atuação do legislador infraconstitucional[5].

Para os adeptos da terceira postura, o legislador constituinte teria feito referência a tipos que, por sua natureza, são sempre abertos e fluidos, delegando ao legislador complementar a tarefa de conceituá-los, de forma a evitar conflitos de competência. Entende Luís Eduardo Schoueri que, examinando a Constituição Federal,

> constatamos que ali não se encontram parâmetros definitivos para a conclusão quanto ao aspecto material de cada imposto. As expressões empregadas pelo constituinte são meros nomes dados a impostos historicamente já existentes. Por isso, afirmamos que o constituinte não conceituou os impostos pertencentes a cada esfera tributante; apenas nominou-os contemplando um todo. Valendo-nos das lições de teoria

---

3 *Direito tributário brasileiro*. 10. ed. atual. por Flávio Bauer Novelli, Rio de Janeiro: Forense, 1995, p. 183.
4 Tribunal Pleno, RE 201.465-6/MG, rel. Min. Marco Aurélio, j. em 2-5-2002, m.v., *DJ* de 17-10-2003.
5 Nesse sentido, ver Ricardo Lobo Torres, *Sistemas constitucionais tributários*, Rio de Janeiro: Forense, 1986, p. 310.

geral do direito, concluímos que o constituinte apenas contemplou a realidade a partir de tipos[6].

Por fim, para os defensores do quarto entendimento adrede mencionado, o espaço de atuação legiferante ficaria circunscrito ao papel de dar contornos mais nítidos ao conceito já identificado, em exegese constitucional. A competência tributária teria sido discriminada mediante a fixação de conceitos constitucionais.

Conceitos selecionam, limitam, reduzem o espectro de atuação. O conceito permite o exame do que por ele está alcançado e, bem assim, daquilo que a ele não se subsume. Misabel Derzi lembra que o "conceito secciona, seleciona. Quanto maior, então, for a abstração, tanto mais abrangente será o conceito, porque abrigará um maior número de objetos e, em contrapartida, tanto mais vazio será de conteúdo e significado"[7]. Se menor a abstração, restarão reduzidas as possibilidades de que objetos, fatos e situações se ajustem ao conceito.

Ensina, ainda, Misabel Derzi que a repartição constitucional de competência impositiva tem caráter conceitual, e não tipológico, dado que "o tipo como ordenação do conhecimento em estruturas flexíveis, de características renunciáveis, que admite as transições fluidas e contínuas e as formas mistas, não se adapta à rigidez constitucional de discriminação da competência tributária"[8].

E prossegue:

> Essa rigidez tem como pedra básica a competência privativa, mola mestra do sistema, o qual repele a bitributação e evita a promiscuidade entre tributos distintos. Conceitos como bitributação, invasão de competência, *bis in idem*, identidade ou diversidade entre espécies tributárias necessários ao funcionamento harmônico e aplicação das normas constitucionais não se aperfeiçoam por meio das relações comparativas do "mais ou menos"... ou "tanto mais ... quanto menos" inerentes ao pensamento tipológico. Muito mais ajustam-se às exclu-

---

6 Discriminação de competências e competência residual. In: *Direito tributário. Estudos em homenagem a Brandão Machado*. Coord. de Luís Eduardo Schoueri e Fernando Aurélio Zilveti, São Paulo: Dialética, 1998, p. 115.
7 *Direito tributário, direito penal e tipo*. São Paulo: Revista dos Tribunais, 1988, p. 35.
8 Idem, p. 103.

dentes "ou...ou" e às características irrenunciáveis e rígidas dos conceitos determinados[9].

Na mesma linha posiciona-se Humberto Ávila, para quem:

> a Constituição Federal de 1988 optou por atribuir poder aos entes políticos por meio de regras, as quais estabelecem, por sua própria natureza, razões que afastam a livre ponderação de valores por parte do Estado no exercício das suas competências. Além disso, a instituição de um sistema rígido inserto numa República Federativa conduz a uma repartição de competências marcada exatamente por conceitos mínimos, na medida em que os mesmos fatos não poderão ser tributados por mais de uma pessoa política de direito interno[10].

Estamos convencidos de que o legislador constituinte discriminou a competência impositiva mediante referência a conceitos determinados. Com efeito, afirmar que é o legislador infraconstitucional quem vai definir as referências sígnicas constitucionais implica esvaziar, por completo, o esforço do constituinte de 1988 na repartição das competências impositivas. Teria ele elaborado uma discriminação de competências para nada discriminar? Teria prescrito algo para nada prescrever? Teria atuado para não produzir resultados?

Não é demais relembrar, nesse contexto, o que dispunha o projeto de lei que deu origem à Lei Complementar n. 104/2001[11]. Buscava-se alterar

---

9 Idem.
10 *Sistema constitucional tributário*. São Paulo: Saraiva, 2004, p. 203.
11 Preceituavam os arts. 43 e 44 do referido projeto: "Art. 43. O imposto sobre a renda e proventos de qualquer natureza tem como fato gerador a aquisição de disponibilidade econômica ou jurídica de receita ou de rendimento proveniente, a qualquer título, do capital, do trabalho ou da combinação de ambos. § 1º Constituem também fato gerador do imposto de que trata o *caput*, os acréscimos patrimoniais, de qualquer natureza. § 2º O imposto não incidirá sobre os acréscimos de que trata o parágrafo anterior, quando forem decorrentes de receita ou de rendimento sujeitos à tributação nos termos do *caput*. § 3º A incidência do imposto independe da denominação da receita ou do rendimento, da localização, condição jurídica ou nacionalidade da fonte, da origem e da forma de percepção. § 4º Na hipótese de receita ou de rendimento oriundos do exterior, a lei estabelecerá as condições e o momento em que se dará sua disponibilidade, para fins de incidência do imposto referido neste artigo. Art. 44. A base de cálculo do imposto é o montante: I – da receita ou do rendimento, ou da soma de ambos, deduzidos os valores admitidos em lei, observados os limites por ela fixados em função da atividade econômica; e II – do acréscimo patrimonial, de qualquer natureza. § 1º A lei especificará as hipóteses e as condições

o *caput* do art. 43 do CTN, para dispor que o fato gerador do imposto sobre a renda era a aquisição de receita.Vale dizer, se é a lei complementar que, por hipótese, define o que é renda, e se essa lei prescreve que renda significa receita, teríamos no Brasil, caso o projeto de lei tivesse sido aprovado na sua redação original, uma significativa ampliação na base tributável desse imposto, decorrente de uma distorção na conceituação de renda. E, aprovado esse projeto, outro poderia advir para dizer que auferir renda é, *v.g.*, suportar prejuízo. O exemplo é radical, mas útil para demonstrar o alcance da teoria legalista na definição das referências adotadas para a discriminação das competências tributárias.

De outra parte, assumir que os signos constitucionais utilizados para repartir competências são vagos e imprecisos, sobre levar ao mesmo paradoxo referido em relação ao primeiro entendimento, é assertiva que também não se sustenta. Ao revés, ao atribuir competência tributária, fez uso o legislador constituinte de expressões sobejamente conhecidas, estudadas pela doutrina, trabalhadas pela jurisprudência, com clara delimitação de sentido.

Não se repartiu competência tributária mediante fixação de tipos. Trilhou-se o caminho dos conceitos determinados, em absoluta conformidade com a pretensão de, de um lado, definir as possibilidades de atuação legiferante e, de outro, evitar conflitos de competência. Se a evitação desses conflitos, em face de uma rígida e exaustiva discriminação de competência impositiva por força de utilização de conceitos determinados, já dá azo a uma série de dificuldades, que dirá se entendermos que houve mera enumeração de tipos no plano constitucional, cabendo ao legislador complementar estabelecer os conceitos.

As referências terminológicas, postas no plano constitucional, conquanto não mereçam o atributo da univocidade, configuram efetivos parâmetros a serem observados na definição de onde se inicia e, fundamentalmente, onde se encerra o espaço para a instituição de tributos por parte de cada ente tributante.

Lembra Roque Carrazza, com supedâneo em Ernest Forsthoff, que "toda atribuição de competência envolve, ao mesmo tempo, uma autorização

---

em que se admitirá seja a base de cálculo do imposto determinada de forma presumida ou arbitrada. § 2º A base de cálculo presumida não poderá ser superior ao valor apurado na forma do *caput*, determinado em função dos limites ali referidos".

e uma limitação"¹². Nas palavras de José Souto Maior Borges, "como inexiste norma de direito positivo com âmbito de validade ilimitado, como se fora nela abrangido um conjunto infinito de hipóteses, é crucial para o regime jurídico da competência determinar a sua limitação"¹³.

Posta a premissa, cumpre examinar as alternativas existentes para se construir a significação dos conceitos constitucionais adotados na discriminação das competências impositivas. Se há um conceito constitucional de renda, propriedade predial e territorial, faturamento, receita, como buscar essa significação?

2 CONSTRUÇÃO DE SENTIDO DOS CONCEITOS CONSTITUCIONAIS

Vários são os caminhos possíveis para se erigir proposta interpretativa sobre o conteúdo de um signo constitucional. Havendo um conteúdo de significação a ser construído por intermédio de interpretação constitucional, impende examinar as alternativas para identificá-lo. Deve-se buscar o conceito de renda nos dicionários ou em seu sentido técnico-jurídico?

Não há dúvidas de que a perspectiva léxica permite uma primeira aproximação do objeto. O sentido atribuído pelos dicionários caracteriza uma etapa inicial a ser percorrida. Trata-se, contudo, de perspectiva singela, que deve ceder espaço a alternativas mais elaboradas de construção de sentido para vocábulos constitucionalmente referidos.

Os signos constitucionais, qualificadores do limite para o exercício da competência tributária, devem ser considerados de acordo com sua acepção de base. Deve prevalecer seu sentido técnico-jurídico preexistente. Como ensina Ricardo Guastini[14], significações específicas no discurso jurídico devem ser obtidas a partir dos textos normativos ou do uso de juristas, e não dos dicionários.

---

12 *Curso de direito constitucional tributário*. 20. ed. São Paulo: Malheiros, 2004, p. 853.
13 Prefácio do livro de Humberto Ávila, *Sistema constitucional tributário*, p. XLIII.
14 *Distinguiendo: estudios de teoría y metateoría del derecho*. Trad. Jord Ferrer i Beltrán. Barcelona: Gedisa, 1999, p. 229.

Karl Larenz, por sua vez, pontifica que "termos que obtiverem na linguagem jurídica um significado específico, como, por exemplo, contrato, crédito, impugnabilidade, nulidade de um negócio jurídico, herança, legado, são usados nas leis, na maioria das vezes, com este significado especial"[15].

Os signos jurídicos, além de terem conteúdos semânticos aferíveis em cotejo com nossos dicionários, têm uso jurídico conhecido. Posta uma nova ordem constitucional, deve-se empreender esforço para identificar o sentido dos conceitos nela referidos, adotado majoritariamente pela comunidade jurídica. Realizado o esforço de reconhecer esse conceito, impõe-se, ato contínuo, a avaliação de sua incorporação pela nova ordem ou de sua transformação, nos termos por ela estabelecidos. É forçoso, assim, encontrar, na nova ordem constitucional plasmada, os fundamentos normativos da não incorporação de um conceito existente e, por consequência, sua transformação.

Andrei Pitten Velloso, em alentado estudo sobre conceitos e competências tributárias, propõe a segregação dos conceitos constitucionais em recepcionados e autônomos, ressaltando que

> não se presume o acolhimento de conceitos autônomos. Pelo contrário, deve-se fundamentá-lo adequadamente, de forma a preterir a regra *prima facie* de incorporação dos conceitos preexistentes, que é assentada na "regra do uso comum" e impõe ao intérprete trabalhar inicialmente com a hipótese de que a Constituição não se afastou das convenções linguísticas preexistentes, sujeitando-a à confirmação sistemática[16].

E prossegue, ao reconhecer que "as regras de incorporação *prima facie* de conceitos preexistentes, não sendo regras *a priori*, são passíveis de superação por robustas razões em sentido contrário, consagrando-se, assim, conceitos autônomos"[17].

Segundo pensamos, cabe ao intérprete, em face de cada signo constitucional, perquirir sobre sua recepção com base na sua acepção jurídica pre-

---

15 *Metodologia da ciência do direito*. Trad. José Lamego. Lisboa: Finda Calouste Gulbenkian, 1997, p. 452.
16 *Conceitos e competências tributárias*. São Paulo: Dialética, 2005, p. 331.
17 Idem, p. 332.

existente ou avaliar se ocorreu alteração (positivação de conceito autônomo), demonstrável em exegese sistemática da novel ordem jurídica. Destarte, não é livre o legislador infraconstitucional para dar a feição que lhe convém ou lhe parece mais adequada, aos conceitos constitucionais referidos. Quanto mais extenso for o rol de prescrições constitucionais e, consequentemente, a referência a termos que nos permitam concluir pela recepção de conceitos preexistentes, maior será a possibilidade de uma definição estrutural do sistema já no plano constitucional. Como corolário, é forçoso admitir que sistemas normativos com essas características circunscrevem significativamente o espectro de atuação do legislador infraconstitucional. É o que, de modo efetivo, ocorre hodiernamente no Brasil[18].

Em apertada síntese, podemos afirmar que a discriminação das competências tributárias, na Constituição de 1988, foi plasmada mediante um conjunto de *regras* que, por intermédio da fixação de *conceitos determinados*, e não tipos (abertos, flexíveis)[19], estabeleceu e, ao mesmo tempo, delimitou o espaço de atuação legislativa dos entes políticos na instituição de tributos. A significação de um conceito constitucional exsurgirá, no processo interpretativo, após a verificação de sua recepção pela nova ordem estabelecida, com base em sua acepção jurídica preexistente. Para se concluir pela não recepção do conceito, deve-se demonstrar, à luz da nova ordem constitucional, que ocorreu alteração ou transformação (positivação de conceito autônomo).

À guisa de exemplo, podemos citar Eduardo Domingos Bottallo que, examinando o IPI, sustenta:

> O IPI, como delineado na Constituição, é um imposto que necessariamente haverá de prever, na descrição da materialidade de sua hipótese de incidência, a existência de um produto, ou seja, de uma coisa material, corpórea. Mais do que isso, um bem ou uma coisa que foi produzida, que é resultado de elaboração industrial. Não se trata de produção artística, artesanal ou extrativa[20].

---

18 Paulo Ayres Barreto, *Contribuições – regime jurídico, destinação e controle*. São Paulo: Noeses, 2006, p. 37-38.
19 Em sentido contrário, ver Regina Helena Costa, *Praticabilidade e justiça tributária*, São Paulo: Malheiros, 2007, p. 39.
20 *Fundamentos do IPI*. São Paulo: Revista dos Tribunais, 2002, p. 41.

3 CONCEITOS CONSTITUCIONAIS NA JURISPRUDÊNCIA DO SUPREMO TRIBUNAL FEDERAL

Em diversas oportunidades, o Supremo Tribunal Federal tem sido instado a decidir sobre a abrangência da competência tributária, com foco na existência, ou não, de conceitos constitucionais a serem observados no plano legal. Dos debates travados, sobressai uma clara tendência ao reconhecimento de que o legislador constituinte repartiu competências mediante a utilização de conceitos determinados. Num dos últimos julgamentos envolvendo esse tema[21], tal posicionamento revela-se com muita clareza.

Como registramos anteriormente[22], enfrentando questão sobre a dedutibilidade de despesa de correção monetária de balanço para fins de apuração do imposto sobre a renda, decorrente de uma diferença de índices econômicos aplicáveis, decidiu o Supremo Tribunal Federal que o conceito de renda, para efeitos tributários, pode ser fixado de forma livre, no plano legal. É o que se depreende do voto-vista do Ministro Nelson Jobim.

Todavia, em várias decisões, todas de superior relevo, admitiu-se a existência de conceitos constitucionais como verdadeiras balizas para atuação dos entes políticos em matéria tributária. Foi o que, *v.g.*, sucedeu (a) nos casos envolvendo a incidência do imposto sobre serviços de qualquer natureza (ISS) sobre a locação de bens móveis[23]; (b) nos processos em que se discutiu a incidência do imposto sobre operações relativas à circulação de mercadorias (ICMS) nas importações realizadas por pessoas físicas[24]; (c) nas situações em que se exigiu o imposto sobre a propriedade de imóvel predial e territorial urbano (IPTU) do mero arrendatário do bem; (d) na definição da polêmica em torno da incidência da contribuição previdenciária nos pagamentos efetuados a avulsos, autônomos e administradores[25]; e, por fim, (e) na questão

---

21 Tribunal Pleno, RE 346.084-6/PR, rel. Min. Ilmar Galvão, j. em 9-11-2005, m.v., *DJ* de 1º-9-2006.
22 Ver item 1, *supra*.
23 Tribunal Pleno, RE 116.121-3/SP, rel. Min. Octavio Gallotti, j. em 11-10-2000, m.v., *DJ* de 25-5-2001.
24 Tribunal Pleno, RE 185.789/SP, rel. Min. Ilmar Galvão, j. em 3-3-2000, m.v., *DJ* de 19-5-2000.
25 Tribunal Pleno, RE 177.296-4/RS, rel. Min. Moreira Alves, j. em 15-9-1994, m.v., *DJ* de 9-12-1994.

envolvendo a constitucionalidade da ampliação da base de cálculo da Contribuição para o Financiamento da Seguridade Social (COFINS), determinada pela Lei n. 9.718, de 27-11-1998[26].

Neste último caso, em voto-vista do Ministro Cezar Peluso, colhemos a seguinte manifestação:

> Como já exposto, não há, na Constituição Federal, prescrição de significado do termo faturamento. Se se escusou a Constituição de o definir, tem o intérprete de verificar, primeiro, se, no próprio ordenamento, havia então algum valor semântico a que se pudesse filiar-se o uso constitucional do vocábulo, sem explicitação do sentido particular, nem necessidade de futura regulamentação por lei inferior. É que, se há correspondente semântico na ordem jurídica, a presunção é de que a ele se refere o uso constitucional. Quando u'a mesma palavra, usada pela Constituição sem definição expressa nem contextual, guarde dois ou mais sentidos, um dos quais já incorporado ao ordenamento jurídico, será esse, não outro, seu conteúdo semântico, porque seria despropositado supor que o texto normativo esteja aludindo a objeto extrajurídico[27].

Contrariamente a esse entendimento, temos o posicionamento do Ministro Gilmar Mendes, que se expressa na seguinte conformidade: "O STF jamais disse que havia um específico conceito constitucional de faturamento. Ao contrário, reconheceu que ao legislador caberia fixar tal conceito"[28].

E mais adiante aduz:

> Na tarefa de concretizar normas constitucionais abertas, a vinculação de determinados conteúdos ao texto constitucional é legítima. Todavia, pretender eternizar um específico conteúdo em detrimento de todos os outros sentidos compatíveis com uma norma aberta constitui, isto sim, uma violação à Constituição[29].

A posição do ilustre Ministro merece alguns comentários. Primeiramente, insta observar que, como vimos, as normas que estabelecem a com-

---

26 Tribunal Pleno, RE 346.084-6/PR, rel. Min. Ilmar Galvão, j. em 9-11-2005, m.v., DJ de 1º-9-2006.
27 Idem.
28 Idem.
29 Idem.

petência tributária não têm o citado caráter aberto a que alude o eminente julgador. Se assim fosse, o esforço do constituinte de 1988 na repartição das competências impositivas teria sido em vão. Teria ele discriminado competências para nada discriminar. É preciso dar consequência jurídica às regras constitucionais que demarcam a competência impositiva, sob pena de esvaziar--lhes completamente o conteúdo, sentido e alcance. Não há amplo espaço para concretização do conteúdo do signo faturamento, no âmbito legal. O exercício da competência tributária foi limitado constitucionalmente. Deve obedecer ao conjunto de *regras* que, por intermédio da fixação de *conceitos determinados*, delimitou o espaço de atuação legiferante dos entes tributantes para a criação de tributos.

Enfaticamente, e com integral acerto, o Ministro Luiz Gallotti assim se pronunciava sobre o tema:

> Como sustentei muitas vezes, ainda no Rio, se a lei pudesse chamar de compra o que não é compra, de importação o que não é importação, de exportação o que não é exportação, de renda o que não é renda, ruiria todo o sistema constitucional inscrito na Constituição[30].

Além disso, não se trata, ainda, de "eternizar conteúdos" em detrimento de outros, impondo às gerações futuras decisões tomadas em face de circunstâncias específicas.

É natural, e até desejável, que um sistema jurídico seja dotado de certa margem de flexibilidade e, portanto, adaptável e atualizável, de acordo com as necessidades que socialmente se apresentem ao longo do tempo. Não é por outra razão que os mecanismos de alteração do Texto Constitucional estão, usualmente, nele previstos.

Destarte, não há a propalada "eternização de conceitos" e a imposição de decisões às gerações futuras. Conceitos positivados pelo constituinte e decisões por ele tomadas são passíveis de alteração. Em verdade, há que se respeitar as decisões tomadas pelo constituinte, que (a) laborou mais abstratamente, positivando princípios, nas situações que entendeu não haver necessidade de um regramento mais específico; (b) cunhou regras em relação às hipóteses em que julgou necessário reduzir o nível de abstração; (c) definiu

---

30 Tribunal Pleno, RE 71.758/GB, rel. Min. Carlos Thompson Flores, j. em 14-6-1972, m.v., *DJ* de 29-8-1973.

um núcleo imutável de suas prescrições; e, por fim, (d) estabeleceu o procedimento para alteração dos demais comandos normativos.

Respeitado o chamado núcleo imutável da Constituição Federal de 1988, expresso em seu art. 60, as demais prescrições não têm a pretensão da eternidade. Basta que se obedeça ao procedimento para sua alteração. Prova cabal e inequívoca de que os conceitos determinados não são eternos é a específica alteração que se deu em relação à competência para instituir contribuições, que originariamente deveriam incidir sobre o faturamento.

Após a Emenda Constitucional n. 20/98, dilargou-se a competência tributária, de forma a se admitir a criação de contribuição para o custeio da seguridade social incidente sobre receita ou faturamento. Trata-se, apenas, de um exemplo entre vários existentes a esse propósito. Não é demasiado lembrar que o texto originário da Constituição Federal em vigor já foi objeto de 56 emendas, além das seis emendas de revisão, em um total de 62 modificações em, aproximadamente, 20 anos de vigência, configurando uma média superior a três alterações anuais.

Em resumo, entendemos que a repartição das competências tributárias, laborada pelo constituinte de 1988, deu-se mediante a prescrição de um conjunto de *regras* que, fazendo uso de *conceitos determinados*, delimitou a atuação legislativa dos entes políticos para a criação de tributos. O conteúdo semântico desses *conceitos determinados* haverá de ser identificado em decorrência de esforço interpretativo que concluirá (a) por sua recepção, em face da novel ordem estabelecida, com base em sua acepção jurídica preexistente, ou (b) por sua transformação (positivação de conceito autônomo), que haverá de ser demonstrada a partir dos comandos normativos insertos nessa nova ordem constitucional instalada.

A LEI N. 11.382/2006 E SEU IMPACTO EM RELAÇÃO À ATRIBUIÇÃO DE EFEITO SUSPENSIVO AOS EMBARGOS À EXECUÇÃO FISCAL

PAULO CÉSAR CONRADO*

1 EXECUÇÃO PROCESSUAL (TÍTULO EXTRAJUDICIAL) E EXECUÇÃO SINCRÉTICA (TÍTULO JUDICIAL): PANORÂMICA GERAL DOS MEIOS DE EMISSÃO DA TUTELA EXECUTIVA

A Lei n. 11.382/2006, dando prosseguimento ao processo de reforma a que vem sendo submetido, há anos, o estatuto processual geral, investiu particularmente sobre as execuções fundadas em título extrajudicial.

Tal categoria é, em nosso sistema atual, a única dotada de autonomia processual, operando, quanto ao mais (falamos das execuções fundadas em título judicial), a ideia de sincretismo: antes de se apetrecharem por meio de processo independente, as execuções que se escudam em título judicial apropriam-se do canal processual já instaurado (cognitivo). Daí, a propósito, a expressão "sincretismo processual": por meio de um único instrumento (no caso, o processo de conhecimento), tutelas de diferentes índoles (uma, propriamente cognitiva, que é a sentença; a outra, executiva, inerente à fase de cumprimento) se projetam.

Em vista disso, já não é possível querer que o processo seja distribuído de modo absoluto, estanque, numa das três categorias clássicas – de conheci-

---

* Mestre e Doutor em Direito Tributário (PUCSP). Professor nos cursos de especialização da PUCSP (COGEAE), do IBET e da FGV-Direito (GV*law*). Juiz Federal em São Paulo.

mento, de execução ou cautelar –, não pelo menos se o critério de identificação tomado pelo intérprete é a tutela por ele, processo, projetada. E isso, reitere-se, por questão simples, decorrência direta do aperfeiçoamento da noção de sincretismo processual: os processos cognitivos já não mais se definem como tal em função da tutela que geram (igualmente cognitiva), já que de se bojo exsurgem, do mesmo modo, tutelas executivas.

A par de tais considerações, renove-se a proposição inicialmente lançada: se o que orienta a pretensão executiva é título de fundo extrajudicial, inevitável supor processualidade autônoma – por não derivarem de atividade jurisdicional prévia (cognitiva), esses títulos, os extrajudiciais, têm a respectiva executabilidade subordinada à instauração de canal processual próprio (executivo).

Pois é precisamente sobre esse instrumento, reafirmamos, que a Lei n. 11.382/2006 investiu, fazendo-o, de um lado, de molde a consagrar técnicas que já se viam acatadas pela jurisprudência (com o que se reitera a importância da prática jurisprudencial, a maior fonte, indubitavelmente, do direito "vivo", não apenas quanto à interpretação do plano normativo, senão também quanto à sua própria formação), e, de outro, agora sim de maneira verdadeiramente inovadora, construindo técnicas processuais até então ignoradas pelo sistema.

2 INSTRUMENTALIDADE (A ATIVIDADE PROCESSUAL NÃO É UM FIM EM SI MESMA) E "EFETIVIDADE EXECUTIVA" COMO RAZÕES DETONADORAS DA REFORMA DO PROCESSO DE EXECUÇÃO

Não deve sobrar dúvida de que toda essa movimentação no plano normativo, notadamente quando se está a falar de direito processual, encontra sua razão na ideia de instrumentalidade. Expliquemos: o direito, segundo sabido, não é um fim em si mesmo; é no campo social, das relações intersubjetivas, que ele encontra sua razão de ser; e é precisamente nesse campo que o direito processual atua, impondo a vontade do sistema normativo, nas hipóteses de dissídio. A isso se denomina, usualmente, "efetividade".

Não é sem dúvida, porém, que essa ideia – de efetividade – sofre um câmbio sensível em sua intensidade, quer falemos de tutela cognitiva (aquela que "anuncia" o direito material, "pronunciando-o" via sentença), quer falemos de tutela executiva; é que, nesse último caso, o Judiciário não "anuncia" o direito material, posto que já "prenunciado" no título executivo; vai além, preconizando as operações necessárias, nos termos da lei, à efetivação no campo fenomênico da conduta do devedor esperada (pagar, entregar coisa, fazer, não fazer). A tutela jurisdicional executiva como que sai, nessas condições, do plano das abstrações – próprio das entidades normativas, dentre elas as sentenças –, avançando sobre o plano concreto, dos fatos, estimulando, no mais das vezes através da prescrição e execução de consequências sancionatórias ("pague, sob pena de penhora"; "faça, sob pena de multa diária" etc.), a adoção dos comportamentos juridicamente desejados(áveis).

É claro, assim temos, que para tal nível de atuação, a jurisdição deve se forrar de tecnologias totalmente distintas das que são utilizadas no campo puramente cognitivo; por isso, a propósito, a já anunciada distinção entre "efetividade" e "efetividade executiva"; por isso, a necessidade de as regras pertinentes à processualidade executiva evoluírem em velocidade o mais próxima possível daquela que orienta o plano factual – se a "efetividade executiva", indo além da "efetividade" ordinária, opera ou tenta operar naquele domínio (o fático), necessária, por sem dúvida, a conjunção dos sistemas (jurídico e social), pena de os conteúdos inerentes à tutela executiva não se "encaixarem" nunca nos correspondentes "receptores sociais".

Aí residiria, reiteremos, a base motivadora da Lei n. 11.382/2006: (re)ajustando a tecnologia executiva, compatibiliza-a com a realidade social, viabilizando, ao final das contas, a desejada aderência da tutela executiva ao plano social; ou, noutro falar (mais enxuto): incrementando a noção de "efetividade", especificamente de "efetividade executiva".

3 A SUPRESSÃO DA AUTOMATICIDADE DO EFEITO SUSPENSIVO NOS EMBARGOS À EXECUÇÃO

A mais notável das alterações propostas pela Lei n. 11.382/2006 é, assim nos parece, a que se relaciona à não automaticidade do efeito suspensivo dos embargos. A notabilidade de tal questão é, assim temos, de fácil percepção: a fluência do processo de execução, independentemente do ajuizamento pelo devedor de ação incidental de embargos, impede que o tráfego inexorável do tempo esvazie a operatividade pragmática da tutela executiva.

Pense-se: se as execuções por quantia certa atuam sobre o patrimônio do devedor, constrangendo-o em parcela suficiente à satisfação do credor, é natural que o decurso do tempo (e consequente deterioração daquele mesmo patrimônio) frustre o referido resultado, a satisfação do credor, ficando a efetividade executiva na dependência, para tais casos, da renovação dos atos executivos preparatórios (penhora em reforço, nova alienação etc.).

Pois bem, à medida que se impede a distensão temporal do processo executivo, despojando-se os eventuais embargos do devedor, do decantado efeito suspensivo, igualmente natural que nada disso se processe: retrai-se o efeito destrutivo que o decurso do tempo projeta sobre a efetividade executiva, garantindo-se utilidade aos atos de execução (preparatórios) até ali praticados.

Sob a perspectiva do credor, incensurável a proposta, pois.

Mas, e à luz do devedor, possível dizer o mesmo? Sim, parece-nos que sim.

4 A NÃO AUTOMATICIDADE DO EFEITO SUSPENSIVO NOS EMBARGOS À EXECUÇÃO, A CLÁUSULA DO DEVIDO PROCESSO LEGAL E O DIREITO DE DEFESA DO EXECUTADO

Embora aparentemente agressiva, a nova sistemática (da não automaticidade do efeito suspensivo dos embargos do devedor, reitere-se) não desautoriza a eficácia do assim chamado "devido processo legal".

Talvez por conta de nossas raízes históricas, especialmente as que se vinculam a um passado não muito remoto, tenhamos nos acostumado a enxergar a cláusula do devido processo legal de um modo inflacionado, exacerbando-a a ponto de tudo o mais engessar. A par disso, importa sublinhar que o devedor, por força da Lei n. 11.382/2006, não foi despojado do direito à defesa, nem tampouco dos efeitos da cláusula do "devido processo legal"; o que dele se subtraiu foi o direito à automática eficácia suspensiva quando da apresentação de seus embargos, fosse qual fosse seu fundamento – coisa que, a não ser por obra de um raciocínio exacerbado, não significa supressão do direito de defesa.

Não se pode aceitar – e isso, aliás, antes mesmo do advento da Lei n. 11.382/2006 – que o direito de defesa em nível de execução seja exercido da mesma forma com que o seria noutras sedes, pena de se ordinarizar aquilo que o sistema não quer que seja ordinário. É que a pretensão executiva, diferentemente de tudo o mais, se escuda em documento especialmente qualificado – o título executivo, instrumento de prova *ex lege* recoberto de especial presunção, mormente quanto à liquidez e certeza da obrigação a ele subjacente. O ataque à pretensão executiva representa, nesses termos, a tentativa de inibição da exigibilidade de uma obrigação peculiarmente qualificada; deve se fundar, portanto, em fundamento relevante, quando menos para que tenha o poder de refrear o fluxo executório.

Essa é a lógica da Lei n. 11.382/2006, em particular quando introduz no Código de Processo Civil a regra segundo a qual *os embargos do executado não terão efeito suspensivo* (novo art. 739-A): persistisse o sistema velho (automaticidade do efeito suspensivo pela só oposição de embargos), manter-se-ia a possibilidade de se romper a presunção de liquidez e certeza da obrigação exequenda, rompendo-se, consequentemente, sua especial exigibilidade (especial, repise-se, não por capricho, senão porque aposta, a obrigação exequenda, em documento qualificado pelo ordenamento). Ou, por outra: os embargos funcionariam, como de fato funcionaram, como meio obstativo da prestação da tutela executiva, fosse qual fosse o seu fundamento, o que, convenhamos, é indesejável, mormente do ponto de vista da assim chamada "efetividade executiva".

5 EFEITO SUSPENSIVO NOS EMBARGOS À EXECUÇÃO: COMPATIBILIDADE DAS CONDIÇÕES LEGALMENTE IMPOSTAS COM O REGIME JURÍDICO GERAL DA CAUTELARIDADE

Mas, mais uma vez, seria de se perguntar: e como fica essa mesma questão sob a perspectiva do executado?

A Lei n. 11.382/2006 não ignorou o problema da "efetividade" da defesa, garantindo ao executado o direito ao efeito suspensivo quando da oposição de seus embargos, mas desde que *relevantes seus fundamentos* e *o prosseguimento da execução manifestamente possa causar ao executado grave dano de difícil ou incerta reparação, e desde que a execução já esteja garantida por penhora, depósito ou caução suficientes* (§ 1º do mesmo art. 739-A). Em suma: o sistema, em busca da necessária não ordinarização da defesa do executado (pena de se banir, ainda que obliquamente, a noção de "efetividade executiva", assim como a própria presunção de liquidez e certeza de que se investem as obrigações gravadas em documentos executivos), aboliu a automaticidade do efeito suspensivo nos embargos, sem prejuízo de sua excepcional outorga, observada a presença de requisitos tais quais os que recobrem o fenômeno da cautelaridade; com isso, a eficácia processual dos embargos passa a ser interpretada debaixo de parâmetros como os que servem a provimentos como a liminar em mandado de segurança – o que, admitamos, é bastante razoável, dada a similitude das situações envolvidas em cada um dos planos confrontados: como os atos de autoridade pública, as obrigações que se encontrem gravadas em título executivo, são cometidas de presunção de regularidade; logo, a provisória ruptura de sua eficácia (tanto a inerente ao ato da autoridade como a que permeia a obrigação exequenda, a saber, sua exigibilidade), por coerência, há de se preordenar por requisitos equivalentes. A comparação, observadas tais premissas, nos parece apropriada, mormente porque revela, em termos bem claros, a inconsistência do sistema anterior e, a um só tempo, a adequação do regime novo.

6 APLICABILIDADE DO NOVO REGIME ÀS EXECUÇÕES FISCAIS

As razões até aqui apresentadas nos parecem universais, recobrindo, por outros termos, todas as execuções por quantia certa que se fundem em título extrajudicial, quer as diretamente submetidas ao Código de Processo Civil (à falta de norma especial), quer as que foram contempladas por disciplina especial, caso das execuções fiscais.

Referida modalidade executiva submete-se, segundo cediço, a disciplina peculiar, instituída em 1980, por obra da Lei n. 6.830. Nessas condições, tratando referido diploma, como de fato o faz, embora obliquamente, do efeito suspensivo automático com que serão colhidos os embargos do devedor (arts. 16 a 19), dir-se-ia inviável a aplicação do regime trazido pela novel Lei n. 11.382/2006, abonando-se, com isso, a regra de hermenêutica segundo a qual norma geral (no caso, o Código de Processo Civil) não revoga norma especial.

Essa não nos parece, porém, ser a melhor orientação.

A Lei n. 6.830/80 é diploma normativo de caráter manifestamente híbrido: a um só tempo trata de questões de direito material e processual; nesse último caso, quando veicula normas processuais, o faz sob diferentes perspectivas, ora tratando de temas gerais de processo (competência e legitimidade, por exemplo), ora de questões de ordem procedimental.

Pois bem, o reconhecimento de tais "capítulos", por assim dizer, é absolutamente necessário para identificar com mínima precisão qual ou quais fragmento(s) da chamada "Lei de Execuções Fiscais" teriam, em relação ao Código de Processo Civil, força de diploma especial.

De um lado, podemos (e devemos) registrar que, quando veicula normas materiais (como as do art. 2º, *caput* e seus §§ 3º e 5º), a Lei n. 6.830/80 em nada se relaciona com o Código de Processo Civil, circunstância que nos põe à parte de problemas entre esses dois planos normativos.

De outro lado, falando de normas propriamente processuais, a questão ganha outro tônus: à obviedade, possível a formação, nesse capítulo, de problemas de sobreposição de conteúdos, uns marcados por antagonismo (ou contradição), outros por redundância.

Necessário realçar, porém, que esses tais problemas só são efetivos quando falamos de normas processuais gerais, assim como as de legitimidade passiva (art. 4º) e de competência (art. 5º): as regras veiculadas pela Lei n. 6.830/80 a propósito desses assuntos representam de fato normas especiais; ao tempo de sua produção, com efeito, deram tratamento diverso do previsto na legislação geral então vigente, fazendo-o em função, por óbvio, da particular qualidade do crédito que é por tais ações (as executivas fiscais) cobrado.

Quando nossa atenção se dirige a questões de ordem procedimental (ou, por outra: quando falamos das regras que governam o modo de organização lógica e cronológica dos atos integrantes da cadeia processual), o mesmo não pode ser dito, porém: as regras procedimentais veiculadas pela Lei n. 6.830/80 representam, em sua essência, mera reiteração das do Código de Processo Civil, feitas apenas algumas adaptações – como as que atinam com a definição de prazos, por exemplo.

Pois é justamente em razão dessa coincidência de conteúdos que as normas da Lei n. 6.830/80 (as procedimentais, repise-se) não podem ser tomadas como especiais, impondo-se, antes disso, a assunção de outra conclusão: porque repete(ia) o tratamento procedimental definido, ao tempo de sua edição, pelo Código de Processo Civil, a Lei n. 6.830/80 representa mera reiteração do estatuto geral, a ele se equiparando, portanto, quando menos em relação aos decantados temas de procedimento.

Quer isso significar, ao final de tudo, que as alterações impostas pela Lei n. 11.382/2006 em relação à marcha executiva são aplicáveis, tal qual sugerimos de início, às execuções fiscais, inclusive, e principalmente, à novel regra do art. 739-A, reputando-se revogados, como revogado ficara seu "espelho" (o antigo art. 739, § 1º, do CPC), os dispositivos da Lei n. 6.830/80 que faziam intuir a automática eficácia suspensiva dos embargos — vale frisar, de todo modo, que tal revogação não afasta eventual ultra-atividade do regime velho, em especial quanto às execuções fiscais ajuizadas antes da vigência da Lei n. 11.382/2006.

PROCESSO ADMINISTRATIVO TRIBUTÁRIO

PAULO DE BARROS CARVALHO*

1 PROCESSO E PROCEDIMENTO

Tem-se empregado o termo "processo" para designar, invariavelmente tanto a discussão que se desdobra perante o Poder Judiciário quanto as controvérsias deduzidas no âmbito da Administração Pública, sobre temas tributários ou meramente administrativos. A palavra, contudo, não parece revestir a riqueza semântica que se lhe quer outorgar, sugerindo uma dimensão mais restrita, um sentido mais estreito, justamente em obséquio ao rigor da precisão dos conceitos jurídicos.

De fato, "processo", nos domínios do Direito, é o nome que se dá ao instrumento de composição de litígios, ou ao complexo de atos e termos voltados à aplicação do direito positivo a uma situação controvertida. Nele, realiza o Estado, na plenitude, sua função jurisdicional, aplicando a lei e tornando efetivos os ideais de justiça. Como acentua José Frederico Marques, "não se confundem processo e procedimento. Esta é a marcha dos atos do juízo, coordenados sob formas e ritos, para que se atinjam os fins compositivos do processo. Já o processo tem um significado diverso, porquanto consubstancia uma relação de direito 'que se estabelece entre seus sujeitos durante a substanciação do litígio'"[1].

---

* Professor Emérito e Titular de Direito Tributário da PUCSP e da USP.
1 José Frederico Marques. *Instituições de Direito Processual Civil*, Rio de Janeiro: Forense, 2. ed., 1962, p. 31.

A figura do "processo" está jungida ao campo da jurisdição, em que se pressupõe a existência de um órgão estatal, independente e imparcial, credenciado a compor conflitos de interesse, de maneira peremptória e definitiva.

Seu caráter teleológico é exalçado por Agustín A. Gordillo, que distingue o vocábulo na sua concepção ampla daquela outra concepção estrita. Anota, porém, aquilo que chama de perigo da noção ampla, porquanto, usualmente, processo é sinônimo de juízo, e poderia chegar a entender-se que a decisão prolatada pela Administração, ouvido o interessado, resolveria definitivamente acerca dos direitos debatidos. O insigne autor argentino sublinha a necessidade de reservarmos ao processo uma atribuição específica, que vai além de simplesmente ouvir o interessado, mas que pressupõe a existência de um julgador imparcial e independente, qualidades estas que em nenhum caso pode reunir plenamente a Administração. E assevera: "Por esta razón también es conveniente reservar el concepto de proceso y por ende de juicio para el proceso o juicio estrictamente judicial, evitando con esta terminología posibles confusiones como las que se acaban de recordar"[2].

Estamos em crer que é imperiosa a distinção entre processo e procedimento. Reservemos o primeiro termo, efetivamente, à composição de litígios que se opera no plano da atividade jurisdicional do Estado, para que signifique a controvérsia desenvolvida perante os órgãos do Poder Judiciário. Procedimento, embora sirva para nominar também a conjugação dos atos e termos harmonizados na ambitude da relação processual, deve ser o étimo apropriado para referir a discussão que tem curso na esfera administrativa.

Firmadas estas premissas, é lícito eduzir que a locução adequada para aludirmos à impugnação de atos administrativos, junto à própria Administração, no que tange à matéria tributária, é "procedimento administrativo tributário", ao contrário do que faz supor o título deste artigo.

---

2 Agustín A. Gordillo. *Tratado de Derecho Administrativo*, Buenos Aires: Macchi-Lopes, XVII-1 a XVII-5.

2 ATO ADMINISTRATIVO E PROCEDIMENTO ADMINISTRATIVO

Circunscritas as fronteiras do objeto deste estudo ao procedimento administrativo tributário, quadra indagar de seu conteúdo, de seus antessupostos, de sua finalidade. Demais disso, impede atinar ao significado intrínseco da locução "ato administrativo", de superior importância para a devida compreensão do procedimento. Como unidade atômica e entidade irredutível da própria função administrativa, vamos nos imitir no exame da compostura interior do ato jurídico administrativo, para, depois, deslocarmos a atenção ao campo do procedimento.

Oswaldo Aranha Bandeira de Mello, polarizando o centro de suas indagações no ato administrativo, firma as características de essência daquela entidade, concebida no sentido material ou objetivo, "como manifestação da vontade do Estado, enquanto poder público, individual, concreta, do seu fim, de criação de utilidade pública, de modo a produzir efeitos de direito"[3].

São aqueles atos jurídicos praticados segundo o Direito Administrativo, pelas pessoas administrativas, a que alude Ruy Cirne Lima[4], adicionando ao conceito anterior a acepção orgânico-formal que Oswaldo Aranha Bandeira de Mello refere em definição apartada. De modo análogo, Caio Tácito separa os atos administrativos formais − "todos aqueles praticados por um órgão administrativo" − dos materiais − "os que representam, substancialmente, o exercício da função administrativa do Estado, independentemente do órgão de sua execução"[5].

No ato jurídico administrativo encontramos os requisitos estruturais do gênero "atos jurídicos", isto é, agente capaz, objeto lícito, possível, determinado ou determinável e forma prescrita ou não defesa em lei (art. 104 do CC de 2002), além de elementos que lhe dão especificidade, quais sejam, os motivos e a finalidade do ato. Haverá, portanto, cinco características, como tem entendido a melhor doutrina do Direito Administrativo.

---

3 Oswaldo Aranha Bandeira de Mello. *Princípios Gerais de Direito Administrativo*, Rio de Janeiro: Forense. 1969. v. 1, p. 413-4.
4 Ruy Cirne Lima. *Princípios de Direito Administrativo Brasileiro*, 2. ed., Porto Alegre: Globo, 1939, p. 73.
5 Caio Tácito. *Direito Administrativo*, São Paulo: Saraiva, 1975, p. 55.

Sobremais, como assinala Caio Tácito[6], a capacidade do agente assume, no Direito Público, um sentido particular que se exprime na regra da *competência*, ou seja, o poder legal de realizar determinada parcela da função administrativa, e tal competência não adere à pessoa do agente, visto que se refere ao conteúdo da função pública.

Também quanto ao objeto, não se pode adotar, sem a devida reserva, o requisito genérico dos atos jurídicos. Sobre a condição geral da licitude, deve o objeto, ainda na conformidade do magistério do ilustre professor, estar relacionado com a competência específica da autoridade e com o grau de opção que lhe tenha sido atribuído. Nos atos vinculados, o objeto estará determinado no preceito legal, enquanto nos atos de competência discricionária deverá quadrar-se nos limites, estipulados na lei, da liberdade apreciativa outorgada à Administração.

Imprescindíveis se tornam tais adaptações ao reconhecimento da intimidade estrutural dos atos jurídicos administrativos, sem considerar, ainda, os dois outros elementos que completam a sua existência: o motivo e a finalidade.

O motivo está atrelado aos fundamentos que ensejaram a celebração do ato. Pode, na doutrina de Hely Lopes Meirelles[7], vir expresso em lei ou ficar a critério do administrador. Tratar-se-á, então, de ato vinculado ou discricionário, segundo a hipótese. No primeiro caso, a autoridade que houver de celebrá-lo terá de justificar a existência do motivo, sem o que o ato será inválido ou, pelo menos, invalidável, por ausência de motivação. Mas, deixado ao alvedrio do administrador, poderá ele praticá-lo sem motivação expressa. Caso venha a especificá-lo, porém, ficará jungido aos motivos aduzidos.

A finalidade é o objetivo que se pretende com a celebração do ato, ou, no dizer de Seabra Fagundes[8], o resultado prático que se procura alcançar pela modificação da ordem jurídica.

Coalescentes os cinco elementos que lhe dão substância, estaremos diante de um ato jurídico administrativo. Entretanto, nem todo ato jurídico administrativo realiza os efeitos típicos a que está preordenado. Importa saber de sua eficácia, da aptidão para irradiar os efeitos que lhe são próprios. Toda-

---

6 Idem, p. 58.
7 Hely Lopes Meirelles. *Direito Administrativo Brasileiro*, 4. ed. São Paulo: Revista dos Tribunais, 1976, p. 121.
8 Seabra Fagundes. *O Controle dos Atos Administrativos pelo Poder Judiciário*, Rio de Janeiro: Forense, 1967, p. 38.

via o ato existe, justamente por reunir aqueles cinco componentes que dizem com sua essência.

De outra parte, procedimento administrativo é a conjugação de atos e termos, organizados harmonicamente, para a obtenção de um resultado, que se substancia num ato expressivo e final da vontade do Estado, enquanto Poder Público, no desempenho de suas funções administrativas.

Vê-se, desde logo, que o procedimento traz à sirga um grupamento, mais ou menos complexo, de atos jurídico-administrativos. Estes se compõem, sucessivamente, num todo orgânico, e em cada qual está sempre vivo o objetivo derradeiro que anima a própria existência do procedimento. No seu curso, é dado observar a marcha compassada, o fluir contínuo que vai ajeitar ensejo ao aparecimento da manifestação volitiva do Estado, expressa também num ato. Há, por isso mesmo, um indisfarçável aspecto teleológico, como que os elementos que lhe imprimem compostura estivessem carregados de certo teor de energia, capaz de impulsioná-lo para a frente, no sentido de atingir o alvo colimado.

Ressalta à obviedade que o procedimento, enquanto sucessão de atos administrativos, depende da existência, validade e eficácia de cada uma dessas entidades, a ponto de ver-se prejudicado, em seu caminhar, pelos vícios que porventura os comprometam.

Interessa-nos aludir a uma forma precisa de procedimento administrativo, qual seja, a do procedimento administrativo tributário, que tem como conteúdo a discussão do ato de lançamento, ou do ato de imposição de penalidade, ou, ainda, da própria notificação, como ato jurídico-administrativo que é. Cumpre acentuar que, nessa medida, o procedimento administrativo tributário é mero sistema de controle da legalidade dos atos administrativos. A decisão de primeira instância exerce o primeiro controle; o acórdão do tribunal administrativo visa, também, à verificação da validade do ato exarado pela autoridade recorrida; e, às vezes, câmaras superiores exercitam a análise da legalidade do próprio acórdão expedido pelo órgão colegial. O último ato de controle de legalidade, exercido pela Fazenda Pública, no que diz com o procedimento administrativo tributário, está representado pela apuração e inscrição da dívida ativa, momento em que funcionários especializados – os Procuradores da Fazenda – examinam a correspondência dos termos da pretensão fiscal, em relação aos preceitos da ordem jurídica vigente. Este passo, é evidente, somente ocorre quando remanesça débito a ser cobrado pelo Fisco, pois, sempre que o sujeito passivo se vir satisfeito e reconhecido de seu direito, esgota-se o procedimento, dando-se por verificada e certificada a legalidade do ato inicial, seja ele o lançamento, o ato de imposição de multa ou mesmo a notificação daqueles atos.

Se atinarmos à lição categórica de Seabra Fagundes, mediante a qual administrar é aplicar a lei de ofício, poderemos reconhecer nessa atividade, de rigoroso e sistemático controle da legalidade dos atos administrativos, um signo expressivo da função administrativa, exercitada na plenitude de seu conteúdo existencial.

Do quanto se disse até aqui, já é possível extratarmos uma conclusão de transcendental relevância: o procedimento administrativo tributário se consubstancia numa sucessão de atos tendentes a exercer o controle de validade do lançamento, da multa, da notificação de qualquer deles ou de ambos, a fim de que a atividade desenvolvida pela Administração Pública realize, plenamente, aquela peremptória afirmação do notável publicista: "administrar é aplicar a lei de ofício". Os sucessivos controles de validade têm por escopo a precisa, exata e fiel aplicação da lei tributária.

3 O PROCEDIMENTO ADMINISTRATIVO TRIBUTÁRIO COMO FORMA DE ATIVIDADE DE CONTROLE DO LANÇAMENTO, DA PENALIDADE E DA NOTIFICAÇÃO DIRIGIDA AO SUJEITO PASSIVO

A cadeia sistemática de atos e termos, que dão sentido de existência ao procedimento administrativo tributário, já pôde ser examinada no seu conteúdo, como uma sucessão de providências viradas ao fim precípuo de aplicar, de ofício, mas rigorosamente, a lei tributária. E tal observação não encerraria qualquer curiosidade, uma vez que é cediço o princípio, segundo o qual a toda aplicação de penalidades deve preceder uma verificação contraditória da verdade material, em consonância com inúmeros postulados, entre eles o da ampla defesa. Acontece que o procedimento administrativo tributário não surde à luz, na ordem jurídica vigente, apenas no que pertine à aplicação das chamadas multas ou outras sanções fiscais. Tem cabida, igualmente, no que concerne à exigência do tributo, concebida dentro dos mesmos parâmetros e cercada de idênticos cuidados. Por quê? Precisamente porque a pretensão tributária esbarra em dois primados caríssimos, na estrutura do direito positivo brasileiro: o direito de liberdade e o direito de propriedade. A singela ameaça a esses dois direitos substanciais é motivo suficiente para que se desencadeie toda aquela sucessão de expedientes, alguns do Fisco, outros do sujeito passivo, conduzindo-se a discussão de tal arte que se promova, iterativamente, o controle de legalidade dos atos praticados no plano de gestão dos tributos.

Muitos autores, mais preocupados com a possível existência de uma "Justiça Administrativa", têm procurado deslocar o cerne do problema, entendendo que o procedimento deva se ater a outras diretrizes, quem sabe mais amplas, contudo, juridicamente menos verdadeiras e autênticas. Não se pretende, com isso, afastar do plano da correta aplicação da lei, nos domínios da relação do Ente Público com o administrado, os ideais de justiça. Quer apenas significar que o procedimento não persegue, como finalidade primeira e imediata, a concretização de critérios de justiça. Tais anseios por certo que penetram o encadeamento das peças integradoras da sucessão harmônica que culmina com a manifestação final da vontade do Estado. Devem permear a celebração dos atos e inspirar todas as providências que se fizerem necessárias no curso do procedimento, mas não é o objetivo capital, a razão última, o desígnio pronto e direto que o particular e a Administração almejam conseguir. Esta meta está circunscrita, em caráter primordial, à aplicação escorreita dos preceitos da lei, entendido este vocábulo na plenitude de seu conteúdo semântico. Ao Judiciário, entretanto, cabe a aplicação do direito positivo, compondo litígios e realizando, com todo o vigor, os mais elevados padrões de justiça. Reside aqui, precisamente, a distinção entre as funções da Administração, no contexto do procedimento administrativo, e a do Judiciário, quando se trata do processo tributário. A tutela jurisdicional do Estado é concebida como atividade que se desempenha imediatamente voltada aos ideais de justiça. Não há exagero até em afirmar que o Estado exerce a Jurisdição para celebrar a Justiça, muito embora o faça também aplicando o direito, de ofício.

Entretecidas essas considerações, fiquemos com a afirmação de que o procedimento administrativo tributário se traduz num plexo de formalidades, armadas para o escopo de exercitar o controle de legalidade de certos e determinados atos administrativos, como o lançamento, a imposição de penalidades e a notificação. De ver está que outros existem, suscitando também um controle de legalidade, e nesta medida seria admissível afirmar que todo ato administrativo deve estar submetido à verificação de sua legitimidade. Interessa-nos, por ora, o procedimento administrativo tributário, razão pela qual centralizaremos nossas atenções naqueles específicos atos.

Desse modo, sempre que dúvida pairar sobre o teor de juridicidade do lançamento, por exemplo, caberá ao sujeito passivo impugnar o ato, suscitando aquele controle. Desencadeará, assim, uma cadeia de outros atos e termos, propiciando o ensejo para a decisão de primeira instância, que nada mais é que a manifestação de um órgão superior (à autoridade competente para realizar o ato de lançamento) acerca da validade do ato praticado. Insatisfeito, ainda, o particular pode interpor recurso da decisão expedida pelo órgão *a quo*, provocando, novamente um controle de legalidade, agora mais especializado, e cercado de prerrogativas mais solenes e importantes: a deliberação de um órgão colegial, de estrutura paritária (Tribunal de Impostos e Taxas, Conselho de Contribuintes etc.). Acresce notar que não para aí o exercício do controle da legitimidade dos atos administrativos pela própria Administração, uma vez que outros atos serão praticados, invariavelmente compostos para aquele fim. A culminância é o ato de apuração da dívida ativa, seguida de sua inscrição no livro de registro da dívida pública. Convém memorar, neste ponto, a grande importância de que se reveste esse ato, quase sempre relegado pela própria Fazenda a uma posição de secundário relevo. É que o ato de apuração da dívida ativa e subsequente inscrição no registro adequado, não só expressa o derradeiro instante em que a Administração pode desenvolver um específico controle da legitimidade dos atos praticados, como também é, muitas vezes, o ato celebrado por verdadeiros especialistas. Na verdade, por uma série de razões que não frisa retomar, as autoridades que decidem, na esfera administrativa, não têm formação jurídica especializada. Em inúmeras oportunidades vamos encontrar profissionais de outras áreas do conhecimento exercitando o mister de analisar o teor de juridicidade de atos administrativos, sem que congreguem, para tanto, as condições intelectuais que o juízo crítico requer. Cremos que o único ato realizado, **obrigatoriamente**, por profissionais habilitados na interpretação jurídica, é o de apuração e inscrição da dívida ativa, porquanto se consubstanciam em atividade privativa dos Procuradores da Fazenda. Se enlaçarmos esta nota à circunstância, já mencionada, de ser esse o último instante para que o controle de legalidade seja exercido, ver-se-á, de modo claro e insofismável, o grande valor que representa.

4 OS PRINCÍPIOS APLICÁVEIS AO PROCEDIMENTO ADMINISTRATIVO TRIBUTÁRIO

A mais autorizada doutrina do Direito Administrativo tem refletido nas grandes diretrizes que hão de governar a marcha do procedimento, de modo geral, e, sobretudo, no campo das imposições tributárias. Segundo Agustín A. Gordillo[9], os princípios que informam o procedimento administrativo, dizendo, diretamente, com o objetivo fundamental que a sucessão de atos e termos persegue, são de dois tipos, aparecendo, contudo, um terceiro grupo, que se prende a características externas do procedimento, e que valem considerados.

Os princípios ligados ao primeiro tipo e, portanto, intrínsecos ao procedimento guardam semelhança com formulações do processo penal, destacando seu caráter oficial, instrutório, donde se irradiam a chamada impulsão de ofício e a verdade material, como dado prioritário; os cânones do segundo tipo visam a garantir a participação das pessoas no curso do procedimento, aparecendo, nesse nível, o informalismo a favor do administrado, o da defesa adequada, com ampla possibilidade de prova, o princípio do contraditório e da imparcialidade.

Entre os princípios exógenos, teríamos, ainda na trilha do juriscultor argentino, aqueles que asseguram o caráter escrito do procedimento, o da ausência de custas e outros mais que não interferem propriamente com a estrutura procedimental.

Passemos a examinar, topicamente, esses postulados capitais, que nos permitem compreender o procedimento administrativo tributário dentro de uma visão global e orgânica.

4.1 Princípio da legalidade objetiva

O procedimento administrativo tributário deve seguir seus trâmites no âmbito daquilo que se conhece por realização do conteúdo objetivo das normas jurídicas, para preservar o império da legalidade e da justiça. Como é cometido à Administração "aplicar a lei de ofício", haverão de procurar, seus agentes, a forma mais concreta, adequada e verdadeira de realizar os comandos jurídicos. Esse princípio, que ilumina toda a marcha do procedimento, atina, de maneira plena, com a *ratio essendi* da figura, posto que já examinamos, com alguma insistência até, que o procedimento existe para garantir ao Poder Público o aperfeiçoamento da intelecção da mensagem

---

9 Agustín A. Gordillo. *Procedimiento y Recursos Administrativos*, 2. ed. Buenos Aires: Macchi, 1971, p. 53-54.

legislada, expedindo atos inteiramente consonantes com o sistema jurídico vigente. Nessa exata dimensão, a legalidade que deve presidir a celebração e anexação dos atos, no quadro procedimental, não vem em favor ou detrimento de qualquer das partes, antes pressupõe o objetivo cardeal de efetivar os comandos legais nos seus precisos e estritos termos.

Obtempera Gordillo[10] que em função desse primado se explica que o procedimento tenha caráter instrutório e que a autoridade possa proceder de ofício; que nele prevaleça o princípio da verdade material, em oposição ao da verdade formal; que exista amplitude para considerar apropriadamente interpostos recursos e impugnações, facilitando assim, quanto possível, o controle dos superiores hierárquicos sobre a boa marcha e legalidade da Administração Pública. Aduz, finalmente, que em virtude desse princípio se esclarece por que a desistência do recorrente não veda à Administração prosseguir na busca da ligitimidade do ato prolatado, o que também ocorre com o falecimento do interessado.

Com supedâneo nesse postulado, apreendido em toda a sua abrangência, emerge a necessidade de conferir ampla defesa ao administrado, não só como requisito erigido nos sistemas liberais, em homenagem à pessoa humana do particular, mas, sobretudo, como disposição técnica para assegurar a efetiva e correta aplicação da "legalidade objetiva".

4.2 Princípio da oficialidade

Do princípio da oficialidade se desprende a regra de que o impulso do procedimento deve caber à Administração, quer como desdobramento do próprio cânone da legalidade objetiva, seja como imperativo de que a atividade, primeiro que diga respeito ao interesse do particular, envolve um interesse público e da Administração, na medida em que por seu intermédio se controla a precisa e correta aplicação da lei.

Isso não quer exprimir que o início do procedimento não possa caber ao administrado ou, ainda, que certos atos procedimentais não sejam cometidos por sua iniciativa. Expressa, única e exclusivamente, que compete ao Poder Público zelar pelo curso regular do procedimento, evitando que seu

---

10 Agustín A. Gordillo. *Procedimiento...*, cit., p. 55.

progresso fique tolhido por manifestações de inércia do interessado, com o comprometimento dos objetivos finais que norteiam sua existência.

Demora-se aqui um fator de dessemelhança com relação ao Direito Processual Civil, em que prevalece a diretriz segundo a qual a lei atribui às partes assegurarem o caminhar do procedimento judicial, na busca da tutela jurisdicional do Estado.

Convém advertir que quando se fala em impulso de ofício, não se alude a um caráter absoluto, mas apenas preponderante, variando, em sua intensidade, conforme o tipo de interesse que se coloca como conteúdo da controvérsia. Tratando-se de atos jurídicos de índole tributária, vigora o princípio com grande força e vitalidade, de tal modo que se torna admissível asseverar, sem qualquer extravagância, que foi deferida à Administração cuidar do avanço procedimental, afastando todas as hipóteses em que a sucessão de atos fique truncada, frustrando-se, por essa via, o controle de legalidade dos atos praticados.

Deflui, também, da máxima da oficialidade o preceito do timbre instrutório que há de acompanhar o procedimento administrativo, entendendo-se por isso a circunstância de que a produção de provas e todas as demais providências para a averiguação dos fatos subjacentes cabem tanto ao Poder Público quanto à parte interessada. Por evidência que no plexo das disposições normativas é que vamos encontrar a quem compete realizar esta ou aquela prova; tomar esta ou aquela providência no sentido de atestar os acontecimentos. Alguns expedientes são, por natureza, privativos da Administração, enquanto outros só ao administrado quadra produzir. No feixe de tais contribuições reside o caráter instrutório do procedimento administrativo tributário e, com ele, a forma encontrada pelo Direito para o esclarecimento dos fatos e subsequente controle da legalidade dos atos.

De corolário, aparece o postulado sobranceiro da verdade material, como inspiração constante do procedimento administrativo, em geral, e tributário, em particular. Mais uma vez nos defrontamos com traço singular ao procedimento administrativo, em cotejo com o judicial. Neste último, prepondera a norma da verdade formal, havendo o juiz de ater-se às provas trazidas ao processo civil. No que atina à discussão que se opera perante os órgãos administrativos, há de sobrepor-se a verdade material, a autenticidade fática, mesmo em detrimento dos requisitos formais que as provas requeridas ou produzidas venham a revestir.

Agustín A. Gordillo é bastante eloquente ao versar esse tema, aduzindo sugestivas ponderações. Vejamo-las: "...en el procedimiento administrativo el órgano que debe resolver está sujeto al principio de la verdad material, y debe en consecuencia ajustarse a los hechos, prescindiendo de que ellos hayan sido alegados y probados por el particular o no, por ejemplo, hechos o pruebas que sean de público conocimiento, que estén en poder de la administración por otras circunstancias, que estén en expedientes paralelos o distintos, que la administración conozca de su existencia y pueda verificarlos, etc. *Si la decisión administrativa no se ajusta a los hechos materialmente verdaderos, su acto estará viciado por esa sola circunstancia*"[11] (o grifo não é do autor).

Ajeitando-se o enfoque para o nosso procedimento administrativo tributário, é fácil verificar o teor de ilogicidade das decisões que não consideram, por exemplo, o fato jurídico da prescrição, singelamente porque não foi suscitado pela parte. Esta espécie de capricho, que encontra respaldo em disposições expressas do direito positivo, nega a funcionalidade daquele princípio da verdade material, com efeitos práticos por vezes adversos aos precípuos interesses da própria Fazenda Pública.

4.3 Princípio do informalismo em favor do interessado

O informalismo é um sainete bem próprio ao procedimento administrativo. Por ele deve entender-se a ausência de formas estritas, de modelos exclusivos, que pode ser interpretado com alcances até discrepantes. Por um lado, o informalismo muitas vezes conduz à arbitrariedade, pela ausência de fórmulas determinadas, que se afiguram como autênticas garantias da segurança das relações procedimentais. Por outro, contudo, o informalismo significa a aceitação de um quadro amplo de direitos e prerrogativas, no que respeita à realização da verdade material, objeto do interesse da Fazenda e do particular. E é com tal acepção que há de ser acolhido, presumindo-se que todos os efeitos favoráveis que venha a suscitar, beneficiem o administrado. Daí a referência expressa a informalismo em favor do interessado.

Adscrever-se um aspecto formal rígido para governar os atos praticados pelo particular significaria, em última análise, criar empeços e sugerir embaraços a um relacionamento que há de ser simples e objetivo, por natureza. Esse critério não é de aplicar-se à atividade administrativa, na pauta de sua intervenção procedimental. Favorece o interessado, o particular, a parte, não

---

11 *Tratado...*, cit., p. XVII-21-22.

a Fazenda Pública, cujos atos serão celebrados e acompanhados com imprescindível rigor.

Como aplicação prática desse princípio, temos a tolerância quanto à denominação de recursos e peças impugnatórias; a consideração de medidas endereçadas a autoridades diversas, dentro do mesmo órgão, ou dentro de certos limites. O que interessa, no caso, é a vontade de impugnar, o desejo de interpor recurso, ficando para segundo plano os requisitos formais que dizem com a compostura da peça.

Acresce ponderar que a Administração, no quadro de seus poderes-deveres, tem que promover as devidas correções, sanando as possíveis irregularidades formais de seus atos e, com especial ênfase, dos atos promovidos pelas partes. Deparamos, neste passo, com outra emanação do princípio do informalismo em favor do interessado.

Em súmula estreita, vale acentuar que o critério do informalismo, que permeia o procedimento administrativo, inscreve-se no plano das prerrogativas do administrado, vindo a favorecê-lo, beneficiá-lo e criar pressupostos para que participe em igualdade de condições com o Poder Público no contexto procedimental. Não aproveita, porém, à Fazenda, que deverá ater-se ao espectro de requisitos formais que inspiram suas manifestações. Acaso admitíssemos o informalismo em favor da Administração e entraríamos nos perigosos domínios do arbítrio e no mar revolto das soluções extralegais.

4.4 O princípio do devido processo

A diretriz suprema do devido processo legal, que anima a composição de litígios promovida pelo Judiciário, e que garante ampla liberdade às partes para exibir o teor de juridicidade e o fundamento de justiça das pretensões deduzidas em juízo, aplica-se com assomas de princípio capital ao procedimento administrativo tributário. Existe o chamado "devido processo legal", como instrumento exclusivo de preservar direitos e assegurar garantias, tornando concreta a busca da tutela jurisdicional ou do ato jurídico administrativo que consubstancia a manifestação final da Fazenda, em questões tributárias que dependam de um ato formal expressivo de sua vontade.

É com estribo nesse primado que não se concebe, nos dias atuais, alguém ser apenado sem que lhe seja dado oferecer todas as razões favoráveis, que justifiquem ou expliquem seu comportamento. É direito que mereceu referência explícita em nossa Carta Constitucional, consoante se vê do art. 5º,

LV, *in verbis*: "Aos litigantes, em processo judicial ou administrativo, e aos acusados em geral são assegurados o contraditório e ampla defesa, com os meios e recursos a ela inerentes".

Fique assinalado que à locução "aos acusados em geral" se equipara, em tudo e por tudo, a situação de todos os administrados que tenham ameaçados seu patrimônio e sua liberdade, por força de imposições tributárias. Já mencionamos que o poder de império do Estado, na plataforma dessas imposições, há de manifestar-se de forma extremamente cuidadosa, inspirada pelo zelo que a magnitude desses direitos sugere, tratando-se, como se trata, de prerrogativas fundamentais ao ser humano, no convívio com seus semelhantes.

A observância de tão elevado critério, porém, não há de inscrever-se no aparente quadro de faculdades externas e rotineiras, preservadas como singelos deveres dos agentes da administração, no decurso de procedimento. Antes de tudo, são imposições constitucionais, que, embora expressas naquele já citado preceito, penetram inúmeros outros dispositivos, quer no Texto Magno, quer de diplomas de inferior estatura hierárquica. A ele devem curvar-se todos os funcionários incumbidos de intervir na marcha do procedimento, curando, de ofício, e sem necessidade de qualquer instância do particular, de sua preservação e do sentido e da profundidade de sua existência, enquanto critério sobranceiro, diretriz primeira e conquista inarredável do moderno Estado de Direito, assim concebido como aquele que se submete à lei e à jurisdição.

O direito ao devido processo, o *due process of law*, antessupõe a verificação de uma série de desdobramentos, que podem ser assim enumerados:

1º – Direito a ser ouvido, que abrange, por sua vez:

a) ampla publicidade de todos os atos do procedimento, máxime aqueles privativos da Administração, firmando-se, nesse plano, o direito de vista do particular, que não pode ser tolhido sob qualquer pretexto. Admoesta Gordillo diz que o ato "secreto del procedimiento sólo se justifica en casos excepcionales y por decisión expresa de autoridad competente"[12];

b) oportunidade de expressar suas razões em momentos que antecedam a expedição do ato administrativo, e também, por desdobramento lógico, em instantes subsequentes à celebração e publicidade do ato;

c) manifestação expressa da autoridade que está incumbida de apreciar o feito, com relação a cada um dos argumentos e das questões propostas,

---

12 Admoesta Gordillo. *Procedimiento y recursos administrativos*. 2. ed. Buenos Aires: Macchi, 1971, p. 82.

ressalvando-se, naturalmente, aquelas que refugirem do segmento circunscrito na lide;

d) dever da Administração de decidir explicitamente os pedidos, impugnações e recursos, fundamentando as soluções alvitradas e analisando, topicamente, os pontos levantados pelas partes;

e) direito de fazer-se representar por profissional especializado, o que se explica nas adnumeráveis situações em que o sujeito passivo não tem o desejado conhecimento da sistemática que preside a exigência fazendária. Essa faculdade, todavia, não elide a defesa do próprio interessado, muitas vezes impossibilitado de contratar alguém para representá-lo.

2º – Direito a oferecer e produzir a prova adequada à defesa de suas pretensões. Essa prerrogativa traz, também, como pressupostos:

a) direito a que toda prova, razoavelmente proposta, seja produzida, ainda que tenha que fazê-lo a própria Administração, como atestados, certidões, informações, esclarecimentos etc.;

b) direito a que a produção da prova seja efetivada antes que o Poder Público adote alguma posição definitória sobre o conteúdo da questão;

c) direito a participar na produção da prova feita pela Administração, seja ela pericial ou testemunhal, como outra manifestação do princípio da publicidade.

4.5 Princípio da contradição

O princípio da contradição não assume, propriamente, a categoria de um primado independente, mas tem como premissa a configuração procedimental dentro da amplitude do "devido processo legal". A realização desse cânone tem como corolário imediato que se estabeleça uma sequência contraditória, em que Administração e administrado se coloquem numa situação de equilíbrio, apta a propiciar o desdobramento do feito e ensejar a edição do ato conclusivo, para o qual propende.

Cabe asseverar que a cada expediente de iniciativa do particular corresponde um ato ou uma providência da Fazenda, de tal sorte que se configura a contradição inspiradora do procedimento, enquanto cadeia de atos e termos, associados orgânica e harmonicamente, para o fim deliberado de obter um ato final, substanciador da vontade administrativa. A recíproca também é verdadeira, uma vez que todo ato administrativo suscita, ou pode suscitar (não se tratando da manifestação derradeira), um pedido de revisão, uma peça impugnatória, ou um recurso.

É imperioso reconhecer que o princípio do contraditório não se perfaz, apenas e tão somente, com a possibilidade de o administrado ou a Administração oferecer argumentos e provas que contradigam atos ou peças interpostas no procedimento. Requer, sobretudo, que isso ocorra num ambiente de rigoroso equilíbrio, opondo-se equitativa e uniformemente, as razões de ambas as partes.

Deve ser vista com inusitada reserva, por exemplo, a prática utilizada no procedimento administrativo do Estado de São Paulo, no que concerne ao imposto sobre operações relativas à circulação de mercadorias, em que o oferecimento de razões de defesa ou de recurso dá espaço à manifestação do fiscal autuante, para depois subir, respectivamente, à apreciação do órgão de primeiro grau ou da Corte Administrativa que decide em segunda instância. Parece óbvio que esse vezo rompe com o equilíbrio procedimental, atribuindo-se participação maior à Fazenda que ao particular. Sobre violar o caráter contraditório, acaba por favorecer a Administração, muito embora venha em detrimento da busca da verdade material, objetivo também específico no desenrolar da lide administrativa.

Entrefigura-se importante ressaltar que o princípio do contraditório está jungido à observância de um certo grau de imparcialidade na solução do litígio. Não se pretende, é claro, que haja aquela imparcialidade absoluta que caracteriza, teoricamente, as emanações do Poder Judiciário. O esquema estrutural que governa a existência do procedimento, desenvolvido nos cancelos da Administração Pública, em que esta aparece como interessada no deslinde do problema suscitado, por si só já afasta a possibilidade de uma solução imparcial e equiponderante. Sabe-se que a autoridade julgadora está premida por contingências que a tornam mais próxima do ato administrativo, que abriu ensanchas à controvérsia, do que à impugnação deduzida pelo interessado. É verdade incontendível e que não pode ser desprezada sem desapreço do exame objetivo e científico da realidade que se estuda com o procedimento. Em contraponto, faz-se mister a existência de um mínimo de independência e imparcialidade, para que se possa falar em contraditório e, por via de consequência, em procedimento administrativo tributário.

4.6 Outros princípios

Consoante salientamos, na esteira do juspublicista argentino, outros princípios há que podem ser identificados como exteriores ao procedimento, mas que servem para distingui-lo de outras entidades jurídicas, interessando, portanto, enunciá-los.

1º – O caráter escrito do procedimento, que assume relevo na dimensão em que os momentos de oralidade são muito reduzidos e quase inexistentes. Essa particularidade se traduz como um imperativo que inibe arbitrariedades e afasta pressões espúrias, que, por uma razão ou por outra, poderiam macular o curso normal do procedimento. Assim, até as provas testemunhais hão de ser reduzidas a escrito, circunstância que permite, a qualquer tempo, aferir-se o grau de legitimidade dos atos do procedimento.

2º – A ausência de custas é outro pormenor que marca, ainda que de maneira exterior, a realidade do procedimento administrativo tributário, principalmente em cotejo com o processo judicial tributário. A justificação repousa no interesse que a Administração devota ao curso do procedimento, que tem por escopo a edição de um ato final controlador da legalidade de atos anteriormente praticados. O procedimento interessa à Fazenda, que não pode pretender o exercício de direitos que a lei não lhe comete ou não deve extrapassar os limites consignados no direito positivo para o implemento das imposições legalmente atribuídas. Embora de feição exógena, a ausência de custas se prende ao sentido de existência jurídica do procedimento como um todo.

3º – A rapidez, simplicidade e economia são também fatores externos, mas que devem inspirar a figura do protótipo de procedimento administrativo tributário. A rapidez interessa a todos. O direito existe para ser cumprido e o retardamento na execução de atos ou nas manifestações de conteúdo volitivo hão de sugerir medidas coibitivas, tanto para a Fazenda como para o particular. Nesse domínio se situa a estipulação de prazos para a celebração de atos administrativos, bem como a interposição de peças e outros expedientes que interessem aos direitos do administrado. Não se compaginam com os ideais de segurança e garantia das relações jurídicas certas situações indefinidas, qualificadas pela inércia de agentes da administração ou do titular de direitos subjetivos.

A rapidez liga-se à simplicidade, posto que expedientes e providências complexas não poderiam responder ao requisito da celeridade susomencionada. Os atos administrativos realizados no decurso do procedimento, assim como todos os momentos que qualificam a participação do interessado, devem obedecer a disposições singelas, a pressupostos de fácil compreensão, a medidas de entendimento imediato ao comum dos homens, em ordem a que se torne possível assegurar o caminho do procedimento, em clima de rapidez e segurança. Ainda quanto aos atos administrativos seria admissível certa implexidade, firmada a convicção de que o agente competente para efetivá-lo seja também competente na acepção vulgar do termo. Entretanto, no que entende ao particular, pareceria desatinado exigir o cumprimento de formas complicadas, que não em casos excepcionais, em que as próprias circunstâncias requerem manifestações complexas.

Se à rapidez se liga a simplicidade, é lícito dessumir que da conjugação dos dois requisitos nasce a economia. De fato, não se pode pensar em economia, se nos deparamos com uma cadeia iterativa de atos complexos, de providências rebuscadas, de expedientes estrambóticos, de exigências esdrúxulas, tudo isso associado numa "organização" que prima pela ausência de prazos determinados para ambas as partes. Não há exagero em afirmar que a economia procedimental é decorrência lógica e cronológica da simplicidade e da rapidez.

Vimos de ver os postulados endógenos e exógenos que devem inspirar o procedimento administrativo tributário, para que ele se realize como "sucessão itinerária e encadeada de atos administrativos tendendo todos a um resultado final e conclusivo", no dizer de Celso Antônio Bandeira de Mello[13], ou, segundo Alberto Xavier, "como a sucessão ordenada de formalidades tendentes à prática ou à execução de um ato administrativo por parte de uma autoridade ou órgão administrativo"[14].

Seja como for, a coalescência de todos aqueles primados, derramando luzes sobre a sucessão articulada de atos e termos, outorga ao procedimento um sentido jurídico de grande significação, aparecendo como instrumento valioso para o surgimento, no universo do Direito, de uma sadia e adequada manifestação de vontade do Estado, enquanto Administração Pública.

---

13 Celso Antônio Bandeira de Mello. *Elementos de Direito Administrativo*, São Paulo: Revista dos Tribunais, 1980, p. 71.
14 Alberto Xavier. *Procedimento Administrativo*, São Paulo: Bushatsky, 1976, p. 89.

5 ATOS ADMINISTRATIVOS QUE INTEGRAM O PROCEDIMENTO

Assentando sua posição em catálogo exposto por Pietro Virga, Celso Antônio Bandeira de Mello[15] classifica os atos que compõem o procedimento administrativo, na conformidade da função que desempenham para o conjunto, em:

a) atos propulsivos – que deflagram o procedimento. São atos de iniciativa;

b) atos instrutórios ou ordinários – todos aqueles que se destinam a instrumentar e preparar as condições de decisão, tais como as informações, os laudos, as perícias, documentações, pareceres etc.;

c) atos decisórios – são os que decidem, resolvendo a sequência procedimental;

d) atos controladores – são os que confirmam ou infirmam a legitimidade dos atos do procedimento ou a oportunidade da decisão final;

e) atos de comunicação – aqueles que dão conhecimento a terceiros dos atos que lhes devem ser noticiados. É o caso da publicação, da intimação, da participação etc.

6 REVOGAÇÃO E ANULAÇÃO DOS ATOS JURÍDICOS ADMINISTRATIVOS

Os atos jurídicos administrativos podem desaparecer do mundo jurídico pela revogação ou pela anulação.

Hely Lopes Meirelles chama a atenção para a destrinça, mencionando a Súmula 473 do STF, que pôs fim à imperdoável equiparação. "A administração revoga ou anula o seu próprio ato; o Judiciário somente anula o ato administrativo. Isso porque a revogação é o desfazimento do ato por motivo de conveniência ou oportunidade da Administração, ao passo que a anulação

---

15 *Elementos...*, cit., p. 72-73.

é a invalidação por motivo de ilegalidade do ato administrativo. Um ato inoportuno ou inconveniente só pode ser revogado pela própria Administração, mas um ato ilegal pode ser anulado, tanto pela Administração, como pelo Judiciário"[16].

O ato jurídico administrativo de lançamento pode ser nulo, de pleno direito, se o motivo nele declarado – a ocorrência de determinado fato jurídico tributário, por exemplo – inexistiu. Também será nulo quando, a título de modelo, for identificado sujeito passivo diverso daquele que deve integrar a obrigação tributária. Igualmente nulo o lançamento de imposto de renda, pessoa física, celebrado antes do termo final do prazo legalmente estipulado para que o sujeito passivo apresente sua declaração de rendimentos e de bens, hipótese de forma em desacordo com a prescrição em lei.

Como exemplos de anulação de lançamentos, temos os conhecidos erros de fato, tão frequentes em nossos dias: troca de números, substituição de valores etc.

Conviria lembrar, principalmente no que tange à categoria do lançamento tributário, a classe dos atos irregulares a que alude Seabra Fagundes[17]. Tais entidades estariam eivadas de pequenos vícios que, por irrelevantes, não justificariam a anulação do ato. O nome do contribuinte, ainda que permitindo sua identificação, não está corretamente consignado. Nesses casos, suficiente será leve retificação que não determina, por si só, qualquer mudança jurídica no relacionamento entre Administração e administrado.

De final, pequena advertência acerca da procedente distinção assinalada por Hely Lopes Meirelles. Para evitar perigosos equívocos, não convém falarmos em revogação de lançamento, visto como foi que a revogação seria o desfazimento do ato por motivo de conveniência ou oportunidade da Administração. Ora, se no plano das imposições tributárias, ao menos quanto ao ato de lançamento, estamos diante de atividade vinculada, e não discricionária, descabe qualquer alusão a critérios de conveniência ou oportunidade. Empreguemos, em obséquio à precisão da fraseologia jurídica, o termo anulação, o único compatível com o reconhecimento, pela Administração ou pelo Judiciário, da ilegalidade do ato.

Mas, a doutrina correta entendemos estar expressa nas lições de Celso Antônio Bandeira de Mello, quando prefere o termo invalidade – "antítese

---

16 Idem, p. 171-172.
17 Idem, p. 54-67.

de validade e invalidação", para se referir a defeito jurídico e não problema de inconveniência, de mérito, do ato. "Um ato ajustado aos termos legais é **válido** perante o Direito, ainda que seja considerado inconveniente por quem pretenda suprimi-lo. Não se deve, pois, chamar de invalidação à retirada por motivo de mérito.

Por isso é indesejável a terminologia de alguns autores, inclusive nacionais, que usam a voz invalidação para referir a retirada tanto por motivo de ilegitimidade quanto por motivo de inconveniência ou inoportunidade (revogação).

Pode-se conceituar invalidação do seguinte modo: invalidação é a supressão, com efeito retroativo, de um ato administrativo ou da relação jurídica dele nascida, por haverem sido produzidos em desconformidade com a ordem jurídica"[18].

O escólio do notável administrativista traz luzes ao tema que versamos, justamente porque o procedimento administrativo está, todo ele, virado à produção de um ato final e conclusivo, que diga da validade de ato originário, que tanto pode ser o de simples exigência de tributo, como também de penalidade ou mesmo da notificação de ambos.

7 ALGUMAS REFLEXÕES E SUBSEQUENTES SUGESTÕES A PROPÓSITO DO PROCEDIMENTO ADMINISTRATIVO TRIBUTÁRIO

a) O procedimento administrativo tributário não se confunde, já vimos, com o processo judicial tributário. Assente esta premissa, não nos parece recomendável a adoção de institutos e formas inerentes ao campo da relação processual, vale dizer, tudo aquilo que diga respeito ao processo, enquanto processo. Não queremos afastar a possibilidade de enriquecer o procedimento administrativo tributário com figuras hauridas no Direito Processual. Todavia, estamos em crer que o legislador deva polarizar suas atenções nas entidades técnicas que asseguram a marcha do procedimento judicial para trasladá-las ao segmento da discussão que se desdobra perante as vias do Poder Executivo. A diferença surge de certa forma sutil. De nada serve para animar o procedimento administrativo tributário, por exemplo, chamar a

---

18 Idem, p. 87-88.

decisão de primeiro grau de sentença, utilizando, com isso, terminologia do Processo Judicial. A sentença é uma instituição processual que revela a prestação jurisdicional do Estado, na sua primeira manifestação. Por outro lado, fórmulas técnicas, como a perempção, a preclusão, a contagem dos prazos, assumem feição de operatividade e praticidade, quando transportadas para o plano do procedimento administrativo tributário. Este o primeiro ponto.

b) Agilizar o procedimento com a estipulação de prazos definidos e obrigatórios, para ambas as partes.

Reside aí um fator de equilíbrio procedimental que não vem sendo observado nos procedimentos conhecidos, quer no plano federal, quer no estadual ou municipal. Traduz um imperativo do contraditório, à sombra do princípio da igualdade. Se tanto a Administração quanto o particular perseguem a verdade material, o fenômeno jurídico subjacente, surpreendido na sua plenitude, já que o interesse precípuo é a cabal aplicação do direito objetivo, não se há de compreender que os prazos fluam em detrimento exclusivo do administrado, compelindo-o a celebrar certos atos, sob pena de vê-los comprometidos pelo decurso do tempo. Se mal que em homenagem à supremacia do interesse público sobre o do particular se assinem prazos maiores para o cumprimento dos atos da Administração, ainda assim é inadmissível a liberdade plena e irrefletida, a consagração da inconsequência, da tolerância sem peias e da absoluta falta de parâmetros para os expedientes, as providências e os próprios atos decisórios que hão de ser exarados pela autoridade competente. Urge a consignação de prazos para a Administração, como forma de atinência a esses princípios e, também, como imposição inarredável dos mais elementares princípios de segurança na vida das relações jurídicas.

c) Assume proporções de inteira oportunidade a exigência do título de bacharel em Direito para que o representante da Fazenda, que se vai manifestar sobre a validade ou invalidade do ato, possa fazê-lo de maneira específica e responsável.

A função de aplicar a lei aos casos concretos, solucionando conflitos de interesses, seja de natureza judicial, seja mesmo administrativa, pressupõe conhecimento profundo, não apenas do corpo de regras que disciplinam a matéria, mas, fundamentalmente, dos grandes princípios de Direito Constitucional, Administrativo, Civil, Comercial, Tributário, sem falar, é claro, nas diretrizes que a Teoria Geral do Direito e a Filosofia do Direito estabelecem, e que dão cunho de cientificidade ao método jurídico.

A alegação de que os assuntos sobre os quais decidem os órgãos administrativos, singulares ou coletivos, têm subjacência econômica ou contábil, nada traz em detrimento daquela ideia, porquanto toda norma jurídica disciplina um segmento da realidade social, do que se poderia supor que a aplicação do Direito teria como antecedente lógico o conhecimento de todos os fenômenos sociais, o que é absurdo.

Sobremais, aceitando-se como válido o argumento, haveríamos de negar competência intelectual aos Juízes Federais e, bem assim, aos Ministros do Tribunal Federal de Recursos e do Supremo, para o julgamento de questões tributárias, raciocínio que envolveria inusitado despropósito.

Acresce repontar que a estipulação guarda coerência com aqueles preceitos que aconselham se utilize o Código de Processo Civil como legislação supletiva. Ressaltam à mais pura evidência que se espera do julgador conhecimentos especializados de Direito Processual Civil, matéria das mais técnicas e difíceis de quantas há no universo do saber jurídico.

O requisito da formação jurídica especializada deve ser observado para todas as funções de direção do procedimento e, mui especialmente, para aquelas que expressam a manifestação de vontade da Administração.

d) No que toca à composição dos tribunais administrativos, algumas ponderações devem ser feitas.

Conceber-se órgão dotado de certa autonomia e independência, que se possa colocar, dentro do possível, a salvo de pressões e influências, quer das Fazendas, quer das entidades de classe, não se compagina com as funções temporárias que serão exercidas por seus membros, mais precisamente no que diz com o funcionário da Fazenda.

É ineludível que o representante da Fazenda Pública, Federal, Estadual ou Municipal, investido das elevadas atribuições de membro de Conselhos ou Tribunais Administrativos, ficará sujeito ao juízo de conveniência que sobre ele, periodicamente, manifestará a Administração Pública, tendo em vista a renovação de seu mandato. Além disso, na hipótese de não ser reconduzido, ver-se-á rebaixado às funções que exercera outrora, circunstância que também não se coaduna com a existência de órgão que desfrute de certa autonomia e independência.

Medida de grande efeito, nesse sentido, seria o provimento, por concurso de provas e títulos, entre os funcionários que exerçam as atribuições de julgador de primeira instância (já com formação especializada), posta a experiência que se presume hajam adquirido, no desempenho de seus misteres.

A composição das Cortes Administrativas, desse modo, ficaria estruturada em nível de estabilidade dos membros da Fazenda, que não teriam mandato determinado, disputadas as vagas porventura existentes, entre os funcionários julgadores de primeiro grau, consoante provas e títulos.

e) O capítulo das nulidades merece consideração adequada.

Se é correto afirmar-se que o procedimento não pode ficar prejudicado por irregularidades de somenos, irrelevantes no contexto genérico da controvérsia, não é de menor acerto o enunciado de que certos atos há, cuja perfeição jurídica deve ser observada, a qualquer título, ainda que a falha não venha em detrimento do direito de defesa do sujeito passivo. A orientação traduz mera aplicação da teoria geral dos atos administrativos e do controle de sua legalidade.

Falando pela via ordinária: decisão de primeiro grau, em que a autoridade competente mantém a exigência do gravame e impõe penalidade pecuniária, sem, contudo, tipificar a infração, descrevendo-a ou aludindo ao dispositivo de lei transgredido. Mesmo que o interessado ofereça razões de recurso voluntário, em prazo oportuno, demonstrando conhecer os fundamentos jurídicos da decisão, contingência que exibe não ter havido preterição do direito de defesa, ainda assim é de decretar a nulidade do procedimento, por virtude da inexistência jurídica do ato. Faltou-lhe requisito de essência, o motivo de sua celebração.

Vem a ponto notar, a bem do rigor, que a indigitada nulidade não seria do ato, mas do procedimento que se desenvolveu ulteriormente a ele, porquanto jamais existiu, juridicamente, como ato administrativo, à míngua de um dos pressupostos de sua tecitura intrínseca.

Os atos administrativos, primordialmente os vinculados, devem hospedar o motivo ou causa de sua celebração. Caso contrário, será impossível a verificação de sua legalidade e isso, sabemos, não pode ocorrer com os atos de competência vinculada.

A rigidez diria com poucos atos do procedimento: auto de infração, notificação de lançamento, decisão de primeiro grau e outras peças de grande momento da lide.

O tema das nulidades, tal qual concebido nos textos atuais, está em flagrante desalinho com a tradicional teoria dos atos administrativos, fazendo prevalecer o procedimento em desfavor de atos de importância cabedal para a dilucidação do conflito.

De fora parte os argumentos expostos, que entenderiam mais com ditames de Direito Administrativo, cumpre agregar que a Teoria do Direito Processual Civil igualmente consagra hipóteses de imprestabilidade de atos jurisdicionais, por ausência de certos pressupostos, desde a inépcia de petições que não trazem o supedâneo legal, até a inexistência ou, em alguns casos, nulidade absoluta de sentenças que se edificaram sem elemento de essência.

Os diplomas normativos que venham a disciplinar essa matéria deveriam expressar, se não quiserem distinguir os planos da existência e da validade dos atos administrativos, ao menos estabelecer como inquinados de nulidade absoluta todos aqueles que forem erigidos sem observância de elemento estrutural, segundo a doutrina acolhida pelos bons autores de Direito Administrativo.

PROCESSO TRIBUTÁRIO E DIREITOS HUMANOS

RENATO LOPES BECHO*

1 UMA HOMENAGEM A EDUARDO DOMINGOS BOTTALLO

Quando fomos convidados a escrever um texto jurídico a ser publicado em livro em homenagem a Eduardo Domingos Bottallo, quisemos desenvolver um tema que fosse, ao mesmo tempo, afeto ao homenageado e que refletisse nossos estudos atuais. Tinha que ser um assunto que interessasse a ele e a nós. Logo pensamos no processo tributário, notadamente o processo administrativo, em virtude de seu festejado *Curso de processo administrativo tributário*[1]. Mas onde situá-lo em nossas preocupações mais recentes?

Quando estávamos nesse processo criativo, fomos convidados, também, a participar do I Congresso Pernambucano de Direito Público[2] para dividir a mesa com Eduardo Domingos Bottallo! O tema do aqui homenageado era *tributação e direitos humanos* e nos foi sugerido abordar *o processo tributário e os direitos humanos*[3].

---

* Bacharel em Direito pela UFMG. Especialista em Cooperativismo pela UNISINOS/RS. Mestre, Doutor e Professor de Direito Tributário na PUCSP. Livre-Docente em Direito Tributário pela USP. Juiz Federal em São Paulo/SP.
1 2. ed. São Paulo: Malheiros, 2009. 223 p.
2 Porto de Galinhas/PE, de 26 a 29-8-2009, organizado pelo Instituto Egídio Ferreira Lima.
3 Este por considerações que desenvolvemos em duas oportunidades anteriores: na defesa de livre-docência *Filosofia do direito tributário*, USP, 2008, p. 281 e s., e no artigo *Tributação e direitos humanos* (site Consultor Jurídico – www.conjur.com.br –, de 27-7-2009).

Da junção desses acontecimentos surgiu o texto aqui apresentado, que recebe a influência das palestras e dos debates havidos com o seleto grupo de congressistas em Pernambuco.

2 OS DIREITOS HUMANOS INFLUENCIAM O DIREITO TRIBUTÁRIO?

A dogmática jurídico-tributária brasileira é, predominantemente, positivista. Como concepção filosófica, o positivismo não reconhece os direitos humanos. Aquela é fundada no dogma da lei como única fonte do direito e com a rígida distinção entre direito e ética (moral). O positivismo jurídico poderia ser exemplificado com uma afirmativa: *o legislador pode tudo*.

Os direitos humanos[4], ao contrário, negam que o legislador possa tudo, negam que a lei seja a única fonte do direito e que há distinção rígida entre direito e ética. Isso porque o *jus-humanismo* enxerga nos horrores[5] do direito nazista as consequências do movimento positivista aplicado ao direito. Diversos pensadores voltaram a concepções jusnaturalistas, de forma implícita – como Gustav Radbruch[6] – ou explícita – como Francesco D'Agostino –, que afirmou: "Nunca como em nosso tempo o jusnaturalismo celebra seus triunfos"[7].

Os direitos humanos são contrapostos, pois, ao positivismo jurídico e reconhecem a estreita vinculação entre direito e moral, como pode ser infirmado da seguinte passagem extraída do preâmbulo da Declaração Americana dos Direitos e Deveres do Homem: "Os deveres de ordem jurídica dependem da existência anterior de outros de ordem moral, que apoiam os primeiros conceitualmente e os fundamentam'"[8].

---

4 Procuramos explorar o tema *direitos humanos* e aplicá-lo ao direito tributário em nosso *Filosofia do direito tributário*. São Paulo: Saraiva, 2009, Caps. 8 e 10.

5 A expressão é de um defensor do positivismo jurídico: Norberto Bobbio, in *O positivismo jurídico*: lições de filosofia do direito. Trad. e notas Márcio Pugliesi, Edson Bini e Carlos E. Rodrigues. São Paulo: Ícone, 1995, p. 225.

6 *Filosofia do direito*. Trad. Marlene Holzhausen. Rev. téc. Sérgio Sérvulo da Cunha. São Paulo: Martins Fontes, 2004, p. 47.

7 *Filosofia del diritto*. 3. ed. Torino: Giappichelli, 2000, p. 70.

8 *Sistema interamericano de proteção dos direitos humanos*: legislação e jurisprudência. São Paulo: Centro de Estudos da Procuradoria-Geral do Estado de São Paulo (Série Estudos n. 13), 2001, p. 784.

Os direitos humanos vêm crescendo em importância e em reconhecimento desde a metade do século passado. Diversos campos tradicionais do direito são por eles fortemente influenciados, com destaque para o direito internacional, o direito penal e o direito trabalhista. Porém, compreendendo os direitos humanos como intrinsecamente direitos constitucionais, como ocorre no Brasil, eles exercerão efeitos em todos os quadrantes do jurídico, incluindo o direito tributário. A dimensão dos efeitos dos direitos humanos no direito tributário é insipiente na cultura jurídica brasileira e é o objeto de nossa atenção neste artigo, com foco no processo administrativo tributário.

3 A CONSTITUIÇÃO FEDERAL DE 1988 E OS DIREITOS HUMANOS

A Constituição Federal de 1988 é um marco na redemocratização e no reconhecimento dos direitos humanos em nosso país. Logo na abertura do texto, o constituinte deixou assentado:

Art. 1º A República Federativa do Brasil, formada pela união indissolúvel dos Estados e dos Municípios e do Distrito Federal, constitui-se em Estado Democrático de Direito e tem como fundamentos:

I – a soberania;

II – a cidadania;

III – a dignidade da pessoa humana;

Ao inscrever no art. 1º que nosso país tem como um de seus pilares a dignidade da pessoa humana, o constituinte encerra um período histórico fundado no princípio da autoridade, que é cego e avalorativo, e inicia uma nova fase constitucional, em que o respeito às pessoas é tão importante quanto o respeito ao próprio Estado.

No art. 3º o constituinte originário fixou os maiores objetivos brasileiros, assim esculpidos:

Art. 3º Constituem objetivos fundamentais da República Federativa do Brasil:

I – construir uma sociedade livre, justa e solidária;

II – garantir o desenvolvimento nacional;

III – erradicar a pobreza e a marginalização e reduzir as desigualdades sociais e regionais;

IV – promover o bem de todos, sem preconceitos de origem, raça, sexo, cor, idade e quaisquer outras formas de discriminação.

Para não nos afastarmos de nosso objeto de estudo, *uma exposição da influência dos direitos humanos no processo administrativo tributário*, registremos apenas que todos os incisos do art. 3º da CF estão comprometidos com os direitos humanos. Assim, tais direitos pressupõem liberdade de existência, de regência da própria vida, de escolhas sem a interferência do Estado; a justiça como objetivo vai muito além do mero legalismo e de axiomas ultrapassados que pretende significar que a lei, apesar de dura, deve ser cumprida porque é lei; a solidariedade impõe atenção ao outro, com suas diferenças e suas necessidades.

Ao situar o Brasil diante dos demais povos (no chamado *concerto das nações*), fixou o constituinte os parâmetros da atuação nacional na ordem internacional:

> Art. 4º A República Federativa do Brasil rege-se nas suas relações internacionais pelos seguintes princípios:
>
> I – independência nacional;
>
> II – prevalência dos direitos humanos;
>
> (...)

O constituinte originário brasileiro esteve atento, como se vê pelos artigos já citados, aos direitos humanos. São eles que irão conferir a dignidade da pessoa humana, superando a fase histórica do positivismo jurídico e sua obediência cega à lei, não importando o que a lei estivesse prescrevendo.

Preocupado com a dignidade da pessoa humana e com os direitos humanos, o constituinte construiu um importante arcabouço protetivo desses valores, no extenso – mas não exaustivo – rol dos *direitos e deveres individuais e coletivos* inscritos no art. 5º da Carta Constitucional, de onde destacamos:

> Art. 5º Todos são iguais perante a lei, sem distinção de qualquer natureza, garantindo-se aos brasileiros e aos estrangeiros residentes no País a inviolabilidade do direito à vida, à liberdade, à igualdade, à segurança e à propriedade, nos termos seguintes:
>
> (...)

§ 2º Os direitos e garantias expressos nesta Constituição não excluem outros decorrentes do regime e dos princípios por ela adotados, ou dos tratados internacionais em que a República Federativa do Brasil seja parte.

§ 3º Os tratados e convenções internacionais sobre direitos humanos que forem aprovados, em cada Casa do Congresso Nacional, em dois turnos, por três quintos dos votos dos respectivos membros, serão equivalentes às emendas constitucionais.

A Constituição Federal, como se vê, destaca os direitos humanos e os documentos internacionais firmados pelo Poder Executivo e aprovados pelo Poder Legislativo federal.

Não disse o constituinte – e nem era necessário – que os direitos humanos protegem os contribuintes. A extensão desses direitos é a todas as pessoas, que manterão a dignidade de pessoa humana e o quadro protetivo humanista em todas as suas relações, sem exclusão de nenhuma. Assim, por imperativo lógico, os direitos humanos protegem o homem na sua qualidade de contribuinte, sem necessidade de o constituinte – quer originário, quer derivado – ter *escrito* essa relação.

Porém, em ao menos um pacto internacional firmado pelo Brasil, diretamente relacionado aos direitos humanos, há menção expressa à tributação, como é exposto na sequência.

4 OS DIREITOS HUMANOS APLICADOS À TRIBUTAÇÃO

Um dado pressuposto para este artigo é a afirmação de que os direitos humanos estão relacionados com o direito tributário. É a partir desse dado prévio, posto antes do seu desenvolvimento, que nos permite tratar de um dos mecanismos protetivos do homem: o processo, quer administrativo, quer judicial. Mas será que em uma área tão técnica como a tributação há espaço para discussões humanistas? A resposta é *sim*!

Por direitos humanos temos a concepção jurídico-filosófica que privilegia o respeito aos valores e coloca novamente o homem no centro do direito. O positivismo jurídico (mero respeito às leis) dá lugar, de forma prudente e moderada, à finalidade do sistema jurídico: a proteção do homem. Para alcançar seu objetivo de proteção do ser humano, notadamente mediante o Estado, o direito volta sua atenção a valores como a dignidade da pessoa humana, o respeito à individualidade, à privacidade e tantos outros.

A discussão dos direitos humanos, aplicada à tributação, é uma ferramenta de defesa do contribuinte contra os Poderes Públicos. O Estado pode ser opressor pela Polícia (comum e política), pela Censura, por obrigar nacionais a viverem no exílio, mas também pode sê-lo pelo Fisco. Se não houver limites, além dos legais, para a Administração Tributária, não haverá aplicação dos direitos humanos à tributação. Significa dizer que os contribuintes estarão sujeitos a toda sorte de desrespeito e opressão pelo Estado fiscal, ainda que sob o manto da lei.

A afirmação (direitos humanos aplicados à tributação) pode soar estranha em um primeiro momento, mas é afastada por importante doutrina. Há uma verdadeira *escola* nesse assunto, capitaneada por Ricardo Lobo Torres, que ensina:

> O poder de tributar nasce no espaço aberto pelos direitos humanos e por eles é totalmente limitado. O Estado exerce o seu poder tributário sob a permanente limitação dos direitos fundamentais de suas garantias constitucionais[9].

E ainda:

> Característica importante dos direitos fundamentais é a de se expressarem por princípios, como acontece no catálogo do art. 5º da CF, que proclama, entre outros, os princípios da igualdade, da liberdade de manifestação do pensamento, da inviolabilidade da casa[10].

Alberto Nogueira, seguindo a trilha de Ricardo Lobo Torres, demonstra a inarredável relação atual entre os direitos humanos e a tributação, bem como a estrita relação entre direitos e deveres. A citação abaixo serve, ao nosso sentir, como bom resumo de seu pensamento, no ponto que interessa ao presente estudo:

> a) que no âmbito da tributação os "direitos" se harmonizam com os "deveres" integrando-se no esquema "direitos/deveres", à semelhan-

---

9 *Os direitos humanos e a tributação*: imunidades e isonomia. Rio de Janeiro: Renovar, 1995, p. 13.
10 Idem.

ça de outras categorias de direitos da terceira geração, em especial da ecologia; b) que existe uma dimensão individual do tributo e outra coletiva; c) que o contribuinte é ao mesmo tempo *devedor* (na perspectiva individual) e *credor* (enquanto inserido no grupo e na sociedade); d) não se pode deixar de reconhecer-lhe, em qualquer hipótese, o legítimo interesse (e o direito) de sofrer o impacto da tributação dentro dos cânones previstos na Constituição, com todas as garantias correspondentes, e, ainda, de ver aplicados os mesmos princípios e critérios aos outros membros da sociedade; e, por último, de que é cada indivíduo – e não o Estado – o titular do poder (limitado) de tributar[11].

José Souto Maior Borges publicou artigo sobre os direitos humanos e a tributação, de onde colhemos o ensinamento:

> Os vínculos entre a tributação e os direitos humanos não se manifestam ao primeiro e superficial exame exegético. Mas se ocultam nas dobras do ordenamento constitucional brasileiro, ao longo dos princípios e normas que o integram.[12]

Outros autores também já trabalham em questões tributárias sob a ótica dos direitos humanos, como Fernando Facury Scaff[13] e Agostinho Toffoli Tavolaro[14].

O tema, ainda novo, é tratado em congressos científicos, como no XXI Congresso Brasileiro de Direito Tributário, organizado de 17 a 19 de outubro de 2007 pelo Instituto Geraldo Ataliba – IGA-IDEPE (Instituto Internacional de Direito Público e Empresarial). Nele foi proferida palestra pelo Ministro Luiz Fux, intitulada "Direitos humanos e tributação"[15]. Diversos

---

11 *A reconstrução dos direitos humanos da tributação*. Rio de Janeiro: Renovar, 1997, p. 178-179.
12 *Constitucionalismo, tributação e direitos humanos*. Org. Fernando Facury Scaff. Rio de Janeiro: Renovar, 2007, 327 p., e Direitos humanos e tributação. *Revista Tributária e de Finanças Públicas*. São Paulo: Revista dos Tribunais, ano 9, v. 40, set.-out. de 2001, p. 189.
13 Direitos humanos e a desvinculação das receitas da União – DRU, *Revista de Direito Administrativo*. Rio de Janeiro: Renovar, v. 236, abr.-jun. de 2004, p. 33-50.
14 Estatuto do Contribuinte, *Revista Tributária e de Finanças Públicas*. São Paulo: Revista dos Tribunais, ano 12, v. 58, set.-out. de 2004, p. 82-104.
15 Anais publicados na *Revista de Direito Tributário*. São Paulo: Malheiros [2008], v. 101, p. 179-187.

princípios foram levantados como demonstrações de direitos fundamentais (direitos humanos) na tributação: capacidade contributiva, proibição de tributação confiscatória, tipicidade fechada, contraditório e devido processo legal. Quanto a esse último, destacamos, por sua vinculação ao argumento do presente artigo, a seguinte afirmação de Luiz Fux:

> O comum é exatamente o contribuinte se defender no bojo da execução fiscal. E aí surgem vários direitos fundamentais do executado-cidadão, como, por exemplo, citado aqui, o redirecionamento da execução para os sócios, só naqueles casos específicos que a Professora mencionou. A inteirabilidade [*sic*, provavelmente *impenhorabilidade*] do faturamento, que evita, que conjura, o capital de giro do empresário. A impenhorabilidade do bem de família. A prescrição, que retira do contribuinte aquela "espada de Dâmocles". Além, evidentemente, de inúmeros processos judiciais oferecidos ao contribuinte, na medida em que nenhuma lesão ou ameaça de lesão está fora da apreciação do Poder Judiciário[16].

Com os exemplos acima indicados, resta configurado que não é novidade, também no Brasil – ainda que pouco explorado –, focar o direito tributário sob os holofotes dos direitos humanos.

Na dogmática estrangeira colhemos a aplicação dos direitos humanos ao direito tributário nas lições de Héctor B. Villegas, *in verbis*:

> (...) La Convención últimamente citada, o Pacto de San José de Costa Rica (en adelante, Pacto), tiene especial importancia en nuestra materia, por ser hasta ahora el único pronunciamiento que ha considerado en forma expresa la materia fiscal[17].

Reconhecida a relação existente entre o direito tributário e os direitos humanos, apresentemos nossa linha de raciocínio em relação ao processo administrativo tributário brasileiro, fazendo-o a partir dos documentos continentais relativos ao assunto.

---

16 Idem, p. 186.
17 *Curso de finanzas, derecho financiero y tributario*. 7. ed. Buenos Aires: Depalma, 1998, p. 497.

5 A DECLARAÇÃO AMERICANA DOS DIREITOS E DEVERES DO HOMEM

Em abril de 1948, por ocasião da IX Conferência Internacional Americana, realizada em Bogotá, na Colômbia, foi firmada a Declaração Americana dos Direitos e Deveres do Homem. Nela estão reconhecidos importantes componentes dos direitos humanos, alguns deles que implicam efeitos tributários, como o direito de propriedade, assim vazado:

> Artigo XXIII – Toda pessoa tem direito à propriedade particular correspondente às necessidades essenciais de uma vida decente, e que contribua a manter a dignidade da pessoa e do lar[18].

O direito de propriedade tem amplos efeitos, tanto no terreno do direito privado quanto do direito público. Nesse último insere-se uma limitação à tributação, que não pode ser expropriatória (tributação que signifique, em verdade, confisco ou expropriação do bem). Ao reconhecimento do direito à propriedade equipara-se a proibição do confisco tributário, estipulando limites à atuação do legislador, o que já significava uma relação entre a Declaração Americana dos Direitos e Deveres do Homem e o direito tributário.

Mas há não somente o direito à propriedade a nos interessar diretamente na referida Declaração. Há, notadamente, o reconhecimento de que pagar tributos é um dever de todo cidadão. Assim consta expressamente na Declaração Americana dos Direitos e Deveres do Homem:

> Artigo XXXVI – Toda pessoa tem o dever de pagar os impostos estabelecidos pela lei para a manutenção dos serviços públicos[19].

Ainda que não houvesse menção expressa à tributação em um documento internacional do porte da Declaração Americana dos Direitos e Deveres do Homem, a reflexão ponderada sobre os dois campos – direitos

---

18 *Sistema interamericano de proteção dos direitos humanos*: legislação e jurisprudência. São Paulo: Centro de Estudos da Procuradoria-Geral do Estado de São Paulo (Série Estudos n. 13), 2001, p. 787.
19 *Idem*, p. 789.

humanos e direito tributário – deixaria clara a vinculação. Afinal, a tributação é uma das expressões do Estado, e todo Estado pode se tornar um ente opressor. Os direitos humanos expressam o desejo e veiculam os mecanismos nacionais e internacionais de proteção da pessoa humana em face do Estado. Este pode ferir os valores humanos que acompanham as pessoas em situações de fragilidade, relacionados aos direitos civis (notadamente de crianças, mães, idosos, inválidos etc.), eleitorais (defesa da democracia), trabalhistas (proteção das condições de trabalho, por exemplo), penais (devido processo legal e tratamento humanitário dos presos, para citar apenas dois exemplos). Por que não teriam relação com o direito tributário?

O Estado Fiscal tem uma notável capacidade destrutiva, bem acentuada na afirmação clássica (de 1819) de Marshall: "O poder de tributar envolve o poder de destruir"[20]. Conforme Aliomar Baleeiro, a afirmação de Marshall foi posta em autorização ao poder de destruir, via tributação. Esse ponto levou ao contraponto: outra posição célebre, mas contrária, de Oliver Holmes Jr. (afirmada em 1928), ao estabelecer que cabe ao Poder Judiciário impedir que os demais poderes usem a tributação para destruir, afirmando que "o poder de tributar não implicará no poder de destruir, enquanto existir esta Corte"[21]. Diante da nefasta possibilidade de destruir que há no exercício do poder de tributar, não poderiam os instrumentos protetivos da pessoa humana ser negados aos contribuintes. E não o são, como a Declaração Americana dos Direitos e Deveres do Homem deixou claro.

Há uma possível objeção à afirmação de que a Declaração Americana dos Direitos e Deveres do Homem eleva a tributação ao patamar dos direitos humanos. Como o texto da Declaração fixa o "dever de pagar os impostos", ela protege o Fisco, não o contribuinte. Há, assim, a defesa do direito estatal à cobrança dos tributos, não a deveres do Estado em material fiscal, deveres que incluam, por exemplo, o de informar, rapidamente, o contribuinte. A objeção não se sustenta, como exploraremos no próximo item.

---

20 Apud Aliomar Baleeiro, *Limitações constitucionais ao poder de tributar*. 7. ed. atual. por Misabel Abreu Machado Derzi. Rio de Janeiro: Forense, 1997, p. 566.
21 Idem, ibidem, p. 568.

6 CORRELAÇÃO ENTRE DIREITOS E DEVERES

É tecnicamente possível fazer distinção entre direitos e deveres. Eles constituiriam elementos diferentes, ainda que componentes do universo jurídico. Não haveria correlação entre eles. Assim, é razoável supor que não há um dever de propriedade que leve as pessoas a serem proprietárias de bens. Nessa linha, há na Declaração Americana o dever das pessoas em recolher tributos, o que não lhes confere, todavia, nenhum tipo de direito.

Essa assertiva – hipotética – não seria razoavelmente sustentável, pois não encontraria guarida, por exemplo, nas lições de teoria geral do direito. Autores clássicos nessa disciplina lecionam o contrário, é dizer: afirmam a correlação entre direitos e deveres. Nessa linha, atentemos para o escrito por Paulo Dourado de Gusmão:

> O lado oposto do direito subjetivo é o *dever jurídico*, que consiste na situação em que se encontra uma pessoa (*sujeito passivo*) de ter de praticar uma ação ou omissão, em vantagem de outra, sob pena de sofrer uma sanção. Supõe, assim, vínculo que enlaça o titular do direito ao devedor. É, pois, a sujeição jurídica de uma pessoa (*devedor*) a outra (*titular*), que obriga aquela a uma prestação em favor desta[22].

Também A. Machado Paupério, que ensina o *dever jurídico* como:

> nada mais, nada menos que a obrigação, por parte de cada pessoa, de observar determinado comportamento, *ativo* ou *omissivo*, sob pena de se ver compelida a fazê-lo pela força da ordem jurídica.
> Vê-se, assim, que o *objeto* do *dever jurídico* é o próprio comportamento do obrigado[23].

No campo próprio dos direitos humanos, Antônio Augusto Cançado Trindade fixa a correlação entre os direitos e os deveres como uma das grandes contribuições da Declaração que estamos examinando ao sistema protetivo humanista, *in verbis*:

---

22 *Introdução à Ciência do Direito*. 4. ed. rev. e ampl. Rio de Janeiro: Forense, 1969, p. 196.
23 *Introdução à Ciência do Direito*. Rio de Janeiro: Forense, 1969, p. 44.

Em perspectiva histórica, são as seguintes, resumidamente, as principais contribuições da Declaração Americana de 1948 ao desenvolvimento do sistema interamericano de proteção: a) a já mencionada concepção dos direitos humanos como inerentes à pessoa humana; b) a concepção integral dos direitos humanos (abarcando os direitos civis, políticos, econômicos, sociais e culturais); c) a base normativa *vis-à-vis* Estados não partes na Convenção Americana sobre Direitos Humanos; d) a correlação entre direitos e deveres[24].

A correlação entre direitos e deveres está insculpida no próprio preâmbulo da Declaração Americana dos Direitos e Deveres do Homem, nos seguintes termos:

> O cumprimento do dever de cada um é exigência do direito de todos. Direitos e deveres integram-se correlativamente em toda a atividade social e política do homem. Se os direitos exaltam a liberdade individual, os deveres exprimem a dignidade dessa liberdade[25].

Diante da correlação entre direitos e deveres, assim como os cidadãos das nações americanas têm deveres em relação ao Fisco de seus países, esses órgãos têm deveres mediante os contribuintes, destacando-se as obrigações de conferir-lhes tratamento digno e igualitário. Compõe as obrigações do Estado o dever de informar, com a presteza possível, a situação do contribuinte e a qualidade de seus documentos fiscais, comprobatórios da prática de atos e de situações de fato, não apenas no interesse da Administração Pública, mas também no interesse da pessoa humana do contribuinte.

Registramos que o tema *dever de pagar tributo* é objeto de importantes considerações doutrinárias, como de José Casalta Nabais[26] e Maria Luiza Vianna Pessoa de Mendonça[27], mas que, jamais, pode ser visto isoladamente.

---

24 O sistema interamericano de direitos humanos no limiar do novo século: recomendações para o fortalecimento de seu mecanismo de proteção. In *Sistema Interamericano de proteção dos direitos humanos*: legislação e jurisprudência. São Paulo: Centro de Estudos da Procuradoria-Geral do Estado de São Paulo (Série Estudos n. 13), 2001, p. 27.
25 *Sistema interamericano de proteção dos direitos humanos*: legislação e jurisprudência, cit., p. 784.
26 *O dever fundamental de pagar impostos*: contributo para a compreensão constitucional do estado fiscal contemporâneo. Coimbra: Almedina, 2004. 746 p.
27 *Os direitos fundamentais e o dever fundamental de pagar impostos*: a igualdade e o imposto. Tese (doutorado). Faculdade de Direito da Universidade Federal de Minas Gerais, Belo Horizonte, 2002. 581 p.

A Declaração Americana dos Direitos e Deveres do Homem, de 1948, é um importante documento que almeja proteger os direitos humanos no continente americano. Entretanto, o sistema protetivo continental experimentou notáveis avanços com a Convenção Americana sobre Direitos Humanos, de 1969. Ela prevê, inclusive, órgãos supranacionais e mecanismos que ofereçam efetiva proteção humanista, para além das importantes *declarações* de direitos, que não veiculam as formas de solução para os conflitos que envolvam as violações aos direitos humanos. Centremo-nos, pois, na Convenção Americana.

7 A CONVENÇÃO AMERICANA SOBRE DIREITOS HUMANOS (1969)

Além da Declaração Americana dos Direitos e Deveres do Homem de 1948, o sistema continental de proteção dos direitos humanos evoluiu com a Convenção Americana sobre os Direitos Humanos, firmada em 22 de novembro de 1969 em São José de Costa Rica e ratificada pelo Brasil em 25 de setembro de 1992.

O avanço da Convenção Americana é destacado por Alexandre de Moraes[28] pela previsão e atuação dos órgãos de efetiva proteção dos direitos humanos no Continente: a Comissão Interamericana de Direitos Humanos e a Corte Interamericana de Direitos Humanos.

Os primeiros artigos da Convenção Americana não deixam dúvida sobre a dimensão protetiva que ela pretende. Confira-se:

Artigo 1º Obrigação de respeitar os direitos.
1. Os Estados-partes nesta Convenção comprometem-se a respeitar os direitos e liberdades nela reconhecidos e a garantir seu livre e pleno exercício a toda pessoa que esteja sujeita à sua jurisdição, sem discriminação alguma, por motivo de raça, cor, sexo, idioma, religião, opiniões políticas ou de qualquer outra natureza, origem nacional ou social, posição econômica, nascimento ou qualquer outra condição social.
2. Para efeitos desta Convenção, pessoa é todo ser humano[29].

---

28 *Direitos humanos fundamentais*: comentários aos artigos 1º a 5º da Constituição da República Federativa do Brasil, doutrina e jurisprudência. São Paulo: Atlas, 1997, p. 39.
29 *Sistema interamericano de proteção dos direitos humanos*: legislação e jurisprudência, cit., p. 792.

Segundo Flávia Piovesan, a Convenção Americana é "o instrumento de maior importância no sistema interamericano" de proteção aos direitos humanos, anotando:

> Substancialmente, a Convenção Americana reconhece e assegura um catálogo de direitos civis e políticos similar ao previsto pelo Pacto Internacional dos Direitos Civis e Políticos. Dentro desse universo de direitos, destacam-se: o direito à personalidade jurídica, o direito à vida, o direito a não ser submetido à escravidão, o direito à liberdade, o direito a um julgamento justo, o direito à compensação em caso de erro judiciário, o direito à privacidade, o direito à liberdade de consciência e religião, o direito à liberdade de pensamento e expressão, o direito à resposta, o direito à liberdade de associação, o direito ao nome, o direito à nacionalidade, o direito à liberdade de movimento e residência, o direito de participar do governo, o direito à igualdade perante a lei e o direito à proteção judicial[30].

Destaca-se, dentre os primeiros dispositivos da Convenção Americana, o dever dos Estados pactuantes de dotar seus respectivos ordenamentos jurídicos internos com dispositivos legais que permitam a concretização dos direitos humanos, como se confere:

> Artigo 2º Dever de adotar disposições de direito interno.
> Se o exercício dos direitos e liberdades mencionados no artigo 1º ainda não estiver garantido por disposições legislativas ou de outra natureza, os Estados-partes comprometem-se a adotar, de acordo com as suas normas constitucionais e com as disposições desta Convenção, as medidas legislativas ou de outra natureza que forem necessárias para tornar efetivos tais direitos e liberdades[31].

Uma das garantias aos direitos humanos dada pela Convenção Americana está a de jurisdição fiscal, estipulada expressamente no seguinte dispositivo:

> Artigo 8º Garantias judiciais.
> 1. Toda pessoa terá o direito de ser ouvida, com as devidas garantias e

---

30 Introdução ao sistema interamericano de proteção dos direitos humanos: a Convenção Americana sobre Direitos Humanos. In: *Sistema interamericano de proteção dos direitos humanos*: legislação e jurisprudência, cit., p. 84-85.
31 *Sistema interamericano de proteção dos direitos humanos*: legislação e jurisprudência, cit., p. 792.

dentro de um prazo razoável, por um juiz ou Tribunal competente, independente e imparcial, estabelecido anteriormente por lei, na apuração de qualquer acusação penal formulada contra ela, ou na determinação de seus direitos e obrigações de caráter civil, trabalhista, fiscal ou de qualquer outra natureza[32].

Há o reconhecimento, no Continente Americano, de que os contribuintes têm direito de serem ouvidos judicialmente, "com as devidas garantias e dentro de um prazo razoável (...) na determinação de seus direitos e obrigações de caráter (...) fiscal". Se não o forem, haverá violação aos direitos humanos, podendo ser acionados os mecanismos protetivos que compõem a Convenção Americana. De fato, estipula o artigo 33 da Convenção dois órgãos que são competentes para conhecer de assuntos relacionados com o cumprimento dos compromissos assumidos pelos Estados-partes nesta Convenção: a Comissão Interamericana de Direitos Humanos e a Corte Interamericana de Direitos Humanos.

O Brasil se submete às decisões da Corte Interamericana de Direitos Humanos por decisão legislativa federal, qual seja, o Decreto Legislativo n. 89, de 3-12-1998, nos seguintes termos:

> Artigo 1º É aprovada a solicitação de reconhecimento da competência obrigatória da Corte Interamericana de Direitos Humanos em todos os casos relativos à interpretação ou aplicação da Convenção Americana sobre Direitos Humanos para fatos ocorridos a partir do reconhecimento, de acordo com o previsto no § 1º do artigo 62 daquele instrumento internacional.

Significa dizer que as lesões aos direitos humanos dos contribuintes brasileiros, praticados após 3 de dezembro de 1998, podem ser levadas à Corte Interamericana de Direitos Humanos.

Desconhecemos a existência de precedente em matéria tributária na Corte Interamericana. Situação distinta ocorre na Corte Europeia de Direitos Humanos. Conforme Philip Baker, "foi possível identificar mais de 240 casos relativos a questões tributárias nos quais decisões foram exaradas entre maio de 1959 e abril de 2000"[33]. Os principais temas foram assim listados por

---

32 Idem, p. 796.
33 *A tributação e a Convenção Europeia de Direitos Humanos*. Trad. João Dácio Rolim,

Baker: proteção à propriedade, direito a um processo justo, proibição de discriminação, direito ao respeito, à privacidade e à vida humana e liberdade de pensamento, consciência e religião.

Parece-nos razoável supor, pois, que em algum momento a Corte Interamericana de Direitos Humanos poderá ser chamada a decidir violações aos direitos humanos em matéria tributária. Uma decisão em direito fiscal poderia vir a alterar o ordenamento jurídico brasileiro, ainda que o Brasil não fosse parte litigante perante a Corte, pois suas decisões valem em todos os Estados que a reconhecem.

Há um importante precedente, ainda que apenas indiretamente em matéria tributária, mas que nos permite vislumbrar, no futuro, não aceitações de violações aos direitos humanos em matéria tributária. O Supremo Tribunal Federal brasileiro não mais aceita a prisão do depositário infiel, ainda que o depósito tenha sido determinado judicialmente, o que tem implicações nos processos executivos fiscais. No RE 349.703/RS, relator para o acórdão o Ministro Gilmar Mendes, RE 466.343/SP, relator o Ministro Cezar Peluso, no HC 87.585/TO, relator o Ministro Marco Aurélio, e no HC 92.566/SP, relator o Ministro Marco Aurélio, o Supremo Tribunal Federal, por seu Pleno, aplicou a Convenção Americana sobre Direitos Humanos, artigo 7º, § 7º (além do Pacto Internacional sobre Direitos Civis e Políticos, artigo 11). Em decorrência dessas decisões, o Tribunal declarou expressamente revogada a Súmula 619 do STF, que autorizava a decretação da prisão civil do depositário judicial no próprio processo em que se constituiu o encargo, independentemente do prévio ajuizamento da ação de depósito, assim como tem concedido diversos *habeas corpus*, como a MC em HC 98.893-8/SP, relator o Ministro Celso de Mello em decisão de 9 de junho de 2009, que possui a seguinte ementa:

HABEAS CORPUS. PRISÃO CIVIL. DEPOSITÁRIO JUDICIAL. A QUESTÃO DA INFIDELIDADE DEPOSITÁRIA. TRATADOS INTERNACIONAIS DE DIREITOS HUMANOS. A JURISPRUDÊNCIA CONSTITUCIONAL DO SUPREMO TRIBUNAL FEDERAL. ILEGITIMIDADE JURÍDICA DA DECRETAÇÃO DA PRISÃO CIVIL DO DEPOSITÁRIO INFIEL. MEDIDA CAUTELAR DEFERIDA.

Não mais subsiste, no modelo normativo brasileiro, a prisão civil por

---

inédito. Original publicado in: *British Tax Review* 2000, 4, 211-377. O trecho citado está na p. 1 da tradução.

infidelidade depositária, independentemente da modalidade de depósito, trate-se de depósito voluntário (convencional) ou cuide-se de depósito necessário, como o é o depósito judicial. Incabível, desse modo, no sistema constitucional vigente no Brasil, a decretação de prisão civil do depositário infiel. Doutrina. Precedentes.

É claro que nas demandas envolvendo a prisão do depositário infiel o ponto nuclear é a prisão, um instrumento que somente indiretamente interessa ao direito tributário. Mas acreditamos que sirva de indício para a dimensão que as decisões da Corte Interamericana de Direitos Humanos poderão ter no direito interno brasileiro, também em matéria tributária.

Um campo em que resta clara a influência dos direitos humanos, por expressa disposição nos documentos americanos protetivos do homem, é o do processo tributário. Se é violação dos direitos humanos a demora na solução de conflitos, os processos administrativos e judiciais em matéria tributária terão que durar pouco tempo. Se houver, por hipótese, processos administrativos fiscais excessivamente longos, poderá estar o Estado brasileiro violando os pactos internacionais. Nossa experiência demonstra que essa violação é muito comum. Significa dizer, assim, que a demora na Administração Tributária em concluir os procedimentos fiscais de interesse do contribuinte podem ser levados à Comissão Interamericana e ao Tribunal Americano de Direitos Humanos.

Uma demora desproporcional no julgamento de processos administrativos tributários pode caracterizar uma violação ao devido processo legal, pelos motivos a seguir apresentados.

8 VIOLAÇÃO AO DEVIDO PROCESSO LEGAL

A Constituição Federal estipula como princípio fundamental dos brasileiros e dos estrangeiros sujeitos à sua jurisdição o direito ao devido processo legal, garantido nos seguintes termos:

> Art. 5º (...)
> LV – aos litigantes, em processo judicial ou administrativo, e aos acusados em geral são assegurados o contraditório e ampla defesa, com os meios e recursos a ela inerentes.

Também foi insculpido, como direito fundamental, a duração razoável dos processos, em mandamento determinado pela Emenda Constitucional n. 45, de 8-12-2004, nos seguintes termos:

> Art. 5º (...)
> LXXVIII – a todos, no âmbito judicial e administrativo, são assegurados a razoável duração do processo e os meios que garantam a celeridade de sua tramitação.

O Texto Constitucional brasileiro está de acordo com o estabelecido na Declaração Americana dos Direitos e Deveres do Homem, como se confere:

> Artigo XVIII – Toda pessoa pode recorrer aos tribunais para fazer respeitar os seus direitos. Deve poder contar, outrossim, com processo simples e breve, mediante o qual a justiça a proteja contra atos de autoridade que violem, em seu prejuízo, qualquer dos direitos fundamentais consagrados constitucionalmente.
> (...)
> Artigo XXIV – Toda pessoa tem o direito de apresentar petições respeitosas a qualquer autoridade competente, quer por motivo de interesse geral, quer de interesse particular, assim como o de obter uma solução rápida[34].

Não basta, pois, o direito ao devido processo legal. Já em 1948 os signatários da Declaração reconhecem que uma solução demorada é uma solução que viola os direitos humanos. Por isso, a Declaração adota, como direito, uma solução rápida.

Também a Convenção Americana protege a dignidade da pessoa humana dos processos demorados, como resta claro no seguinte dispositivo:

> Artigo 25 – Proteção judicial.
> 1.Toda pessoa tem direito a um recurso simples e rápido ou a qualquer outro recurso efetivo, perante os juízes ou tribunais competentes, que a proteja contra atos que violem seus direitos fundamentais reconhecidos pela Constituição, pela lei ou pela presente Convenção, mesmo quando tal violação seja cometida por pessoas que estejam atuando no exercício de suas funções oficiais[35].

---

34 *Sistema interamericano de proteção dos direitos humanos*: legislação e jurisprudência, cit., p. 786-787.
35 Idem, p. 804.

Como visto, na dimensão principiológica há farto aparato protetivo contra a demora nos feitos judiciais e administrativos de natureza contenciosa um tema que sempre interessou à dogmática tributária brasileira, como prova Antônio Roberto Sampaio Dória[36] e Lucia Valle Figueiredo[37].

9 A DEMORA DA ADMINISTRAÇÃO TRIBUTÁRIA EM RESPONDER AO CONTRIBUINTE DIANTE DOS DIREITOS HUMANOS

O Fisco brasileiro, notadamente o federal, está atualmente capacitado a prestar, com qualidade, o serviço público essencial que é a arrecadação tributária. Há o merecido reconhecimento estatal e social para a eficiência da Administração Tributária (que inclui a Procuradoria da Fazenda Nacional), que muito tem auxiliado nas tentativas de equilíbrio das contas públicas. A qualidade da arrecadação tem propiciado, ainda, os investimentos em programas sociais, que são necessários para minorar as profundas desigualdades sociais historicamente consagradas.

Contudo, em relação ao processo tributário, tanto o judicial quanto o administrativo, muito ainda está por ser realizado. Em ambas as estruturas há deficiências notáveis da Administração Tributária. No processo judicial, destaca-se o baixo número de procuradores federais para atuar em uma quantidade espantosa de feitos. A advocacia pública fica, pois, prejudicada diante da desproporção entre o número de procuradores e o de processos. O resultado é uma triste inversão: enquanto nos procedimentos cognitivos e mandamentais os juízes são instados, constantemente, a o decidir, nos processos de execução fiscal são os juízes a fustigar os procuradores, por vezes exigindo a imprescindível manifestação nos autos.

Quanto ao processo administrativo fiscal federal, o que observamos é a corriqueira demora do Poder Executivo em dar cabo aos feitos. Há procedimentos que visam ao reconhecimento da extinção do crédito tributário, por compensação, que aguardam muitos anos pela decisão definitiva na esfera administrativa.

---

36 *Direito constitucional tributário e "due process of law"*. 2. ed. rev. Rio de Janeiro: Forense, 1986, p. 215.
37 *Estudos de direito tributário*. São Paulo: Malheiros, 1996, p. 87-100.

O Fisco, ao contrário, recebe os dados que almeja, prestados pelo contribuinte, em prazos muito exíguos ou até mesmo *em tempo real*, no caso das grandes pessoas jurídicas.

Tanto a Constituição Federal quanto a Declaração Americana dos Direitos e Deveres do Homem rechaçam a demora da Administração Tributária. A Constituição Federal estipula, a respeito, a atenção aos princípios do devido processo legal, a duração razoável dos processos e da eficiência administrativa.

Como se observa, o Estado pode agir, no campo da tributação, sem respeitar o contribuinte, reduzindo-lhe a dignidade, a individualidade e a privacidade. Para atingir os seguidos recordes de arrecadação, sempre superiores ao crescimento da economia, o Governo brasileiro pode estar arranhando a Constituição Federal de 1988, por exemplo, nos princípios da igualdade, do devido processo legal, da moralidade e da razoabilidade – todos eles instrumentos dos direitos humanos.

A alcançada eficiência na arrecadação, muito bem-vinda e imprescindível para o avanço social, a redução das desigualdades econômicas, a manutenção da máquina pública e o pagamento da pesada dívida pública, tem que ser acompanhada pelo tratamento digno e eficiente às demandas daqueles que suportam o peso dos tributos. Sobre eles não deve pesar, também, excessos burocráticos sem importância e inúteis para o Estado, assim como a eficiência em atendê-los tem que ser exemplar, como exemplar é a arrecadação.

Acreditamos que a Administração Tributária tenha condições, por conta própria, de melhorar os mecanismos de respeito aos contribuintes, equilibrando os bônus e os ônus do Estado Fiscal. Caso contrário, as hierarquias superiores do Poder Executivo (Ministério da Fazenda e Presidência da República), assim como os demais Poderes, devem promover os ajustes para que os Direitos Humanos dos contribuintes sejam plenamente respeitados. Em último caso, a estrutura jurídica dos feitos processuais tributários pode ser submetida à Comissão Interamericana de Direitos Humanos e à Corte Interamericana de Direitos Humanos. Tais órgãos do direito internacional, compostos por profissionais dos diversos países, podem perceber que a demora na decisão de processos tributários fere os direitos humanos, forçando os poderes públicos internos a realizarem ajustes em suas estruturas jurídicas.

Além disso, acreditamos que a criação de *Conselhos Nacionais* para a Advocacia Pública e para o processo administrativo poderão contribuir para os avanços da Administração Tributária.

10 PELA CRIAÇÃO DOS CONSELHOS NACIONAIS DA ADVOCACIA PÚBLICA E DO PROCESSO ADMINISTRATIVO

A Emenda Constitucional n. 45, de 8-12-2004, instituiu o Conselho Nacional de Justiça (CF, art. 103-B) e o Conselho Nacional do Ministério Público (CF, art. 130-A). Ambos são compostos por autoridades e representantes de diversos órgãos: Ministros de Tribunais Superiores, Magistrados de todos os graus, Membros do Ministério Público e da Advocacia, além de cidadãos de notável saber jurídico e reputação ilibada, indicados pelas Casas do Congresso Nacional.

O Conselho Nacional de Justiça – CNJ, ao qual somos subordinados, tem prestado relevantes serviços ao País, provocando melhorias significativas no Poder Judiciário. Uma das mais recentes foi provocada pelo Ministro Gilmar Mendes, na qualidade de presidente do Supremo Tribunal Federal e do Conselho Nacional de Justiça. Trata-se da Meta de Nivelamento n. 2, que determina esforços para que sejam julgados os processos ajuizados até dezembro de 2005 ainda no ano de 2009. A Meta de Nivelamento n. 2 não exige que os processos em trâmite, anteriores a 2006, sejam finalizados no ano de 2009. Eles devem ser julgados pelos órgãos onde eles se encontram no momento da publicação da Meta.

Acreditamos que, se a Meta n. 2 fosse estendida ao processo administrativo, haveria melhorias notáveis no processamento de feitos tributários.

Seria de todo útil para o cumprimento dos princípios constitucionais que regem a Administração Pública que um órgão de controle externo exercesse atribuições focando os processos administrativos. Ele seria composto como os atuais Conselhos Nacionais de Justiça e do Ministério Público.

Além de um *Conselho Nacional do Processo Administrativo*, a criação de um *Conselho Nacional da Advocacia Pública*, nos moldes do Conselho Nacional do Ministério Público, traria grandes avanços à Advocacia Pública. O controle externo que seria exercido por Ministros de Tribunais Superiores, Magistrados, Procuradores, Advogados da iniciativa privada e por representantes do Congresso Nacional somente ajudaria aquele órgão a cumprir a Constituição Federal de 1988 e os documentos internacionais que o Brasil assinou para a proteção dos direitos humanos, inclusive os direitos humanos dos contribuintes.

11 CONCLUSÃO

A relação jurídico-tributária é composta por duas pessoas em absoluta desigualdade: de um lado, a Administração Tributária (Fisco e Procuradoria Fazendária) e, de outro, o contribuinte (pessoas físicas ou jurídicas). Essa relação jurídica está abrangida e protegida pelos direitos humanos, que marcam uma fase do direito que substituiu o positivismo jurídico nos moldes como praticados até a Segunda Guerra Mundial. Os direitos humanos acarretam, assim, aquilo que pode ser chamado de pós-positivismo.

Os direitos humanos impõem compromissos e práticas públicas de respeito ao homem, inclusive em relação ao processo tributário, tanto administrativo quanto judicial, que devem respeitar os princípios do devido processo legal e da rápida duração dos feitos. No Brasil, a Constituição Federal assegura esses princípios, mas que não estão sendo aplicados, inteiramente, nos processos de natureza fiscal. As deficiências do sistema de proteção ao contribuinte podem levar o Brasil a responder internacionalmente pelas falhas existentes nos citados campos processuais.

DA INTRIBUTABILIDADE, POR MEIO DE *ICMS-OPERAÇÕES MERCANTIS*, DOS ENCARGOS FINANCEIROS. IRRELEVÂNCIA DA INCLUSÃO DA CLÁUSULA DE ALIENAÇÃO TRIBUTÁRIA, NOS CONTRATOS DE FINANCIAMENTO. QUESTÕES CONEXAS

ROQUE ANTONIO CARRAZZA*

> Na composição da base de cálculo, devem ser tomados valores relacionados com a natureza própria do tributo que se pretende dimensionar. Assim, mostra-se inconstitucional incluir, por meio de ficções, presunções ou pautas, na base de cálculo do tributo, valores que extrapolem sua materialidade, descaracterizando-o
> (*Eduardo Domingos Bottallo*).

1 INTRODUÇÃO

Muito me orgulha e satisfaz associar-me à justa homenagem que está sendo prestada ao eminente Professor Eduardo Domingos Bottallo, ao ensejo de sua aposentadoria como Professor Titular da prestigiosa Faculdade de Direito de São Bernardo do Campo.

---

* Professor Titular da Cadeira de Direito Tributário da Faculdade de Direito da Pontifícia Universidade Católica de São Paulo. Advogado e Consultor Tributário. Mestre, Doutor e Livre-Docente em Direito Tributário pela PUCSP.

Trata-se de uma das mais brilhantes inteligências da universidade brasileira, que se dedicou, durante décadas, à Ciência Jurídica, à redação de trabalhos de tomo e à formação de discípulos, que hoje ocupam cargos relevantes, seja na docência superior, seja nas carreiras jurídicas em geral.

Acresce notar que Eduardo Domingos Bottallo é um jurista de prol, que, graças à sua cultura enciclopédica, fôlego criativo e espírito crítico, dá a impressão de que leu todos os livros, analisou toda a jurisprudência, avistou-se com todos os grandes mestres do Direito. Ademais, com sua simpatia irradiante, sabe, como poucos, cativar as pessoas e, também por isso, constitui-se num modelo que seus amigos e admiradores, entre os quais prazerosamente me incluo, sempre procuram seguir.

Dentro deste verdadeiro *Festschirith*, tecerei algumas considerações sobre a impossibilidade de inserção dos encargos financeiros na base de cálculo do *ICMS-operações mercantis*, mesmo quando os contratos de financiamento têm incluída *cláusula de alienação fiduciária*.

O tema é oportuníssimo porque, de uns tempos a esta parte, a Fazenda Pública tem sustentado que a *cláusula de alienação fiduciária*, nos contratos de financiamento, por implicar transferência, para a empresa-vendedora, da propriedade resolúvel da mercadoria cujo preço foi financiado, descaracteriza a operação, circunstância que, a seu ver, determinaria a inserção, na base de cálculo do *ICMS*, do montante financiado.

Para derrubar a tese, da qual discordo veementemente, tecerei, num primeiro momento, algumas considerações sobre a base de cálculo possível do *ICMS-operações mercantis* e a natureza jurídica da alienação fiduciária em garantia.

Ato contínuo, com apoio nas conclusões a que tiver chegado, cuidarei da questão central deste estudo.

2 A BASE DE CÁLCULO POSSÍVEL DO *ICMS-OPERAÇÕES MERCANTIS*

O *ICMS-operações mercantis* vem genericamente previsto no art. 155, II, primeira parte, da CF ("Compete aos Estados e ao Distrito Federal instituir impostos sobre... operações relativas à circulação de mercadorias... ainda que as operações se iniciem no exterior"), e tem por *hipótese de incidência* (fato gerador *in abstracto*) a operação jurídica que, praticada por comerciante, industrial ou produtor, acarreta circulação de mercadoria, isto é, de bem móvel direcionado à prática de atos de comércio[1].

O nascimento do dever de recolher o tributo encontra-se indissociavelmente ligado à concomitância dos seguintes pressupostos: a) realização de operações (negócios jurídicos) mercantis; b) circulação jurídica (transmissão da posse ou da propriedade); e c) existência de mercadoria como objeto. Portanto, sua base de cálculo deve traduzir, numa expressão numérica, a operação mercantil realizada.

Como ensina Geraldo Ataliba, a base de cálculo é a "perspectiva dimensível do aspecto material da hipótese de incidência que a lei qualifica, com a finalidade de fixar critério para a determinação, em cada obrigação tributária concreta, do *quantum debeatur*[2].

De fato, é a base de cálculo que dimensiona o *fato imponível* (fato gerador *in concreto*), com o escopo de determinar a quantia devida, a título de tributo (*quantum debeatur*).

Fixar a quantidade de dinheiro a recolher é o mesmo que *quantificar* a obrigação tributária, ou, se quisermos, é o mesmo que *quantificar* a dívida que o sujeito passivo do tributo terá que pagar ao Fisco.

Cumpre notar que a quantificação do tributo é feita pela base de cálculo e pela alíquota[3], que sobre ela é aplicada.

As pessoas políticas não têm total liberdade na escolha da base de cálculo dos tributos que criam legislativamente, já que ela tem seus paradigmas prefigurados na Constituição. Logo, ao tratarem do assunto, devem necessariamente levar em conta a *base de cálculo possível* da exação, predeterminada na Lei Maior.

---

1 Para maior aprofundamento do assunto, ver meu *ICMS*. 13. ed. São Paulo: Malheiros, 2008, especialmente às p. 37 a 155.
2 *Hipótese de incidência tributária*, 5. ed., 3. tiragem, São Paulo: Malheiros Editores, 1992, p. 97.
3 A alíquota é o critério legal, normalmente expresso em porcentagem (*v.g.*, 10%), que, conjugado à base de cálculo, permite que se chegue ao *quantum debeatur*, ou seja, à quantia devida pelo contribuinte, ao Fisco ou a quem lhe faça as vezes, a título de tributo. Forma, com a base de cálculo, o *elemento quantitativo* do tributo e, de algum modo, também está predefinida na Constituição.

De fato, embora o legislador, ao criar *in abstracto* o tributo, tenha alguma liberdade para fazê-la variar, não a pode elevar *ad infinitum*. Isto fatalmente imprimiria ao tributo o proibido caráter de *confisco* (cf. art. 150, IV, da CF), vulnerando, por via reflexa, o direito de propriedade, constitucionalmente protegido (arts. 5º, XXII, e 170, II, da CF).

Afinal, a natureza do tributo é obtida não apenas pelas normas que traçam sua hipótese de incidência, mas, também, por aquelas que disciplinam sua base de cálculo. Se houver conflito entre elas, o tributo deixa de ser o previsto na lei tributária, como bem o percebeu José Juan Ferreiro Lapatza: "...uma mudança nas normas que regulam a base supõe, necessariamente, uma variação no fato tipificado pela lei como fato imponível"[4].

Incumbe, pois, à base de cálculo, especificar, em termos matemáticos, a hipótese de incidência do tributo. Assim, sendo a hipótese de incidência do *ICMS* "*vender mercadoria*", sua base de cálculo somente poderá ser o *valor da venda mercantil realizada*. Tudo o que fugir disso, não estará medindo, de modo adequado, o fato tributário e, no momento da apuração do *quantum debeatur*, fará com que o contribuinte suporte um *indébito*, circunstância que lhe vulnerará o *direito de propriedade*[5].

Ademais, uma base de cálculo imprópria, é dizer, em descompasso com a hipótese de incidência, põe por terra o rígido esquema de repartição de competências tributárias, já que transforma o tributo numa entidade difusa, desajustada de seu arquétipo constitucional. E, pior: com a apuração incorreta do montante a pagar, o contribuinte vê ruir a garantia, que a Lei Maior lhe dá, de só submeter-se a encargos tributários que lhe dizem respeito.

É, portanto, inconstitucional incluir na *base de cálculo* do tributo – pouco importando por meio de que artifício – valores que extrapolem sua materialidade, descaracterizando-o.

O que estou pretendendo expressar é que ao legislador é interdito distorcer a *regra-matriz constitucional* do tributo, elegendo-lhe base de cálculo imprópria, isto é, que não mede corretamente o *fato tributável*.

Quando tal ocorre, o tributo é inconstitucional e, portanto, juridicamente inexigível, o que dá ao contribuinte o pleno direito de não o recolher, cabendo ao Poder Judiciário, sempre que provocado, amparar esta legítima pretensão.

---

4 *Direito tributário – teoria geral do tributo*. Trad. Roberto Barbosa Alves. Barueri, Marcial Pons – Manole, 2007, p. 257.
5 A ação de tributar lanha a propriedade privada, que se encontra protegida nos arts. 5º, XXII, e 170, II, ambos da Constituição Federal. Isto explica, pelo menos em parte, a razão pela qual nossa Carta Magna disciplinou, de modo tão rígido, o mecanismo de funcionamento da tributação, ao mesmo tempo em que amparou os contribuintes com grande plexo de direitos e garantias contra eventuais excessos tributários.

Embora a Constituição não tenha explicitamente apontado a base de cálculo do *ICMS-operações mercantis*, dá diretrizes acerca do assunto, que nem o legislador nem o intérprete podem ignorar.

Realmente, nos termos da Constituição, a base de cálculo do *ICMS* deve guardar referibilidade com a operação mercantil realizada, sob pena de desvirtuamento do tributo.

Assim, a base de cálculo do *ICMS* deve necessariamente ser uma *medida* da operação mercantil realizada. Será, pois, o valor da operação. Já adianto que não podem integrar sua base de cálculo os encargos financeiros cobrados em operações de venda financiada. É que tais encargos equivalem, em tudo e por tudo, ao custo da moeda necessária à compra da mercadoria. Poderia integrar, quando muito, a base de cálculo do *IOF*; jamais do *ICMS*.

Portanto, a *base de cálculo possível* do *ICMS*, nas operações mercantis, é o *valor de que decorrer a saída da mercadoria*, conforme, aliás, consta da legislação ordinária de todos os Estados-membros e do Distrito Federal (*v.g.*, do art. 24 da Lei paulista n. 6.374/89). A própria Lei Complementar n. 87/96 está afinada no mesmo diapasão (art. 13, I), vale dizer, reforça a ideia de que a base de cálculo do *ICMS* é o valor da operação mercantil realizada.

A lição de Hugo de Brito Machado, a respeito, é, como de praxe, irretorquível; *verbis*:

> Realmente a base de cálculo do ICMS não é o preço anunciado ou constante de tabelas. *É o valor da operação e este se define no momento em que a operação se concretiza*[6].

Se a base de cálculo do *ICMS* levar em conta elementos estranhos à operação mercantil realizada (*v.g.*, o valor do financiamento da operação), ocorrerá, sem dúvida, a descaracterização do perfil constitucional deste tributo.

Destarte, o valor dos encargos financeiros cobrados numa operação mercantil não pode ser incluído na base de cálculo do *ICMS*, sob pena de desnaturar-se o tributo e, o que é pior, de infringir maus-tratos ao *Estatuto do Contribuinte*, constitucionalmente traçado.

Na verdade, não é possível inserir, na base de cálculo do *ICMS*, valor de operação que não seja mercantil. Isto ensejaria a cobrança de um adicio-

---

6 *Direito tributário II*. São Paulo: Revista dos Tribunais, 1994, p. 237.

nal de um novo imposto, que refoge à competência tributária do Estado--membro (ou do Distrito Federal).

Logo, é sempre o valor da mercadoria que deve ser considerado para a apuração da base de cálculo *in concreto* (*base calculada*) do *ICMS*.

Com essa colocação quer-se significar que a base de cálculo *in concreto* do *ICMS* deve colher, apenas e tão somente, o valor da operação mercantil realizada, vale dizer, o preço livremente ajustado entre o comprador e o vendedor, para a realização do negócio cujo objeto é a mercadoria.

Tudo isso será mais bem demonstrado, a seguir.

2.1 A base de cálculo do ICMS na Lei Complementar n. 87/96. A correta exegese de seu art. 13, § 1º, II, "a"

Em face do exposto, tem-se que a lei complementar, ao dispor sobre a base de cálculo do *ICMS*, não pode interferir na *regra-matriz* constitucional deste tributo.

Acrescente-se que nem mesmo as conveniências arrecadatórias poderão levar tal lei complementar a agregar elementos estranhos à *base de cálculo possível* do *ICMS*, que, conforme demonstrarei, está predefinida na Constituição, assegurando ao contribuinte o direito de só pagar, a título de tributo, uma parcela do valor da operação mercantil realizada.

A propósito, as conveniências arrecadatórias, conquanto digam de perto com o *interesse público*, só prevalecerão quando legítimas. Daí por que não podem fazer *tabula rasa* dos direitos constitucionais dos contribuintes, como este, de verem corretamente observada a *base de cálculo possível* do *ICMS*.

Nenhuma justificativa extrajurídica (*v.g.*, o mero aumento das receitas) poderá validamente levar a lei complementar a subverter a *base de cálculo possível* do *ICMS* e, por via de consequência, sua *regra-matriz* constitucional.

Com facilidade nota-se, pois, que há ser interpretado com cautela o art. 13, § 1º, II, da Lei Complementar n. 87/96, quando estipula:

> Art. 13. (...)
> § 1º Integra a base de cálculo do imposto:
> (...)
> II - o valor correspondente a:

a) seguros, juros e demais importâncias pagas, recebidas ou debitadas, bem como descontos concedidos sob condição;

(...)

Deveras, a proposição legislativa de que a base de cálculo do *ICMS* corresponde ao valor da operação mercantil, somado ao dos *seguros, juros e demais importâncias pagas, recebidas ou debitadas*, deve ser entendida em termos, de modo a evitar que, eventualmente, numa interpretação *mais elástica*, venham incluídos os encargos financeiros cobrados numa operação de venda financiada. Do contrário, serão extrapolados os limites constitucionais, já que resultará ferida a *regra-matriz* do tributo, pela cobrança de *ICMS* sobre grandezas estranhas à materialidade de sua hipótese de incidência.

Desenvolvendo a ideia, a Lei Complementar n. 87/96, mandando incluir na base de cálculo do *ICMS*, além do valor da operação mercantil, o montante devido a título de *seguros, juros e demais importâncias pagas, recebidas ou debitadas*, se não for aplicada com cautela, pode levar ao desvirtuamento do arquétipo constitucional deste tributo, ensejando, por via transversa, a criação de um adicional de outro, diferente daquele cuja competência a Carta Suprema reservou aos Estados-membros e ao Distrito Federal.

Isto pulverizaria direito subjetivo fundamental dos contribuintes, qual seja, o de só serem tributados na *forma* e nos *limites* permitidos pela Constituição.

Noutras palavras, a lei complementar, *determinando* a inclusão, na base de cálculo do *ICMS*, "do valor correspondente a seguros, juros e demais importâncias pagas, recebidas ou debitadas", abriu espaço a que os Estados e o Distrito Federal sintam-se tentados a locupletar-se com uma exação híbrida e teratológica, que não se ajusta à regra-matriz constitucional do *ICMS- -operações mercantis*.

Reitere-se que se o imposto é sobre operações mercantis, sua base de cálculo só pode ser o valor da operação mercantil realizada.

Obviamente, o valor das operações mercantis é o **realmente praticado**, ou seja, abstraído o valor final que resultou da ulterior operação de financiamento da mercadoria.

Do contrário, cobra-se – inconstitucionalmente – um *adicional* de imposto, que nada tem a ver com a expressão econômica da operação mercantil realizada.

Tal *adicional* teria por *hipótese de incidência* o fato de alguém financiar uma operação mercantil. Sua base de cálculo seria um percentual do valor financiado.

Com isso, os Estados e o Distrito Federal estariam a exigir *imposto*, não apenas sobre a operação mercantil, mas, também, sobre a operação que a financiou, o que, a toda evidência, não lhes é dado fazer.

Ora, na base de cálculo do *ICMS* não devem ser inseridos elementos estranhos ao valor das mercadorias vendidas, como, no caso em estudo, o da operação de financiamento.

Ademais, como a operação de financiamento é tributável, em tese, pela União Federal (por meio de *IOF*), sua inserção na base de cálculo do *ICMS- -operações mercantis* levaria a uma situação de *bitributação*[7], que nosso ordenamento constitucional absolutamente não abona.

Nenhuma fórmula matemática, nenhum ardil legislativo, nenhum artifício exegético poderão atropelar o preceito constitucional de que a base de cálculo do *ICMS* é, **apenas e tão somente**, o *preço praticado na operação mercantil realizada*.

Diante do considerado, impõe-se, pois, o reconhecimento da inconstitucionalidade da *interpretação* do art. 13, § 1º, II, *a*, da Lei Complementar n. 87/96, que *autoriza* a inclusão, na *base de cálculo* do *ICMS*, dos encargos financeiros incidentes sobre a operação mercantil praticada.

Tal *interpretação*, volto a frisar, conquanto muito do agrado das autoridades fazendárias, desnatura o tributo e – o que é mais grave – acarreta uma elevação de sua alíquota, burlando, à sorrelfa, diretrizes constitucionais, que existem justamente para proteger o contribuinte.

Sabe-se que cabe à lei da pessoa política descrever **todos** os aspectos da norma jurídica tributária; a saber: a hipótese de incidência do tributo, seu sujeito ativo, seu sujeito passivo, sua base de cálculo e sua alíquota. Se omitir qualquer deles, não terá criado *in abstracto* o tributo (que, portanto, não poderá nascer *in concreto*).

Todavia, ao cuidar destes aspectos, a lei necessariamente deverá levar em conta o arquétipo constitucional do tributo que estiver criando *in abstracto*.

A liberdade do legislador, neste particular, é condicionada pela Constituição Federal, mormente no que tange ao *ICMS*.

Nesta linha, a legislação de alguns Estados, de uns tempos a esta parte,

---

7 Com o escopo de afastar possíveis dúvidas, lembro meteoricamente que, em matéria tributária, dá-se o *bis in idem* quando o *mesmo fato jurídico* é tributado duas ou mais vezes, pela mesma pessoa política. Já *bitributação* é o fenômeno pelo qual o *mesmo fato jurídico* vem a ser tributado por duas ou mais pessoas políticas.

corretamente tem excluído, da base de cálculo do *ICMS*, o *acréscimo financeiro cobrado nas vendas a prestação para consumidor final*. É o caso da Lei n. 9.715/91, do Estado do Paraná, que estabelece, em seu art. 10, III, que o "acréscimo financeiro nas vendas a prazo" não integra a base de cálculo do imposto. E, acrescenta, no inciso IV deste mesmo artigo, que também não integra "a base de cálculo do ICMS o montante correspondente aos juros, multa e atualização monetária, recebidos pelo contribuinte, a título de mora, por inadimplência de seu cliente". Menos mal.

Em rigor, a legislação nem precisaria enveredar por tais trilhas, que, positivamente, não podem ser percorridas pelo *ICMS*. Mas – não resta dúvida –, ela tem efeito altamente didático, podendo influir, inclusive, na jurisprudência e na exata compreensão doutrinária da matéria.

Posto isto, demonstrarei melhor por que os encargos financeiros devem ser excluídos da base de cálculo do *ICMS-operações mercantis*.

3 ENCARGOS FINANCEIROS. SUA EXCLUSÃO DA BASE DE CÁLCULO DO ICMS-OPERAÇÕES MERCANTIS

Tenho para mim que o valor do financiamento das vendas mercantis realizadas pelo comerciante não pode ser incluído na base de cálculo do *ICMS*. Dito de outro modo, os encargos relativos ao financiamento do preço nas vendas que efetua a prazo, não integram a base de cálculo deste tributo.

Como se sabe, muitas empresas comerciais, para melhor levarem a efeito suas atividades típicas, financiam, sempre que necessário, as compras de seus clientes. Neste caso, acrescentam, ao valor das mercadorias, o dos encargos financeiros.

Ocorrem, na hipótese, duas operações completamente distintas e, por isso mesmo, juridicamente inconfundíveis: a) uma operação de compra e venda mercantil; e b) uma operação de financiamento.

A operação de compra e venda está concluída quando a empresa-vendedora e o comprador colocam-se de acordo[8] quanto ao *objeto* e ao

---

8 Está aí bem caracterizada a *compra e venda*. Noutro falar, seus três elementos essenciais (*coisa, preço e consentimento*) estão presentes. A empresa-vendedora concorda em transferir

preço (art. 482 do CC[9]). No que atina ao *ICMS*, o negócio jurídico já está perfeito e acabado[10]. A operação mercantil já se realizou[11], e exclusivamente sobre ela, isto é, sobre seu valor, incidirá o *ICMS*.

Configura-se, neste momento, a *venda mercantil* e a base de cálculo do *ICMS* é o *valor da operação*.

Pois bem, concertada a compra e venda, no que respeita ao objeto do contrato e ao preço da mercadoria, as partes estipulam o valor do financiamento da operação. Tal fato – o financiamento – é completamente estranho ao *ICMS*, podendo ser tributado, eventualmente, por outra pessoa política (a União); nunca, pelo Estado-membro.

Há falar, *in casu*, em *operação de venda financiada* (financiamento).

A inclusão, na base de cálculo do *ICMS*, do valor correspondente ao financiamento (eventualmente com apoio na dicção legal *seguros, juros e demais importâncias pagas, recebidas ou debitadas*), exacerba, por via indireta, a exação.

À parte isso, a *interpretação fiscalista* arremete contra o *princípio da reserva das competências impositivas* dos Estados (e do Distrito Federal). Admitisse a Constituição este *estranho* adicional de *ICMS*, e o teria expressamente atribuído, a tais pessoas políticas. Como não o fez, nenhum *adicional* deste tipo pode ser exigido dos contribuintes.

Reforçando a ideia, como, em relação ao *ICMS*, a Carta Magna quedou silente, acerca da possibilidade dele incidir sobre os encargos cobrados numa

---

    o domínio da mercadoria ao cliente, recebendo certa importância em dinheiro, que este último concorda em pagar.

    Com isso, o contrato de compra e venda torna-se obrigatório, impende assinalar, insuscetível de arrependimento unilateral por qualquer das partes. A empresa-vendedora obriga-se a transferir o domínio da mercadoria ao comprador e este se compromete a pagar o preço dela, em dinheiro.

    Volto a dizer que o acordo de vontades é **essencial** à formação do contrato de compra e venda. Deveras, o consentimento pressupõe que as partes tenham acordado sobre a coisa e o preço. O consentimento faz nascer o contrato.

9 "Art. 482. A compra e venda, quando pura, considerar-se-á obrigatória e perfeita, desde que as partes acordarem no objeto e no preço."

10 Não se subordinando os efeitos jurídicos deste negócio a nenhum evento futuro e incerto, ressalvado em cláusula contratual, está-se diante de compra e venda *pura e simples*, já que, como diria Cunha Gonçalves, o objeto do contrato é certo e seguro.

11 O pagamento do *preço* e a entrega da *coisa* não são requisitos necessários à formação do contrato de compra e venda, mas, apenas, "atos de execução do contrato" (Agostinho Alvim, *Da compra e venda e da troca*, 1. ed., Rio de Janeiro: Forense, p. 17).

operação de venda financiada, não é dado, ao legislador – *ou a quem "interprete" a lei* – dilargar o âmbito de abrangência da base de cálculo deste tributo.

A prevalecer a referida *interpretação fiscalista*, a base de cálculo do *ICMS* passaria a ser *o valor da operação mercantil realizada* **mais** *o valor resultante dos encargos cobrados na operação de financiamento*. Haveria, aí, nítido aumento do tributo, pela indevida majoração de sua base de cálculo, circunstância que, indiretamente, acarretaria o aumento de sua alíquota, com detrimentosas repercussões sobre o *quantum debeatur*.

O assunto merece aprofundamento.

O *ICMS*, como se viu, só pode incidir sobre valores que traduzem, em termos monetários, exatamente a operação mercantil realizada. Ora, nas vendas financiadas de mercadorias, há, apenas, um *aparente aumento* no valor da mercadoria vendida. Diz-se *aparente aumento*, pois a diferença acrescida visa, simplesmente, saldar o *custo do dinheiro*. Entremostra-se, neste caso – completamente desvinculada da operação mercantil (porque lhe faltam os elementos próprios da espécie) –, uma inequívoca *operação de crédito*.

Ora, tais acréscimos poderiam integrar **apenas** a base de cálculo do *IOF* (imposto sobre operações financeiras), de competência da União (art. 153, V, da CF).

De fato, as *hipóteses de incidência* do *ICMS* e do *IOF* não se confundem.

Rememore-se que o *ICMS* incide sobre operações relativas à circulação de mercadorias (operações mercantis). Sua base de cálculo é o valor com que as mercadorias são postas *in commercium*, isto é, o valor da operação mercantil realizada[12].

O *IOF* incide quando ocorrem operações de crédito, câmbio e seguro ou relativas a títulos ou valores mobiliários. Sua base de cálculo é o "valor do principal entregue ou colocado à disposição do interessado" (cf., inclusive, a Res. BACEN nº 6/83).

No caso das operações de crédito (hipótese que ora importa considerar), o *IOF* nasce, em tese, quando se dá uma operação financeira, como, por

---

12 Essa ideia não se infirma só porque as partes que praticam a operação financeira são as mesmas que acabaram de realizar a operação mercantil. É que elas são, na realidade, protagonistas de dois negócios jurídicos completamente distintos. O valor acrescido nas operações de venda financiada tem natureza financeira. Não majora o preço da mercadoria; simplesmente custeia os encargos oriundos do financiamento que possibilitou a compra e venda. Vai, daí, que não pode integrar a base de cálculo do *ICMS*.

exemplo, no momento em que o crédito é entregue ou posto à disposição do interessado.

Muito bem. Retomando a linha de raciocínio, o cliente, na *compra financiada*, após escolher a mercadoria de seu agrado, como não pode (ou não quer) adquiri-la *à vista*, trata de obter fundos, para pagar o preço combinado. **Neste momento, no entanto, já ocorreu o *fato imponível* do *ICMS*.**

O tomador do crédito é o adquirente da mercadoria. Ele recebe o montante necessário ao pagamento do bem adquirido (o preço *à vista*) e quita seu débito (isto é, *liquida o preço da venda mercantil*) para com a empresa.

A base de cálculo do *ICMS* devido é justamente o preço de compra (*à vista*) da mercadoria. É este montante – e só este – que corresponde à compra e venda realizada. Para a empresa-vendedora, portanto, pouco importa se a operação mercantil deu-se *à vista* ou *mediante financiamento*, já que, num ou noutro caso, receberá (em decorrência, bem entendido, deste negócio jurídico) o mesmo *preço ajustado* ou, se quisermos, a mesma importância em dinheiro.

Diferenças existem, sim, mas para o adquirente do bem, que assume os encargos financeiros decorrentes do crédito que lhe foi aberto.

Noutros termos, o *custo do dinheiro* (*custo do financiamento*) é assumido pelo adquirente (da mercadoria), junto a quem lhe dá o financiamento. E sobre tal *custo* só poderá eventualmente incidir o *IOF*. O custo do financiamento (*plus* financeiro) é a *base de cálculo possível* do *IOF*. Absolutamente não pode ser integrada na base de cálculo do *ICMS*.

Tais custos – convém repisar – defluem do contrato de financiamento. Não do contrato de compra e venda mercantil, que lhe é lógica e cronologicamente anterior. A compra e venda é negócio distinto do financiamento, que, portanto, não faz parte do *fato "realizar operação mercantil"*, que enseja o nascimento da obrigação de pagar *ICMS*. As despesas emergentes do financiamento só poderiam ser alcançadas, em tese, por outro tributo: o *IOF*.

Insofismável, assim, que os referidos encargos não podem e não devem sujeitar-se ao *ICMS*.

Para melhor ilustrar a ideia, figure-se o seguinte exemplo: pessoa deseja adquirir mercadoria que custa R$ 1.000,00. Não dispondo de numerário para pagá-la *à vista*, recorre à própria empresa vendedora, que lhe abre um crédito deste valor. Com o dinheiro obtido por meio desta operação financeira, adquire o bem (pelos mesmos R$ 1.000,00). Todavia, assume, junto à empresa vendedora, o débito decorrente do crédito aberto, devendo restituir--lhe, digamos R$ 1.100,00, na forma, no prazo e nas condições pactuadas. O *ICMS* incidirá somente sobre os R$ 1.000,00 (valor da operação mercantil realizada). É que há, no caso, dois contratos: um de venda mercantil; outro, de financiamento. O *ICMS* só incide sobre a venda mercantil.

O próprio Pretório Excelso chegou a consagrar este entendimento. Em exemplário armado ao propósito, sua 2ª Turma, por unanimidade, decidiu:

> Embora o financiamento do preço da mercadoria, ou de parte dele, seja proporcionado pela própria empresa vendedora, o ICM (ICMS) há de incidir sobre o preço ajustado para a venda, pois esse é que há de ser considerado como o valor da mercadoria e do qual decorre a sua saída do estabelecimento vendedor. O valor que o comprador irá pagar a maior, se não quitar o preço nos 30 dias subsequentes, como faculta o Cartão Especial Mesbla, decorre de opção sua, e o acréscimo se dá em razão do financiamento, pelo custo do dinheiro, e não pelo valor da mercadoria[13].

Ademais, incluir na base de cálculo do *ICMS* o valor do financiamento da venda da mercadoria tipifica irremissível e inconstitucional invasão da competência impositiva da União[14].

Como quer que seja, uma operação financeira não pode ser equiparada a uma operação mercantil. Noutros falares, por não guardar nenhuma correlação jurídica com a operação mercantil que a antecede, o valor do financiamento não pode integrar a base de cálculo do *ICMS*.

Estendido este pano de fundo, ingressarei no assunto central deste artigo, qual seja, o de que a inclusão da *cláusula de alienação fiduciária* no contrato de financiamento não descaracteriza esta operação e, portanto, não altera a base de cálculo do *ICMS*, que continua a ser simplesmente o valor da operação mercantil realizada.

---

13 RE 101.103-3-RS, rel. Min. Aldir Passarinho, j. em 18-11-1988, *DJU* de 13-3-1989 – atualizou-se, no parêntese, a referência ao tributo.

14 O quadro não se altera, ainda que a União deixe de exigir o *IOF*. Com efeito, o eventual não exercício da competência tributária, por parte da pessoa política que a detém, não a transfere a outra. É que a competência tributária é *improrrogável*. Assim, diga-se de passagem, prescreve – interpretando bem os ditames constitucionais – o art. 8º do CTN, *verbis*: "Art. 8º O não exercício da competência tributária não a defere a pessoa jurídica de direito público diversa daquela a que a Constituição a tenha atribuído".

4 DA ALIENAÇÃO FIDUCIÁRIA EM GARANTIA. DA IRRELEVÂNCIA JURÍDICA, PARA FINS DE APURAÇÃO DA BASE DE CÁLCULO DO *ICMS-OPERAÇÕES MERCANTIS*, DA INSERÇÃO DESTA CLÁUSULA NO CONTRATO DE FINANCIAMENTO

4.1 Considerações gerais

Salta aos olhos que nem sempre o consumidor final tem condições econômicas para adquirir *à vista* as mercadorias que deseja ou das quais necessita. O problema cresce de ponto nesta época conturbada que o País e o mundo atravessam, em que se nota um empobrecimento acentuado da população em geral.

Pois bem. O comércio, adaptando-se à realidade, tem, sempre mais, usado do artifício de *aquecer a Economia*, por meio das vendas financiadas de mercadorias.

Ora, como já se demonstrou, o *ICMS* não é devido sobre a parcela financiada destas vendas. É que ele incide sobre o valor da operação mercantil realizada e, não, sobre o acréscimo decorrente do financiamento do preço da mercadoria.

O *pagamento adicional*, levado a cabo pelo cliente que financia sua compra e venda *à vista*, **não é** *despesa intrínseca*, relacionada à operação mercantil. Longe de acrescer o *preço principal*, coliga-se a outro negócio jurídico, qual seja, à ulterior *operação de financiamento*. Daí não integrar a base de cálculo do *ICMS*.

Não bastasse isso, a inclusão, na base de cálculo do *ICMS*, do valor correspondente ao financiamento, ainda que este venha garantido por cláusula de alienação fiduciária, exacerba, por via indireta e – o que é mais grave – ao arrepio da lei, a exação.

Assim, é juridicamente correta a exclusão, da base de cálculo do *ICMS*, do valor dos juros e encargos **decorrentes do financiamento do preço** das mercadorias adquiridas *à vista*.

Nunca é demais insistir que o financiamento tipifica operação jurídica distinta da de compra e venda mercantil, até porque a ela lógica e cronologicamente posterior.

Dito de outro modo, quando a operação de financiamento se efetiva, a compra e venda mercantil já está concretizada e revela, de modo exato, o preço ajustado para a venda, que, este sim, é a base de cálculo do *ICMS*.

Logo, não há como inserir, na base de cálculo do tributo, os encargos financeiros decorrentes da operação de financiamento, realizada – insista-se – após a ultimação da compra e venda mercantil.

A equação não se altera se, para melhor garantir o crédito concedido, o contrato de financiamento contiver cláusula de alienação fiduciária em garantia.

De fato, pretender que um **item acessório** da operação de financiamento repercuta na operação mercantil já ultimada tipifica grave erronia. Está-se, no caso, simplesmente diante de um *plus*, que se agrega **não** à operação de compra e venda mercantil, que já ocorreu, **mas** à operação de financiamento em curso.

Nessa linha, a inserção, nos contratos de financiamento celebrados entre a empresa-vendedora e seus clientes, da cláusula de alienação fiduciária em garantia, absolutamente não *transforma* as já realizadas operações de compra e venda *à vista* em operações de compra e venda *a prazo*.

Com efeito, a *venda a prazo* e a *venda financiada*, conquanto apresentem algumas semelhanças, absolutamente não se confundem.

Na *venda a prazo* (também chamada de *venda a crédito*) deve haver, por expressa determinação legal[15], a declaração do *preço à vista* da mercadoria vendida, bem assim do *número* e do *valor* dos pagamentos mensais a serem efetuados pelo comprador. O valor da venda é, neste caso, o *somatório* das prestações mensais convencionadas. No próprio contrato de compra e venda, portanto, estão especificados os pagamentos mensais consecutivos, circunstância que indica, de modo inequívoco, a existência de um único negócio jurídico. Além disso, nela, a entrega da mercadoria é realizada contra a simples promessa de pagamento do preço, em prestações (art. 491 do CC[16]).

Já na *venda financiada*, como se viu, há captação do custo do financiamento, pelo vendedor ou por terceiro. Ou, em se preferindo, há uma *operação de crédito*, que se identifica com a troca de bens atuais por bens futuros[17]. O

---

15 Lei n. 6.463/77, art. 1º.
16 "Art. 491. Não sendo a venda a crédito, o vendedor não é obrigado a entregar a coisa antes de receber o preço."
17 Vêm a calhar estas lições de Carvalho de Mendonça: "A operação mediante a qual alguém

financiamento nasce de um acordo de vontades entre o vendedor e o comprador, em tudo e por tudo autônomo do contrato de compra e venda que o ensejou.

No caso em estudo, inexistem prestações mensais sucessivas a pagar (que caracterizariam *vendas a prazo*) e as mercadorias são entregues imediatamente, vale dizer, assim que ultimadas as operações de compra e venda mercantil. Há, sim, operações de compra e venda *à vista* (a empresa-vendedora recebe *os preços à vista* e entrega as mercadorias), sucedidas de operações de financiamento. Nestas é que são computados os encargos inerentes aos empréstimos concedidos aos clientes, dos montantes que lhes possibilitaram liquidar os débitos decorrentes das operações mercantis realizadas.

Melhor explicitando, a empresa-vendedora celebra, com cada um de seus clientes, **duas** operações jurídicas, completamente distintas e, por isso mesmo, inconfundíveis: **uma**, de *compra e venda mercantil*, que se conclui quando ambos se colocam de acordo (consentimento), quanto ao objeto (a mercadoria escolhida) e ao preço (o valor da mercadoria que estava sendo adquirida *à vista*); e **outra**, de *financiamento*, garantida por cláusula de alienação fiduciária.

Ora, as prestações mensais e sucessivas, pagas à empresa-vendedora, por cada um de seus clientes, dizem respeito ao contrato de financiamento e, não, ao de compra e venda mercantil *à vista*, que já estava totalmente cumprido.

Observe-se que inexiste qualquer impedimento jurídico a que o contrato de financiamento venha adimplido em prestações mensais e sucessivas, garantidas por cláusula de alienação fiduciária. Noutros falares, a concluída operação de compra e venda *à vista* **não se descaracteriza**, nem com esta forma de pagamento, nem com a predita cláusula de alienação fiduciária, já que ambas **dizem respeito ao contrato de financiamento** e, não, ao de compra e venda *à vista*.

O que se está procurando de logo enfatizar é que **o bem dado em garantia** pertence ao cliente, que – insista-se – o adquiriu *à vista*. Apenas assegura o cumprimento do contrato de financiamento, distinto – até porque

---

efetua uma prestação presente, contra a promessa de uma prestação futura, denomina-se 'operação de crédito'. A operação de crédito por excelência é a em que a prestação se faz e a contraprestação se promete em dinheiro. O mútuo de dinheiro é a manifestação verdadeiramente típica do crédito na sociedade moderna" (*Tratado de Direito Comercial Brasileiro*, Borsoi, v. VI, 1938, p. 51).

a ele autônomo e posterior – do contrato de compra e venda *à vista*[18].

Ademais, é sempre de bom alvitre ressaltar que, em face da total independência entre o **anterior** contrato de compra e venda *à vista* e o **ulterior** *contrato de financiamento*, a forma de cumprimento deste último, bem assim, as garantias que o cercam, não repercutem naquele. Muito menos para fins de incidência do *ICMS*, que somente pode gravar as operações mercantis realizadas; não os financiamentos concedidos.

Tudo reconduz à ideia de que a inclusão, nos contratos de financiamento celebrados pela empresa-vendedor com seus clientes, de cláusulas de alienação fiduciária em garantia não repercute na base de cálculo das compras e vendas mercantis, que já estavam ultimadas.

Deveras, a cláusula de alienação fiduciária em garantia, no contrato de financiamento, não irradia efeitos na compra e venda mercantil *à vista*. É que o contrato de financiamento é um ***posterius***; a compra e venda mercantil *à vista*, um ***prius***.

Melhor esclarecendo, a ultimação da operação mercantil *à vista* é que determina a realização da operação de financiamento, a qual pode ser garantida de várias maneiras, inclusive mediante a inclusão, no contrato que a instrumentaliza, da cláusula de alienação fiduciária em garantia.

Impende notar que não estou aqui me furtando de afirmação que fiz, inclusive em livro específico, de que, na compra e venda *à vista*, em havendo inadimplência do devedor, "a ação a ser proposta não pode colimar a recuperação da mercadoria, mas, tão somente, o recebimento do débito"[19].

É que a cláusula de alienação fiduciária em garantia, no *contrato de financiamento*[20], nem permite que se desfaça a já ultimada compra e venda *à vista*,

---

18 Nas páginas subsequentes estas ideias serão mais bem demonstradas.

19 *ICMS*, p. 104, nota de rodapé n. 103.

20 O *contrato de financiamento*, espécie do *contrato de empréstimo*, visa intermediar negócios, por meio de adiantamento de numerário às pessoas físicas ou jurídicas, contra cessão de crédito, mediante recebimento posterior do valor cedido, com os acréscimos estipulados (*v.g.*, juros). Tal a lição de Caio Mário da Silva Pereira: " 'Financiamento' é a operação bancária, também chamada 'adiantamento', pela qual o banco antecipa numerário sobre créditos que o cliente possa ter, com a finalidade de proporcionar-lhe meios necessários a um dado empreendimento, em base meramente fiduciária ou mediante garantias" (*Instituições de direito civil*, 12. ed. Rio de Janeiro: Forense, 2007, p. 531).

Usualmente, o contrato de financiamento é celebrado por instituições financeiras, e, por essa razão, muitos doutrinadores o vinculam aos bancos. Entretanto, é pacífica sua celebração por outras pessoas que não essas entidades.

nem a transforma em compra e venda *a prazo*. Apenas assegura – com a transmissão ao fiduciário, de maneira restrita e resolúvel, da propriedade do bem móvel adquirido[21] – a recuperação do valor financiado.

O que estou procurando expressar é que, com a ultimação do contrato de compra e venda à vista, a *propriedade plena* do bem móvel passa imediatamente ao patrimônio do comprador. Em momento posterior, isto é, quando é celebrado o contrato de financiamento contendo a cláusula de alienação fiduciária em garantia, a propriedade é transmitida ao fiduciário, mas só de maneira restrita e resolúvel, já que ele não se torna *proprietário pleno*, mas, apenas, titular de um direito sob condição resolutiva. O bem dado em garantia apenas assegura, ao fiduciário, o cumprimento das obrigações do fiduciante.

Como quer que seja, a cláusula de alienação fiduciária em garantia está atrelada ao contrato de financiamento e, não, ao já concluído contrato de compra e venda mercantil *à vista*, que não pode ter sua natureza jurídica alterada, por um episódio subsequente.

Saliente-se, sempre a propósito, que a alienação fiduciária em garantia é *cláusula acessória* ao contrato de financiamento. Nele é incluída com o escopo de assegurar o cumprimento da *cláusula principal*, que é justamente a que prevê a restituição do montante emprestado, com os encargos avençados.

De fato, tal cláusula não passa de *meio* preordenado a garantir o recebimento do valor financiado. Assim, não pode receber tratamento jurídico-tributário diverso do dispensado às operações de financiamento, às quais se conecta. Esta, aliás, é a simples aplicação, ao caso em estudo, da clássica parêmia "o acessório segue a sorte do principal" (*acessorium sequitur suum principale*).

Está-se, em suma, diante de um *negócio-meio*, que serve para assegurar o adimplemento da dívida contraída (*negócio-fim*) pelo adquirente, *à vista*, das mercadorias.

Esta linha de pensamento vem abonada por Fábio Ulhoa Coelho, *verbis*:

> Destaca-se a sua *natureza instrumental, isto é, a alienação fiduciária será sempre um negócio-meio a propiciar a realização de um negócio-fim*. A função econômica do contrato, portanto, *pode estar relacionada* à viabilização da administração do bem alienado, da subsequente transferência de domínio a terceiros ou, em sua modalidade mais usual, *à garantia de dívida do fiduciante em favor do fiduciário*[22] (grifou-se).

---

21 Na compra e venda à vista, o bem móvel adquirido não é mais mercadoria, porque não está preordenado à prática de atos de comércio.
22 *Manual de direito comercial*, 15. ed. São Paulo: Saraiva, 2004, p. 467-468.

Claro está, portanto que a alienação fiduciária em garantia é negócio contratual de caráter **acessório**, estabelecido para o fiel cumprimento das obrigações do fiduciante.

Para, no entanto, reforçar as assertivas *supra*, farei, em seguida, um breve histórico da alienação fiduciária em garantia, analisando-lhe os pontos essenciais.

4.2 Conceito e breve histórico acerca da evolução legislativa do instituto da alienação fiduciária em garantia

A *alienação fiduciária em garantia*[23] é um tipo de negócio fiduciário[24], que sempre mais tem colaborado na circulação de riquezas, inclusive em favor dos consumidores, quando adquirem bens duráveis. Como ensina Maria Helena Diniz, consiste na transferência, feita pelo devedor ao credor, da propriedade resolúvel e da posse indireta de um bem móvel infungível ou fungível ou imóvel como garantia do seu débito, resolvendo-se o direito do adquirente com o adimplemento da obrigação, ou melhor, com o pagamento da dívida garantida[25].

Percebe-se, pois, que a alienação fiduciária em garantia colima assegurar o adimplemento de dívidas. No caso em pauta, das dívidas contraídas pelos adquirentes das mercadorias que obtiveram, por meio de financiamento, numerário suficiente para pagar o preço avençado, nas operações de compra e venda *à vista*.

É certo que, na alienação fiduciária em garantia, o fiduciário passa a ser proprietário dos bens alienados pelo fiduciante. Mas não proprietário pleno,

---

23 Conforme sua finalidade a alienação fiduciária subdivide-se em: a) *alienação fiduciária em garantia*; e b) *alienação fiduciária de administração*. Para os fins do presente artigo, considerarei apenas a alienação fiduciária em garantia.

24 Ensina Melhim Namem Chalhub: "Entende-se por 'negócio fiduciário' o negócio jurídico inominado pelo qual uma pessoa (fiduciante) transmite a propriedade de uma coisa ou a titularidade de um direito a outra (fiduciário), que se obriga a dar-lhe determinada destinação e, cumprido esse encargo, retransmitir a coisa ou direito ao fiduciante ou a um beneficiário indicado no pacto fiduciário" (*Negócio fiduciário*, 4. ed. Rio de Janeiro: Renovar, 2009, p. 32).

25 *Tratado teórico e prático dos contratos*. 6. ed. São Paulo: Saraiva, 2006, v. 5, p. 68.

já que titular de um direito sob condição resolutiva. De fato, implementada a condição, a propriedade plena retorna ao patrimônio do fiduciante, como bem expõe Orlando Gomes, *verbis*:

> Transmitida a propriedade para fins de garantia, sua resolução se opera no momento em que perde a função, regressando ao patrimônio do primitivo titular. Tal se dá porque o fiduciário a adquire, tão somente, para garantir seu crédito. Trata-se de negócio translativo vinculado a negócio obrigacional, com eficácia subordinada ao adimplemento da obrigação assumida, no contrato, pelo fiduciante[26].

Enfim, assim que se opera a devolução do montante emprestado, acrescido dos encargos pactuados, o fiduciante readquire a propriedade plena do bem financiado.

Muito bem. A alienação fiduciária em garantia, como já se anotou, teve o escopo de dar maior respaldo aos contratos de financiamento de bens móveis[27]. Surgiu, em nosso direito positivo, com a edição da Lei n. 4.728, de 14-7-1965 (*Lei do Mercado de Capitais*), cujo art. 66 dispunha:

> Art. 66. Nas obrigações garantidas por alienação fiduciária de bem móvel, o credor tem o domínio da coisa alienada, até a liquidação da dívida garantida.
>
> § 1º A alienação fiduciária em garantia somente se prova por escrito, e seu instrumento, público ou particular, qualquer que seja o seu valor, cuja cópia será arquivada no registro de títulos e documentos, sob pena de não valer contra terceiros, conterá o seguinte:
>
> a) o total da dívida ou sua estimativa;
>
> b) o prazo ou a época do pagamento;
>
> c) a taxa de juros, se houver;
>
> d) a descrição da coisa objeto da alienação e os elementos indispensáveis à sua identificação.
>
> § 2º O instrumento de alienação fiduciária transfere o domínio da coisa alienada, independentemente da sua tradição, continuando o devedor a possuí-la em nome do adquirente, segundo as condições do contrato, e com as responsabilidades de depositário.

---

26 *Direitos reais*, 19. ed. Rio de Janeiro: Forense, 2004, p. 272.
27 No mesmo sentido, Sílvio de Salvo Venosa, *Direito civil*. 6. ed. São Paulo: Atlas, 2006, p. 387-388.

§ 3º Se, na data do instrumento de alienação fiduciária, o devedor ainda não tiver a posse da coisa alienada, o domínio dessa se transferirá ao adquirente, quando o devedor entrar na sua posse.

§ 4º Se a coisa alienada em garantia não se identifica por números, marcas e sinais indicados no instrumento de alienação fiduciária, cabe ao proprietário fiduciário o ônus da prova, contra terceiros, da identidade dos bens do seu domínio que se encontram em poder do devedor.

§ 5º No caso de inadimplemento da obrigação garantida, o proprietário pode vender a coisa a terceiros e aplicar o preço da venda no pagamento do seu crédito e das despesas decorrentes da cobrança, entregando ao devedor o saldo porventura apurado, se houver.

§ 6º Se o preço da venda não bastar para pagar o crédito do proprietário fiduciário e despesas, na forma do parágrafo anterior, o devedor continuará pessoalmente obrigado a pagar o saldo devedor apurado.

§ 7º É nula a cláusula que autorize o proprietário fiduciário a ficar com a coisa alienada em garantia, se a dívida não for paga no seu vencimento.

§ 8º O proprietário fiduciário, ou aquele que comprar a coisa, poderá reivindicá-la do devedor ou de terceiros, no caso do § 5º deste artigo.

§ 9º Aplica-se à alienação fiduciária em garantia o disposto nos arts. 758, 762, 763 e 802 do Código Civil, no que couber.

§ 10. O devedor que alienar, ou der em garantia a terceiros, coisa que já alienara fiduciariamente em garantia, ficará sujeito à pena prevista no art. 171, § 2º, inciso I, do Código Penal.

Posteriormente, este art. 66 teve sua redação aperfeiçoada pelo Decreto-Lei n. 911, de 1º-10-1969; *verbis*:

Art. 66. A alienação fiduciária em garantia transfere ao credor o domínio resolúvel e a posse indireta da coisa móvel alienada, independentemente da tradição efetiva do bem, tornando-se o alienante ou devedor em possuidor direto e depositário com todas as responsabilidades e encargos que lhe incumbem de acordo com a lei civil e penal.

§ 1º A alienação fiduciária somente se prova por escrito e seu instrumento, público ou particular, qualquer que seja o seu valor, será obrigatoriamente arquivado, por cópia ou microfilme, no Registro de Títulos e Documentos do domicílio do credor, sob pena de não valer contra terceiros, e conterá, além de outros dados, os seguintes:

a) o total da dívida ou sua estimativa;

b) o local e a data do pagamento;

c) a taxa de juros, as comissões cuja cobrança for permitida e, eventualmente, a cláusula penal e a estipulação de correção monetária, com indicação dos índices aplicáveis;

d) a descrição do bem objeto da alienação fiduciária e os elementos indispensáveis à sua identificação.

§ 2º Se, na data do instrumento de alienação fiduciária, o devedor ainda não for proprietário da coisa objeto do contrato, o domínio fiduciário desta se transferirá ao credor no momento da aquisição da propriedade pelo devedor, independentemente de qualquer formalidade posterior.

§ 3º Se a coisa alienada em garantia não se identifica por números, marcas e sinais indicados no instrumento de alienação fiduciária, cabe ao proprietário fiduciário o ônus da prova, contra terceiros, da identidade dos bens do seu domínio que se encontram em poder do devedor.

§ 4º No caso de inadimplemento da obrigação garantida, o proprietário fiduciário pode vender a coisa a terceiros e aplicar preço da venda no pagamento do seu crédito e das despesas decorrentes da cobrança, entregando ao devedor o saldo porventura apurado, se houver.

§ 5º Se o preço da venda da coisa não bastar para pagar o crédito do proprietário fiduciário e despesas, na forma do parágrafo anterior, o devedor continuará pessoalmente obrigado a pagar o saldo devedor apurado.

§ 6º É nula a cláusula que autoriza o proprietário fiduciário a ficar com a coisa alienada em garantia, se a dívida não for paga no seu vencimento.

§ 7º Aplica-se à alienação fiduciária em garantia o disposto nos arts. 758, 762, 763 e 802 do Código Civil, no que couber.

§ 8º O devedor que alienar, ou der em garantia a terceiros, coisa que já alienara fiduciariamente em garantia, ficará sujeito à pena prevista no art. 171, § 2º, inciso I, do Código Penal.

§ 9º Não se aplica à alienação fiduciária o disposto no art. 1.279 do Código Civil.

§ 10. A alienação fiduciária em garantia do veículo automotor deverá, para fins probatóros, constar do certificado de Registro, a que se refere o art. 52 do Código Nacional de Trânsito.

Da simples leitura destes dispositivos percebe-se que o instituto da alienação fiduciária em garantia foi, num primeiro momento, estruturado de maneira imprecisa, máxime no que atina à sua parte processual, e, bem por isso, sua utilização, à época, era restrita e episódica.

Com o escopo de elidir tais imperfeições, acabou sendo editada a Lei n. 10.931, de 2-8-2004, que revogou o precitado art. 66 da Lei n. 4.728/65, com a redação que lhe fora dada pelo Decreto-Lei n. 911/69.

Atualmente, a matéria encontra-se disciplinada pelo art. 66-B da Lei n. 4.728/65, introduzido em nosso sistema normativo pela mesma Lei n. 10.931/2004, *verbis*:

> Art. 66-B. O contrato de alienação fiduciária celebrado no âmbito do mercado financeiro e de capitais, bem como em garantia de créditos fiscais e previdenciários, deverá conter, além dos requisitos definidos na Lei n. 10.406, de 10 de janeiro de 2002 – Código Civil, a taxa de juros, a cláusula penal, o índice de atualização monetária, se houver, e as demais comissões e encargos.
>
> § 1º Se a coisa objeto de propriedade fiduciária não se identifica por números, marcas e sinais no contrato de alienação fiduciária, cabe ao proprietário fiduciário o ônus da prova, contra terceiros, da identificação dos bens do seu domínio que se encontram em poder do devedor.
>
> § 2º O devedor que alienar, ou der em garantia a terceiros, coisa que já alienara fiduciariamente em garantia, ficará sujeito à pena prevista no art. 171, § 2º, I, do Código Penal.
>
> § 3º É admitida a alienação fiduciária de coisa fungível e a cessão fiduciária de direitos sobre coisas móveis, bem como de títulos de crédito, hipóteses em que, salvo disposição em contrário, a posse direta e indireta do bem objeto da propriedade fiduciária ou do título representativo do direito ou do crédito é atribuída ao credor, que, em caso de inadimplemento ou mora da obrigação garantida, poderá vender a terceiros o bem objeto da propriedade fiduciária independente de leilão, hasta pública ou qualquer outra medida judicial ou extrajudicial, devendo aplicar o preço da venda no pagamento do seu crédito e das despesas decorrentes da realização da garantia, entregando ao devedor o saldo, se houver, acompanhado do demonstrativo da operação realizada.
>
> § 4º No tocante à cessão fiduciária de direitos sobre coisas móveis ou sobre títulos de crédito aplica-se, também, o disposto nos arts. 18 a 20 da Lei n. 9.514, de 20 de novembro de 1997.

§ 5º Aplicam-se à alienação fiduciária e à cessão fiduciária de que trata esta Lei os arts. 1.421, 1.425, 1.426, 1.435 e 1.436 da Lei n. 10.406, de 10 de janeiro de 2002.

§ 6º Não se aplica à alienação fiduciária e à cessão fiduciária de que trata esta Lei o disposto no art. 644 da Lei n. 10.406, de 10 de janeiro de 2002.

O Código Civil (Lei n. 10.406, de 10-1-2002), de seu turno, trata, nos arts. 1.361 a 1.368-A[28], da alienação fiduciária em garantia de bens móveis.

---

28 "Art. 1.361. Considera-se fiduciária a propriedade resolúvel de coisa móvel infungível que o devedor, com escopo de garantia, transfere ao credor.

§ 1º Constitui-se a propriedade fiduciária com o registro do contrato, celebrado por instrumento público ou particular, que lhe serve de título, no Registro de Títulos e Documentos do domicílio do devedor, ou, em se tratando de veículos, na repartição competente para o licenciamento, fazendo-se a anotação no certificado de registro.

§ 2º Com a constituição da propriedade fiduciária, dá-se o desdobramento da posse, tornando-se o devedor possuidor direto da coisa.

§ 3º A propriedade superveniente, adquirida pelo devedor, torna eficaz, desde o arquivamento, a transferência da propriedade fiduciária.

Art. 1.362. O contrato, que serve de título à propriedade fiduciária, conterá:

I – o total da dívida, ou sua estimativa;

II – o prazo, ou a época do pagamento;

III – a taxa de juros, se houver;

IV – a descrição da coisa objeto da transferência, com os elementos indispensáveis à sua identificação.

Art. 1.363. Antes de vencida a dívida, o devedor, a suas expensas e risco, pode usar a coisa segundo sua destinação, sendo obrigado, como depositário:

I – a empregar na guarda da coisa a diligência exigida por sua natureza;

II – a entregá-la ao credor, se a dívida não for paga no vencimento.

Art. 1.364. Vencida a dívida, e não paga, fica o credor obrigado a vender, judicial ou extrajudicialmente, a coisa a terceiros, a aplicar o preço no pagamento de seu crédito e das despesas de cobrança, e a entregar o saldo, se houver, ao devedor.

Art. 1.365. É nula a cláusula que autoriza o proprietário fiduciário a ficar com a coisa alienada em garantia, se a dívida não for paga no vencimento.

Parágrafo único. O devedor pode, com a anuência do credor, dar seu direito eventual à coisa em pagamento da dívida, após o vencimento desta.

Art. 1.366. Quando, vendida a coisa, o produto não bastar para o pagamento da dívida e das despesas de cobrança, continuará o devedor obrigado pelo restante.

Art. 1.367. Aplica-se à propriedade fiduciária, no que couber, o disposto nos arts. 1.421, 1.425, 1.426, 1.427 e 1.436.

Estes dispositivos – que não analisarei, até porque praticamente repetem dispositivos da Lei n. 4.728/65 – também consagram a ideia de que, por meio deste negócio jurídico, uma das partes (o fiduciário) vê transferida, *em confiança*, pelo fiduciante, a propriedade resolúvel e a posse de um bem, a fim de garantir o débito deste último, até que pague a dívida contraída, quando, então, o domínio se resolverá.

Pois bem. Com tais colocações, penso haver confirmado o caráter acessório da alienação fiduciária em garantia, avençada para assegurar o fiel cumprimento das obrigações do fiduciante[29]. Absolutamente não há falar em descaracterização da operação de financiamento, até porque, como já referi, a alienação fiduciária em garantia é *negócio-meio*, celebrado para resguardar os interesses do fiduciário.

Tudo se conjuga, pois, no sentido de que a inclusão de cláusula de alienação fiduciária, nos contratos de financiamento, celebrados entre as empresas comerciais e seus clientes, não altera a base de cálculo do *ICMS*, nas operações de compra e venda *à vista* por eles realizadas, que sempre será o valor de que decorrer a saída das mercadorias.

5 CONSIDERAÇÕES FINAIS

À vista do exposto, sinto-me confortável para reafirmar que a base de cálculo do *ICMS* deve necessariamente ser uma *medida* da operação mercantil realizada. Será, pois, o valor da operação mercantil, que se define no momento em que esta se ultima, ou seja, quando a empresa-vendedora e o comprador colocam-se de acordo quanto ao *objeto* e ao *preço*.

Art. 1.368. O terceiro, interessado ou não, que pagar a dívida, se sub-rogará de pleno direito no crédito e na propriedade fiduciária.

Art. 1.368-A. As demais espécies de propriedade fiduciária ou de titularidade fiduciária submetem-se à disciplina específica das respectivas leis especiais, somente se aplicando as disposições deste código naquilo que não for incompatível com a legislação especial."

29 Dada sua natureza contratual, a alienação fiduciária em garantia submete-se às mesmas condições de validade dos contratos em geral; a saber: a) partes legítimas e capazes; b) objeto lícito, possível e certo; c) consentimento válido; e d) forma prescrita ou não vedada em lei.

Caso a base de cálculo do *ICMS* leve em conta elementos estranhos à operação mercantil realizada, ocorrerá a desconfiguração do perfil constitucional do tributo. Daí não integrarem sua base de cálculo os encargos financeiros cobrados em operação de venda financiada de mercadoria. É que eles tipificam o custo da moeda necessária à compra da mercadoria e, não, o efetivo valor da operação mercantil realizada.

Por outro lado, a inclusão da *cláusula de alienação fiduciária* no contrato de financiamento, embora implique transferência, à empresa-vendedora, da propriedade resolúvel da mercadoria cujo preço esta financiou, **absolutamente não descaracteriza** a avença. Muito menos, para determinar a inclusão do valor do financiamento na base de cálculo do *ICMS-operações mercantis*, que, mesmo nesta hipótese, continua a ser apenas *o valor da operação mercantil realizada*.

AS CONTRIBUIÇÕES PREVIDENCIÁRIAS DA EMPRESA SOBRE A FOLHA E DO TRABALHADOR NO CONTEXTO DAS CONTRIBUIÇÕES DE SEGURIDADE SOCIAL

ZÉLIA LUIZA PIERDONÁ*

1 INTRODUÇÃO

A Constituição de 1988 definiu as bases do sistema tributário nacional no contexto do tipo de Estado por ela instituído. Nos arts. 145 a 159, estabeleceu as espécies[1] de tributo que cada um dos entes federativos podem instituir, os princípios que devem ser observados, as situações e pessoas que não podem ser tributadas (imunidades), bem como a distribuição dos recursos provenientes da arrecadação.

Ao atribuir as competências, a Constituição conferiu à União o poder para instituir impostos privativos (art. 153), residual (art. 154, I) e extraordinário (art. 154, II); taxas (art. 145, II); contribuições de melhoria (art. 145, III); empréstimos compulsórios (art. 148) e contribuições especiais (art. 149, *caput*). Aos Estados atribuiu a competência para instituir impostos privativos (art. 155); taxas (art. 145, II); contribuições de melhoria (art. 145, III) e con-

---

* Professora da Graduação e da Pós-Graduação da Universidade Presbiteriana Mackenzie. Mestre e Doutora em Direito pela PUCSP e Procuradora da República.
1 Entendemos que a Constituição apresenta cinco espécies de tributos: impostos, taxas, contribuições de melhoria, empréstimos compulsórios e contribuições especiais.

tribuições previdenciárias dos servidores titulares de cargos efetivos (art. 149, § 1º). Aos Municípios, impostos de competência privativa (art. 156); taxas (art. 145, II); contribuições de melhoria (art. 145, III); contribuições previdenciárias dos servidores titulares de cargos efetivos e contribuição de iluminação pública (art. 149-A). E, ao Distrito Federal, reservou as competências tributárias conferidas aos Estados e Municípios.

Entre as espécies tributárias, encontramos as contribuições especiais, as quais estão arroladas no art. 149 da Constituição. As referidas contribuições dividem-se em sociais, interventivas e corporativas.

Conforme se pode observar no preceito constitucional abaixo transcrito, a competência para instituir as citadas contribuições, como regra geral, foi reservada à União. Os Estados, o Distrito Federal e os Municípios possuem competência apenas para instituir as contribuições previdenciárias, cobradas de seus servidores, titulares de cargos efetivos, para o custeio do Regime Próprio de Previdência.

> Art. 149. Compete **exclusivamente à União instituir contribuições sociais**, de intervenção no domínio econômico e de interesse das categorias profissionais ou econômicas, como instrumento de sua atuação nas respectivas áreas, observado o disposto nos arts. 146, III, e 150, I e III, e sem prejuízo do previsto no art. 195, § 6º, relativamente às contribuições a que alude o dispositivo.
>
> § 1º **Os Estados, o Distrito Federal e os Municípios instituirão contribuição**, cobrada de seus **servidores**, para o custeio, em benefício destes, **do regime previdenciário** de que trata o art. 40, cuja alíquota não será inferior à da contribuição dos servidores titulares de cargos efetivos da União.

A natureza jurídica tributária das citadas contribuições é reconhecida pela grande maioria dos doutrinadores e pela jurisprudência. O Supremo Tribunal Federal, no RE 146.733-9/SP – tinha por objeto a contribuição social sobre o lucro, instituída pela Lei n. 7.689/88 –, decidiu que as contribuições sociais possuem natureza tributária. Decidiu, ainda, que elas, juntamente com as demais contribuições do art. 149 da Constituição, constituem uma espécie autônoma de tributo.

Entretanto, a natureza tributária não era reconhecida, pelo citado tribunal, no ordenamento jurídico anterior à Constituição de 1988. A partir da Emenda Constitucional n. 8/77, o Supremo Tribunal Federal entendeu que as contribuições sociais, especificamente as previdenciárias, não possuíam natureza tributária.

Conforme já referido, as contribuições especiais constituem espécie autônoma de tributo. Elas se diferenciam das demais espécies em função de sua finalidade (destinação) constitucional.

Há autores que defendem que as contribuições do art. 149 da Constituição são impostos com destinação específica. Entretanto, em razão das disposições do art. 167, IV, também da Constituição, entendemos que ditas contribuições não podem assim ser classificadas. O citado dispositivo constitucional veda a vinculação da receita de imposto a órgão, fundo ou despesa. As contribuições, ao contrário, têm como pressuposto o atendimento das finalidades indicadas na própria Constituição. Assim, elas não podem ser classificadas como impostos.

As mencionadas contribuições são denominadas, por alguns, contribuições especiais; por outros, contribuições parafiscais. Há ainda aqueles que as denominam de outras contribuições, para diferenciá-las das contribuições de melhoria.

Independentemente da denominação utilizada, entendemos que as contribuições do art. 149 da Constituição exigem uma classificação diversa daquela definida na divisão tripartite de tributos (impostos, taxas e contribuições de melhoria).

As contribuições do art. 149 da Constituição dividem-se em contribuições sociais, de intervenção no domínio econômico e de interesse das categorias profissionais e econômicas. As sociais, por sua vez, subdividem-se em contribuições sociais gerais e de seguridade social.

A subdivisão acima referida é necessária, haja vista que a Constituição prevê outras contribuições sociais que não são destinadas à seguridade social, como, por exemplo, a contribuição social do salário-educação (art. 212, § 5º, da CF). A citada contribuição não pode ser tida como de seguridade social, pois não é destinada a nenhuma de suas subáreas (saúde, previdência ou assistência). Também não pode ser incluída entre as contribuições interventivas ou entre as contribuições de interesse das categorias profissionais ou econômicas. Assim, é uma contribuição social não destinada à seguridade social, motivo pelo qual devemos adotar a subdivisão das contribuições sociais em sociais gerais e de seguridade social.

As contribuições sociais de seguridade social possuem disciplina específica no art. 195 da Constituição. Ao referido artigo devem ser acrescidas as disposições do art. 239, também da Constituição. Além dos citados dispositivos constitucionais, devem ser mencionados os artigos do Ato das Disposições Constitucionais Transitórias, acrescidos por Emendas à Constituição, que atribuíram à União a competência para instituir a CPMF, pois esta contribuição era destinada à seguridade social: inicialmente apenas à saúde (EC n. 12/96), depois à saúde e à previdência (EC n. 21/99) e, finalmente, a todas as áreas da seguridade (saúde, previdência e assistência – EC n. 37 e n. 42).

Além das contribuições já pressupostas nos dispositivos constitucionais mencionados no parágrafo anterior, o § 4º do art. 195 permite a instituição de outras fontes de custeio destinadas à seguridade social. Para tanto, a Constituição exige a edição de lei complementar, haja vista que o referido preceito constitucional determina a obediência ao art. 154, I.

As contribuições sociais gerais, de forma diversa das contribuições de seguridade social, não estão delimitadas no texto constitucional. Para sua instituição, devem ser observados o princípio da estrita legalidade e a destinação ao financiamento de um direito social.

O art. 149 da Constituição exige somente a observância das disposições dos arts. 146, III, e 150, I e III. Por esse motivo, já afirmamos[2] que as contribuições sociais gerais, assim como as contribuições de intervenção no domínio econômico, representam uma "janela aberta", criada pelo constituinte, para a instituição das referidas contribuições.

Como a Constituição determina a observância apenas dos arts. 146, III, e 150, I e III, e considerando que o art. 146, III, exige a edição de lei complementar para a criação de normas gerais relacionadas aos fatos geradores, bases de cálculo e contribuintes apenas dos impostos e não de todos os tributos, basta a obediência ao art. 150, I (que veda a criação de tributo sem lei) para a instituição de uma contribuição social geral.

O Supremo Tribunal Federal entendeu que a contribuição do salário-educação (prevista no art. 212, § 5º, da Constituição) e as contribuições instituídas pela LC n. 110/2001 (adicional do FGTS) são contribuições sociais gerais, uma vez que visam a atender a um direito social não incluído na seguridade social (saúde, previdência e assistência, nos termos do art. 194 da Constituição).

A contribuição instituída pela LC n. 110/2001 não precisava ser veiculada por lei complementar, bastaria lei ordinária e destino de sua arrecadação

---

2 PIERDONÁ, Zelia Luiza. Contribuições sociais na Constituição de 1988. In: *Temas de dissertação nos concursos da magistratura federal*: estudos em homenagem ao Professor Benedicto Celso Benício. Coord. Sérgio Gonini Benício. São Paulo: Editora Federal, 2006, p. 485-500.

a um direito social. Dessa forma, a referida lei tem *status* de lei ordinária.

Considerando o objeto deste artigo, passaremos a analisar as contribuições de seguridade social, já que as contribuições previdenciárias estão nelas incluídas.

A Constituição, em relação às contribuições sociais de seguridade social, estabeleceu os pressupostos dos fatos geradores e dos sujeitos passivos nos incisos do art. 195. Dessa forma, o poder do legislador infraconstitucional está delimitado. Conforme já referido, outras, além das pressupostas nos citados incisos, exigem a edição de lei complementar, nos termos do § 4º do art. 195, o que dificulta a instituição de novas contribuições, haja vista o *quorum* exigido.

As citadas contribuições têm por finalidade o financiamento do sistema de proteção social que a Constituição denominou seguridade social, a qual compreende um conjunto integrado de ações de iniciativa dos poderes públicos e da sociedade, destinadas a assegurar os direitos relativos à saúde, à previdência e à assistência social (art. 194).

Para garantir a efetividade da mencionada proteção, a Constituição estabeleceu bases para o seu financiamento, cuja responsabilidade, conforme o *caput* do art. 195, é de toda a sociedade de forma direta e indireta.

A forma indireta é efetivada por meio da destinação de recursos dos orçamentos dos entes federativos (União, Estados, Distrito Federal e Municípios). Defendemos que as parcelas dos recursos dos concursos de prognósticos promovidos pelo Poder Público destinadas à seguridade social também constituem financiamento indireto[3].

A forma direta, por meio da qual a sociedade participa do financiamento da seguridade social, se dá pelo pagamento das contribuições sociais, cujos pressupostos, conforme já referido, estão arrolados nos incisos do art. 195 e no art. 239, ambos da Constituição.

A Constituição de 1988 ampliou a proteção social, garantindo saúde a todos (art. 196), assistência aos necessitados (art. 203) e previdência aos trabalhadores urbanos e rurais e aos seus dependentes (art. 201). Com isso, o financiamento não poderia mais ficar restrito às contribuições sobre a remuneração do trabalho, motivo pelo qual o texto constitucional estabeleceu o princípio da diversidade de base de financiamento (art. 194, parágrafo único,

---

3 PIERDONÁ, Zélia Luiza. *Contribuições para a seguridade social*. São Paulo: LTr, 2003.

VI). O mencionado princípio impõe a utilização de outras bases de cálculo, além da remuneração do trabalho, já que apenas a referida base não seria suficiente para garantir a efetividade dos direitos relacionados à saúde, à previdência e à assistência.

A própria Constituição já diversificou, uma vez que pressupôs, nos incisos do art. 195 e no art. 239, várias bases de cálculo e vários sujeitos passivos. Possibilita, ainda, a criação de outras fontes (§ 4º do art. 195), utilizando, para tanto, lei complementar. Além disso, emendas constitucionais também têm sido utilizadas para diversificar, ainda mais, as fontes de financiamento.

Mesmo os incisos do art. 195 já foram ampliados por meio de Emendas à Constituição. A EC n. 20/98 ampliou o inciso I e suas alíneas *a* e *b*, bem como o inciso II. A EC n. 42/2003 criou o inciso IV. Além das referidas emendas, quatro outras autorizaram a instituição e a prorrogação da CPMF – contribuição provisória sobre movimentação financeira (EC n. 12/96 e ECn. 21/99, n. 37/2002 e n. 42/2003, respectivamente).

A Constituição, conforme já referido, deixou pouca margem de discricionariedade ao legislador infraconstitucional, uma vez que os fatos geradores e as bases de cálculo já estão pressupostos no texto constitucional.

Além disso, na instituição das mencionadas contribuições, o legislador deve observar o princípio da equidade na forma de participação do custeio, previsto no art. 194, parágrafo único, V, da Constituição. O mencionado princípio comporta três aspectos: capacidade econômica do contribuinte, produção de risco social e relação à empregabilidade (criação de postos de trabalho).

Ressaltamos que o primeiro aspecto do citado princípio não significa a aplicação do dispositivo do § 1º do art. 145 da Constituição (princípio da capacidade contributiva), o qual é destinado à espécie tributária "impostos". Significa que na instituição de contribuições deve ser considerada, entre os outros aspectos referidos, a possibilidade de o contribuinte arcar com a contribuição. Isso justifica, por exemplo, que o empregado contribua com alíquotas de 8%, 9% e 11%, enquanto a contribuição da empresa é de 20%.

O *caput* do art. 195 da Constituição estabelece que toda a sociedade é responsável pelo financiamento da seguridade social. O referido preceito demonstra a existência do princípio da solidariedade aplicável à proteção social. Com isso, já não se pode afirmar que o custeio da proteção social é tríplice (trabalhador, empregador e governo).

Nos incisos do art. 195, a Constituição atribui competência à União para instituir seis contribuições de seguridade social: da empresa sobre a folha e demais rendimentos; da empresa sobre a receita ou faturamento; da empresa sobre o lucro; dos trabalhadores; sobre receita de concurso de prognóstico e do importador.

Além das contribuições mencionadas no parágrafo anterior, a contribuição do PIS/PASEP também é destinada à seguridade social. O art. 239 da Constituição determinou que os seus recursos fossem destinados ao financiamento do programa do seguro-desemprego, bem como ao abono de um salário mínimo anual aos empregados que percebam, de empregadores que contribuem para o Programa de Integração Social ou para o Programa de Formação do Patrimônio do Servidor Público, até dois salários mínimos de remuneração mensal.

O seguro-desemprego é um benefício previdenciário, haja vista as disposições do art. 201, III, da Constituição, o qual estabelece que a Previdência Social protegerá o trabalhador em situação de desemprego involuntário. O abono referido no parágrafo anterior também é um benefício previdenciário, já que pago aos trabalhadores de baixa renda. Dessa forma, considerando a sua finalidade, o PIS/PASEP é uma contribuição destinada a custear a seguridade social, a qual, nos termos do art. 194 da CF, é formada pela saúde, previdência e assistência social.

Atualmente, há sete contribuições destinadas a financiar a seguridade social. Dessas, duas são destinadas apenas à previdência, conforme preceito do art. 167, XI, da Constituição: da empresa sobre a folha e dos trabalhadores. Por esse motivo, as citadas contribuições podem ser denominadas contribuições previdenciárias.

Considerando que a contribuição da empresa sobre a folha e demais rendimentos e a contribuição dos trabalhadores são destinadas à previdência social, podemos afirmar que as contribuições sobre o rendimento do trabalho têm por objetivo garantir a efetividade da proteção social dirigida aos trabalhadores.

Ressaltamos que a Constituição determinou que as duas contribuições são destinadas somente à previdência social. Contudo, não determinou que apenas elas seriam dirigidas à mencionada área da seguridade social. Assim, as outras cinco contribuições podem também ser destinadas à previdência, pois têm por finalidade o financiamento da seguridade social como um todo.

A Constituição de 1988 estabeleceu um sistema de proteção que tem por finalidade proteger a todos em todas as situações de necessidade. O referido sistema foi denominado seguridade social, o qual é composto pela previdência, pela saúde e pela assistência social. Cada uma das subáreas tem um campo de atribuição específico.

Temos sustentado[4] que o mencionado sistema de proteção apresenta duas faces: uma delas tem por objetivo garantir saúde a todos; a outra visa à concessão de recursos quando eles não podem ser obtidos pelo esforço próprio. Neste segundo aspecto, encontramos a previdência e a assistência social.

A previdência tem por objetivo a proteção do trabalhador e seus dependentes, quando diante de incapacidade laboral, por meio da concessão de benefícios. Entretanto, para ter acesso às prestações previdenciárias, o trabalhador precisa contribuir para o sistema. Já a assistência tem por finalidade a concessão do mínimo existencial aos necessitados.

Dessa forma, a seguridade social inclui um subsistema que tem por objetivo a proteção do trabalhador e seus dependentes. O referido sistema substitui os rendimentos do trabalho, quando diante da incapacidade laboral.

Justamente porque a previdência visa à substituição dos rendimentos do trabalho é que as contribuições previdenciárias devem incidir sobre os citados rendimentos. Inclusive, nos termos do § 11 do art. 201 da Constituição, os ganhos são considerados para efeito de contribuição e repercussão nos benefícios.

Assim, as contribuições previdenciárias têm como fato gerador os rendimentos do trabalho, incidindo tanto para aquele que recebe a remuneração em razão do exercício de atividade laboral quanto para aquele que se beneficia com o trabalho e, portanto, paga a remuneração.

Essa é a fundamentação das contribuições pressupostas na alínea *a* do inciso I e do inciso II do art. 195 da Constituição: da empresa sobre a folha de salários e demais rendimentos do trabalho pagos ou creditados à pessoa física que lhe preste serviço, mesmo sem vínculo empregatício e do trabalhador.

As duas contribuições sobre o rendimento do trabalho (daquele que paga e daquele que recebe) sempre caracterizaram o financiamento da previdência social. Foram instituídas na Alemanha, em 1883, quando da criação do seguro social. Também a Lei Eloy Chaves, considerada a primeira lei pre-

---

4 Dentre outros trabalhos, defendemos isso no artigo "A proteção social na Constituição de 1988", publicado na *Revista de Direito Social* n. 28, Porto Alegre: Notadez, 2007, e na *Revista Internacional de Direito e Cidadania*. Disponível no *site*: <http://iedc.org.br/REID//arquivos/REID-001.pdf>.

videnciária brasileira, de 1923, estabeleceu a mencionada forma de financiamento.

Conforme já referimos, as citadas contribuições só podem ser destinadas à previdência e não às outras áreas da seguridade social. Portanto, embora elas possam também ser denominadas contribuições de seguridade social, dadas as disposições constitucionais do art. 167, XI, preferimos denominá-las contribuições previdenciárias, as quais serão abordadas a seguir.

2 CONTRIBUIÇÃO DA EMPRESA SOBRE A FOLHA DE SALÁRIO E DEMAIS RENDIMENTOS

A base de cálculo prevista na alínea *a* – folha de salário e demais rendimentos do trabalho pagos ou creditados à pessoa física, mesmo que sem vínculo empregatício – fundamenta a contribuição prevista na Lei n. 8.212/91, especialmente no art. 22.

A contribuição era administrada pelo Instituto Nacional do Seguro Social – INSS, sendo que a partir da MP n. 222/2004, convertida na Lei n. 11.098/2005, passou a ser administrada pela Secretaria da Receita Previdenciária. Com a criação da "Super-Receita", pela Lei n. 11.457/2007, a referida administração passou a ser encargo da Receita Federal do Brasil. Isso ocorreu também com a contribuição dos trabalhadores, que será objeto de considerações no próximo item. Assim, atualmente, todas as contribuições de seguridade social são administradas pela Secretaria da Receita Federal do Brasil.

Há que ser ressaltado que, na redação original do art. 195, I, *a*, da CF, a União poderia instituir contribuição social dos empregadores sobre a folha de salários. A EC n. 20/98 ampliou tanto o inciso I – sujeito passivo – quanto a alínea *a* – base de cálculo:

> Art. 195. (...)
>
> I – do empregador, da empresa e da entidade a ela equiparada na forma da lei, incidentes sobre:
>
> a) a folha de salário e demais rendimentos do trabalho pagos ou creditados, a qualquer título, à pessoa física que lhe preste serviço, mesmo sem vínculo empregatício.

O Supremo Tribunal Federal, em razão da redação original, entendeu que estavam incluídos apenas os rendimentos pagos aos empregados, excluindo-

-se as remunerações dos empresários que laborassem na empresa, dos autônomos, entre outros.

Com a nova redação do art. 195 da CF, atribuída pela EC n. 20/98, a LC n. 84/96 (criou a contribuição da empresa de 15% sobre os pagamentos efetuados a empresários, autônomos e avulsos), editada com base no § 4º do art. 195, foi revogada pela Lei n. 9.876/99. A revogação da aludida lei complementar, pela referida lei ordinária, não violou a Constituição, pois a LC n. 84/96 foi recepcionada pela EC n. 20/98 como lei ordinária, já que, com a edição da citada emenda, o fundamento de validade constitucional deixou de ser o § 4º do art. 195 da CF, passando a ser a alínea *a* do inciso I do mesmo artigo.

Atualmente, a contribuição da empresa sobre a folha de salário e demais rendimentos do trabalho pagos ou creditados, a qualquer título, à pessoa física que lhe preste serviço, mesmo sem vínculo empregatício, tem suas alíquotas e bases de cálculo fixadas no art. 22 da Lei n. 8.212/91.

A referida lei define empresa como "a firma individual ou sociedade que assume o risco de atividade econômica urbana ou rural, com fins lucrativos ou não, bem como os órgãos e entidades da administração pública direta, indireta e fundacional" (art. 15, I, da Lei n. 8.212/91).

No parágrafo único do citado artigo, a lei equipara à empresa o contribuinte individual em relação ao segurado que lhe presta serviço, bem como a cooperativa, a associação ou entidade de qualquer natureza ou finalidade, a missão diplomática e a repartição consular de carreira estrangeiras.

As contribuições variam conforme a espécie de segurado que a empresa remunera. O art. 12 da Lei n. 8.212/91 estabelece cinco espécies de segurados obrigatórios: empregados, domésticos, avulsos, contribuintes individuais e segurados especiais.

Ressaltamos que a Lei n. 9.876/99 criou a espécie de segurado "contribuinte individual" (art. 12, V, da Lei n. 8.212/91), a qual aglutinou os que eram considerados, antes de sua edição, autônomos, equiparados a autônomos e empresários.

Além dos segurados obrigatórios (todos aqueles que exercem atividades laborais remuneradas), o art. 14 prevê o segurado facultativo, o qual, embora não exerça atividade remunerada, poderá ser segurado da previdência, caso opte pela filiação e recolha as contribuições devidas.

Assim, para saber qual a contribuição que a empresa deve pagar, é necessário observar a espécie de segurado que se está remunerando.

No inciso I, encontramos a contribuição devida pela empresa aos empregados e avulsos. A alíquota é de 20% sobre "o total das remunerações pagas, devidas ou creditadas a qualquer título, durante o mês, aos segurados empregados e trabalhadores avulsos que lhe prestem serviços, destinadas a retribuir o trabalho, qualquer que seja a sua forma (...)".

Ressaltamos que a contribuição da empresa incide sobre o total da remuneração paga, excluindo-se apenas as parcelas descritas no § 9º do art. 28 da Lei n. 8.212/91. Assim, à empresa não se aplica o teto dos salários de contribuição. Exemplificando, se um empregado recebe remuneração no valor de R$ 10.000,00 (dez mil reais), a contribuição da empresa incidirá sobre o total.

Além dos 20% acima referidos, a empresa deverá recolher, quando remunera empregados e avulsos, nos termos do inciso II do artigo legal mencionado, a alíquota de 1%, 2% ou 3% referente ao seguro de acidente do trabalho – SAT (atualmente a lei utiliza "riscos ambientais do trabalho"), de acordo com o risco da atividade preponderante da empresa (leve, médio ou grave, respectivamente).

Muitos contribuintes ingressaram com ações judiciais sustentando que a forma como a lei estabelecia o enquadramento nos percentuais referidos (1%, 2% e 3%) violava o princípio da estrita legalidade, previsto no art. 150, I, da Constituição. O Supremo Tribunal Federal, nos autos do RE 343.446/SC[5], entendeu que a contribuição é constitucional.

O § 3º do art. 22 da Lei n. 8.212/91 estabelece que, com base nas estatísticas de acidentes do trabalho, o enquadramento das empresas, para efeito

---

5 "CONSTITUCIONAL. TRIBUTÁRIO. CONTRIBUIÇÃO: SEGURO DE ACIDENTE DO TRABALHO – SAT. Lei 7.787/89, arts. 3º e 4º; Lei 8.212/91, art. 22, II, redação da Lei 9.732/98. Decretos 612/92, 2.173/97 e 3.048/99. CF, art. 195, § 4º; art. 154, II; art. 5º, II; art. 150, I. I – Contribuição para o custeio do Seguro de Acidente do Trabalho – SAT: Lei 7.787/89, art. 3º, II; Lei 8.212/91, art. 22, II: alegação no sentido de que são ofensivos ao art. 195, § 4º, c/c art. 154, I, da CF: improcedência. (...) III – As Leis 7.787/89, art. 3º, II, e 8.212/91, art. 22, II, definem, satisfatoriamente, todos os elementos capazes de fazer nascer a obrigação tributária válida. *O fato de a lei deixar para o regulamento a complementação dos conceitos de 'atividade preponderante' e 'grau de risco leve, médio e grave', não implica ofensa ao princípio da legalidade genérica, CF, art. 5º, II, e da legalidade tributária, CF, art. 150, I.* IV – Se o regulamento vai além do conteúdo da lei, a questão não é de inconstitucionalidade, mas de ilegalidade, matéria que não integra o contencioso constitucional. V – Recurso extraordinário não conhecido" (STF, RE 343.446, rel. Min. Carlos Velloso, *DJ* de 20-3-2003).

da citada contribuição, poderá ser alterado, a fim de estimular investimentos em prevenção de acidentes do trabalho.

O Decreto n. 6.042/2007 deu nova redação ao Decreto n. 3.048/99, tendo, no art. 202-A, estabelecido que as alíquotas de 1%, 2% e 3% do SAT serão reduzidas em até 50% ou aumentadas em até 100%, em razão do desempenho da empresa em relação à sua respectiva atividade, aferido pelo Fator Acidentário de Prevenção – FAP.

Assim, as alíquotas de 1%, 2%, ou 3%, que correspondem à atividade econômica na qual a empresa está enquadrada, serão reduzidas em até 50% ou aumentadas em até 100%, com base no desempenho da empresa em relação à atividade em que está inserida.

Além dos percentuais acima referidos, se a empresa remunera segurados com direito à aposentadoria especial após quinze, vinte ou vinte e cinco anos de contribuição, as alíquotas devidas por ela serão acrescidas, respectivamente, em 12%, 9% ou 6%. O citado acréscimo incide exclusivamente sobre a remuneração do segurado com direito ao mencionado benefício.

O inciso III do art. 22 estabelece que a empresa deverá recolher 20% sobre o total das remunerações pagas ou creditadas aos segurados contribuintes individuais (empresários que recebem *pro labore*, autônomos) que lhe prestem serviços. Nessa hipótese, a empresa não recolhe o SAT e os contribuintes individuais não fazem jus ao benefício denominado auxílio-acidente.

O § 1º do artigo acima mencionado prevê um adicional de 2,5%, tanto na remuneração dos empregados e avulsos quanto na remuneração dos contribuintes individuais, nos casos de "bancos comerciais, bancos de investimentos, bancos de desenvolvimento, caixas econômicas, sociedades de crédito, financiamento e investimento, sociedades de crédito imobiliário, sociedades corretoras, distribuidoras de títulos e valores mobiliários, empresas de arrendamento mercantil, cooperativas de crédito, empresas de seguros privados e de capitalização, agentes autônomos de seguros privados e de crédito e entidades de previdência privada abertas e fechadas".

Há discussões sobre a constitucionalidade do referido adicional, sob o argumento de que violaria o princípio da isonomia. Entretanto, em matéria de contribuições para a seguridade social deve ser aplicado o princípio da equidade da forma de participação no custeio (art. 194, parágrafo único, V, da CF), o qual, segundo nosso entendimento, está também explicitado no § 9º do art. 195. Este último preceito constitucional permite que as contribuições de seguridade social, a cargo da empresa, tenham alíquotas ou bases de cálculo diferenciadas em razão da atividade econômica, da utilização intensiva de mão de obra, do porte da empresa ou da condição estrutural do mercado de trabalho.

O art. 22, IV, da Lei n. 8.212/91 prevê, ainda, a contribuição da empresa de 15% sobre o valor da nota fiscal ou fatura de prestação de serviços, relativamente a serviços que lhe são prestados por cooperados por intermédio de cooperativas de trabalho. Na hipótese de os cooperados exercerem atividades que lhes garantam aposentadoria especial com quinze, vinte ou vinte e cinco anos de contribuição, a alíquota de 15%, acima referida, será acrescida, respectivamente, de 9%, 7% ou 5%.

A lei estabelece para algumas atividades e/ou tipo de empresa, em substituição à contribuição de 20% e às contribuições do SAT (1%, 2% ou 3%) sobre os rendimentos do trabalho pagos a empregados e avulsos, uma contribuição sobre o total da receita.

Nesse sentido, o § 6º do art. 22 da Lei n. 8.212/91 preceitua que a contribuição da associação desportiva que mantém equipe de futebol profissional é de 5% da receita bruta, decorrente dos espetáculos desportivos de que participem em todo território nacional em qualquer modalidade desportiva, inclusive jogos internacionais, e de qualquer forma de patrocínio, licenciamento de uso de marcas e símbolos, publicidade, propaganda e de transmissão de espetáculos desportivos.

Também às empresas rurais e às agroindústrias (o produtor rural pessoa jurídica cuja atividade econômica seja a industrialização de produção própria ou de produção própria e adquirida de terceiros), a lei estabelece uma contribuição substitutiva. Elas recolhem 2,5% mais 0,1% para o SAT (totalizando 2,6%) sobre o valor da receita bruta proveniente da comercialização da produção.

Por fim, a contribuição do empregador rural pessoa física é de 2% mais 0,1% para o SAT sobre o resultado da comercialização. A lei equipara o consórcio simplificado de produtores rurais (formado pela união de produtores rurais pessoas físicas, que outorgam a um deles poderes para contratar, gerir e demitir trabalhadores para prestação de serviços) ao empregador rural pessoa física, aplicando-lhe a substituição referida.

Ressaltamos que as substituições acima mencionadas (clube de futebol profissional, empregador rural pessoa física e jurídica) abrangem apenas os pagamentos efetuados a empregados e avulsos. Assim, quando eles remuneram contribuintes individuais devem recolher 20% sobre os pagamentos efetuados aos mencionados segurados, na forma prevista no art. 22, III, da Lei n. 8.212/91.

A contribuição do empregador doméstico é de 12% sobre o salário de contribuição do empregado doméstico a seu serviço. Dessa forma, a ele se aplica o teto do Regime Geral de Previdência Social de dez salários de contribuição (não se trata de salários mínimos). A lei previdenciária considera empregador doméstico a pessoa ou família que admite a seu serviço, sem finalidade lucrativa, empregado doméstico.

3 CONTRIBUIÇÃO DOS TRABALHADORES

O art. 195, II, da Constituição de 1988, seguindo a tradição brasileira, arrolou os trabalhadores como um dos partícipes do custeio da proteção social.

Desde 1923, com a edição do Decreto n. 4.682, de 24 de janeiro de 1923 (Lei Eloy Chaves), os trabalhadores também contribuem para o seu sistema protetivo. No âmbito constitucional, a Constituição de 1934 foi a primeira a mencionar a referida contribuição, tendo previsto a forma tríplice de custeio da previdência social.

O termo "trabalhadores" utilizado pela Constituição (art. 195, II) abrange todas as formas de prestação de serviço. Assim, todos eles são sujeitos passivos da contribuição.

A Lei n. 8.212/91, em seu art. 12, estabelece que os trabalhadores, para fins previdenciários, conforme já referimos, são classificados em cinco grupos (até a edição da Lei n. 9.876/99 havia sete): empregado, empregado doméstico, avulso, segurado especial e contribuinte individual (espécie criada pela Lei n. 9.876/99, a qual juntou os autônomos, os equiparados a autônomos e os empresários).

A previdência social, de forma diversa das duas outras áreas da seguridade social, exige o pagamento de contribuições para que o trabalhador e/ou seus dependentes façam jus aos benefícios. Assim, independentemente da forma como o serviço é prestado, os trabalhadores devem contribuir. Com isso, o legislador infraconstitucional deve instituir contribuição, atendendo aos princípios constitucionais, em especial, ao da equidade na forma de participação do custeio.

A Lei n. 8.212/91 estabelece a contribuição de cada uma das espécies de segurados. Para os empregados e avulsos, a contribuição é de 8%, 9% ou

11% sobre o total da remuneração⁶, excluindo-se as parcelas arroladas no § 9º do art. 28 da citada lei. Ao segurado aplica-se o teto (dez salários de contribuição), de modo que, se a sua remuneração supera o citado limite, a alíquota incidirá somente até ele e não sobre o total, como ocorre com a contribuição a cargo da empresa.

As parcelas excluídas, arroladas no § 9º do art. 28 da Lei n. 8.212/91, são ou de natureza indenizatória, as quais têm por objetivo indenizar o trabalhador, como, por exemplo, férias indenizadas, ou visam a ressarcir o trabalhador dos gastos para o exercício da atividade, por exemplo, combustíveis, diárias.

As alíquotas acima também são aplicadas aos empregados domésticos, sendo que, nesta hipótese, a base de cálculo é a remuneração registrada na Carteira de Trabalho e Previdência Social.

O contribuinte individual contribui com 20% sobre a remuneração auferida em uma ou mais empresas ou por conta própria, limitada ao teto do Regime Geral de Previdência Social. Se ele prestar serviço a empresas, poderá abater até 45% do que a empresa recolheu, limitada a 9 pontos percentuais, nos termos do § 4º do art. 30 da Lei n. 8.212/91. Assim, quando o contribuinte individual prestar serviço a uma empresa, contribuirá com 11% sobre seus rendimentos, e não com 20%.

A Lei Complementar n. 123/2006⁷ acrescentou dois parágrafos ao art. 21 da Lei n. 8.212/91, preceituando que o contribuinte individual que trabalhar por conta própria poderá optar pelo recolhimento correspondente

---

6 A lei considera remuneração a totalidade dos rendimentos pagos, devidos ou creditados a qualquer título, durante o mês, destinados a retribuir o trabalho, qualquer que seja a sua forma, inclusive as gorjetas, os ganhos habituais sob a forma de utilidades e os adiantamentos decorrentes de reajuste salarial, quer pelos serviços efetivamente prestados, quer pelo tempo à disposição do empregador ou tomador de serviços nos termos da lei ou do contrato, ou, ainda, de convenção ou acordo coletivo de trabalho ou sentença normativa (art. 28, I, da Lei n. 8.212/91).

7 "Art. 80. O art. 21 da Lei n. 8.212, de 24 de julho de 1991, fica acrescido dos seguintes §§ 2º e 3º, passando o parágrafo único a vigorar como § 1º:

Art. 21. (...)

§ 2º É de 11% (onze por cento) sobre o valor correspondente ao limite mínimo mensal do salário de contribuição a alíquota de contribuição do segurado contribuinte individual que trabalhe por conta própria, sem relação de trabalho com empresa ou equiparado, e do segurado facultativo que optarem pela exclusão do direito ao benefício de aposentadoria por tempo de contribuição."

à alíquota de 11%, e não 20%, desde que a base de cálculo seja um salário mínimo. No caso da referida opção, o segurado não terá direito à aposentadoria por tempo de contribuição. Para ter o mencionado direito, deverá complementar a contribuição mensal, recolhendo a diferença de 9%.

O segurado especial é o único trabalhador cuja contribuição não incide sobre os rendimentos do trabalho. O § 8º do art. 195 da Constituição determina que o referido segurado contribua sobre o resultado da comercialização. Assim, a base de cálculo da contribuição é o resultado da comercialização, sobre a qual incide a alíquota de 2% mais 0,1% referente ao SAT – Seguro Acidente do Trabalho.

Como a remuneração não é a base de cálculo para a sua contribuição, também não o é para a concessão dos benefícios. Tanto assim que os benefícios devidos aos segurados especiais e a seus dependentes correspondem ao salário mínimo.

Além dos segurados obrigatórios (empregado, doméstico, avulso, contribuinte individual e segurado especial), a lei criou a figura do segurado facultativo no art. 14 da Lei n. 8.212/91, o qual poderá recolher à previdência social após a filiação, não sendo ela obrigatória.

Entendemos que os recolhimentos feitos por esta espécie de segurado não possuem natureza tributária, dada a facultatividade na filiação e, consequentemente, no recolhimento. Dessa forma, falta a característica "compulsoriedade", a qual é um dos requisitos do tributo, nos termos do art. 3º do CTN.

A alíquota aplicável ao segurado facultativo é de 20% sobre o valor por ele declarado, observado o teto do Regime Geral de Previdência Social (dez salários de contribuição). Da mesma forma que o contribuinte individual, o segurado facultativo pode optar em recolher 11% sobre o salário mínimo, conforme previsto na LC n. 123/2006, não lhe sendo permitido obter a aposentadoria por tempo de contribuição.

4 CONTRIBUIÇÃO PREVIDENCIÁRIA DOS SERVIDORES PÚBLICOS DOS ESTADOS, DO DISTRITO FEDERAL E DOS MUNICÍPIOS

A Constituição atribuiu, como regra geral, competência à União para instituir contribuição de seguridade social. Aos demais entes federativos (Estados, Distrito Federal e Municípios) foi outorgada a competência para instituírem contribuições previdenciárias de seus servidores, titulares de cargos efetivos, com o objetivo de financiar os sistemas próprios de previdência a eles dirigidos (§ 1º do art. 149). A redação original da Constituição assim estabelecia:

> § 1º Os Estados, o Distrito Federal e os Municípios poderão instituir contribuição, cobrada de seus servidores, para o custeio, em benefício destes, de sistemas de previdência e assistência social.

O dispositivo acima transcrito, ao estabelecer que os Estados, o Distrito Federal e os Municípios poderiam instituir contribuições para custear os sistemas de previdência e assistência social, apresentava uma incoerência, uma vez que o trabalhador, por ser protegido pela previdência, não o é pela assistência. Além disso, a proteção assistencial se dá sem a necessidade de contraprestação nos termos do art. 203 da Constituição, o qual prevê que a assistência é prestada aos necessitados, independentemente de contribuição.

A EC n. 41/2003 deu nova redação ao mencionado parágrafo, suprimindo a incoerência aludida, pois retirou a expressão "assistência social", assim preceituando:

> § 1º Os Estados, o Distrito Federal e os Municípios instituirão contribuição, cobrada de seus servidores, para o custeio, em benefício destes, do regime previdenciário de que trata o art. 40, cuja alíquota não será inferior à da contribuição dos servidores titulares de cargos efetivos da União.

A Constituição, no dispositivo transcrito, menciona apenas os Estados, o Distrito Federal e os Municípios, não fazendo referência à União. No entanto, isso não significa que ela não possa instituir contribuição previdenciária de seus servidores. A competência da União está definida no *caput* do artigo, que lhe atribui competência para instituir contribuições sociais, nelas incluindo-se as de seguridade social.

A previdência (subárea da seguridade social) inclui tanto o Regime Geral, o qual é destinado aos trabalhadores em geral, quanto o Regime Próprio dos Servidores Públicos. Assim, o *caput* do art. 149 engloba também a competência da União para instituir contribuições de seus servidores para custear o regime próprio de previdência, a eles destinado.

5 CONSIDERAÇÕES FINAIS

Verificamos que a Constituição, ao desenhar o sistema tributário, estabeleceu a competência para a instituição de contribuições sociais, que, em regra, é atribuída à União. Os Estados, o Distrito Federal e os Municípios podem instituir apenas contribuição previdenciária de seus servidores titulares de cargos efetivos.

Verificamos, ainda, que as referidas contribuições se dividem em contribuições sociais gerais e contribuições de seguridade social. Dentre estas, duas podem ser denominadas contribuições previdenciárias, já que são destinadas, exclusivamente, à previdência social: contribuição da empresa sobre a folha e demais rendimentos e contribuição dos trabalhadores.

Isso, entretanto, não significa que apenas as mencionadas contribuições são destinadas à previdência. As demais têm por finalidade o custeio da seguridade social, portanto, também da previdência. Porém, como se destinam a qualquer uma das áreas componentes do sistema protetivo, elas não podem ser denominadas contribuições previdenciárias, mas sim contribuições de seguridade social.

COLABORAÇÕES DOS ESPECIALISTAS DA PRIMEIRA TURMA DO CURSO DE ESPECIALIZAÇÃO *LATO SENSU* DA FACULDADE DE DIREITO DE SÃO BERNARDO DO CAMPO

O ICMS E A QUESTÃO DA INCIDÊNCIA SOBRE DEMANDA CONTRATADA DE ENERGIA

DOUGLAS FERREIRA FARIA*

1 A COLOCAÇÃO DO PROBLEMA

O presente artigo tem como objetivo trazer ao leitor uma visão geral a respeito de aspectos relevantes da tributação feita pelo Imposto sobre Circulação de Mercadorias e Serviços (ICMS), com a problemática voltada sobre a incidência da referida exação sobre o consumo de energia elétrica, inquinando-se para a questão da cobrança do tributo em face da chamada demanda contratada de energia elétrica, também denominada *demanda de potência*.

2 ASPECTOS LEGAIS RELEVANTES SOBRE O ICMS PARA A COMPREENSÃO DO TEMA EM ESTUDO

Antes de adentrar especificamente na questão da incidência do ICMS sobre a demanda contratada de energia elétrica, urge que se façam breves considerações a respeito do tributo em si considerado.

---

* Bacharel e Pós-Graduado em Direito Tributário pela Faculdade de Direito de São Bernardo. Membro Titular da 1ª Câmara do Conselho de Tributos e Multas de São Bernardo do Campo. Advogado especializado em Direito Imobiliário e Direito Tributário em São Paulo-SP.

O ICMS, assim denominado após a promulgação da Carga Magna de 1988, antes denominado ICM, sempre teve sua incidência dirigida à circulação de mercadorias, e, atualmente, também sobre a prestação de determinados serviços que fogem à competência do ISS (Imposto Sobre Serviços), este de competência dos Municípios.

Trata-se o ICMS de imposto cuja competência para instituição fora atribuída aos Estados-membros, conforme determina o art. 155, II, da CF. A previsão legal da possibilidade de cobrança do ICMS sobre operações relativas ao fornecimento de energia elétrica está mais especificamente prevista no art. 155, § 2º, b, combinado com o art. 155, § 3º, ambos também presentes na mencionada Constituição da República Federativa do Brasil de 5 de outubro de 1988.

Ainda dentro da atual Carta Magna existem outros dispositivos de suma importância para a compreensão e definição da matéria ora examinada. Exemplo de tais dispositivos é o previsto no Ato das Disposições Constitucionais Transitórias n. 34, como se verá oportunamente, bem como do art. 155, § 2º, XII, que se trata de uma norma programática que prevê a necessidade da criação de uma Lei Complementar para que se trate da instituição do ICMS[1].

---

1 "Art. 155. (...)

(...)

XII - cabe à lei complementar:

a) definir seus contribuintes;

b) dispor sobre substituição tributária;

c) disciplinar o regime de compensação do imposto;

d) fixar, para efeito de sua cobrança e definição do estabelecimento responsável, o local das operações relativas à circulação de mercadorias e das prestações de serviços;

e) excluir da incidência do imposto, nas exportações para o exterior, serviços e outros produtos além dos mencionados no inciso X, *a*;

f) prever casos de manutenção de crédito, relativamente à remessa para outro Estado e exportação para o exterior, de serviços e de mercadorias;

g) regular a forma como, mediante deliberação dos Estados e do Distrito Federal, isenções, incentivos e benefícios fiscais serão concedidos e revogados;

h) definir os combustíveis e lubrificantes sobre os quais o imposto incidirá uma única vez, qualquer que seja a sua finalidade, hipótese em que não se aplicará o disposto no inciso X, *b*;

i) fixar a base de cálculo, de modo que o montante do imposto a integre, também na importação do exterior de bem, mercadoria ou serviço."

Por fim, cabe ressaltar que a Lei Complementar a que se refere o art. 155, § 2º, XII, da Constituição trata-se da LCP n. 87, de 13-9-1996 (hoje vigente com as modificações introduzidas pela LCP n. 92, de 23-12-1997, LCP n. 99, de 20-12-1999, LCP n. 102, de 11-7-2000, LCP n. 114, de 16-12-2002, LCP n. 115, de 26-16-2002, LCP n. 120, de 29-12-2005, e LCP n. 122, de 12-12-2006), que disciplina os contornos do tributo em questão, definindo sua base de cálculo, seus contribuintes, a questão da substituição tributária, entre outras disposições. Apenas a título de comentário vale lembrar que a referida Lei Complementar foi e continua sendo objeto de muita discussão, tachada por alguns juristas inclusive de inconstitucional em muitas de suas vertentes.

3 CONCEITOS BÁSICOS DA INCIDÊNCIA DO ICMS SOBRE A CIRCULAÇÃO DE MERCADORIAS

Como é sabido, o legislador constituinte originário considerou a Energia Elétrica como uma mercadoria para fins de incidência do ICMS. Nas palavras do Ilustre Professor Roque Antonio Carrazza, "a energia elétrica para fins de ICMS, foi considerada pela Constituição uma mercadoria, o que, aliás, não é novidade em nosso direito positivo, que, para que se caracterize o furto, de há muito vem equiparando a energia elétrica a coisa móvel (art. 155, § 3º, do CP)"[2].

Pois bem, partiremos também da premissa de que o ICMS, como todos os outros tributos, deve se encaixar dentro da sistemática constitucional para a instituição de suas exações. Especificamente no caso em estudo estaremos dando maior enfoque à incidência do imposto em questão sobre a circulação de mercadorias, senão vejamos.

Os contornos da referida norma de incidência tributária, trazidos pelo art. 155, II, da atual Constituição Federal, nada mais são do que a repetição das materialidades já previstas desde a Carta Magna de 1967[3], bem como do

---

2 *Curso de direito constitucional tributário*. São Paulo: Malheiros, 2007, p. 931.
3 "Art. 24. Compete aos Estados e ao Distrito Federal decretar impostos sobre:
(...)
II - operações relativas à circulação de mercadorias, realizadas por produtores, industriais e

Decreto-Lei n. 406, de 31-12-1968, que vigia até a promulgação da Lei Complementar n. 87/96, por força do art. 34, § 5º, do ADCT da atual Constituição[4].

Assim sendo, levando em consideração as presunções jurídicas que cercam a energia elétrica e a equiparam a uma mercadoria para fins de incidência da cobrança do ICMS, necessário se faz analisá-la como seus pares, ou seja, como se mercadoria fosse. Porém, apesar das semelhanças geradas pela presunção jurídica, é nas diferenças naturais que se encontram os nascedouros da maioria dos problemas relativos à espécie.

No conceito de circulação de mercadorias encontra-se boa parte da problemática acima mencionada, bem como na definição de conceitos concretos a respeito do tema. Pois bem, na raiz do comando legal referente às operações relativas à circulação de mercadorias, as chamadas "operações" a que se refere o legislador constitucional a princípio dizem respeito à prática de um ato jurídico, sendo que exemplo bem aplicado ao caso seria a transmissão de um direito de propriedade.

Outro aspecto relevante no que diz respeito à conceituação e aplicação do verbete "operações" está relacionado às várias hipóteses e análises que podem ser levantadas a respeito do sentido da citada expressão, sendo que sobre ela já recaíram estudos econômicos (de operação como resultado de uma transação comercial), ou até mesmo matemáticos (de operação como resultado de um processo de transformação de determinada unidade em outra). Porém, tais conceitos devem ser superados, para que reste ao intérprete da norma tributária apenas o aspecto jurídico da expressão, compreendido dentro de todo o sistema que a cerca.

Vozes de peso do cenário jurídico nacional já se manifestaram sobre o tema com extrema competência, sendo que pedimos vênia para transcrever alguns que entendemos de maior relevância para a compreensão da matéria. Para Geraldo Ataliba e Cleber Giardino,

---

comerciantes."
4 "Art. 34. O sistema tributário nacional entrará em vigor a partir do primeiro dia do quinto mês seguinte ao da promulgação da Constituição, mantido, até então, o da Constituição de 1967, com a redação dada pela Emenda n. 1, de 1969, e pelas posteriores.
(...)
§ 5º Vigente o novo sistema tributário nacional, fica assegurada a aplicação da legislação anterior, no que não seja incompatível com ele e com a legislação referida nos §§ 3º e 4º."

operações são atos jurídicos; atos regulados pelo Direito como produtores de determinada eficácia jurídica, são atos juridicamente relevantes; circulação e mercadorias são, nesse sentido, adjetivos que restringem o conceito substantivo de operações[5].

E ainda trazem os referidos autores comentário de suma importância para o objeto do presente artigo, qual seja:

> Os autores que veem no ICM um imposto sobre circulação de mercadorias estão ignorando a Constituição, estão deslocando o cerne da hipótese de incidência do tributo, da operação – aí posta pelo próprio Texto Magno – para seus aspectos adjetivos, com graves consequências deletérias do sistema[6].

No que tange mais especificamente à expressão "circulação de mercadorias", é possível trazer a lume vários entendimentos importantes para a compreensão da matéria. Observada a questão pelo prisma histórico, por ocasião da discussão política, quando da elaboração da Emenda Constitucional n. 18/65 (que instituiu o sistema tributário nacional), para alguns autores a referida expressão deve ser tomada em seu aspecto econômico, ou seja, pressupondo com a circulação a transferência da propriedade ou ao menos da posse da mercadoria. Por exemplo, para José Nabantino Ramos[7], considerar "circulação" a mera transferência de mercadoria de um estabelecimento para outro do mesmo titular, seria o mesmo que afirmar que o dinheiro circula quando Pedro o passa da mão esquerda para a mão direita.

Já para Rubens Gomes de Souza, relator da Comissão Elaboradora do Projeto de Reforma Tributária acima mencionado, o fato gerador do imposto seria a "saída física da mercadoria do estabelecimento comercial, industrial ou produtor, sendo irrelevante o título jurídico de que tal saída decorra e bem assim o fato desse título envolver ou não uma transmissão de propriedade", sendo ainda que para o referido autor a saída física tributada é aquela que configura "uma etapa no processo de circulação de mercadoria, assim entendido o complexo das sucessivas transferências desta, desde o seu produtor, expressão que inclui o fabricante, e o importador, até o seu consumidor final[8].

---

5 Núcleo da definição constitucional do ICM, *RDT* 25/26, p. 105.
6 Idem, p. 106.
7 O conceito de circulação, *RDP* 2/36-38, São Paulo: Revista dos Tribunais, 1967.
8 IVC, ICM e conferência de bens móveis ao capital da sociedade, *RDP* 2/143-144, São Paulo: Revista dos Tribunais, 1967.

A verdade é que muita discussão já se fez em torno do referido tema desde a primeira vez que os referidos termos foram trazidos pela norma tributária, sendo que até hoje perduram na doutrina e na jurisprudência a respeito da possibilidade ou não da incidência do ICMS sobre a mera circulação física (e não jurídica ou econômica) de mercadorias, sendo que até hoje a referida questão não se encontra pacificada pelos tribunais, apesar de uma forte tendência das Cortes Superiores em afastar a cobrança do tributo sobre a mera circulação física de mercadorias, nos seguintes termos:

>TRIBUTÁRIO. AGRAVO REGIMENTAL EM AGRAVO DE INSTRUMENTO. SAÍDA FÍSICA DE BENS DE UM ESTABE-LECIMENTO PARA OUTRO DE MESMA TITULARIDADE. NÃO INCIDÊNCIA DO ICMS. PRECEDENTES DA CORTE. AGRAVO IMPROVIDO. I – A jurisprudência da Corte é no sentido de que o mero deslocamento físico de bens entre estabelecimentos, sem que haja transferência efetiva de titularidade, não caracteriza operação de circulação de mercadorias sujeita à incidência do ICMS. II – Recurso protelatório. Aplicação de multa. III – Agravo regimental improvido[9].

Para apimentar ainda mais a discussão, o atual diploma legal (Lei Complementar n. 87/96), *a contrario sensu* do que vinha demonstrando ser a tendência do pensamento jurídico, expressamente em seu art. 12, I, estabelece que considera-se ocorrido o fato gerador no momento da saída da mercadoria do estabelecimento do contribuinte, ainda quando a referida mercadoria seja destinada a estabelecimento do mesmo titular, o que trouxe à tona novamente a discussão a respeito do tema, e, inclusive, a respeito da constitucionalidade da referida norma, conforme se observa do excerto acima transcrito.

Ainda no que concerne à "circulação de mercadorias", cabe assinalar que além da discussão a respeito do fato da mera circulação sem transferência jurídica da posse ou da propriedade da mercadoria ser ou não passível da incidência do ICMS, é importante salientar o pensamento de José Souto Maior Borges, ao qual nos filiamos, que, teoricamente não há identidade entre circulação física ou econômica (inapreensível juridicamente), e a circulação jurídica, exemplificando que, por exemplo, os bens imóveis circulam e no entanto, fisicamente não podem fazê-lo, resultando que "uma coisa é a

---

9 AgRg no AgI 693.714-RJ, rel. Min. Ricardo Lewandowski, j. em 30-6-2009, v. u.

operação de que resulta a circulação da mercadoria. Outra bem diferente é a circulação dela resultante"[10].

Na análise dos conceitos integrantes da norma jurídica de incidência tributária referentes ao ICMS, principalmente em face da presunção jurídica já mencionada da atribuição à energia elétrica da categoria de "mercadoria" (para fins de apuração da referida exação sobre ela incidente), faz-se de suma importância traçar também os contornos e definições do termo "mercadoria", na acepção que lhe dá o art. 155, II, da CF, senão vejamos.

Observando as colocações acima esposadas, resta claro que o objetivo do constituinte originário desde o princípio foi atribuir à incidência do ICM, hoje do ICMS, sobre determinadas operações, sendo que "apenas poderão ser tributadas as que digam respeito à circulação atinente a uma classe especial de bens: as mercadorias"[11].

Para a compreensão do alcance do verbete "mercadoria" previsto na norma, faz-se necessário primeiramente lembrar que o art. 146, III, da CF reservou à Lei Complementar estabelecer as normas gerais em matéria tributária, sendo que tal legislação atualmente é o Código Tributário Nacional (Lei n. 5.172, de 25-10-1966), que foi recepcionado e erigido pelo diploma constitucional vigente à categoria de Lei Complementar. Pois bem, vejamos o que diz o art. 110 do CTN:

> Art. 110. A lei tributária não pode alterar a definição, o conteúdo e o alcance de institutos, conceitos e formas de direito privado, utilizados, expressa ou implicitamente, pela Constituição Federal, pelas Constituições dos Estados, ou pelas Leis Orgânicas do Distrito Federal ou dos Municípios, para definir ou limitar competências tributárias.

Desta feita, ainda que não seja pacífico na doutrina e na jurisprudência pátrios o seguinte entendimento, acreditamos que parece lógico afirmar que o conceito de mercadoria dado pelo Direito Privado vincula o Legislador Tributário. Desta feita, levando em consideração que "o texto constitucional adotou o conceito tradicional de mercadoria para definir a competência impositiva estadual, nenhuma lei tributária poderá conceituá-la diferentemente"[12].

---

10 O fato gerador do ICM e os estabelecimentos autônomos, *RDA* 103/36.
11 ICMS. Incorporação ao ativo. Empresa que loca, oferece em *leasing* seus produtos – Descabimento do ICMS, *RDT* 52/74.
12 HARADA, Kiyoshi. *Direito financeiro e tributário*. São Paulo: Atlas, 2008, p. 401.

Na doutrina tradicional, mercadoria é o bem corpóreo da atividade empresarial do produtor, industrial ou comerciante, tendo por objetivo a sua distribuição para consumo, compreendendo-se no estoque da empresa, distinguindo-se das coisas que tenham qualificação diversa, segundo a ciência contábil, como é o caso do ativo permanente[13].

Como se verá mais adiante, o referido conceito, apesar dos dispositivos legais mencionados, bem como do entendimento doutrinário a respeito do tema, teve que sofrer uma certa maleabilidade para que a energia elétrica sobre a qual incide o ICMS pudesse se encaixar, tendo em vista tratar-se a mesma de bem "incorpóreo", sendo que é exatamente desse aspecto físico da energia elétrica propriamente dita que decorrem as maiores divergências práticas quanto a apuração do imposto devido no caso do contrato de demanda de potência.

4 DA COBRANÇA DO ICMS SOBRE A DEMANDA DE POTÊNCIA

Feitas as considerações acima, já é possível dissertar sobre a legalidade ou não da incidência do ICMS sobre a demanda contratada de energia elétrica, ou simplesmente "demanda de potência".

De antemão faz-se necessário esclarecer do que se trata a chamada demanda contratada de energia. O conceito de demanda contratada de energia elétrica está definido na Resolução n. 456, de 26-11-2000, da ANEEL (Agência Nacional de Energia Elétrica, autarquia em regime especial, vinculada ao *Ministério de Minas e Energia* – MME, órgão esse que foi criado pela Lei n. 9.427, de 26-12-1996, tendo como atribuições regular e fiscalizar a geração, a transmissão, a distribuição e a comercialização da energia elétrica, entre outros atributos). Assim dispõe o art. 2º, IX e XXVIII, *a*, da referida resolução:

> Art. 2º Para os fins e efeitos desta Resolução são adotadas as seguintes definições mais usuais:
>
> (...)

---

13 MELO, José Eduardo Soares de. *ICMS – teoria e prática*. São Paulo: Dialética, 2002, p. 18.

IX – Demanda contratada: demanda de potência ativa a ser obrigatória e continuamente disponibilizada pela concessionária, no ponto de entrega, conforme valor e período de vigência fixados no contrato de fornecimento e que deverá ser integralmente paga, seja ou não utilizada durante o período de faturamento, expressa em quilowatts (kW).

(...)

XXVIII – Potência disponibilizada: potência de que o sistema elétrico da concessionária deve dispor para atender aos equipamentos elétricos da unidade consumidora, segundo os critérios estabelecidos nesta Resolução e configurada nos seguintes parâmetros:

a) unidade consumidora do Grupo "A": a demanda contratada, expressa em quilowatts (kW);

(...)

Tendo em vista tratar-se a ANEEL do órgão responsável pela regulação do fornecimento de energia elétrica, ao definir o conceito de demanda contratada de energia, o referido órgão acabou por levantar uma grande polêmica relativamente à incidência do ICMS, tendo em vista que o referido fornecimento é feito através de um contrato específico em que se coloca à disposição do consumidor uma determinada quantidade de energia elétrica que poderá ou não ser consumida por ele; porém, terá este, em virtude do contrato firmado, que pagar o preço sobre o valor total do avençado e não da quantidade de quilowatts efetivamente utilizados. A problemática relativa ao ICMS encontra-se exatamente no fato de o Fisco entender que a cobrança do tributo deve pautar-se pelo valor total do contrato, e os contribuintes pleitearem que seja cobrado o imposto sobre o valor efetivamente consumido, baseando-se nas premissas já expostas e nas a seguir esposadas, as quais faremos uma singela síntese.

Pois bem, dentre os argumentos dos que defendem a legalidade da cobrança do ICMS sobre o valor do contrato de reserva de potência, destacaremos as que entendemos possuir maior relevância para a compreensão do tema, a começar pelos aspectos referentes ao prisma do fato gerador e do elemento temporal do tributo, senão vejamos.

Para os adotantes dessa corrente, que também entendem que a energia elétrica foi elevada à categoria de mercadoria, ainda que não haja o efetivo consumo da energia colocada à disposição do contribuinte, mesmo assim haverá a circulação passível da incidência do ICMS, tendo em vista que a energia foi disponibilizada no "ponto de entrega" do consumidor.

Segundo o disposto no art. 2º, XXVI, da Resolução da ANEEL n. 456/2000, ponto de entrega seria o "ponto de conexão do sistema elétrico da concessionária com as instalações elétricas da unidade consumidora, caracterizando-se como o limite de responsabilidade do fornecimento". Desta feita, baseando-se no fato de que a concessionária efetivamente levou até o consumidor a energia elétrica, tal acontecimento não teria por que não ser passível de incidência do ICMS.

Na realidade, não há qualquer indicação expressa tanto na Constituição Federal quanto na Lei Complementar n. 87/96, que disponha especificamente sobre o aspecto temporal do ICMS incidente sobre a energia elétrica. Assim sendo, é por vias transversas que se chega ao conceito do referido momento em que ocorre o fato gerador, pois, na realidade, é impossível prever para que consumidor será dirigida a energia elétrica produzida, tanto porque o sistema de produção e distribuição de energia elétrica é muito complexo e na maioria das vezes o produtor da energia não é o seu distribuidor, sendo que tal apuração somente pode ser feita após sua efetiva distribuição, aferida através do consumo efetivo e das demandas de potência contratadas. Em face desse e de outros problemas que envolvem a temática do fornecimento de energia elétrica, nessa linha de raciocínio, somente seria possível apurar o tributo quando da fase de distribuição da "mercadoria" feita ao consumidor pela concessionária.

Ora, para os adotantes da referida corrente, a geração e a transmissão da energia elétrica possuem um custo para todos os envolvidos no processo, que para disponibilizarem a quantidade requisitada por seus consumidores, principalmente as grandes indústrias e corporações, denominados como de categoria "A", a ponto inclusive de terem que produzir uma quantidade prefixada em face dos contratos de demanda de potência, é necessário dispor de uma gama enorme de equipamentos de produção, transmissão, manutenção, mão de obra etc. Desta feita, não seria justo para o Fisco deixar de arrecadar o tributo sobre os valores da mercadoria (energia elétrica) que, ainda que em decorrência de contrato, fora efetivamente produzida e colocada à disposição, independentemente do fato de o consumidor ter do produto utilizado ou não, principalmente pelo fato de a referida mercadoria não ser passível de armazenamento em "estoque", ou seja, uma vez demandada, produzida e colocada à disposição, aquela energia elétrica irá se dissipar, utilizada ou não.

Assim, levando em consideração que o ICMS tem como base de cálculo o valor da operação, apurado no momento da ocorrência do fato gerador, que no caso de mercadorias seria a saída delas do estabelecimento do contribuinte (arts. 12, I, e 13, I, da LC n. 87/96), para os adotantes da referida teoria, tendo em vista a efetiva produção e colocação à disposição da energia por parte da concessionária, teriam então ocorrido todos os requisitos previstos na norma para a ocorrência do fato gerador, sendo a "operação" os contratos celebrados e a "circulação" a efetiva disponibilidade do objeto dos referidos contratos no "ponto de conexão" do consumidor final[14], considerando-se entregue a mercadoria e satisfeita a obrigação no momento em que ocorre a referida disponibilização no já mencionado "ponto de conexão", como prevê a já mencionada Resolução n. 456/2000 da ANEEL.

Em outras palavras, para os referidos juristas nesse caso a incidência do ICMS deveria se dar sobre o valor do contrato, tendo em vista que houve ali uma compra e venda plena e acabada de uma garantia, qual seja, a segurança de que mesmo em horários de pico haveria a energia necessária para suprir as necessidades da contratante, sendo esse contrato de valor prefixado e específico, não havendo por que não incidir sobre o valor do mesmo ao término do período de apuração se o referido contrato foi plenamente cumprido pelas partes.

Ou seja, tributar-se-ia não o consumo de energia elétrica nesse caso específico, mas sim o contrato de compra e venda de reserva de energia, que teoricamente transfere a propriedade daquela mercadoria (energia) para aquele que a contrata (consumidor), ficando inclusive a concessionária obrigada a entregar a quantidade de energia contratada e impedida de vender para outrem a eventual carga de energia não utilizada pelo mesmo, tanto porque não é possível estocá-la.

Seria, nos dizeres de Geraldo Ataliba e Cleber Giardino, a decorrência do fato que

> circular significa, para o Direito mudar de titular. Se um bem ou uma mercadoria mudam de titular, circula para efeitos jurídicos. Convenciona-se designar por titularidade de uma mercadoria, à circunstância de

---

14 "ICMS – Incidência sobre a demanda contratada de energia elétrica. Preliminar bem afastada pela venerável sentença. Com a demanda contratada concretiza-se a circulação da mercadoria, a transferência de uma pessoa para outra, ocorreu a saída da energia. Mudança de orientação. Recurso improvido" (TJSP, Ap. 853.904.5/0-00, 11ª Câmara de Direito Público, rel. Francisco Vicente Rossi, j. em 22-6-2009).

alguém deter poderes jurídicos de disposição sobre a mesma, sendo ou não seu proprietário (disponibilidade jurídica)[15].

Cabe ainda salientar que para os que defendem a legalidade da cobrança do ICMS sobre o valor contratual da demanda contratada de energia elétrica que, tendo em vista o fato da não obrigatoriedade do contribuinte em consumir a energia elétrica contratada, bem como por estar a mesma a sua disposição ininterruptamente e independentemente de horário ou ocasião, na quantidade especificada no contrato, tratar-se-ia o referido contrato de uma espécie de seguro em favor do consumidor.

Desta feita, não haveria por que não cobrar o ICMS sobre o valor da demanda contratada de potência, em face do disposto na Lei Complementar n. 87/96, em seu art. 9º, § 1º, II (que disciplina que nas operações relativas ao fornecimento de energia elétrica a base de cálculo do tributo incidirá sobre o valor do preço praticado na operação final), bem como em face do seu art. 13, § 1º, II, *a* (que dispõe acerca do fato de integrarem a base de cálculo para fins de apuração do tributo também os valores pagos a título de seguro). Logo, deveria a tributação incidir sobre o valor da fatura mensal correspondente ao fornecimento de energia elétrica efetivamente consumida e da reserva de potência, ainda que a título de seguro integrante da base de cálculo da exação em questão. Apenas para finalizar o tema nos parece plausível trazer à baila um pequeno excerto extraído do voto vencido do ilustre Ministro Castro Meira, do Superior Tribunal de Justiça, no julgamento do REsp 960.476-SC, que, ao decidir questão relacionada ao tema em comento, seguiu na direção das teorias aqui esposadas, assim dispondo:

> Se o ICMS deve incidir sobre o valor real da operação, descrito na nota fiscal de venda do produto ao consumidor, não há razão que justifique a exclusão de sua base de cálculo do valor cobrado a título de demanda contratada, seja porque apresenta natureza de seguro (e o art. 13, § 1º, da LC 87/96 autoriza a sua inclusão na base de cálculo do imposto), seja porque este elemento tarifário está contido no valor praticado na "operação final" (a que alude o art. 9º, § 1º, II, da LC 87/96, ao fixar a base de cálculo do imposto nas operações com energia elétrica).
>
> A demanda contratada apresenta-se como componente indissociável da tarifa devida à concessionária e foi introduzido, exatamente, com

---

15 Núcleo da definição constitucional do ICM, *RDT* 25-26/111.

o propósito de corrigir a distorção constatada na estrutura tarifária, de modo a onerar em maior escala o consumidor que faz uso irregular da potência elétrica que o sistema é obrigado a disponibilizar continuamente.

Como contrapartida pela demanda contratada, o fornecedor de energia assume todos os custos, operacionais e de investimento, com a oferta contínua de energia em grande escala. Quanto maior for a demanda de potência elétrica contratada, maiores serão os investimentos que a concessionária terá que realizar para atender o consumidor eletro intensivo e, somente assim, poderá ser preservada a equação financeira do contrato. Se assim não fosse, sem a garantia de uma retribuição mínima que assegurasse sua amortização, ninguém assumiria a onerosa responsabilidade pela prestação de um serviço adequado de suprimento da energia na potência exigida.

Em contrapartida, o entendimento majoritário dos juristas pátrios pauta-se em sentido contrário à cobrança do ICMS sobre o valor da demanda contratada de energia, corrente esta a qual humildemente nos filiamos.

Os defensores dessa corrente partem de alguns pressupostos para justificarem sua posição a respeito do tema. Dentre tais proposições, aduzem que o consumo de energia elétrica pressupõe, logicamente, sua produção e distribuição. De fato, só se pode consumir energia elétrica anteriormente produzida e distribuída[16].

Apesar de se admitir que exista todo um processo desde a geração até a distribuição da energia elétrica, há de se salientar que não se pode igualar o negócio jurídico decorrente do fornecimento de energia com uma outra atividade qualquer, também ensejadora do ICMS sobre circulação de mercadorias, como, por exemplo, a venda de determinados produtos por um atacadista, tendo em vista as já mencionadas peculiaridades da energia elétrica, dentre elas, a impossibilidade do fornecedor de mantê-la em estoque, bem como do consumidor em guardá-la para seu consumo quando melhor lhe aprouver.

Assim, contrariando a tese de que o mero fato da colocação à disposição do contribuinte já daria ensejo à incidência do ICMS sobre a circulação de mercadorias, mais particularmente no caso da energia elétrica, os adotantes da linha de pensamento ora exposta acreditam que a energia elétrica, exata-

---

16 CARRAZZA, Roque Antonio. *Curso de direito constitucional tributário*. São Paulo: Malheiros, 2007, p. 931.

mente pelas suas peculiaridades, somente pode circular quando há efetivamente o seu consumo, senão vejamos.

Como já foi dito, raras são as hipóteses em que é o próprio ente produtor (gerador) da energia elétrica o encarregado de levá-la até seus usuários, sendo tal operação geralmente praticada por uma concessionária (distribuidora). Pois bem, seguindo essa linha de raciocínio, até mesmo a entrega da energia elétrica da fonte produtora à distribuidora somente seria possível se houvesse consumo na ponta final da cadeia de transmissão, tendo em vista exatamente o fato de a energia elétrica não ser passível de armazenamento. Ou seja, somente o consumo real, aquele que efetivamente dissipe de alguma forma a energia elétrica é quem pode gerar a sua circulação.

Desta feita, inegável será alcançar a ideia de que, se somente é possível utilizar-se da energia elétrica consumindo-a, somente ocorrerá sua circulação jurídica no momento em que for utilizada, e não meramente quando colocada à disposição. Ou seja, a propriedade, a titularidade da energia elétrica somente muda quando ocorre o consumo efetivo desta, jamais podendo decorrer de contrato cujo objeto prático não se realizou, como nos casos de reserva de potência onde não é consumido todo o valor previsto no contrato.

Podemos dizer, inclusive, que o fato de as empresas geradoras e distribuidoras de energia elétrica terem um custo para a sua transformação e distribuição, as operações realizadas meramente até o já mencionado "ponto de conexão" do consumidor, não é autonomamente suficiente para caracterizar a incidência do ICMS, sendo tais custos, portanto, incluídos nos riscos do negócio das referidas empresas. Ademais, o serviço por elas prestado, apesar de sua suma importância para a nação, não deixa de ser uma atividade mercantil, pois, se assim não fosse, não seria passível de ser tributada pelo ICMS, devendo eventuais custos com a produção ser incluídos no cálculo final do valor da operação, considerada esta com o efetivo consumo da energia elétrica colocada à disposição, em consonância com o disposto nos já citados art. 34 do ADCT e art. 13, I, da Lei Complementar n. 87/96.

Outrossim, considerar o contrário também poderia levar à conclusão que, se válida fosse a cobrança sobre a demanda de energia contratada, caso o legislador alterasse a Resolução n. 456/2000 da ANEEL para que esta arbitrasse que o consumo de energia elétrica seria apurado por uma presunção legal da divisão entre todos os contribuintes residenciais dos custos totais da operação relativa ao fornecimento de energia, independentemente do quanto efetivamente consumissem individualmente, seriam então todos os contribuintes contratualmente obrigados a pagar o mesmo valor a título de consumo de energia elétrica e absurdamente também de ICMS, o que seria por óbvio injusto, haja vista que é sabido que uns consomem mais do que outros, seria querer equiparar aquilo que não é equiparável, como querer fazer os defensores da cobrança do ICMS sobre o valor do contrato de demanda de potência.

Em suma, conforme aduz o brilhantemente o ilustre Professor Eduardo Domingos Bottallo:

> a circulação jurídica, ou seja, a transferência de titularidade da energia elétrica, só pode dar-se por meio de uma operação mercantil de consumo. Noutras palavras: sem consumo não há "circulação possível" de energia elétrica. Com a energia elétrica, a circulação física e jurídica somente podem acontecer no mesmo e exato instante: no momento de seu consumo[17].

Inclusive é possível afirmar que essa sempre foi a intenção do legislador pátrio, desde a criação do instituto até os dias atuais com os conceitos previstos na Constituição Federal. Fato é que a energia elétrica de há muito vem sendo considerada juridicamente como bem móvel de valor econômico, o que pode ser comprovado pela mera avaliação das diferentes normas que já trataram do assunto, como, por exemplo, o art. 155, § 3º, do CP, que equiparou a energia elétrica a coisa móvel (para fins de configuração do crime de furto), o art. 74, § 1º, do CTN, que a conceituou como produto industrializado (para o efeito de incidência do extinto imposto único), e o art. 83, I, do CC, que considera como bens móveis as *energias que tenham valor econômico*.

Outrossim, o fato de a energia elétrica ser considerada uma mercadoria, conforme já mencionado, leva à conclusão de que sobre operações que a envolvam somente poderá incidir o ICMS quando da efetiva entrega da referida mercadoria ao consumidor final, sendo esse o entendimento que sempre buscou o legislador, explicitando-o inclusive em textos de lei, como o já mencionado art. 34, § 5º, do ADCT, bem como do art. 19 do Convênio n. 66/88, que assim dispunha sobre a cobrança do ICMS sobre a energia elétrica:

---

[17] Fornecimento de energia elétrica para prestação de serviços públicos. Imposto sobre Circulação de Mercadorias e Serviços (ICMS) e pessoas imunes, *Revista da Faculdade de Direito de São Bernardo do Campo*, Ano 5, n. 7, p. 48.

A base de cálculo do imposto devido pelas empresas distribuidoras de energia elétrica, responsáveis pelo pagamento do imposto relativamente às operações anteriores e posteriores, na condição de contribuintes substitutos, é o valor da operação da qual decorra a entrega do produto ao consumidor.

Além dos aspectos jurídicos principiológicos e sistematizados acima expostos, também é plenamente passível a compreensão do tema observando-se estritamente a legislação que trata do referido assunto tecnicamente, a começar pelas disposições trazidas pelo Decreto n. 62.724/68, que define normas gerais de tarifação para as empresas concessionárias de serviços públicos de energia elétrica, dispondo em seu art. 14 (redação dada pelo Decreto n. 86.463/81):

> O custo do serviço de fornecimento de energia elétrica deverá ser repartido, entre os componentes de demanda de potência e de consumo de energia, de modo que cada grupo ou subgrupo, se houver, de consumidores, responda pela fração que lhe couber.

Seguindo essa orientação legal, o art. 2º da Resolução n. 456/2000, referindo-se à estrutura tarifária (definida, no inciso XV, como "conjunto de tarifas aplicáveis às componentes de consumo de energia elétrica e/ou demanda de potência ativas de acordo com a modalidade de fornecimento "), dividiu os consumidores em dois grupos, sendo o grupo "A" o dos grandes consumidores e o "B" o dos pequenos consumidores.

No que tange ao mencionado grupo "B", não há necessidade de um contrato particular de reserva de potência, tendo em vista seu baixo consumo, sendo tabulado com os mesmos apenas um contrato de adesão às normas inerentes ao seu tipo de fornecimento de energia, medido efetivamente pelo consumo auferido de energia elétrica dentro de determinado período de aferição, de forma simples, apurando-se efetivamente a quantidade de kW (quilowatt) consumidos no período, chamado de "tarifa monômia", aplicáveis unicamente ao consumo de energia elétrica ativa (também definido pela Resolução n. 456/2000 da ANEEL como a energia elétrica que pode ser convertida em outra forma de energia e medida em kW-hora, ou seja, a medição de energia efetivamente consumida).

Já aos integrantes do grupo "A", que firmam os contratos de reserva de potência, a referida apuração não se dá de forma simples, monômia, mas, sim, de forma binômia, ou seja, observado o conjunto de tarifas de fornecimento, constituído por preços aplicáveis ao consumo de energia elétrica ativa e à demanda faturável (valor da demanda de potência ativa, que é calculada observando-se diversos critérios previstos na lei, como os horários de consumo, o pico de potência demandado e quantidade de tempo pela qual perdurou a referida demanda etc. e não meramente a quantidade de energia efetivamente utilizada).

O que se quer salientar, com isso, é que, para efeito de faturamento da tarifa de energia consumida por unidades do Grupo A (em que o valor unitário do kWh consumido é composto também por um elemento variável), torna-se indispensável o permanente monitoramento do modo como o consumo ocorre. Nesses casos, portanto, a medição da quantidade consumida (o que se faz por uma aparelhagem) e pela demanda potência elétrica utilizada no consumo (o que se faz por aparelhagem própria). Daí a distinção, feita expressamente no art. 2º da Resolução ANEEL n. 456/2000, entre *demanda contratada* (estabelecida no inciso IX, já transcrito) e *demanda medida*, assim conceituada:

> XII – Demanda medida: maior demanda de potência ativa, verificada por medição, integralizada no intervalo de 15 (quinze) minutos durante o período de faturamento, expressa em quilowatts (kW).

É intuitiva a constatação, por isso mesmo, de que a demanda medida pode ser menor, igual ou maior do que a demanda contratada. É o que também decorre do mesmo art. 2º da Resolução, que estabelece no inciso X:

> X – Demanda de ultrapassagem: parcela da demanda medida que excede o valor da demanda contratada, expressa em quilowatts (kW).

Feitas tais apurações, para concluir o pensamento, cabe trazer à tona o entendimento mais recente do Superior Tribunal de Justiça a respeito do tema, nas palavras do ilustre Ministro Teori Albino Zavascki, como relator e voto vencedor no também já citado REsp 960.476-SC, que leciona:

> Segundo o sistema vigente, o faturamento mensal da energia é proporcional à quantidade do consumo, devendo cada um dos elementos que compõem a tarifa ser especificamente discriminado na fatura. Todavia, nos casos em que se aplica a tarifação binômia (consumidores com maior demanda de potência elétrica), um dos elementos do valor unitário da tarifa é fixado levando em consideração, entre outros fatores, a demanda *contratada* de potência, salvo se esta for menor que a demanda medida, ou seja, salvo quando há demanda de ultrapassagem. Se os limites contratados forem excedidos, "sobre a parcela da demanda medida que superar a respectiva demanda contratada, será aplicada a tarifa de ultrapassagem" (art. 56 da Resolução ANEEL 456/2000), assim definida no inciso XXXVII do art. 2º:

"XXXVII – Tarifa de ultrapassagem: tarifa aplicável sobre a diferença positiva entre a demanda medida e a contratada, quando exceder os limites estabelecidos".

Fica identificado, assim, o ponto central da controvérsia, que consiste, no fundo, em saber se, para efeito de composição da tarifa de energia elétrica aplicável sobre o consumo ocorrido no período de faturamento, é legítima a adoção do valor correspondente à demanda *simplesmente contratada,* caso este seja inferior ao da demanda medida (quando é superior, já se viu, o cálculo é feito pela *demanda medida*, com aplicação da *tarifa de ultrapassagem*); ou se, ao contrário, a fixação deve se dar *sempre* com base no valor da demanda elétrica *efetivamente medida*.

Ora, por tudo o que se viu, o modo de cálculo que leva em consideração o valor da demanda simplesmente contratada pode ser legítimo para efeito de fixação da *tarifa do serviço público* de energia. Todavia, para efeito de *base de cálculo de ICMS*, que supõe sempre o efetivo consumo, a fixação do valor da tarifa de energia deve levar em conta a demanda de potência efetivamente utilizada, como tal considerada a *demanda medida* no correspondente período de faturamento, segundo os métodos de medição a que se refere o art. 2º, XII, da Resolução ANEEL 456/2000, independentemente de ser ela menor, igual ou maior que a demanda contratada.

Apenas para finalizar o raciocínio, é lógico que, se há um acréscimo no valor da fatura quando se ultrapassa o valor da demanda contratada de energia, e o valor desse acréscimo também integra a base de cálculo do ICMS a ser apurado, conclui-se que o referido tributo deve ser calculado, sim, em cima de valores efetivamente consumidos e não meramente em valores prefixados em contrato, que podem vir a ser utilizados ou não. Concluir de forma contrária ao referido raciocínio seria admitir que o ICMS pode, dentro da mesma hipótese de incidência, ter bases de cálculo diversas, ou seja, em um momento pelo que foi efetivamente consumido, em outro, no que fora contratado, sendo que não há qualquer base legal a fundamentar tal pensamento.

5 CONCLUSÃO

Feitas todas as considerações acima, resta salientar que tão controverso e importante é o referido tema que há mais de quarenta anos já se discutem suas nuances no mundo jurídico, sendo que a controvérsia parece caminhar para o fim. Conforme se observa do RE 593.824, de relatoria do ilustre Ministro Ricardo Lewandowski, em tramitação perante o Supremo Tribunal Federal, foi suscitado por maioria de votos tratar-se o assunto de tema de repercussão geral, nos termos do § 3º do art. 102 da CF, ou seja, a Suprema Corte em breve se manifestará definitivamente a respeito do tema, por tratar--se de questão relevante tendo em vista que a definição dos limites acerca da incidência do ICMS sobre operações envolvendo energia elétrica norteará o julgamento de inúmeros processos similares a ele, que tramitam naquele e nos demais tribunais e, ainda, pelo fato de poder causar relevante impacto no orçamento dos Estados-membros, dependendo da decisão ali proferida.

Porém, enquanto não se resolve a referida demanda, acreditamos ser a melhor orientação aquela que afasta a incidência do ICMS sobre os valores da chamada "demanda de potência", devendo o referido tributo ser apurado apenas e tão somente sobre a efetiva circulação de mercadoria (energia elétrica), que se dá única e exclusivamente em um momento, qual seja, quando do efetivo consumo pelos contribuintes. Apenas ressaltando que os valores referentes ao valor da demanda de potência contratada não necessitam ser afastados da fatura apresentada pelas concessionárias de energia elétrica, apenas não deve o ICMS incidir sobre seu montante quando não for consumido o valor correspondente ao contratado.

O CONCEITO DE TRIBUTO NA *TEORIA* DE ALFREDO BECKER

EDUARDO GUILHERME CUNHA*

1 INTRODUÇÃO

Gaúcho, Alfredo Augusto Becker viveu de 1928 a 1986. Neste período, o mundo literário jurídico foi brindado especialmente com duas obras suas: *Carnaval tributário* e a consagrada *Teoria geral do direito tributário*. Se em *Carnaval* expressou de forma artística histórias de sua vida profissional, em *Teoria*, com não menos arte, documentou ensinamentos trilhando rumo diverso daquele que se costuma ver na doutrina tributária brasileira.

Neste livro, depois de criticar o sistema tributário vigente e iniciar o leitor em uma reeducação mental no sentido de corrigir-lhe raciocínio jurídico falho, ele não parte do ordenamento existente; parte de muito antes.

Seu trabalho não adota o ordenamento jurídico brasileiro, italiano ou espanhol, para, baseado em qualquer deles, desenvolver-se. Trata-se de estudo mais amplo, que busca, antes de qualquer lição propriamente tributária, os primórdios do jurídico, as origens até mesmo do Estado.

Não foi sem motivo, então, que discriminou como geral sua teoria. É possível vislumbrar-se sua aplicação em qualquer sociedade, sob qualquer regime político. Exemplo disso é o que se pretende expor nas próximas folhas.

Este artigo, portanto, pretende facilitar o acesso da comunidade acadêmica ao conceito de tributo formulado por Becker em sua *Teoria geral do*

---

* Bacharel em Direito e Especialista em Direito Tributário pela Faculdade de Direito de São Bernardo do Campo.

direito tributário. Para tanto, utilizou-se da 3ª edição da obra e visitaram-se os temas fundamentais ao completo entendimento da definição pelo autor proposta. São eles: a embriogenia do Estado, a criação do Direito e uma investigação contextual do Orçamento Público.

2 A EMBRIOGENIA DO ESTADO

O vocábulo "embriogenia" – ou "embriogênese", segundo a *Grande Enciclopédia Larousse Cultural*[1], provém do grego: *embryon* (embrião) conjugado a *genesis* (geração). Significa o desenvolvimento do indivíduo a partir de sua primeira célula até a vida independente.

Desta forma, Becker propõe a análise do surgimento do Estado, desde a sua criação até o momento em que passa a compor uma realidade própria, distinta da de seu criador.

2.1 O conceito de relação e o bem comum

O indivíduo é o ponto de partida. A sua formação não interessa para este estudo. Importante é que há nele uma predisposição inata a unir forças em busca de realizar seus objetivos. No entanto, essa predisposição não basta para que ele formalize o Estado. Sua existência ainda depende da intenção, da vontade racional, para criá-lo[2].

O Estado é, então, resultado de trabalho mental humano, que, uma vez realizado, faz os indivíduos relacionarem-se entre si. Neste ponto, torna-se necessário explicitar o sentido de "relação".

Um ser, considerado como único no sistema observado, não constitui situação em que se possa observar "relação" alguma. Percebe-se "relação" com a existência de ao menos dois seres, iguais ou não, que se confundem ou não.

---

1 Edição integral, São Paulo: Universo, 1988, p. 2113.
2 "A natureza leva os homens a criarem a sociedade política, mas é a vontade dos homens que *realiza* esta criação" (*Teoria geral do direito tributário*. 3. ed. São Paulo: Lejus, 2002, p. 155, destaque no original).

Entre estes dois sujeitos há um espaço, espaço que os separa, mas que também os une. Analisado sob a ótica da união, este espaço é a própria "relação", é o *ir* e *vir*, reciprocamente, de um indivíduo ao outro.

Porém, "relação" entre indivíduos não ocorre de forma imotivada. Como dito antes, depende ela de vontade racional. E, na razão de unirem-se, há sempre certa lógica. Este nexo, no caso da união social, é o que Becker chama de "bem comum". É a finalidade do agrupamento humano, que se organizará da melhor forma para alcançá-la.

Os elementos que definem o bem comum são escolhidos pelas pessoas (ele "é bem de *todos* e bem de cada um"[3]). Logo, cada Estado, em cada época, terá um bem comum de elementos próprios.

No entanto, qualquer que seja o Estado, ele terá por função a proteção e o desenvolvimento deste bem comum, a proteção e desenvolvimento de todos os requisitos necessários para que a pessoa humana alcance o que almeja de forma completa.

E é justamente a presença do bem comum na essência de atos sociais humanos que torna perceptível a existência do Estado. Tem ele cristalina natureza psicológica, pois consubstancia-se na reiterada prática de ações sociais de finalidade comum a todo grupo humano.

O combustível de toda essa máquina, logo, é formado pela própria inteligência presente na mente humana e pela vontade de pô-la em prática. Esta díade, com efeito, compõe relação ímpar, denominada por Becker de "relação constitucional do Estado".

2.2 Relação constitucional do Estado

O bem comum é o elemento presente em todas as ações sociais. Por ele passam todos os atos sociais. Por isso, Becker optou por caracterizá-lo como centro de referência comum[4].

---

3 *Teoria*, cit., p. 178.
4 "Viu-se que, para um grupo de indivíduos humanos poder existir organizado e estável, é logicamente necessário que entre estes indivíduos haja uma *coerência*. Tal coerência pressupõe necessariamente um *centro* de referência *comum*. E, em se tratando de agrupamento de indivíduos humanos que formam uma sociedade, este centro de referência comum é o Bem Comum" (*Teoria*, cit., p. 168-169, destaques no original).

A palavra "centro" foi escolhida de forma sábia e habilidosa: não só se encaixa perfeitamente na explanação, como também facilita o entendimento da sua teoria. O autor, neste ponto, requer do leitor que se imagine uma esfera.

Esfera é a figura que, tridimensionalmente, representa o conjunto de pontos equidistantes de outro. Este ponto, o centro da esfera, representa o bem comum. Aqueles, a superfície esférica (também chamada de "periferia" na obra ora analisada), os seres humanos.

A ação social de um indivíduo tem como alvo o conjunto de seus semelhantes. Portanto, nesta figura, tem-se um feixe de *ir* irradiando-se de um indivíduo para todos. Um único feixe porque ele não se dirige direta e individualmente a cada pessoa; neste caso, ter-se-iam tantas ações quantos fossem os componentes da sociedade. É apenas um *ir* porque a ação é única, mas nem por isso deixa de atingir todos.

Ocorre o seguinte: o *ir*, que sai do ponto periférico da esfera, dirige-se ao centro dela e de lá é irradiado a toda figura. Ou seja, o *ir* sai de um indivíduo e dirige-se ao bem comum, e do bem comum é que se dirige a todos (inclusive ao autor do *ir*, ao autor da ação social).

E todos os indivíduos que compõem a esfera, agindo socialmente, realizam este mesmo ciclo. Todos realizam ações sociais que se assemelham pela presença do elemento bem comum, sendo ele o componente no qual se irradia a ação, fazendo com que ela atinja todos.

Por conseguinte, a ação no sistema é observada como um feixe de *ir* até que ele alcance o bem comum. Depois da difusão, passa-se a enxergar a ação como um *vir*, frisando-se o fato de que um *ir* torna-se tantos *vir* quantos forem os membros componentes deste Ser Social.

Todos os indivíduos, agindo simultânea e continuamente, veem então um continuado *ir* e um continuado *vir*: um continuado *ir* partindo de si para todos e um continuado *vir* chegando a si de todos. Ou, um incessante *ir* ao bem comum e um incessante *vir* do bem comum[5].

---

[5] Por isso, baseado em doutrinadores estrangeiros como Jean Dabin e Francesco Carnelutti, Alfredo A. Becker caracteriza o Estado como um Ser Social de criação continuada. Ou seja, os seus criadores foram aqueles que já morreram, são os hoje vivos e serão os componentes das futuras gerações.

Em um primeiro momento, o indivíduo age de forma independente e isolada. Quando, no entanto, o *ir* atinge o bem comum e torna-se *vir*, ocorre a vinculação de um a todos e de todos a um.

Justamente este *ir* e *vir* compõe uma relação, a relação constitucional do Estado. Becker tem-na como singular, em relação a suas características, e única "capaz de criar um Ser Social (sociedade natural)"[6].

2.2.1 Sujeitos

Nesta relação, cada indivíduo é concomitantemente sujeito ativo e passivo. Porém, jamais será sujeito ativo e passivo de si próprio. Os sujeitos serão sempre *indivíduo* e *todos*, sendo certo que *indivíduo* pertence a *todos*, mas *todos* não se cinde para se ter *indivíduo* enquanto unidade. Polo ativo ou passivo da relação, *todos* será sempre considerado como unidade, assim como *indivíduo*, quando assumir tal ou qual posição.

2.2.2 Conteúdo

O conteúdo desta relação é justamente o *ir* e o *vir*. O *ir* é o feixe que representa os deveres do indivíduo para com o bem comum. No sistema, trata-se do conjunto de vetores convergentes centrípetos, pois dirigem-se todos para o centro de referência comum[7].

Já o *vir* é o feixe que representa os direitos que o indivíduo tem em relação ao bem comum. No sistema, trata-se do conjunto de vetores divergentes centrífugos, pois afastam-se todos do centro de referência comum[8].

Mas estes deveres e direitos não se confundem com os deveres e direitos jurídicos, pois só serão jurídicos se regra jurídica assim os reconhecer. Trata-se, por ora, de deveres e direitos naturais, porquanto ainda não foram transfigurados em jurídicos. Permanecem pré-jurídicos até que o Direito Positivo, em jurídicos, transforme-os.

---

6 *Teoria*, cit., p. 174.
7 "Este IR (partindo de cada um dos indivíduos criadores do Estado) conduz um feixe de deveres convergentes (centrípetos) sobre um centro único de gravidade: o Bem Comum" (*Teoria*, cit., p. 177, destaque no original).
8 "O VIR (irradiando-se do centro único de gravidade: o Bem Comum) conduz um feixe de DIREITOS irradiantes (centrífugos) que alcançam a cada um dos indivíduos criadores do Estado" (*Teoria*, cit., p. 178, destaques no original).

2.2.3 Poder

Na relação constitucional do Estado é possível perceber a existência de certa energia. O *ir* e o *vir* não são forças que ocorreram em determinado momento e extinguiram-se. São contínuos. E a energia que mantém em movimento este sistema é o poder.

Em um primeiro estágio, poder é a capacidade de agir que cada indivíduo possui. No entanto, este poder não é suficiente para que o indivíduo sobreviva e alcance plenamente o que almeja. Por essa razão, ele se une a outros indivíduos, soma o seu poder ao dos outros.

Nesta união de forças, não é necessário que o indivíduo disponha de todo seu poder. A medida de poder utilizada será diretamente proporcional a sua capacidade e ao quanto for indispensável para a manutenção do bem comum escolhido pelo grupo.

Como o processo de escolha geralmente não é unânime, ela recairá sobre o que determinar a vontade que preponderar dentro do grupo. E esta vontade prepondera porque o poder daqueles indivíduos prepondera sobre o dos demais, seja por fraqueza, seja por inércia destes.

Basta haver esta preponderância de vontades para que o vínculo abarque todos os indivíduos e a relação constitucional do Estado tenha preservada a energia que a mantém existente.

Logo, a energia que movimenta e faz contínua esta ação é o poder dos indivíduos, de todos eles enquanto vinculados a tal relação.

Neste segundo momento, quando todos os indivíduos cedem, cada um, um pouco de seu poder, observa-se o fenômeno da transindividualização do poder. Agora, o poder individual dá lugar ao Poder do Estado. Conjugados os poderes no bem comum, dele irradiam-se os feixes de *vir*, agora "energizados" de Poder. O poder, neste instante, deixa de ser individual e passa a ser Poder do Estado, porque é a união de pequena parcela dos poderes de todos os indivíduos.

2.2.4 Princípio da igualdade

Este sistema, no entanto, não se mantém equilibrado sem que haja equilíbrio de forças, equilíbrio entre *ir* e *vir*.

Como o Estado é ser de criação continuada, percebe-se que o equilíbrio ao qual ele se submete é o dinâmico, não o estático. Este dinamismo é proveniente das constantes forças que nele se contrapõem. Neste passo, *ir* e *vir*, de mesmas direções, porém de sentidos opostos, devem equivaler-se.

A citada equivalência, no entanto, deve ser geométrica, não aritmética. É igualdade em termos absolutos. Ou seja, o valor atribuído à força não sofre influência do sentido no qual ela se encontra. Caso não haja equilíbrio entre essas duas forças, o Estado tende a desintegrar-se gradativamente.

Como a desigualdade aritmética é uma constante imutável entre os seres humanos, a aplicação da igualdade geométrica sobre eles é a verdadeira aplicação do princípio da igualdade. Este princípio não se resume em tratar igualmente os iguais: seu sentido só é completo se acompanhado de "tratar desigualmente os desiguais na proporção de suas desigualdades".

É justamente a desigualdade aritmética que faz os indivíduos unirem-se. Se todos fossem aritmeticamente iguais, não se completariam e, exatamente da mesma forma que não sobreviveriam sozinhos, não sobreviveria o grupo por eles formado.

E, sendo aritmeticamente desiguais, unem-se e contribuem para o bem comum na medida de suas possibilidades, na proporção de suas capacidades. Do bem comum, cada um receberá um feixe também proporcional de direitos, mas desta vez na medida de suas necessidades. Observa-se, também e principalmente aqui, a desigualdade aritmética: entre o quanto contribuído e o quanto recebido, entre capacidade e necessidade.

Isto nada mais é que justamente a percepção da necessidade da aplicação do princípio da igualdade, único elemento capaz de manter íntegro o sistema e torná-lo mais consistente com o passar do tempo.

2.3 A constituição do Estado

Diante do que foi até aqui exposto, presenciou-se a formação do Estado com a verificação da "coexistência continuada"[9] de cinco elementos que não fogem à formação deste Ser Social: os indivíduos, o bem comum, a energia, as forças e o princípio da igualdade[10].

---

9 *Teoria*, cit., p. 192.
10 "Resumindo:

A energia dinâmica (Poder ou Capacidade de agir) continuada dos indivíduos humanos, agrupados em volta de um Bem Comum, estabelece uma Relação (IR e VIR), ligando todos os indivíduos a um

O Estado, consequentemente, não é mera ficção sem existência real. É realidade, tem existência distinta da das pessoas que o compõem, não se podendo confundir nesta análise matéria e realidade: esta existe independentemente daquela.

E uma vez constituído, o Estado toma consciência da sua existência e de sua finalidade. Consciência também distinta da dos indivíduos, embora desta seja formada. Ela decorre da própria consciência de formação do Estado, fulcrada na ideia comum de atingir objetivos pessoais por meio de ações unas e coesas de mais indivíduos. Eles sabem que a união de forças beneficia-os. Por isso, unem-se.

Estes indivíduos, unidos, são conscientes de que esta união deve permanecer no tempo. A consciência disso é comum, é de todos, é da sociedade. Daí ser o Estado quem tem consciência de sua existência e finalidade (proteger e desenvolver o bem comum). É neste momento que a *"sociedade estado de fato* se transfigura em *sociedade estado de consciência"*[11].

Esta consciência, somada aos atributos de ter um fim em si mesmo (bem comum) e de poder defendê-lo (Poder), permite dizer que o Estado possui personalidade própria, porque estes são também os três requisitos para que a tenha qualquer outro ser[12].

Porém, todo este conjunto de atributos próprios ainda não é jurídico, porque ainda não foi legitimado pelo Direito Positivo. Trata-se de personalidade social, como a que tem uma sociedade de fato.

Para transfigurar esta personalidade social em jurídica, basta que o legislador assim o faça. Percebe-se, com isso, que a existência real do Estado independe de sua existência jurídica: aquela precede esta. Aliás, não só a existência social antecede a existência jurídica do Estado, como a própria sociedade (com todas as relações que a constituem) antecede a regra jurídica.

---

e cada um a todos. Esta Relação (IR e VIR) conduz um feixe de deveres convergentes (centrípetos) sobre um centro único de gravidade (Bem Comum autêntico ou falso) e um feixe de direitos irradiantes (centrífugos).

O princípio da igualdade conjuga estes dois feixes num equilíbrio unificador e estes dois feixes conjugados compõem a Relação Constitucional de unidade viva, consistente numa individualidade psíquica de um gênero novo: o Estado, cuja existência é real e inconfundível com a existência de cada um dos indivíduos, seus criadores" (Teoria, cit., p. 193, destaques no original).

11 Teoria, cit., p. 196, destaques no original.
12 *"Ter personalidade é ter consciência de um fim em si mesmo e poder defendê-lo"* (Teoria, cit., p. 200, destaques no original).

Das criações sociais, a regra jurídica demonstrou-se o mais eficaz meio de manter existente a própria sociedade enquanto relação política de indivíduos[13]. Em razão disso, o Estado, almejando sobreviver, produz regras dotadas de segurança, segurança esta que só o Direito pode conceder.

3 O DIREITO

Quando o Estado toma conhecimento de sua existência, ele procura um meio de defender-se; busca uma maneira de garantir a continuidade da realização da relação constitucional que o forma.

Para tanto, utiliza-se do Poder e cria normas cuja observância será obrigatória. Neste momento, quando o Estado cria a primeira regra com estas características, objetivando sobreviver, ele cria o Direito.

Esta primeira prescrição hipotética, de saliente natureza constitucional (em razão do órgão que a instituiu), também marca o instante em que a personalidade social do Estado transforma-se em personalidade jurídica.

Não só. A criação do Direito permite ao órgão legislador revestir de natureza jurídica qualquer relação que lhe convier, inclusive o costume e a jurisprudência. Estes dois institutos, em razão do raciocínio exposto, não são fontes primárias de regras jurídicas. Só serão fontes (e secundárias) se o Estado assim estipular, porque ele é a única fonte primária do Direito.

Em razão de o Estado possuir exclusividade neste aspecto, explicam-se, então, a força da regra jurídica, a inafastabilidade da subsunção, o elo que mantém a regra jurídica presa à correspondente hipótese de incidência (coercibilidade) e o poder de, por meio dela, realizar-se a adequação da realidade à prescrição normativa (coação)[14].

---

13 "(...) o Estado *nasce* por uma relação *natural* e *sobrevive* porque ele mesmo (...) transfigura aquela relação natural, em relação *jurídica*" (*Teoria*, cit., p. 157, destaques no original).
14 "A natureza da fonte única no Direito explica por que a regra jurídica *inclui, dentro de si, a força*; elucida a *infalibilidade da incidência* da regra jurídica sobre a sua hipótese de incidência ('fato gerador', suporte fático, *fattispecie, tatbestand*); esclarece a *coercibilidade* da relação jurídica e a *coação* na tripartição vertical da eficácia jurídica" (*Teoria*, cit., p. 207, destaques no original).

Poder-se-ia objetar estas afirmações com o fato de o Estado dever sujeitar-se às regras por ele próprio criadas. No entanto, não há contradição nisso. O Estado realmente se sujeita às normas por si criadas, mas o faz porque desta observância decorre sua sobrevivência. Além disso, a especialização de suas funções demanda regras para se diminuírem eventuais conflitos internos e assegurar o bom funcionamento do sistema.

3.1 O direito tributário, o administrativo e o constitucional

As regras jurídicas, uma vez criadas pelo Estado, multiplicam-se, porque se multiplicam também as relações sociais por elas disciplinadas. Até mesmo situações jurídicas podem ser hipótese de incidência de outras regras jurídicas, alterando ou não o conteúdo jurídico daquelas.

Em razão deste crescimento, ocorre o fenômeno da especialização do Direito Positivo. O que não se confunde com autonomia porque ela não existe entre os ramos do Direito. Todos eles são parte de um único ordenamento jurídico, são interligados e interdependentes. A especialização, aliás, não é exclusividade do Direito. É consequência natural do desenvolvimento de qualquer ser.

Para se afirmar a qual ramo uma norma pertence, tomam-se, como ponto de partida, os efeitos jurídicos que ela provoca.

E, no estudo da relação constitucional do Estado, destacam-se regras jurídicas de três naturezas distintas, porque três são os efeitos que cada qual produz: regras jurídicas de natureza tributária, de natureza administrativa e, por fim, constitucional.

A primeira delas é a regra em decorrência da qual a qualquer pessoa é imposto um dever que garantirá a manutenção e realização daquela relação mediante a incidência sobre fato lícito. O conjunto das regras que disciplinam o nascimento, a existência e a extinção destes deveres forma o Direito Tributário.

Quase toda descrição feita das regras de natureza tributária coincide com as regras de natureza administrativa. Destas, no entanto, não decorre imposição de um dever, mas a outorga de um direito jurídico. O conjunto das regras que disciplinam o nascimento, a existência e a extinção destes direitos forma o Direito Administrativo.

Já a regra especificamente constitucional é a que juridiciza a relação constitucional *natural* do Estado. Ela – regra com esta natureza – disciplina a união dos deveres tributários e direitos administrativos, tornando una e contínua a relação. O Direito Constitucional é, portanto, o sistema formado por estas regras.

A formação da relação constitucional do Estado já foi analisada. Resta agora analisar a maneira por meio da qual se concluiu que os deveres são tributários e os direitos, administrativos. Para tanto, é mister o estudo do Orçamento Público.

4 O ORÇAMENTO PÚBLICO

Orçar é prever, estimar. E é exatamente este um dos aspectos mais austeros da vida humana: uma contínua "pré-ocupação". Explica-se: o homem vive em uma diária dedicação com aquilo que provavelmente lhe há de ocorrer. E de forma diferente não age se e quando estiver em grupo, jurídico ou não. Ou seja, à união social também resta tal característica; o Estado também é um constante *fazer* com projeções para o futuro.

Neste "orçar do Estado", o Orçamento Público, é possível identificar dois momentos: um pré-jurídico e outro jurídico, sendo que o momento de trânsito de um em outro é a aprovação da lei orçamentária.

A lei orçamentária juridiciza o fato econômico social consistente no Orçamento Público. Mas este fato nada mais é que a própria relação constitucional do Estado. No *ir* revelar-se-á a receita e no *vir*, a despesa.

O Orçamento, portanto, corporifica a relação. Ele é a relação *natural* constitucional do Estado até ocorrer a incidência da lei orçamentária. Em razão deste fato, o Orçamento torna-se relação jurídica constitucional do Estado.

A lei orçamentária, por sua vez, é a regra com maior grau de positividade. Sua aprovação, mais do que dever jurídico do legislador, é um dever político, cuja inobservância acarreta grave ataque à essência jurídica estatal, pondo em risco até mesmo sua existência.

Dela depende a manutenção do Estado jurídico no tempo. Constituído por período indeterminado ou por um "período orçamentário", ele durará mediante uma despesa sustentada pela cobrança de tributos[15].

---

15 "Tributos serão cobrados para o Bem Comum e este será proporcionado mediante Despesas. Logo, continuarei a existir" (*Teoria*, cit., p. 232).

A aprovação da lei orçamentária juridiciza a relação constitucional. A sua não aprovação como previsto no ordenamento jurídico implica na desjuridicização da relação, retornando ela à fase pré-jurídica, natural. O Estado não deixa de existir, porém perde a segurança que as normas jurídicas davam-lhe.

Neste quadro, todo o esforço que o indivíduo dispensar para o bem comum alimentará o Estado, que retribuirá por meio de vantagens, provenientes do mesmo bem comum, de que se poderá beneficiar o indivíduo. Ou seja, o feixe centrípeto de deveres do indivíduo formará a receita e o feixe centrífugo de direitos do indivíduo formará a despesa.

Serão receita todos os deveres que o Direito Tributário desta forma definir e disciplinar. Por outro lado, serão despesa todos os direitos que o Direito Administrativo desta forma definir e disciplinar.

Assim, o Direito Tributário e o Direito Administrativo informarão os modos com que os indivíduos colaborarão para a receita e fruirão dos resultados da despesa.

Na relação jurídica tributária, o indivíduo ocupa o polo passivo e o Estado, o polo ativo. Estas posições invertem-se na relação jurídica administrativa: o Estado passa a figurar no polo negativo e o indivíduo, no polo positivo.

Mas, como conceber esta dualidade de relações se a relação constitucional é una? Como vislumbrar ser o Estado sujeito em qualquer relação jurídica se o Estado é a própria relação constitucional e nos polos desta relação estão sempre *indivíduo* e *todos*?

Pode parecer paradoxal situar "Estado" em um dos polos dessas relações, dado o encadeamento de ideias até este ponto exposto. No entanto, o Estado polo passivo das relações jurídicas administrativas e polo ativo das relações jurídicas tributárias não é o Estado enquanto relação constitucional, cuja formação compôs o início deste artigo. O Estado de que ora se fala é uma ficção jurídica.

4.1 Estado-ficção jurídica

Ficção jurídica é o processo técnico por meio do qual o Direito Positivo torna real (realidade jurídica) algo que certa ou provavelmente não o é. Difere da presunção, porque esta parte de algo que, no plano pré-jurídico, certa ou provavelmente é real. Ambas, entretanto, são verdades no mundo jurídico.

Logo, há dois Estados: um Estado-realidade natural e um Estado-ficção jurídica. Estado-ficção jurídica é mera criação do Direito, que por sua vez é criação do Estado-realidade natural. Ordenada de forma inversa à última frase, constata-se que o Estado-realidade natural é quem cria[16], por meio do Direito, um Estado-ficção jurídica. Este Estado sim é que figura no polo ativo da relação tributária e passivo da administrativa.

4.2 Deveres tributários e direitos administrativos

Como a relação constitucional é una, deveres tributários e direitos administrativos são correspondentes entre si: são, como exposto, o *ir* e o *vir* respectivamente. Mas essa correspondência não se dá de maneira ordinária.

Ao contrário do que habitualmente se vê, por exemplo, nos negócios jurídicos, um direito administrativo não é consequência de um dever tributário, ou este é causa daquele. Tanto um quanto outro existem em decorrência da própria relação constitucional. Os deveres tributários e os direitos administrativos são independentes: nascem, duram no tempo e extinguem-se livres de qualquer influência entre si.

Esta é outra razão por que o Estado-realidade natural cria estas duas relações: a tributária e a administrativa, e cria o Estado-ficção jurídica. Todo este esforço facilita a própria manutenção da relação constitucional no tempo, ou seja, mantém vivo o Estado.

Se *ir* e *vir* correspondem, respectivamente, aos deveres tributários e direitos administrativos; se os deveres tributários compõem a receita e os direitos administrativos, a despesa; se *ir* e *vir* são o conteúdo da relação constitucional do Estado; então receita e despesa consubstanciam o próprio Estado, relação constitucional que, além de uma, é contínua.

Esta unificação ocorre exatamente no momento da aprovação do Orçamento Público, sendo ela o único e genuíno efeito jurídico da incidência da regra jurídica orçamentária.

---

[16] "Ora, a ficção jurídica é obra do Direito Positivo e este é produto do Estado. Logo, há *dois* Estados. O Estado-Ficção Jurídica consistente numa *entidade puramente jurídica* criada pelo Direito Positivo e o Estado-Realidade Natural que é o criador do Direito Positivo e, em consequência, também o criador daquele Estado-Ficção Jurídica" (*Teoria*, cit., p. 243, destaques no original).

5. O CONCEITO DE TRIBUTO

Em um primeiro momento, apenas *ir*; *ir* este que se revela em um dever. Se este dever possui natureza jurídica tributária, o que é tributo?

Tributo, na *Teoria geral do direito tributário* de Alfredo Augusto Becker, é "o objeto da prestação que satisfaz o dever jurídico tributário"[17].

O dever é jurídico, porque decorre de regra jurídica. E toda regra jurídica é composta por hipótese de incidência e regra.

A hipótese de incidência é o conjunto de elementos consubstanciados em fatos (gênero, do qual são espécies fato, ato e estado de fato) dos quais, uma vez plenamente verificados, originará a incidência da regra.

No caso da norma jurídica tributária, um dos fatos elementares persistirá à incidência, permanecendo após sua ocorrência até o momento da irradiação de efeitos. Este fato é o núcleo, que, uma vez escolhido pela lei, servirá de base de cálculo (que, por sua vez, sofrerá um método de conversão em cifra, sobre a qual incidirá uma alíquota) e conferirá o gênero ao tributo. Os demais elementos são adjetivos, e conferem ao tributo sua especificidade.

A observação da base de cálculo permite constatar a divisão dos tributos em duas categorias: impostos e taxas. Serão taxas todos os tributos decorrentes de norma jurídica tributária que escolher como base de cálculo deles um serviço ou coisa estatal. No entanto, se esta escolha recair sobre qualquer outro fato lícito, a norma jurídica em questão terá criado um imposto.

Juridicamente, este modelo permite classificar todo e qualquer tipo de tributo eventualmente criado, independentemente da denominação que a ele se dê.

Já com relação à palavra "prestação", esta se revela em um ato positivo ou negativo do sujeito passivo da relação. Será sempre um fazer ou um não fazer.

Se a prestação consistir na entrega de bens, costuma-se denominá-la de *dar*, embora não perca a essência de *fazer* referente a algo existente. Ou seja, dar é apenas uma das formas de fazer: esta abrange aquela. De tal feita que o tributo pode ou não consistir na entrega de bens, como dinheiro.

---

17 *Teoria*, cit., p. 286.

5.1 O dinheiro

Economicamente, dinheiro é o bem que carrega em si (espaço e temporalmente) uma medida comum (ideal ou abstrata) de valor sem com ele se confundir, servindo também como meio de troca aceito por toda coletividade.

Além disso, dinheiro é o bem com o qual se cumpre uma prestação de um dever jurídico. Portanto, neste caso, será dinheiro aquilo que o Direito escolher.

E, juridicamente, uma prestação em dinheiro é satisfeita com a entrega de determinadas unidades de valor. Este valor pode ou não ser representado por moeda. Trata-se de dívida pecuniária, não monetária. E pecúnia é dinheiro, valor; não é necessariamente moeda.

Com efeito, a dívida pecuniária pode ser consequência de uma prévia transformação de bens ou serviços em valor, dada a função econômica de o dinheiro servir de meio substitutivo de prestações naturalmente diversas.

Desta forma, não possui relevância jurídica o formato em que se apresenta o meio de satisfação da prestação jurídica tributária. Seja feita em moeda, seja em outros bens, seja em serviços, importante é a plenitude do valor, pois a satisfação do direito pessoal do sujeito ativo ocorrerá em qualquer das três formas. Este fator não retira a natureza tributária da prestação jurídica.

Assim, Becker cita como exemplos de deveres tributários prestados de forma diversa da entrega de moeda ao Estado: a entrega de suprimentos; o empréstimo compulsório (gratuito ou não) de bens fungíveis ou infungíveis; a requisição de mão de obra civil; a obrigação de votar; a obrigação de participar e julgar, como membro do corpo de jurados, no Tribunal do Júri; a desapropriação; a requisição; e o serviço militar.

Tendo em mente tratar-se de uma teoria geral, não há como se contestar que não há necessidade de a relação jurídica tributária ser satisfeita apenas mediante a entrega de moeda. Em última análise, a moeda nada mais é que um bem, com as mesmas características de qualquer outro bem corpóreo e fungível, cujo valor também oscila de acordo com as regras de oferta e procura do mercado. Ou seja, a entrega de moeda juridicamente pouca coisa é a mais que uma prestação em espécie.

Não há razão, então, para a doutrina, tratando o tema de forma geral, classificar como administrativo um dever de eminente caráter tributário, apenas por entender ser impossível satisfazer um dever tributário mediante uma prestação em bens que não a moeda, ou serviços.

6 CONCLUSÃO

Observada a realização, em determinados tempo e lugar, de uma hipótese de incidência consistente em um conjunto qualquer de fatos lícitos e em decorrência da qual se situe o indivíduo no polo passivo da relação constitucional do Estado, incidirá sobre ela uma norma jurídica que irradiará como efeito a imposição ao indivíduo de um *fazer* ou um *não fazer*. Tributo é justamente o objeto deste *fazer* ou *não fazer*, é *o que* deve ou não ser feito.

É de suma importância conhecer todo o raciocínio que se esconde na mera definição "tributo é o objeto da prestação que satisfaz o dever jurídico tributário", pois definir é apenas demarcar limites, estabelecer com precisão, em poucas palavras. A leitura da definição, ao menos neste caso, não possibilita a apreensão plena do conceito, pois conceituar é mais que definir, envolve explanação de ideias.

Ou seja, de demasiada (porém aparente) simplicidade, a definição expressa a síntese de todo um raciocínio sem o qual não se compreende seu significado.

Becker alicerçou toda sua *teoria* (não só como livro, obra, mas também como conjunto de ideias) nas origens e desenvolvimento do próprio Estado. Tomou como princípio a própria característica de incompletude do ser humano, fato vital para que as relações humanas ocorram. Essas relações culminam na construção de um Ser Social de natureza psicológica feito com tamanha engenhosidade que é capaz de criar, por exemplo, todo um instrumental para se manter vivo (o Direito); capaz de criar, ele próprio, outra pessoa (jurídica), a qual concede direitos (tributos), mas a quem também impõe deveres (os direitos administrativos).

Dentro desta teoria geral, os tributos são os objetos dos deveres dos indivíduos para com o Estado-ficção jurídica, objetos que não possuem forma predeterminada para serem cumpridos (esta pode ser livremente escolhida pelo Estado-realidade natural por intermédio do Direito). Mas será sempre mediante a cobrança de tributos que este Estado sobreviverá, assuma o tributo a forma que for.

7 REFERÊNCIAS

BECKER, Alfredo Augusto. *Teoria geral do direito tributário*. 3. ed. São Paulo: Lejus, 2002.

_____. *Grande Enciclopédia Larousse Cultural*. Edição integral. São Paulo: Universo, 1988.

HOUAISS, Antônio; VILLAR, Mauro de Salles. *Minidicionário Houaiss da língua portuguesa*: elaborado no Instituto Antônio Houaiss de Lexicografia e Banco de Dados da Língua Portuguesa S/C Ltda. 3. ed. rev. e aum. Rio de Janeiro: Objetiva, 2008.

SIGNOS DE INCIDÊNCIA DO IMPOSTO SOBRE PRODUTOS INDUSTRIALIZADOS – IPI

MATHEUS SQUARIZE*

1 CONSIDERAÇÕES INICIAIS

A obrigação tributária advém de uma relação jurídica estabelecida entre a Fazenda Pública, revestida na condição de sujeito ativo, e o contribuinte, revestido na condição de sujeito passivo. Trata-se, efetivamente, do direito subjetivo do sujeito ativo de exigir do sujeito passivo uma prestação de natureza tributária, nascendo assim o vínculo obrigacional que traz em seu bojo o crédito tributário.

O Código Tributário Nacional prescreve em seu art. 113 que a obrigação tributária surgirá no momento da ocorrência do fato abstrativamente descrito na regra-matriz de incidência tributária, tendo por objeto o pagamento do tributo ou de penalidade pecuniária, integrando-se então os elementos básicos de sua constituição (sujeito ativo, sujeito passivo e objeto).

A jurisdicização do fato hipoteticamente descrito no antecedente da regra-matriz positiva e faz nascer concretamente a obrigação tributária.

Vemos então que o liame entre o sujeito ativo e o sujeito passivo da obrigação tributária terá como objeto uma prestação de cunho pecuniário,

---

* Especialista em Direito Tributário pela Faculdade de Direito de São Bernardo do Campo. Conselheiro, representante dos contribuintes, do Conselho de Tributos e Multas de São Bernardo do Campo. Advogado.

que é o pagamento do tributo, ou, em outras palavras, o consequente da hipótese de incidência tributária, quando se trata da obrigação principal.

Sendo assim, é de suma importância identificar-se aquilo que poderá ser objeto de uma relação jurídico-tributária, servindo-se a Carta Magna de nosso país, precipuamente, como referência norteadora, impositiva e limitadora de fatos jurídicos tributáveis.

Não obstante anecessária definição e identificação do fato gerador do tributo, que *é a situação definida em lei como necessária e suficiente à sua ocorrência*, como dispõe o art. 14 do CTN, devemos também, no que concerne à tipologia tributária, buscar na norma o tributo que se atrela ao fato ora identificado; a Lei Maior ainda define o ente político competente para instituir e cobrar o tributo.

A Constituição Federal dispõe no seu art. 141, I, II e III, que a União, os Estados, o Distrito Federal e os Municípios poderão instituir impostos, taxas e contribuições de melhoria; o Código Tributário Nacional prescreve no seu art. 5º que os tributos são impostos, taxas e contribuições de melhoria.

Já os arts. 148 e 149 da CF preveem que a União poderá instituir empréstimos compulsórios e contribuições de intervenção no domínio econômico, respeitando-se, ainda, os limites e condições constitucionalmente previstos.

Deixando de lado a discussão em torno da quantidade de espécies tributárias, que não encontra uniformidade na doutrina, observamos que especificamente no que concerne aos impostos, a Constituição Federal estabelece no § 1º do art. 145 que estes deverão ter caráter pessoal e serão graduados segundo a capacidade econômica do contribuinte, facultando à administração tributária identificar, como signos presuntivos de riqueza, seu patrimônio, rendimentos e atividades econômicas.

Sendo assim, no exercício da competência tributária, o ente público deverá identificar, dentro de sua esfera de competência, os signos presuntivos de riqueza que poderão ser tributados, determinando assim o fato jurídico *in abstrato* da regra-matriz de incidência tributária.

A identificação de tais signos é fundamental para o nascimento da obrigação tributária e para a determinação dos sujeitos da obrigação, sendo oportuno lembrarmos as lições de Paulo de Barros Carvalho:

> Nasce o crédito tributário no exato instante em que irrompe o laço obrigacional, isto é, ao acontecer, no espaço físico exterior em que se

dão as condutas inter-humanas, aquele evento hipoteticamente descrito no suposto da regra-matriz de incidência tributária, mas desde que relatado em linguagem competente para identificá-lo[1].

Neste escopo, respeitado entre outros princípios o primado da capacidade contributiva, podemos concluir que os impostos incidirão basicamente sobre fatos que identifiquem a aquisição patrimônio, renda ou proventos de qualquer natureza, como também a atividade econômica exercida pelo contribuinte, nos termos da lei.

Tais fatos, ainda ressaltando a licitude da atividade que lhe dá origem, denotam símbolos de riqueza, o que nos reporta aos ensinamentos de Nélida Cristina dos Santos:

> A Constituição Federal traçou em seu texto os signos presuntivos de riqueza relevantes para a ordem jurídica, e cada lei instituidora de imposto retratou o signo escolhido, dentro de sua regra-matriz de incidência tributária[2].

Neste raciocínio, combinando-se ainda o livre exercício de qualquer trabalho, ofício e profissão, garantidos pela Carta Magna, traduz-se a produção industrial como um símbolo de riqueza passível de tributação por meio de imposto.

2 COMPETÊNCIA PARA A TRIBUTAÇÃO DA PRODUÇÃO INDUSTRIAL

Por força de dispositivos constitucionais, não há de se falar em Poder Tributário e sim competência tributária, que é a aptidão jurídica, *in abstracto*, de criar tributos, por meio de leis, descrevendo suas hipóteses de incidência, sujeitos, base de cálculo e alíquota.

Como ensina Roque Antonio Carrazza:

> Em boa técnica, não se deve dizer que as pessoas políticas têm, no Brasil, poder tributário. Poder tributário tinha a Assembleia Nacional

---

1 *Curso de direito tributário*. 20. ed. São Paulo: Saraiva, 2008, p. 396.
2 *A capacidade contributiva e os símbolos de riqueza*. São Paulo: Lex Ed., 2007, p. 74.

Constituinte, que era soberana. Ela, realmente, tudo podia, inclusive em matéria tributária. A partir do momento, porém, em que foi promulgada a Constituição Federal, o poder tributário retornou ao povo (detentor da soberania). O que passou a existir, em seu lugar, foram as competências tributárias, que a mesma Constituição Federal repartiu entre a União, os Estados-membros, os Municípios e o Distrito Federal[3].

Conceituando ainda:

Competência tributária é a aptidão para criar, *in abstracto*, tributos[4].

Em seu texto, novamente nos reportando ao art. 145 da CF, outorga às pessoas políticas a competência para criar tributos, ou seja, a União, os Estados, o Distrito Federal e os Municípios poderão criar impostos, taxas, em razão do exercício do poder de polícia ou pela utilização efetiva ou potencial, de serviços públicos específicos e divisíveis, prestados ao contribuinte ou postos a sua disposição e, ainda, contribuições de melhoria, decorrentes de obras públicas.

Já no que concerne aos impostos, especificamente naquilo que tange à diferenciação das outras espécies tributárias, dispõe o art. 16 do CTN que eles terão "por fato gerador uma situação independente de qualquer atividade estatal específica, relativa ao contribuinte", ou seja, o imposto é o tributo cobrado sem que haja vinculação a qualquer atividade ou atuação específica do Estado.

Nas palavras de Paulo de Barros Carvalho, é fundamental, no que se reputa à classificação das espécies tributárias, analisarmos se há,

> na hipótese normativa, um vínculo entre o fato descrito e uma atuação do Estado (sentido amplo). Trata-se da classificação dos tributos em vinculados e não vinculados a uma atuação do Poder Público...[5].

Sendo assim, analisada a hipótese de incidência do tributo em questão, devemos nos reportar ao fato gerador da obrigação tributária para posteriormente verificarmos o liame de sua base de cálculo com a efetiva ou potencial atividade estatal, sendo que, constatada sua ocorrência, estaremos diante de

---

3 *Curso de direito constitucional tributário*. São Paulo: Malheiros, 2008, p. 490.
4 Idem, p. 491.
5 Op. cit., p. 35.

um tributo vinculado, e, na sua ausência, de um tributo não vinculado. Como já observado, os impostos não estarão vinculados a uma atividade estatal específica.

Neste ínterim, não obstante a outorga de competência e a não vinculação a uma atividade estatal, a Lei Maior reparte entre os entes políticos os fatos geradores hipoteticamente descritos na regra-matriz de incidência tributária, da lei que os regula ou institui, relacionando-os aos signos presuntivos de riqueza passíveis de tributação, estatuindo e limitando a esfera de competência de cada um.

O art. 153 da CF trata especificamente dos impostos de competência da União, cabendo a ela instituir impostos sobre a importação de produtos estrangeiros, exportação de produtos nacionais ou nacionalizados para o estrangeiro, sobre a renda e proventos de qualquer natureza, produtos industrializados, operações de crédito, câmbio e seguros, ou relativas a títulos ou valores mobiliários, sobre a propriedade rural e também sobre grandes fortunas, nesta hipótese, a ser instituída mediante lei complementar.

O Código Tributário Nacional, no seu Título III, também dispõe sobre a competência tributária dos entes políticos, tratando, a partir do seu art. 46, sobre a competência da União para instituir impostos sobre produtos industrializados.

3 FATOS GERADORES DO IMPOSTO SOBRE PRODUTOS INDUSTRIALIZADOS - IPI

A Constituição Federal, como já ressaltado, outorga à União, especificamente no seu art. 153, IV, a instituição do imposto sobre a produção industrial.

A amplitude do texto constitucional é corroborada com a norma do art. 46 do CTN, que descreve da seguinte forma o fato, ou fatos, geradores do imposto sobre a produção industrial:

> Art. 46. O imposto, de competência da União, sobre produtos industrializados tem como fato gerador:
> I – o seu desembaraço aduaneiro, quando de procedência estrangeira;

II – a sua saída dos estabelecimentos a que se refere o parágrafo único do art. 51;

III – a sua arrematação, quando apreendido ou abandonado e levado a leilão.

Não obstante, devemos também observar o parágrafo único do art. 46 do CTN, que dispõe:

> Para efeitos deste imposto, considera-se industrializado o produto que tenha sido submetido a qualquer operação que lhe modifique a natureza ou a finalidade, ou o aperfeiçoe para o consumo.

Ao se reconhecer a amplitude do texto constitucional, adequa-se a ele a norma infraconstitucional acima transcrita, extrapolando a mera interpretação literal de "produto industrializado".

A industrialização difere de qualquer hipótese de produção de cunho artesanal ou outra variante, como também o produto oriundo da atividade artística, não sendo inoportuno observar que o artesão, desenvolvendo sua atividade econômica com fim semelhante à atividade industrial (disponibilizar seu produto para a venda), não praticará o fato descrito na regra-matriz de incidência do IPI.

O IPI é o "imposto da indústria", pois o produto da atividade industrial que é tributado; e, para sua incidência, obrigatoriamente deverá ocorrer um negócio jurídico que promova a saída do produto do estabelecimento industrial que o produziu (transformou), para aquele outro estabelecimento ou consumidor final que o adquiriu.

Nesta linha, quando há transformação industrial da bauxita em alumínio, por exemplo, haverá incidência do imposto; novamente, quando este mesmo alumínio sofrer nova modificação estrutural e transformar-se no cabeçote de um motor automobilístico, haverá também a incidência do imposto, novamente observando-se a necessidade de ocorrência de um negócio jurídico que materialize a ocorrência do fato gerador do tributo (saída do produto do estabelecimento industrial).

As palavras do mestre Eduardo Domingos Bottallo traduzem este entendimento:

> A expressão constitucional "produto industrializado" tem preciso significado técnico-jurídico, bem refletido no art. 46, parágrafo único, do CTN. Assim, pois, são considerados aqueles que tenham sido sub-

metidos a qualquer operação que lhes modifique a natureza ou a finalidade, ou os aperfeiçoe para o consumo[6].

Porém, o art. 46 do CTN abriga mais duas hipóteses de incidência do imposto, sendo o desembaraço aduaneiro, de produto industrializado e importado do exterior, e a arrematação de produto apreendido ou abandonado e levado a leilão fatos geradores do tributo.

O que se extrai da interpretação literal da norma, nas hipóteses elencadas, é que na hipótese importação de produto industrializado do exterior haverá incidência do IPI, incidência esta também prevista no caso de arrematação de bem em leilão.

Concluímos então que há três hipóteses de incidência do imposto sobre a produção industrial.

A precisa análise de Eduardo Domingos Bottallo vislumbra tal incidência:

> O art. 46 do CTN, sob a denominação de "imposto sobre produtos industrializados", alberga três impostos distintos, dos quais apenas um pode ser considerado IPI em sentido estrito: aquele cujo aspecto material da hipótese de incidência é "industrializar produto e celebrar operação jurídica que promova a transferência de sua propriedade ou posse". A segunda modalidade tributária, contemplada no citado art. 46, é a de adicional do imposto de importação, a cargo de quem traz do exterior produtos industrializados, e a terceira, de imposto compreendido na competência residual da União, tendo como hipótese de incidência a arrematação de produtos industrializados apreendidos ou abandonados e levados a leilão[7].

Não é inoportuno destacar a opinião do mestre no que concerne à incidência do IPI na hipótese de importação por comerciante não contribuinte do imposto, para comercialização do produto no mercado interno: ao equiparar-se o comerciante ao industrial, viola-se o princípio da igualdade, atribuindo ônus indevido ao comerciante no momento em que este comercializa o produto no mercado interno, fazendo nascer uma verdadeira *ficção inidônea a possibilitar a incidência do IPI*[8].

---

6   *IPI – fundamentos e estrutura*. São Paulo: Dialética, 2009, p. 33.
7   Idem, p. 32.
8   Idem, p. 25 e 33.

4 HIPÓTESE DE INCIDÊNCIA DO IMPOSTO SOBRE PRODUTOS INDUSTRIALIZADOS

A hipótese de incidência do IPI materializa-se na norma geral e abstrata que descreve sua ocorrência.

Como vimos anteriormente, os fatos que ensejam a incidência tributária são previstos (descritos) em lei, ou seja, a jurisdicização do fato descrito hipoteticamente no antecedente da norma traz como consequência de sua ocorrência a obrigação de pagar o tributo competente.

O estudo da regra-matriz de incidência tributária é condição primordial para a identificação da espécie tributária e sua ocorrência, como também na identificação de seus sujeitos (ativo e passivo) e do *quantum* a ser pago, consubstanciando-se de critérios de incidência que traçam o antecedente da norma (critérios material, temporal e espacial) e o seu consequente (pessoal e quantitativo).

Analisando tais critérios, e dividindo-os, temos que o critério material será o cerne da norma, predicando a conduta (hipótese) abstrata que se ocorrida, desencadeará a incidência tributária; o critério temporal determina o tempo exato em que ocorreu o fato hipoteticamente descrito na norma; o critério espacial determina o lugar da ocorrência do fato.

Quanto ao consequente da regra-matriz de incidência, verificamos que após a ocorrência do fato gerador determinam-se os sujeitos da relação jurídica, possuindo o sujeito ativo o direito subjetivo de exigir do sujeito passivo o tributo devido e o sujeito passivo terá o dever legal de pagar tal tributo ao sujeito ativo[9].

Não obstante, também no consequente da regra-matriz de incidência tributária, determinam-se a base de cálculo e a alíquota do tributo, chegando-se então ao valor devido do imposto.

---

9 Esta análise é bem cotejada por Paulo de Barros Carvalho, que calca a relação jurídica tributária num plexo obrigacional preciso, onde todos os fatores para a incidência do imposto ajustam-se à estrutura da norma, citando ainda as lições do grande mestre Geraldo Ataliba: "Nessa altura, já é considerado como laço jurídico de substância patrimonial, abrangendo, desse modo, o complexo formado pelo direito subjetivo, pelo dever jurídico e pelo objeto da prestação. O magistério de Geraldo Ataliba é bem elucidativo: *com efeito, juridicamente, tributo se define como uma relação obrigacional*" (op. cit., p. 22-23).

Como já cotejado, a essência da incidência do IPI se dará pela análise dos signos que lhe dão incidência, ou seja, na prescrição normativa do art. 153 da CF e no art. 46 do CTN.

Tais hipóteses preenchem o critério material de sua regra-matriz de incidência, não sendo inoportuno ressaltar novamente o âmago do art. 46 do CTN, que prevê os fatos geradores do imposto nos seus incisos I, II e III:

> I – o seu desembaraço aduaneiro, quando de procedência estrangeira; II – a sua saída dos estabelecimentos a que se refere o parágrafo único do art. 51; III – a sua arrematação, quando apreendido ou abandonado e levado a leilão.

Ainda nesta linha, vale lembrar da amplitude já observada no texto da Carta Magna de nosso país, especificamente no seu art. 153, IV, que, primordialmente, abriga a essência da regra-matriz de incidência tributária do imposto sobre produtos industrializados.

Nesta linha, ensina Eduardo Domingos Bottallo: "A regra-matriz de incidência do IPI é exteriorizada pelo art. 153, IV, da Constituição"[10].

E elucidando todas as hipóteses de incidência do imposto como signos de sua ocorrência, arremata:

> O IPI incide sobre operações jurídicas praticadas com produtos industrializados. Nos termos da Constituição, ele deve ter por hipótese de incidência o fato de alguém industrializar produto e levá-lo para além do estabelecimento produtor, por força da celebração de um negócio jurídico translativo de sua posse ou propriedade.
>
> Ademais, o Código Tributário Nacional, em seu art. 46, abre margem a que o tributo incida sobre duas outras operações, a saber: (a) a importação do exterior de produtos industrializados e (b) a arrematação de produtos industrializados abandonados e levados a leilão[11].

É certo então que a mera industrialização não é o bastante para a ocorrência do fato gerador do tributo, sendo necessário que o produto industrializado saia do estabelecimento produtor pela celebração de um negócio jurídico, de natureza privada, que transfira a propriedade ou posse do bem[12].

---

10 Op. cit., p. 32.
11 Idem, p. 22.
12 CTN, art. 46, II.

Também se conclui que, além desta hipótese, há mais dois signos distintos da industrialização propriamente dita, que é o desembaraço aduaneiro de produto importado industrializado no exterior e a arrematação em leilão de bem abandonado ou apreendido[13].

Quanto aos demais critérios do antecedente da norma, podemos concluir que após a materialidade da incidência do imposto, pela ocorrência de uma das três hipóteses já discorridas, será o território nacional o espaço físico passível de ocorrência dos fatos geradores do tributo.

Sendo assim, estabelecimentos industriais localizados no território brasileiro que promovam negócios jurídicos com produtos industrializados estarão sujeitos à incidência do imposto, como também, nas hipóteses de importação de produtos industrializados ou leilão de bens, o local da repartição pública responsável pelo desembaraço aduaneiro e o local do leilão do bem arrematado.

O critério temporal do imposto possui íntima relação à incidência do imposto.

Vale-se dizer que as hipóteses abstratas dos incisos I, II e III do art. 46 do CTN prescrevem não só a materialidade do imposto, como também o momento de sua ocorrência.

Sendo assim, o momento (tempo) da ocorrência do fato gerador do IPI ocorrerá, respectivamente, no momento do desembaraço aduaneiro de produto industrializado importado, na saída de produto industrializado do estabelecimento produtor e no momento do arremate do bem abandonado ou apreendido em leilão.

Agora em relação ao consequente da norma e suas hipóteses, especificamente sobre os sujeitos que compõem a relação jurídica, vemos no IPI um tributo de competência da União[14] que incidirá precipuamente sobre produtos industrializados, ou seja: o sujeito ativo da relação jurídica será a União, detentora do direito subjetivo de instituir e exigir o imposto, e o sujeito passivo, *stricto sensu*, será o contribuinte que executar qualquer uma das hipóteses previstas no antecedente da norma[15].

O art. 51 do CTN elenca os contribuintes do imposto, da seguinte forma:

---

13 CTN, art. 46, I e III.
14 CF, art. 153, IV.
15 CTN, art. 46, I, II e III.

Art. 51. Contribuinte do imposto é:

I – o importador ou quem a lei a ele equiparar;

II – o industrial ou quem a lei a ele equiparar;

III – o comerciante de produtos sujeitos ao imposto, que os forneça aos contribuintes definidos no inciso anterior;

IV – o arrematante de produtos apreendidos ou abandonados, levados a leilão.

Parágrafo único. Para efeitos deste imposto, considera-se contribuinte autônomo qualquer estabelecimento de importador, industrial, comerciante ou arrematante.

Definidos os sujeitos da relação, resta-se determinar o *quantum* a ser pago, valendo-se o critério quantitativo da regra-matriz de incidência tributária como fator de apuração de tal quantia.

O critério quantitativo é composto pela base de cálculo e alíquota.

A função precípua da base de cálculo é servir de indicativo para a apuração da quantificação do valor do imposto, mas também para identificar (confirmar) a natureza jurídica do tributo.

Neste sentido ensina Eduardo Domingos Bottallo:

> A base de cálculo, como se pode deduzir das considerações precedentes, tem dupla função: (a) quantificar a prestação do sujeito passivo, devida desde o momento em que nasce o tributo, com a ocorrência do fato gerador; e (b) afirmar (ou confirmar) a natureza jurídica do tributo[16].

O art. 47 do CTN dispõe sobre a base de cálculo do imposto, prelecionando novamente Eduardo Domingos Bottallo:

> Em resumo, assente-se que a base de cálculo possível do IPI é o valor da operação com produto industrializado e, subsidiariamente, ou seja, na falta de tal valor, é o preço corrente da mercadoria (ou similar) na praça do remetente[17].

A alíquota, também presente no critério quantitativo da regra-matriz de incidência tributária, será aplicada em consonância à base de cálculo do

---

16 Op. cit., p. 182.
17 Idem, p. 32.

tributo, concluindo-se assim a apuração do seu valor devido.

Como dispõe a Constituição Federal no § 3º do art. 153, o imposto sobre produtos industrializados *será seletivo, em função da essencialidade do produto*.

Esta previsão materializa o princípio jurídico da seletividade[18], que norteia e limita a incidência do IPI no sentido de selecionar os produtos industrializados pela sua essencialidade (no mercado e na sociedade), desonerando, por meio de alíquotas menores aqueles produtos com maior essencialidade.

As alíquotas do IPI seguem a previsão infraconstitucional da Lei n. 4.502, de 30-11-1964, que determina a alíquota a ser aplicada por meio de uma Tabela de Incidência ao Imposto sobre Produtos Industrializados – TIPI.

5 CONCLUSÃO

Dentro dos limites da proposta analisada, busca-se identificar os signos presuntivos de incidência, ou fatos geradores, do Imposto sobre Produtos Industrializados.

A Constituição Federal, sem sombra de dúvidas, é o preceito maior para a identificação destes símbolos.

Perante sua grandeza e amplitude, qualidades intangíveis de sua criação e aplicação, recepcionam-se as normas tipificadas no Código Tributário Nacional, que prescreve as hipóteses de incidência do imposto.

Depreende-se dessa lei três hipóteses distintas para o nascimento da obrigação, quais sejam: o desembaraço aduaneiro de produto industrializado no exterior, a saída do estabelecimento industrial de produto industrializado, pela ocorrência de um negócio jurídico que transfere a propriedade ou a posse do bem, e, por fim, a arrematação de bem apreendido ou abandonado levado a leilão.

Tais fatos preenchem o critério material da regra-matriz de incidência do IPI, sendo que tais signos que servirão de marco inicial para o nascimen-

---

18 CF, art. 153, § 3º, I.

to da relação jurídico-tributária, como também desencadearão o preenchimento dos demais critérios da hipótese de incidência, concretizando o nascimento da obrigação tributária.

6 REFERÊNCIAS

BOTTALLO, Eduardo Domingos. *IPI – fundamentos e estrutura*. São Paulo: Dialética, 2009.

CARRAZZA, Roque Antonio. *Curso de direito constitucional tributário*. 24. ed. rev., ampl. e atual. até a EC n. 56/2007, São Paulo: Malheiros, 2008.

CARVALHO, Paulo de Barros. *Curso de direito tributário*. 20. ed. rev. São Paulo: Saraiva, 2008.

SANTOS, Nélida Cristina dos. *A capacidade contributiva e os símbolos de riqueza*. São Paulo: Lex Ed., 2007.

SUJEIÇÃO PASSIVA TRIBUTÁRIA

NÍVEA LIMA*

1 INTRODUÇÃO

O objetivo deste artigo é analisar alguns aspectos da sujeição passiva tributária, formulando algumas ponderações sobre este tema que envolve, além da imputação da dívida ao contribuinte, a responsabilização de outros, que não o contribuinte, pelo cumprimento da obrigação tributária, com foco especial na responsabilização de terceiros constante dos arts. 134 e 135 do CTN.

O assunto tem gerado divergência na doutrina e por sua importância significativa, já que ligado ao cumprimento da obrigação tributária (uma vez que estabelece quem a deve cumprir), mereceu destaque neste trabalho.

2 QUESTÕES PRELIMINARES

A relação jurídica tributária se perfaz com o estabelecimento das partes (sujeito ativo e sujeito passivo) e de seu objeto, após a ocorrência do fato imponível previsto, necessariamente, em lei.

---

* Especialista em Direito Tributário pela Faculdade de Direito de São Bernardo do Campo. Conselheira, representante dos contribuintes, do Conselho de Tributos e Multas de São Bernardo do Campo. Advogada.

O *objeto* da relação jurídico-tributária pode ser tanto o pagamento de determinada quantia em dinheiro (obrigação principal) quanto alguma prestação diversa, de natureza não pecuniária (obrigação acessória), como, por exemplo, a escrituração de livros fiscais, emissão de documentos etc.

Quanto ao *sujeito ativo*, a maior parte da doutrina entende que o art. 119 do CTN[1] fora preterido na medida em que se admitiu a parafiscalidade, havendo que se observar a diferença entre competência tributária (aptidão para instituir tributo) e capacidade tributária (aptidão para ser titular do polo ativo da obrigação, vale dizer, para figurar como credor na relação) e neste sentido Luciano Amaro[2] expõe que apesar de os tributos só poderem ser criados pelo Estado, o sujeito ativo nem sempre tem de ser o próprio Estado, de forma que aquele a quem se atribui capacidade tributária poderá figurar como sujeito ativo, ainda que seja uma entidade não pública credenciada à titularidade ativa de relações jurídico-tributárias.

O *sujeito passivo* é aquele de quem se cobrará o cumprimento da obrigação tributária, ou seja, é o devedor da mesma. Para o seu estabelecimento há uma gama enorme de garantias explícitas e implícitas na legislação, principalmente na Constituição Federal, que, ao outorgar competências aos entes federativos, já confere uma diretriz de atuação ao legislador ordinário, objetivando com isso a proteção contra eventual abuso estatal no exercício da atividade fiscal.

Assim, a observação do modelo constitucional previamente delineado, incluindo seus limites e garantias, é imprescindível para impedir distorções e cobranças indevidas, quando da definição dos aspectos da norma jurídica tributária.

Nos termos do art. 146, III, da CF[3], cabe ao legislador infraconstitu-

---

1 "Art. 119. Sujeito ativo da obrigação é a pessoa jurídica de direito público, titular da competência para exigir o seu cumprimento."
2 "(...) O sujeito ativo é da obrigação tributária. Sua identificação deve ser buscada no liame jurídico em que a obrigação se traduz, e não na titularidade da competência para instituir tributo. Suponha-se a contribuição devida pelos advogados à Ordem dos Advogados do Brasil. É correto dizer que sua instituição cabe à União. Mas não se pode dizer que ela seja o sujeito ativo da obrigação tributária. Sujeito ativo da obrigação (bem como o sujeito passivo) há de ser alguém que esteja presente na relação jurídica obrigacional" (*Direito tributário brasileiro*, 13. ed. São Paulo: Saraiva, 2007, p. 293-294).
3 "Art. 146. Cabe à lei complementar:
(...)

cional especificar o sujeito passivo da relação jurídico-tributária, sempre com arcabouço nos parâmetros rígidos e explicitamente definidos na Constituição Federal, não dispondo de liberdade plena para declinar os critérios da regra--matriz de incidência, inclusive quanto ao aspecto pessoal, impedindo a escolha arbitrária daquele que será o sujeito passivo.

3 SUJEITOS PASSIVOS: CONTRIBUINTE E RESPONSÁVEL

Como exposto, a Constituição Federal conferiu à Lei Complementar a tarefa de regular as limitações constitucionais ao exercício da competência tributária. Respeitando o que determina o preceito constitucional, o Código Tributário Nacional, apesar de anterior àquele, aponta duas figuras que podem atuar como sujeito passivo: o *contribuinte* e o *responsável* nos termos do art. 121, parágrafo único e seus incisos I e II, do CTN[4].

O sujeito passivo está ligado ao critério material da hipótese de incidência, que caracteriza e identifica o acontecimento capaz de fazer nascer a obrigação tributária; à primeira vista, o sujeito passivo desta será aquele que praticou o ato ou, como diz Paulo de Barros Carvalho[5], aquele ligado a um verbo que transmite a ação e, assim fazendo, vincula a pessoa, vez que o verbo designa uma ação ou um estado.

III - estabelecer normas gerais em matéria de legislação tributária, especialmente sobre:

a) definição de tributos e de suas espécies, bem como, em relação aos impostos discriminados nesta Constituição, a dos respectivos fatos geradores, bases de cálculo e contribuintes;

b) obrigação, lançamento, crédito, prescrição e decadência tributários;

(...)."

4 "Art. 121. Sujeito passivo da obrigação principal é a pessoa obrigada ao pagamento de tributo ou penalidade pecuniária.

Parágrafo único. O sujeito passivo da obrigação principal diz-se:

I - contribuinte, quando tenha relação pessoal e direta com a situação que constitua o respectivo fato gerador;

II - responsável, quando, sem revestir a condição de contribuinte, sua obrigação decorra de disposição expressa de lei."

5 *Curso de direito tributário.* 13. ed. São Paulo: Saraiva, 2000, p. 252-253.

Ao declinar competência aos entes federativos para instituir tributos, a Constituição Federal já confere uma diretriz de atuação do legislador ordinário, influenciando também no aspecto subjetivo da hipótese de incidência. O mesmo autor, com propriedade, afirma nesse sentido que "a Constituição Brasileira não aponta quem deva ser o sujeito passivo das exações cuja competência legislativa faculta às pessoas políticas. Invariavelmente, o constituinte se reporta a um evento (operações relativas à circulação de mercadorias e de serviços; transmissão de bens imóveis; importação; exportação, serviços de qualquer natureza, etc.) ou a bens (produtos industrializados; propriedade territorial rural; propriedade predial e territorial urbana, etc.), deixando a cargo do legislador ordinário não só estabelecer o desenho estrutural da hipótese normativa, que deve girar em torno daquela referência constitucional, mas, além disso, decidir qual o sujeito que vai arcar com o peso da incidência fiscal, fazendo as vezes de devedor da prestação tributária"[6].

Num primeiro momento o sujeito passivo deve ser aquele que promoveu ou idealizou o fato descrito na hipótese de incidência, mesmo porque, na maioria das vezes, será quem detém a capacidade econômica para atender a exigência, ou seja, o *contribuinte*. A legislação infraconstitucional o conceitua como aquele que tem relação pessoal e direta com a situação que constituiu o fato gerador da obrigação, nos termos do inciso I do parágrafo único do art. 121 do CTN.

Assim, o contribuinte está diretamente ligado ao fato ensejador da obrigação tributária e é o titular de determinada riqueza, já que a instituição do tributo tem sempre por premissa a escolha de um fato economicamente representativo.

Quando inexistir uma relação direta entre o fato gerador e o sujeito passivo, mas existir algum vínculo entre ele e a situação que constitui o fato gerador, com previsão legal neste sentido, estaremos diante do *responsável*.

Nesta ordem de ideias, o contribuinte é aquele que "naturalmente" seria o sujeito passivo da relação obrigacional, identificado à vista da simples descrição da materialidade do fato gerador, enquanto o responsável será investido na condição de sujeito passivo por previsão legal.

Por definição legal, o sujeito passivo diz-se responsável "quando, sem revestir a condição de contribuinte, sua obrigação decorra de disposição expressa de lei" (art. 121, parágrafo único, II, do CTN), ou seja, o conceito é

---

6 Idem, p. 315.

dado por exclusão, o sujeito passivo só será responsável se antes não for contribuinte.

Ensina Luciano Amaro que "a figura do responsável aparece na problemática da obrigação tributária principal por uma série de razões que são valorizadas pelo legislador ao definir a sujeição passiva tributária. Após definir o fato gerador e, 'naturalmente', localizar a pessoa que deveria (ou poderia) ocupar o polo passivo da obrigação tributária na condição de contribuinte, o legislador pode ignorar esse personagem e eleger como sujeito passivo outra pessoa que tenha relação com o fato gerador"[7].

Insta, ainda, destacar, que a doutrina mais atualizada, encabeçada por Paulo de Barros Carvalho[8], já não aceita a classificação entre sujeição passiva direta (contribuinte) e indireta (responsável), defendendo que o responsável não integra a relação jurídico-tributária propriamente dita, mas outra diversa desta.

Tal tese é corroborada por Renato Lopes Becho: "Filiamo-nos, portanto, à corrente na qual estão Gian Antonio Micheli e Paulo de Barros Carvalho, por entendermos que o responsável é garantidor fiduciário do crédito tributário, não participando da relação jurídico-tributária proveniente da subsunção, que ocorre após o fato imponível realizado segundo a previsão legislativa disposta na regra-matriz tributária. Em última instância, verificamos adiante que as ocorrências previstas no Código Tributário Nacional, sob o título responsabilidade tributária não são realizações de critérios materiais descritos na hipótese de incidência dos tributos existentes em nosso sistema tributário"[9].

Assim, tão somente o contribuinte é que pode ser inserido como elemento da regra-matriz de incidência (norma tributária em sentido estrito); o responsável estaria enquadrado em norma de acepção ampla e paralela, com caráter punitivo[10]. O responsável não é parte na relação jurídico-tributária

---

7 Op. cit., p. 304.
8 "(...) não há, em termos propriamente jurídicos, a divisão dos sujeitos em diretos e indiretos, que repousa em considerações de ordem eminentemente factuais, ligada à pesquisa das discutíveis vantagens que os participantes do evento retiram de sua realização. Interessa, do ângulo-jurídico-tributário, apenas quem integra o vínculo obrigacional. O grau de relacionamento econômico da pessoa escolhida pelo legislador, com a ocorrência que faz brotar o liame fiscal, é alguma coisa que escapa da cogitação do Direito (...)" (op. cit., p. 317).
9 *Sujeição passiva e responsabilidade tributária*. São Paulo: Dialética, 2000, p. 152.
10 Sobre a natureza punitiva da responsabilidade tributária, Renato Lopes Becho cita Eduar-

em sentido estrito, é um terceiro que integra outra relação jurídica e é deslocado para o polo passivo da obrigação, com o propósito de operacionalizar a arrecadação, a ocupação do polo passivo se dá de forma direta, pelo que incoerente a sua classificação como "sujeito passivo indireto".

4 RESPONSABILIDADE TRIBUTÁRIA

O instituto da *responsabilidade tributária*, na forma estipulada pelo Código Tributário Nacional, pode ser classificado em duas modalidades básicas: a da *substituição* e a da *transferência*. Nesta, o dever de pagar o tributo, que antes era do contribuinte, por vários motivos que serão vistos adiante, transfere-se para um terceiro; na substituição, o legislador desde logo afasta o contribuinte e já indica quem será o sujeito passivo da obrigação tributária, ou seja, a obrigação tributária nasce com o polo passivo ocupado por um substituto legal, como é o caso da obrigação acessória de retenção do imposto de renda pela fonte pagadora nos casos de trabalho assalariado.

Após a definição do responsável, o Código Tributário Nacional prevê, no art. 128 (que está inserido no Capítulo V intitulado "Responsabilidade tributária", Seção I, que trata da disposição geral sobre o tema), que, "sem prejuízo do disposto neste Capítulo, a lei pode atribuir de modo expresso a responsabilidade pelo crédito tributário a terceira pessoa, vinculada ao fato gerador da respectiva obrigação, excluindo a responsabilidade do contribuinte ou atribuindo-a a este em caráter supletivo do cumprimento total ou parcial da referida obrigação".

Assim, um dos requisitos a ser observado quando do apontamento do responsável é a sua vinculação ao fato gerador, sendo esta uma limitação ao

---

do Marcial Ferreira Jardim: "Isto posto, entendemos que, à luz dos princípios sobranceiros que informam a ciência jurídica, aquelas pessoas desatreladas do fato jurídico tributário não podem, sequer por hipótese, assumir a condição de sujeito passivo de obrigação tributária, sob pena de agredirmos as estruturas do sistema. Entretanto, podem ser elas responsabilizadas pela obrigação penal tributária, à medida que se enlaçaram com o contribuinte no cometimento de um ato omissivo ou comissivo suscetível de providência de cunho sancionatório" (op. cit., p. 147-148).

poder de tributar infraconstitucional[11].

Da leitura deste artigo podemos ainda vislumbrar que a responsabilidade do contribuinte pode ser totalmente afastada ou este ainda poderá responder pelo débito fiscal, pelo que se depreende da expressão "ou atribuindo-a a este em caráter supletivo do cumprimento total ou parcial da referida obrigação".

5 RESPONSABILIDADE TRIBUTÁRIA POR TRANSFERÊNCIA

Conforme já mencionado, na responsabilidade por transferência a mudança do sujeito passivo ocorre depois do nascimento da obrigação tributária e, em virtude de fato posterior, a responsabilidade pelo cumprimento se transfere para pessoa diferente do contribuinte.

Neste quadro de responsabilidade tributária por transferência, o Código Tributário Nacional apresenta três modalidades: a responsabilidade dos sucessores (Seção II – arts. 129 a 133); a responsabilidade de terceiro (Seção III – arts. 134 e 135) e a responsabilidade por infrações (Seção IV – arts. 136 a 138), sendo que nos dedicaremos quase que exclusivamente à análise da segunda modalidade.

Nestas situações tem-se claro que a responsabilidade decorrerá do descumprimento do dever jurídico de recolher o tributo.

Nos termos dos arts. 130 e 131[12], a sub-rogação pode ocorrer pela

---

11 Luciano Amaro ressalva, ainda: "Porém, mais do que isso, deve-se dizer que também não é qualquer tipo de vínculo com o fato gerador que pode ensejar a responsabilidade de terceiro. Para isso ser possível, é necessário que a natureza do vínculo permita a esse terceiro, elegível como responsável, fazer com que o tributo seja recolhido sem onerar seu próprio bolso" (op. cit., p. 312).

12 "Art. 130. Os créditos tributários relativos a impostos cujo fato gerador seja a propriedade, o domínio útil ou a posse de bens imóveis, e bem assim os relativos a taxas pela prestação de serviços referentes a tais bens, ou a contribuições de melhoria, sub-rogam-se na pessoa dos respectivos adquirentes, salvo quando conste do título a prova de sua quitação.

Parágrafo único. No caso de arrematação em hasta pública, a sub-rogação ocorre sobre o respectivo preço.

Art. 131. São pessoalmente responsáveis:

sucessão *inter vivos* ou *causa mortis*, ao determinar que o adquirente ou o remitente serão responsáveis pelos tributos relativos aos bens adquiridos, remidos ou adjudicados; o mesmo ocorre com o sucessor a qualquer título e com o espólio. É clara a percepção de que a obrigação tributária já se formou e que a sujeição passiva é transferida ao responsável por impedimento do cumprimento pelo contribuinte ou mesmo por comodidade da Administração Pública.

Nas hipóteses declinadas pelo art. 132[13], são apresentadas as situações de sucessão empresarial, que ocorrem por fusão, transformação ou incorporação. Também neste ponto fica claro que a proposta é a de ver cumprida a obrigação tributária anteriormente ocorrida que, com a extinção da pessoa jurídica contribuinte, ficaria em aberto caso não se apresentasse à figura do responsável.

6 RESPONSABILIDADE DE TERCEIROS

O ponto de maior relevância deste artigo é o da responsabilidade de terceiros, tratada nos arts. 134 e 135 do CTN[14].

I - o adquirente ou remitente, pelos tributos relativos aos bens adquiridos ou remidos;

II - o sucessor a qualquer título e o cônjuge meeiro, pelos tributos devidos pelo *de cujus* até a data da partilha ou adjudicação, limitada esta responsabilidade ao montante do quinhão do legado ou da meação;

III - o espólio, pelos tributos devidos pelo de cujus até a data da abertura da sucessão."

13 "Art. 132. A pessoa jurídica de direito privado que resultar de fusão, transformação ou incorporação de outra ou em outra é responsável pelos tributos devidos até a data do ato pelas pessoas jurídicas de direito privado fusionadas, transformadas ou incorporadas.

Parágrafo único. O disposto neste artigo aplica-se aos casos de extinção de pessoas jurídicas de direito privado, quando a exploração da respectiva atividade seja continuada por qualquer sócio remanescente, ou seu espólio, sob a mesma ou outra razão social, ou sob firma individual."

14 "Art. 134. Nos casos de impossibilidade de exigência do cumprimento da obrigação principal pelo contribuinte, respondem solidariamente com este nos atos em que intervierem ou pelas omissões de que forem responsáveis:

I - os pais, pelos tributos devidos por seus filhos menores;

II - os tutores e curadores, pelos tributos devidos por seus tutelados ou curatelados;

A responsabilidade tratada no art. 134 não é de solidariedade propriamente dita, pois aquela somente se manifestará na impossibilidade do cumprimento da obrigação pelo contribuinte; em outras palavras, a responsabilidade se manifesta subsidiariamente.

Ademais, a solidariedade passiva permite ao credor escolher, *ab initio*, quem cumprirá a obrigação independentemente de qualquer exigência, o que não ocorre nos casos de responsabilidade de terceiros, prevista nos art. 134 do CTN, motivo pelo qual se trata de responsabilidade subsidiária e não solidária como consta da redação do artigo.

Nesse sentido, José Eduardo Soares de Melo afirma que "na questão enfocada, há primeiro de ser exaurida a viabilidade de concretizar-se a exigibilidade do contribuinte, e somente após tal providência revelar-se impraticável é que se compeliria o terceiro à liquidação tributária. Tal responsabilidade só estará legitimada se houver participação (ativa ou omissiva) desse terceiro no fato gerador"[15].

Em suma, não basta o mero vínculo da relação adjacente; o terceiro ainda há de ter praticado algum ato que o responsabilize, seja por ação ou por omissão.

No que tange à hipótese do art. 134, VII, do CTN, que trata da responsabilidade tributária dos sócios das pessoas jurídicas, imperioso dar lugar

---

III - os administradores de bens de terceiros, pelos tributos devidos por estes;

IV - o inventariante, pelos tributos devidos pelo espólio;

V - o síndico e o comissário, pelos tributos devidos pela massa falida ou pelo concordatário;

VI - os tabeliães, escrivães e demais serventuários de ofício, pelos tributos devidos sobre os atos praticados por eles, ou perante eles, em razão do seu ofício;

VII - os sócios, no caso de liquidação de sociedade de pessoas.

Parágrafo único. O disposto neste artigo só se aplica, em matéria de penalidades, às de caráter moratório.

Art. 135. São pessoalmente responsáveis pelos créditos correspondentes a obrigações tributárias resultantes de atos praticados com excesso de poderes ou infração de lei, contrato social ou estatutos:

I - as pessoas referidas no artigo anterior;

II - os mandatários, prepostos e empregados;

III - os diretores, gerentes ou representantes de pessoas jurídicas de direito privado."

15 *Curso de direito tributário*. 3. ed. São Paulo: Dialética, 2002, p. 213.

às observações feitas pelo emérito professor homenageado Eduardo Domingos Bottallo: "Este preceito institui um tipo de responsabilidade solidária dos sócios por dívidas tributárias da *sociedade de pessoas* da qual façam parte. Portanto, o exame do dispositivo demanda resposta a duas indagações fundamentais: 1ª) Qual o alcance dessa responsabilidade solidária? 2ª) Tal responsabilidade solidária compreende os sócios das sociedades limitadas? (...).Para responder à primeira pergunta não se pode olvidar que, nos termos do art. 265 do Código Civil, 'a solidariedade não se presume; resulta da lei ou da vontade das partes'. Assim, mister se faz atentar para a construção legislativa do preceito do CTN. E nessa construção existem alguns limites bastante claros. O *primeiro deles* diz respeito à 'impossibilidade de exigência do cumprimento da obrigação principal pelo contribuinte'. Esta proposição revela, desde logo, a presença do benefício de ordem.Vale dizer, a solidariedade prevista no art. 134, VII, está sujeita a tal benefício. O *segundo limite* refere-se ao alvo da prestação: a obrigação principal, que nos termos do art. 113, § 1º, do CTN, é a que tem por objeto o pagamento do tributo, excluídas as obrigações acessórias. Ademais, esta limitação da solidariedade ao pagamento do tributo (obrigação principal) é reforçada, também, pelo parágrafo único do art. 134: 'O disposto neste artigo só se aplica, em matéria de penalidades, às de caráter moratório'. Não estando compreendidas, portanto, as penalidades propriamente sancionatórias, as assim chamadas multas--castigo. O *terceiro limite* relaciona-se com a seguinte alocução: 'Nos atos em que intervierem ou pelas omissões em que forem responsáveis'. Como se vê, a solidariedade ora em estudo alcança apenas os sócios que tenham praticado, ou quando menos, interferido diretamente na prática dos atos que deram origem ao nascimento da obrigação principal. São os sócios gestores ou administradores. Já os meros aportadores de capital, pelo fato de não terem poderes contratuais para praticar atos de gestão ou representação, estão fora desse tipo de solidariedade. O *quarto limite* diz respeito à forma pela qual a liquidação da sociedade se opera. Discordando do ponto de vista que tem prevalecido em algumas decisões judiciais, a nós parece que, em casos de dissolução de fato, em virtude de falência ou de mera cessação de atividades da sociedade, a responsabilidade tributária dos sócios somente se configura caso fique demonstrado que tais eventos decorrem de atos de má gestão ou fraude. Não se trata, portanto, de hipótese de 'responsabilidade objetiva' dos sócios (...). O *quinto limite* suscita a intrincada questão de determinar-se o exato sentido da expressão 'sociedade de pessoas' (...). Como se vê não existem critérios jurídicos seguros que permitam afirmar, *a priori*, se a sociedade limitada é, ou não, sociedade de pessoas na acepção do art. 134,VII, do CTN"[16].

Já nas hipóteses previstas no art. 135, incluem-se, além dos sujeitos mencionados no artigo anterior, os mandatários, prepostos e empregados, e ainda os diretores, gerentes ou representantes de pessoas jurídicas de direito privado.

Percebe-se que o art. 135 não faz mais menção à solidariedade ou subsidiariedade como o art. 134. Nestas hipóteses, a responsabilidade é transferida inteiramente para terceiros, sócios ou não, ou seja, já é determinada a responsabilidade pessoal do agente, não havendo que se falar em benefício de ordem ou direito de regresso.

O dispositivo também aponta as condições para que isto ocorra, quais sejam: prática de atos "com excesso de poderes ou infração de lei, contrato social ou estatutos", assim, inexistindo tais atos não cabe a invocação do preceito em questão.

Tais atos devem ser realizados em desfavor da pessoa jurídica e que escape totalmente das atribuições de gestão ou administração da empresa. Logo, não se pode emprestar natureza jurídica solidária e nem subsidiária, vez que a responsabilidade somente se exterioriza em razão da conduta consciente, pessoal, ilícita e desautorizada do administrador de bem alheio.

O art. 135, III, deixa claro que a responsabilidade pessoal dos sócios, gerentes e diretores não é simplesmente objetiva, pois exige ato doloso ou culposo para que lhe possa ser validamente imputado o dever de saldar, com bens particulares, débitos fiscais da empresa, já que como regra geral os patrimônios das pessoas físicas e jurídicas não se comunicam em razão do princípio da intocabilidade da pessoa jurídica.

Também por este motivo, a mera condição de sócio ou a simples inadimplência de obrigações não podem ser fatos deflagradores da responsabilidade. Hugo de Brito Machado[17] observa neste sentido que não basta ser sócio; o

---

16 *Curso de processo administrativo tributário.* 2. ed. São Paulo: Malheiros, 2009, p. 135-138.
17 "(...) a simples condição de sócio não implica responsabilidade tributária. O que gera responsabilidade, nos termos do art. 135, III, do CTN, é a condição de administrador de bens alheios. Por isso a lei fala em diretores, gerentes ou representantes. Não em sócios. Assim, se o sócio não é diretor, nem gerente, isto é, se não pratica atos de administração da sociedade, responsabilidade não tem pelos débitos tributários. Também não basta ser diretor, ou gerente, ou representante. É preciso que o débito tributário em questão resulte de ato praticado com excesso de poderes ou infração de lei, contrato social ou estatutos (...)"

que gera responsabilidade é a atribuição de poderes para gerir e administrar a sociedade.

Desta forma, a responsabilidade pessoal dos diretores, gerentes ou representantes das pessoas jurídicas somente deve se efetivar com a ocorrência (e com a devida comprovação) da prática de atos que representem efetivamente excesso de poder, infração à lei ou ao estatuto da pessoa jurídica.

Assim, a responsabilização deve ser aplicada somente em situações excepcionalíssimas, nas quais se caracterize inequivocamente a pretensão de enriquecimento ilícito por parte do terceiro ou a desvirtuação da regência empresarial. A responsabilidade pessoal tem a função exclusiva e única de coibir a prática de atos nebulosos e estranhos ao objetivo social da empresa que, comprovadamente, venham ser praticados sob a proteção da autonomia patrimonial da pessoa jurídica, jamais como instrumento facilitador do recebimento de créditos pelo sujeito ativo da obrigação.

Não é por outro motivo que o art. 135, III, do CTN dispõe que os diretores, gerentes ou representantes serão pessoalmente responsáveis pelos atos praticados com excesso de poderes ou infração de lei, contrato social ou estatutos. Estas determinações legais estão em pleno acordo com as regras de Direito Comercial, haja vista que a ciência do Direito é única; basta ver o que dispõe o art. 158 da Lei n. 6.404/76 (Lei das Sociedades Anônimas)[18], que deixa clara a regra de ausência de responsabilidade pessoal do administrador, salvo se, com culpa ou dolo, violar a lei ou estatuto causando prejuízo à sociedade.

A responsabilidade pessoal prevista no art. 135, III, do CTN não deve ser confundida com a desconsideração da pessoa jurídica no campo fiscal; são institutos distintos, apesar de terem algumas semelhanças.

Sobre o assunto novamente abrilhanta o presente trabalho Eduardo Domingos Bottallo: "O preceito do art. 135, III, materializa *solução normativa peculiar e expressa* a sancionar determinadas condutas de diretores, gerentes ou

---

(*Curso de direito tributário*. 24. ed. São Paulo: Malheiros, 2004, p. 155).
18 "Art. 158. O administrador não é pessoalmente responsável pelas obrigações que contrair em nome da sociedade e em virtude de ato regular de gestão; responde, porém, civilmente, pelos prejuízos que causar, quando proceder:
   I - dentro de suas atribuições ou poderes, com culpa ou dolo;
   II - com violação da lei ou do estatuto.
   (...)"

representantes de pessoas jurídicas (prática de 'atos com infração da lei, contrato social ou dos estatutos'), dos quais resultem obrigações tributárias. Já na desconsideração da pessoa jurídica – instituto alocado no campo da Teoria Geral do Direito – o pressuposto para sua aplicação é exatamente a inexistência de preceito legal explícito a responsabilizar os gestores de pessoas jurídicas por ações ilegais ou fraudulentas que venham a causar danos"[19].

Por esses motivos, são, no mínimo, inaceitáveis os abusos das Fazendas Públicas que, indiscriminadamente, direcionam o executivo fiscal ao sócio-gerente, muitas vezes com ancoradouro na suposta solidariedade entre pessoa física e jurídica mesmo sem qualquer comprovação de prática de atos contrários à lei ou ao contrato social, fundamentando-se apenas na falta de recolhimento de tributo.

A jurisprudência vem amenizando esses abusos, acolhendo, por exemplo, que o não recolhimento do tributo não é condição suficiente para aplicar o disposto no art. 135, III, pois, como ensina Renato Lopes Becho, "se assim fosse, qualquer infração à lei (devolução de cheque sem correspondentes fundos, aplicação de multa de trânsito, atraso no pagamento de duplicata ou de qualquer outra obrigação) transferiria a responsabilidade para o administrador, com o que teríamos o fim da personalidade jurídica da empresa"[20].

Recente julgado do Superior Tribunal de Justiça, mais precisamente da 1ª Turma, asseverou que a simples falta de pagamento do tributo associada à inexistência de bens penhoráveis no patrimônio da devedora, por si só, não enseja a responsabilidade do sócio, tendo em vista que a responsabilidade prevista no art. 135, III, do CTN, não é objetiva[21].

---

19 Op. cit., p. 139.
20 Op. cit., p. 181.
21 "(...) 1. É firme a orientação desta Corte no sentido de não ser possível a inclusão de diretores, gerentes ou representantes da pessoa jurídica no polo passivo da execução fiscal, quando não estiver configurada a prática de atos com excesso de poderes ou infração de lei, contrato social ou estatuto, ou, ainda, a dissolução irregular da sociedade. A simples falta de pagamento do tributo associada à inexistência de bens penhoráveis no patrimônio da devedora, por si só, não enseja a responsabilidade do sócio, tendo em vista que a responsabilidade prevista no art. 135, III, do CTN, não é objetiva. 2. A 1ª Seção, na assentada do dia 11 de março de 2009, ao julgar o REsp 1.101.728/SP (rel. Min. Teori Albino Zavascki), mediante a utilização da nova metodologia de julgamento de recursos repetitivos, prevista no art. 543-C do Código de Processo Civil (introduzido pela Lei 11.672/2008), referendou o posicionamento já reiteradamente adotado no âmbito das 1ª e 2ª Turmas no sentido de que 'a simples falta de pagamento do tributo não configura, por si só, nem em tese, circunstância que acarreta a responsabilidade subsidiária dos sócios, prevista no art.

De se ressaltar que este procedimento das Fazendas nem sequer encontra respaldo no art. 568, V, do CPC, que determina que será sujeito passivo na execução "o responsável tributário, assim definido na legislação própria". Nos termos do Código Tributário Nacional, o responsável será aquele quem a lei instituidora do tributo assim designar, o substituto, nos termos do art. 121, II, ou o responsável, no caso de se constatar a ocorrência dos fatos ensejadores da responsabilidade por transferência. No caso do art. 135, exige-se, ainda, a prova de prática de atos fraudulentos ou contrários à lei ou estatuto social que tenham lesionado a sociedade no âmbito fiscal.

Isto implica dizer que, mormente na hipótese do art. 135, III, do CTN, não há como aceitar a inclusão de sócios-gerentes e administradores como corresponsáveis em Certidões de Dívida Ativa durante o andamento processual; tal averiguação deve ocorrer antes da propositura da execução fiscal. Nestes casos, não se trata de solidariedade ou subsidiariedade, mas de responsabilização pessoal, decorrente de comprovada culpa por prática de atos contrários à lei ou ao estatuto societário do devedor pessoa jurídica.

Em outro julgado, também do Superior Tribunal de Justiça e já há um avanço neste sentido. Esclareceu aquela Corte que se iniciada a execução contra a pessoa jurídica e, posteriormente, redirecionada contra o sócio-gerente, que não constava da CDA, cabe ao Fisco demonstrar a presença de um dos requisitos do art. 135 do CTN. Se a Fazenda Pública, ao propor a ação, não visualizava qualquer fato capaz de estender a responsabilidade ao sócio-gerente e, posteriormente, pretender voltar-se também contra o seu patrimônio, deverá demonstrar infração à lei, ao contrato social ou aos estatutos ou, ain-

---

135 do CTN'. 3. Impossibilidade de inversão do ônus da prova em favor do órgão fazendário, pois o nome do sócio não consta da Certidão de Dívida Ativa. 4. O pedido de redirecionamento da execução fiscal, quando fundado na dissolução irregular da sociedade executada, pressupõe a permanência de determinado sócio na administração da empresa no momento da ocorrência dessa dissolução, que é, afinal, o fato que desencadeia a responsabilidade pessoal do administrador. Ainda, embora seja necessário demonstrar quem ocupava o posto de gerente no momento da dissolução, é necessário, antes, que aquele responsável pela dissolução tenha sido também, simultaneamente, o detentor da gerência na oportunidade do vencimento do tributo. É que só se dirá responsável o sócio que, tendo poderes para tanto, não pagou o tributo (daí exigir-se seja demonstrada a detenção de gerência no momento do vencimento do débito) e que, ademais, conscientemente, optou pela irregular dissolução da sociedade (por isso, também exigível a prova da permanência no momento da dissolução irregular). 5. Agravo regimental desprovido. Unânime" (AgRg no REsp 103.423-8/SP, rel. Min. Denise Arruda, *DJ* de 26-8-2009).

da, dissolução irregular da sociedade, ou seja, o ônus da prova é da Fazenda Pública[22].

Levando-se em conta que a responsabilidade tributária nestes casos é subjetiva, fundamental é a comprovação de ato doloso ou ao menos culposo dos sócios-gerentes ou administradores, prova esta que por óbvio compete ao credor produzir, já que constitutiva de seu direito.

Por outro lado, a jurisprudência já construída encontra-se equivocada noutro ponto, na medida em que admite que a dissolução irregular da sociedade deflagra a responsabilização dos sócios, e sobre este assunto escreveu Kiyoshi Harada: "Por conta desta interpretação equivocada, a jurisprudência já construiu, de forma quase irreversível, a teoria da responsabilidade de todos os sócios na hipótese de cessação da atividade do contribuinte sem arquivamento do distrato na Junta Comercial, o que caracterizaria dissolução irregular da sociedade, adjetivação esta, aliás, desnecessária ao teor do dispositivo sob comento, que não distingue liquidação regular ou irregular. Dessa forma, sobrevindo a falência, os sócios ficariam responsáveis pelos créditos tributários não satisfeitos pelo contribuinte, porquanto a quebra implica cessação de atividade sem prévio arquivamento do distrato no Registro competente"[23].

---

22 "(...) 2. O pedido de redirecionamento da execução fiscal, quando fundado na dissolução irregular da sociedade executada, pressupõe a permanência do sócio na administração da empresa no momento da ocorrência dessa dissolução, que é, afinal, o fato que desencadeia a responsabilidade pessoal do administrador (EREsp 100.739/SP, 1ª Seção, rel. Min. José Delgado, DJ de 28-2-2000, p. 32). 3. 'Iniciada a execução contra a pessoa jurídica e, posteriormente, redirecionada contra o sócio-gerente, que não constava da CDA, cabe ao Fisco demonstrar a presença de um dos requisitos do art. 135 do CTN. Se a Fazenda Pública, ao propor a ação, não visualizava qualquer fato capaz de estender a responsabilidade ao sócio-gerente e, posteriormente, pretende voltar-se também contra o seu patrimônio, deverá demonstrar infração à lei, ao contrato social ou aos estatutos ou, ainda, dissolução irregular da sociedade' (EREsp 702.232/RS, 1ª Seção, rel. Min. Castro Meira, DJ de 26-9-2005, p. 169). 4. A 1ª Seção, ao julgar o REsp 1.101.728/SP (rel. Min. Teori Albino Zavascki, DJe de 23-3-2009), de acordo com o novo regime de que trata o art. 543-C do Código de Processo Civil (introduzido pela Lei 11.672/2008), referendou o posicionamento já reiteradamente adotado pelas 1ª e 2ª Turmas no sentido de que 'a simples falta de pagamento do tributo não configura, por si só, nem em tese, circunstância que acarreta a responsabilidade subsidiária dos sócios, prevista no art. 135 do CTN'. 5. Uma vez preenchidos os requisitos de admissibilidade do recurso especial, impõe-se o julgamento da causa e a aplicação do direito à espécie, com o exame dos requisitos para o redirecionamento da execução fiscal. 6. Agravo regimental desprovido, unânime" (AgRg no AgRg no REsp 934.252/RJ, rel. Min. Denise Arruda, DJ de 5-8-2009).
23 *Prática do direito tributário e financeiro*. São Paulo: Juarez de Oliveira, 2004, p. 258.

A pretensa responsabilização dos sócios por conta de dissolução irregular da sociedade contraria frontalmente os preceitos indicados no Código Tributário Nacional e em todo o ordenamento jurídico, uma vez que inexistente previsão legal neste sentido.

Há que se consagrar o entendimento de que a insolvência ensejadora da quebra da empresa independe da vontade dos sócios ou administradores e ocorre, regra geral, por fatores econômicos ligados ao setor da atividade desenvolvida, não se podendo petrificar jurisprudência em sentido contrário, uma vez que imprescindível a análise de cada caso.

O Estado só pode exigir o cumprimento da obrigação pelo responsável se tiver averiguado a conduta deste e constatado a prática de atos ou omissões que o responsabilize de acordo com a lei. A extensão da sujeição passiva tributária conferida pelo referido Código deve ser utilizada excepcionalmente e com cautela, sob pena de, por vias oblíquas, afrontar o sistema constitucional tributário. Tão somente desta forma será garantida a proteção patrimonial dos indivíduos e consagrada a necessária segurança jurídica.

As manobras processuais não podem ser aceitas em detrimento das regras de direito material. A observância dos preceitos constitucionais e infraconstitucionais é de suma importância, notadamente para se enfrentar os abusos que poderão ocorrer nesta seara por conta do ambiente propício que se firma no mundo jurídico para fomentar cada vez mais a produção de normas tendentes a conferir a almejada efetividade processual.

Os limites e requisitos constantes da lei para a responsabilização de terceiros pela obrigação tributária não podem ser desrespeitados ou suprimidos na luta desenfreada do recebimento de créditos tributários. A esfera íntima, o direito à propriedade, o devido processo legal e as demais garantias e direitos fundamentais reservados aos sujeitos passivos não podem ser violados, sob pena de comprometer-se o Estado Democrático de Direito.

7 REFERÊNCIAS

AMARO, Luciano. *Direito tributário brasileiro*. 13. ed. São Paulo: Saraiva, 2007.

BECHO, Renato Lopes. *Sujeição passiva e responsabilidade tributária*. São Paulo: Dialética, 2000.

BOTTALLO, Eduardo Domingos. *Curso de processo administrativo tributário*. 2. ed. São Paulo: Malheiros, 2009.

CARVALHO, Paulo de Barros. *Curso de direito tributário*. 13. ed. São Paulo: Saraiva, 2000.

HARADA, Kiyoshi. *Prática do direito tributário e financeiro*. São Paulo: Juarez de Oliveira, 2004.

MACHADO, Hugo de Brito. *Curso de direito tributário*. 24. ed. São Paulo: Malheiros, 2004.

MELO, José Eduardo Soares de. *Curso de direito tributário*. 3. ed. São Paulo: Dialética, 2002.

BREVES APONTAMENTOS SOBRE A EXIGIBILIDADE TRIBUTÁRIA NO TOCANTE À LOCAÇÃO DE BENS MÓVEIS

RICARDO CHAMMA RIBEIRO*

1 INTRODUÇÃO

Celeuma de grande debate em nosso ordenamento jurídico remonta à classificação jurídica no tocante à atividade de locação de bens móveis. Neste artigo, além da ênfase propriamente obrigacional deste fato, analisaremos as repercussões na seara tributária que decorrem desta situação jurídica.

Especial atenção é dirigida à aplicação das regras de imponibilidade do imposto incidente sobre serviços de qualquer natureza – ISSQN, bem como contribuições ao programa de integração social – PIS e para o financiamento social – COFINS, anteriormente à vigência das Leis federais n. 10.637/2002 e n. 10.833/2003, analisando-as conforme entendimento consolidado em julgamentos proferidos pelo Supremo Tribunal Federal.

Outrossim, conforme veremos no transcorrer deste artigo, a temática sobre a tributação dos resultados financeiros advindos de atividade de locação de bens móveis nos remete à impossibilidade de ser caracterizada como uma espécie de serviço, entendimento consolidado nos ensinamentos de nossa melhor doutrina, além de coerentes, embora nem sempre uniformes, posicionamentos de nossos tribunais pátrios.

---

* Especialista em Direito Tributário pela Faculdade de Direito de São Bernardo do Campo. Advogado.

2 CONCEITO DE LOCAÇÃO DE BENS MÓVEIS: OBRIGAÇÃO DE DAR OU DE FAZER?

Inicialmente, cumpre discorrer que, ao passo do contrato de compra e venda caracterizar-se pela cessão definitiva de direitos incidente sobre determinada coisa, fungível ou não, a locação de bens trata-se de cessão onerosa e temporária de direitos incidentes sobre determinada coisa não fungível, distinções expressamente operadas por nossa legislação civil vigente.

A acepção de "serviço" nos é explicitada pelo "desempenho de qualquer trabalho, emprego ou função"[1], sendo uma "obrigação de fazer", diferenciando-se essencialmente da "obrigação de dar" por envolver uma prestação de fato e não da coisa em si.

Tal questão encontra arrimo no magistério de Maria Helena Diniz, que, citando Clóvis Beviláqua, define o conceito do contrato de locação como sendo

> o contrato pelo qual **uma das partes, mediante remuneração paga pela outra, se compromete a fornecer-lhe, durante certo lapso de tempo, o uso e gozo de uma coisa infungível**, a prestação de um serviço apreciável economicamente ou a execução de alguma obra determinada[2] (grifos nossos).

Tal classificação também é apresentada por Caio Mário da Silva Pereira:

> É bem certo que a tradição romana legou-nos uma divisão tríplice: *locatio conductio rerum*, que compreendia o aluguel de coisas móveis e imóveis; *locatio conductio operarum*, que era a de serviços; e a *locatio conductio operis*, a de obra ou empreitada. Este critério de classificação, que ainda sobrevive, vem sendo fundamentalmente atingido desde que Marcel Planiol propôs distinguir os contratos cujo objeto é uma coisa daqueles em que se visa a um trabalho ou a um direito. Atentando para a locação, sente-se que é muito maior a aproximação entre a

---

1 BUARQUE, Aurélio de Holanda Ferreira. *Novo Dicionário Aurélio da Língua Portuguesa*. 2. ed. rev. e ampl. Rio de Janeiro: Nova Fronteira, 1986.
2 *Curso de direito civil brasileiro*: teoria das obrigações contratuais e extracontratuais. 17. ed. São Paulo: Saraiva, 2002, v. 3.

locação de coisa e a venda, o comodato, o depósito, por um lado; entre a locação de serviço e o mandato, por outro; do que entre a clássica *locatio rerum* e a *locatio operarum*. (...) Adotando a orientação moderna, por ser a mais racional, não seguimos a topografia do Código Civil. Estudamos no presente capítulo a *locatio rerum*; no seguinte Capítulo XIX, cuidaremos da empreitada; e cogitaremos da prestação de serviços, com as reservas naturais para um contrato que deixou escapar quase todo o seu conteúdo para o Direito do Trabalho, no Capítulo LII, na mesma zona em que residem outras que têm em mira a prestação de atividade (mandato, sociedade, etc.). (...) *Acentuando a limitação às coisas, podemos definir: locação é o contrato pelo qual uma pessoa se obriga a ceder temporariamente o uso e gozo de uma coisa não fungível, mediante certa remuneração*[3] (grifos nossos).

Nesta mesma esteira, a já citada mestra Maria Helena Diniz conceitua "obrigação de fazer" como sendo

a que vincula o devedor à prestação de um serviço ou ato positivo, material ou imaterial, seu ou de terceiro, em benefício do credor ou de terceira pessoa. Essa relação obrigacional tem por objeto qualquer comportamento humano, lícito e possível, do devedor ou de outra pessoa à custa daquele[4].

Concluindo o tema Sílvio de Salvo Venosa explica que

o conteúdo da obrigação de fazer é uma "atividade" do devedor, no sentido mais amplo: tanto pode ser a prestação de uma atividade física ou material, como uma atividade intelectual, artística ou científica[5].

Frise-se que o fator crucial na atividade de locação é a exploração, pelo contratante, do bem de propriedade de terceiro, mediante certa remuneração, com promessa de restituição do bem nas mesmas condições recebidas, enquanto na prestação de serviços, seus componentes são diversos, traduzindo-se por um *facere* com base na atuação do agente contratado.

---

3 *Instituições de direito civil*. 9. ed. Rio de Janeiro: Forense, 1993, v. III, p. 188.
4 *Curso de direito civil brasileiro*: teoria geral das obrigações. 23. ed. rev., atual. e ampl. de acordo com a reforma do CPC e com o Projeto de Lei n. 276/2007. São Paulo: Saraiva, 2008, v. 2.
5 *Direito civil*: teoria geral das obrigações e teoria geral dos contratos. 3. ed. São Paulo: Atlas, 2003.

De tal sorte, na locação de coisas tem-se que "uma das partes se obriga a ceder à outra parte por tempo determinado, ou não, o uso e gozo de uma coisa não fungível, mediante certa retribuição", segundo o conceito do art. 565 do CC vigente, retirando da locação de bens móveis o caráter de serviço que se identifica com uma prestação (*praestare*) e não com uma dação (*dare*).

A atuação humana na locação de bens móveis é inexistente, enquanto que na prestação de serviço é essencial.

Este entendimento é chancelado pelo Excelso Pretório, no julgamento pelo Plenário, do RE 116.121/SP, declinando a inexistência de prestação de serviços na locação de bens móveis, conforme trechos abaixo do relatório do Ministro Octavio Galloti e voto do Ministro Celso de Mello:

> (...) Tenho para mim, na mesma linha de entendimento exposta por Aires Fernandino Barreto (*Revista de Direito Tributário* 38/192) e por Cléber Giardino (*Revista de Direito Tributário* 38/196), que a qualificação da "locação de bens móveis", como serviço, para efeito de tributação municipal, mediante a incidência do ISS, nada mais significa do que a inadmissível e arbitrária manipulação, por lei complementar, da repartição constitucional de competências impositivas, eis que o ISS somente pode incidir sobre obrigações de fazer, a cuja matriz conceitual não se ajusta a figura contratual da locação de bens móveis. Cabe advertir, neste ponto, que a locação de bens móveis não se identifica e nem se qualifica, para efeitos constitucionais, como serviço, pois esse negócio jurídico – considerados os elementos essenciais que lhe compõem a estrutura material – não envolve a prática de atos que consubstanciam um *praestare* ou um *facere*. Na realidade, a locação de bens móveis configura verdadeira obrigação de dar, como resulta claro do art. 1.188 do Código Civil (...).

Assim, neste caso temos por indubitável que o Supremo Tribunal Federal delineia a qualificação jurídica da atividade de locação de bens móveis em si, pela necessária configuração como cessão onerosa e temporária de direitos patrimoniais sobre coisas não fungíveis, sendo esse, efetivamente, o verdadeiro cerne do julgamento analisado, demonstrando a completa diferença entre a locação e demais formas de exploração patrimonial e prestação de serviços, sendo figura atípica não ensejadora de enquadramento como "faturamento", para fins de exigência das contribuições ao programa de integração social – PIS e para o financiamento social – COFINS, anteriormente à vigência das Leis federais n. 10.637/2002 e n. 10.833/2003.

3 ANÁLISE DA IMPONIBILIDADE DO ISSQN

Temos o fundamento constitucional do imposto incidente sobre serviços de qualquer natureza – ISSQN, nos termos do inciso III do art. 156 da CF, bem como seus correlatos parágrafos.

Nos termos de tais dispositivos constitucionais, o ISSQN somente pode ser instituído dentro dos limites constitucionais e por meio de Lei Complementar que defina os serviços que podem ser por ele tributados, delimitando as competências tributárias e regras a serem observadas pelos Municípios.

Paulo de Barros Carvalho define com precisão a imprescindibilidade dessa matéria veiculada por meio de Lei Complementar, haja vista que "é uma das matérias que aquele legislador considerou especial e merecedora de maior vigilância, demandando disciplina cuidadosa, a ser introduzida no ordenamento mediante instrumento normativo de posição intercalar, em decorrência de seu procedimento legislativo mais complexo"[6].

Além disso, o critério material de incidência do ISSQN só pode ser compreendido como sendo a conduta humana de *prestar serviços*, situação como visto não presente nesta hipótese, posição chancelada pelos mestres Eduardo Domingos Bottalo, José Eduardo Soares de Mello[7] e Paulo de Barros Carvalho[8].

Ainda, estando a materialidade do ISSQN delineada pela prestação de serviços definidos em Lei Complementar, mister salientar que esta exação encontra-se disposta e regrada atualmente conforme Lei Complementar federal n. 116/2003, que alterou o Decreto-Lei federal n. 406/68, com a redação dada pela Lei Complementar Federal n. 56/87.

Não obstante houvesse previsão legal expressa em tais pretéritas normas, através da lista dos serviços passíveis da exigência do ISSQN, pelo item 79 determinando a possibilidade da exigência do ISSQN sobre locação de bens móveis, a Lei Complementar federal n. 116/2003 excluiu tal previsão e possibilidade.

---

6 *Curso de direito tributário*. 18. ed. rev. e atual. São Paulo: Saraiva, 2007.
7 *ISS – aspectos teóricos e práticos*. 5. ed., São Paulo: Dialética, 2008.
8 Op. cit.

Isto se deu conforme posição do Supremo Tribunal Federal, na análise e julgamento do RE 116.121/SP[9], concluindo que a expressão "locação de bens móveis" constante do item 79 da Lista de Serviços do Decreto-Lei n. 406/68 é inconstitucional, fato que culminou com a exclusão de tal permissiva da Lei Complementar federal n. 116/2003, nos termos de sua anexa razão de veto, Mensagem n. 362, de 31-7-2003.

Por tal razão, não é mais possível a exigência desse imposto sobre essa operação de locação de bens móveis, especialmente conforme entendimento de nosso Excelso Pretório, que não chancelou a tese dos entes municipais que defendia se tratar de um serviço, verdadeira "obrigação de fazer".

4 ANÁLISE DA IMPONIBILIDADE DAS CONTRIBUIÇÕES PIS E COFINS

Adiante, em que pese o posicionamento irretocável de nosso Supremo Tribunal Federal no tocante à impossibilidade de se caracterizar a locação de bens móveis como serviço, esta mesma coerência não foi chancelada no tocante à exigência das contribuições ao programa de integração social – PIS e para o financiamento social – COFINS.

As pessoas jurídicas que desenvolvem seu mister empresarial através da locação de bens móveis sujeitam-se ao recolhimento da contribuição ao Programa de Integração Social – PIS, instituída pela Lei Complementar n. 7/70, e da Contribuição para Financiamento da Seguridade Social – COFINS, instituída pela Lei Complementar n. 70/91, posteriormente modificadas, pelas Leis Ordinárias federais n. 9.718/98, n. 10.637/2002 e n. 10.833/2003.

Porém, até a edição das Leis federais n. 10.637/2002 e n. 10.833/2003, tais contribuições detinham como elemento do critério quantitativo, base imponível da obrigação tributária principal, o valor decorrente de seu "faturamento".

O conceito de faturamento, como é cediço, advém notadamente do Direito Comercial, ante a emissão de fatura, justamente nos termos da Lei federal n. 5.474/68, com a alteração do Decreto-Lei federal n. 476/68, estabelecendo a conceituação mais precisa, segundo a qual a fatura tem a função

---

9 *Informativo do STF* n. 207.

de documentar a efetivação de vendas mercantis ou de prestações de serviços chancelado pelo magistério de J. X. Carvalho de Mendonça e De Plácido e Silva[10].

Ademais, uma fatura somente é passível de emissão se ocorrer venda de mercadorias, prestação de serviços, ou ambos, concomitantemente.

Ademais, frise-se que, conforme determina o art. 110 do CTN, "a lei tributária não pode alterar a definição, o conteúdo e o alcance de institutos, conceitos e formas de direito privado, utilizados, expressa ou implicitamente, pela Constituição Federal", sendo que jamais poderia mera lei ordinária ampliar conceito de ordem do Direito Privado, expresso na Carta Magna.

Ocorre que, mesmo sem haver uma permissão constitucional, a Lei federal n. 9.718/98 passou a caracterizar o "faturamento" como sendo a totalidade das receitas auferidas, independentemente da classificação contábil adotada, bem como da atividade exercida pelo contribuinte, em atropelo à acepção clássica acima demonstrada.

Somente *a posteriori*, visando validar esse imbróglio legislativo advindo da Lei federal n. 9.718/98, foi editada a Emenda Constitucional n. 20, dando arrimo a tal aberração, ainda que de modo abusivamente retroativo e inconstitucional, ampliando a incidência das contribuições sociais a cargo dos empregadores para a totalidade das receitas das pessoas jurídicas.

Porém, além das alterações da Lei federal n. 9.718/98, editada anteriormente à Emenda Constitucional n. 20, o dispositivo de hierarquia de normas insculpido no art. 59 de nossa Constituição Federal, a validade dessa alteração de âmbito constitucional somente passou a surtir efeitos práticos legais com a edição das Leis federais n. 10.637/2002 e n. 10.833/2003.

Outrossim, neste ínterim, até a edição e vigência das Leis federais n. 10.637/2002 e n. 10.833/2003, não haveria qualquer imponibilidade das contribuições PIS e COFINS, haja vista que a base imponível das exações se dava através do faturamento, compreendido como a receita decorrente da venda de mercadorias, prestação de serviços, ou ambos, concomitantemente, posição chancelada pelo saudoso Geraldo Ataliba[11].

Porém, em que pese esta latente situação de inexigibilidade das contribuições PIS e COFINS em face de situações que não compreendam qualquer receita decorrente de prestação de serviços, o Excelso Pretório, no

---

10 *Vocabulário jurídico*. 20. ed. p. 349.
11 PIS – exclusão do ICM de sua base de cálculo, *RDT* 35/156.

julgamento dos RREE 357.950, 390.840, 358.273 e 346.084, mesmo considerando inconstitucional o alargamento do conceito de base de cálculo entre faturamento e totalidade de receitas, prescreveu a possibilidade de se permitir a cobrança do ISSQN sobre as receitas decorrentes da locação de bens móveis.

Isto, pois, conforme reiteradas decisões proferidas pelos Tribunais Regionais Federais pátrios, temos a locação "uma cessão de uso a título oneroso, quer seja bem móvel ou imóvel, tornando-se evidente a prestação de serviços ínsita à locação de bens móveis, na medida em que existe a venda de um bem imaterial (venda do direito de uso e gozo da coisa, fato que constitui serviço"[12].

Assim, apesar do entendimento de que não está presente uma prestação de serviços, que traria uma receita qualificada como "faturamento", à pessoa jurídica que cedeu em locação bens móveis de sua propriedade, o posicionamento adotado por nossa jurisprudência conclui pela exigibilidade das contribuições PIS e COFINS entre a edição das Leis Complementares n. 7/70 e n. 70/91, respectivamente, até a vigência das Leis Ordinárias federais n. 10.637/2002 e n. 10.833/2003, adotando posição dúbia e ofensiva aos posicionamentos adotados pela própria Corte.

5 CONCLUSÃO

Finalizando a análise da conceituação da atividade de locação de bens móveis, para fins de exigência de tributos, percebe-se que a posição uniforme de nossa doutrina quanto ao tema, no tocante à caracterização de se tratar de uma obrigação de dar, jamais qualificando-a como um serviço propriamente dito, uma obrigação de fazer, nem sempre é chancelada por nossos tribunais pátrios.

Mas, inobstante essas disparidades, é fato inequívoco a inexistência de qualquer prestação de serviços, diante da obrigação de dar com que se caracteriza a locação de bens móveis, sendo que, por conseguinte, as receitas de-

---

12 TRF, 3ª Região, ApMS 2004.61.26.006572-4, Des. Fed. Rel. Lazarano Neto, 6ª Turma, *DJ* de 24-4-2009.

correntes desta atividade empresarial jamais podem ser qualificadas como faturamento, haja vista inexistir qualquer venda de mercadorias, prestação de serviços, ou ambos, concomitantemente.